Die Verhältnismäßigkeit kartellrechtlicher Auskunftsersuchen

Schriftenreihe zum deutschen und europäischen Gesellschafts- und Wirtschaftsrecht

Herausgegeben von Christoph Teichmann und Florian Bien

Begründet von Günter Christian Schwarz †

Band 25

PETER LANG

Andrea Preuße

Die Verhältnismäßigkeit kartellrechtlicher Auskunftsersuchen

Wahrung und Konkretisierung des allgemeinen Rechtsgrundsatzes in der praktischen Anwendung durch die Europäische Kommission und die unionsgerichtliche Rechtsprechung

PETER LANG

Bibliografische Information der Deutschen Nationalbibliothek
Die Deutsche Nationalbibliothek verzeichnet diese Publikation in der Deutschen Nationalbibliografie; detaillierte bibliografische Daten sind im Internet über http://dnb.d-nb.de abrufbar.

Zugl.: Würzburg, Univ., Diss., 2022.

D 20
ISSN 1614-239X
ISBN 978-3-631-87711-1 (Print)
E-ISBN 978-3-631-88915-2 (E-PDF)
E-ISBN 978-3-631-88916-9 (EPUB)
DOI 10.3726/b20154

Peter Lang – Berlin · Bern · Bruxelles · New York · Oxford · Warszawa · Wien

Diese Publikation wurde begutachtet.

www.peterlang.com

Meinen Eltern

Vorwort

Die vorliegende Arbeit lag der Juristischen Fakultät der Julius-Maximilians-Universität Würzburg im Sommersemester 2021 als Dissertation vor. Die mündliche Prüfung fand am 23. Februar 2022 statt. Literatur und Rechtsprechung wurden bis August 2021 berücksichtigt.

An dieser Stelle möchte ich meinem Doktorvater, Herrn Professor Dr. Florian Bien, Maître en Droit (Aix-Marseille III), für die Betreuung und Begutachtung meiner Doktorarbeit sowie die zahlreichen konstruktiven Gespräche herzlich danken. Eine große Bereicherung war auch die Aufnahme in die Arbeitsgruppe Wettbewerb und Regulierung, die mir die Teilnahme an interessanten interdisziplinären Dialogen zwischen Ökonomen und Juristen aus Wissenschaft und Praxis ermöglicht hat. Herrn Professor Dr. Ralf P. Schenke danke ich für die Erstellung des Zweitgutachtens.

Mein besonderer Dank gilt Herrn Dr. Ulrich Denzel, LLM (Chicago), Partner der Sozietät Gleiss Lutz Hootz Hirsch, der mir einmal mehr ermöglicht hat, meine Ideen zu verwirklichen sowie Herrn Dr. Carsten Klöppner und Frau Dr. Miriam Schmidt für die hilfreichen fachlichen Diskussionen, die wertvollen Ratschläge und die uneingeschränkte Unterstützung in jeder Phase dieses Projekts.

Allen voran danke ich meiner Familie und meinen Freunden, die mir während der Erstellung dieser Arbeit in vielfältiger und unermüdlicher Weise beigestanden haben und deren Unterstützung zum Gelingen dieser Arbeit maßgeblich beigetragen hat.

Andrea Preuße

Inhaltsverzeichnis

Inhaltsverzeichnis

Einleitung

I. Inhaltliche Einleitung

Die Kommission verfügt über verschiedene Arten an Ermittlungsinstrumenten. Sie kann Nachprüfungen bei den betroffenen Unternehmen und unter strengen Voraussetzungen auch in Privatwohnungen vornehmen oder natürliche Personen befragen. Besondere Bedeutung kommt dem Recht der Kommission zu, von Unternehmen und Unternehmensvereinigungen die Übermittlung von Auskünften und Dokumenten zu verlangen.

Auskunftsverlangen sind sowohl für Kartellverfahren als auch im Rahmen von Sektoruntersuchungen und Fusionskontrollverfahren wesentlich.[1] Das grundsätzliche Recht der Kommission zur Einholung von Auskünften ist primärrechtlich in Art. 337 AEUV verankert. Es wird in Bezug auf kartellrechtliche Auskunftsverlangen in Art. 18 der Verordnung (EG) Nr. 1/2003 des Rates vom 16. Dezember 2002 zur Durchführung der in den Artikeln 81 und 82 des Vertrags niedergelegten Wettbewerbsregeln (im Folgenden „VO 1/2003“) und Art. 11 Verordnung (EG) Nr. 139/2004 des Rates vom 20. Januar 2004 über die Kontrolle von Unternehmenszusammenschlüssen (im Folgenden „FKVO“) konkretisiert. Die Ermächtigungsgrundlagen sehen zwei Arten von Auskunftsverlangen vor, die einfachen Auskunfstverlangen nach den Absätzen 2 der Art. 18 VO 1/2003 und Art. 11 FKVO sowie verbindliche Auskunftsentscheidungen nach deren Absatz 3 (gemeinsam „formelle Auskunftsersuchen“ oder kurz „Auskunftsersuchen“).[2] Diese förmlichen Auskunftsersuchen

---

1 Gerade im Rahmen der von Zusammenarbeit und Kooperation geprägten FKVO wird das Auskunftsverlangen als *„das Kernstück des Fusionskontrollverfahrensrechts“* bezeichnet, siehe hierzu statt aller Vocke, Die Ermittlungsbefugnisse der EG-Kommission im kartellrechtlichen Voruntersuchungsverfahren, 2006, S. 177 sowie Göttlinger, Auskunftsrechte der Kommission im Recht der Europäischen Union, 2013, S. 259.

2 Die Terminologie ist angelehnt an die gesetzliche Formulierung. So sprechen die Art. 18 Abs. 2 VO 1/2003 und Art. 11 FKVO von der Versendung *„eines einfachen Auskunftsverlangens“* sowie in Abs. 3 von der Verpflichtung zur Auskunftserteilung *„durch Entscheidung“*. Dementsprechend unterscheidet auch die englische Fassung zwischen *„simple requests for information“* (Abs. 2) und *„requires (...) to supply information by decision“* (Abs. 3). Ebenso wird im französischen Text zwischen *„une simple demande de renseignements“* (Abs. 2) und *„demande par décision“* (Abs. 3) sowie im italienischen Text zwischen *„semplice domanda di informazioni“* (Abs. 2) und *„richiede (...) di comunicare informazioni mediante decisione“* (Art. 18 Abs. 3 VO 1/2003) bzw. *„chiede mediante decisione“* (Art. 11 Abs. 3 FKVO) unterschieden. Die Rechtsprechung

sind zu unterscheiden von den gesetzlich nicht normierten informellen Informationsanfragen. Inhaltlich kann allgemein zwischen Auskunftsverlangen, die darauf gerichtet sind, Antworten auf Fragen zu erhalten und Auskunftsverlangen, denen die Adressaten mit der Herausgabe von Dokumenten entsprechen (sog. document oder data requests), unterschieden werden.

Auskunftsersuchen zeichnen sich dadurch aus, dass hierüber schnell, effektiv und mit vergleichsweise geringem Eigenaufwand Informationen erlangt werden können. Anders als bei Nachprüfungen kann die Kommission beim Erlass eines Auskunftsersuchens im Vorhinein spezifizieren, welche Art von Auskünften sie benötigt und den Informationsfluss damit präzise steuern. Auskunftsersuchen ermöglichen es zudem, kurzfristig auf die Entwicklungen innerhalb des laufenden Verfahrens zu reagieren, indem sie in ihrem qualitativen und quantitativen Umfang an die Erkenntnisse aus vorherigen Antworten, Gesprächen oder sonstigen Ermittlungsergebnissen angepasst werden können. Ihre Nicht- oder Falschbeantwortung kann durch die Kommission sanktioniert werden.[3] Über Auskunftsersuchen erlangte Informationen sind damit in aller Regel einfacher zu verwerten als beispielsweise Informationen, die im Wege der freiwilligen Befragung erlangt wurden und effektiver als solche, die im Rahmen einer Nachprüfung erst gesucht werden müssen.[4]

---

hingegen spricht regelmäßig von Auskunftsverlangen und Auskunftsbeschluss, vgl. EuG, Urt. v. 14.03.2014, T-302/11 (Rn. 1 ff.), ECLI:EU:T:2014:128 – HeidelbergCement. In den englischen Fassungen wird hingegen auch von Entscheidung gesprochen, so bspw. jüngst in EuG, Beschl. v. 29.10.2020, T-451/20, ECLI:EU:T:2020:515 (Rn. 35) – Facebook I. („*by simple request or by decision*"). In der Literatur werden teilweise nochmals abweichende Formulierungen verwendet, wie beispielsweise die Unterscheidung in einfache und förmliche Auskunftsverlangen, vgl. Miersch/Israel, in: Kamann/Ohlhoff/Völcker, Kartellverfahren und Kartellprozess, 2017, § 8 Rn. 72.

3 Die korrekte Beantwortung eines Auskunftsverlangens kann – je nach Art der Anfrage – u.a. mit weitreichenden Zwangs- und Bußgeldern durchgesetzt und sichergestellt werden, vgl. Art. 23, 24 VO 1/2003 sowie Art. 14, 15 FKVO, die jedoch auf die Befragung nach Art. 19 VO 1/2003 sowie Art. 11 Abs. 7 FKVO keinen Bezug nehmen.

4 Fehlt es an gegenteiligen Anhaltspunkten kann die Kommission davon ausgehen, dass die tatsächlich übermittelten Auskünfte korrekt und hinreichend belastbar sind. Hingegen wird für Befragungen teilweise vertreten, dass die Kommission gehalten sein soll, besonderen Wert auf die Prüfung der Belastbarkeit der getätigten Angaben zu legen, vgl. Sura, in: Langen/Bunte, Kartellrecht, 13. Aufl. 2018, Art. 19 VO 1/2003 Rn. 4. In diese Richtung auch Barthelmeß/Rudolf, in: LMRKM, Kartellrecht, 4. Aufl. 2020, Art. 19 VO 1/2003 Rn. 10 sowie Burrichter/Hennig, in: Immenga/Mestmäcker/Körber, Wettbewerbsrecht, 6. Aufl. 2019, Art. 19 VO 1/2003 Rn. 2.

Trotz dieser erheblichen praktischen Bedeutung sind bzw. waren Entscheidungen der Unionsgerichte zur Rechtmäßigkeit kartellrechtlicher Auskunftsersuchen zumindest bis in die jüngere Vergangenheit selten. Kommen sie jedoch vor, liegen den Entscheidungen meist spektakuläre Sachverhalte zu Grunde, beispielsweise:

> ***HeidelbergCement*** (2016): Durchsuchungen in den Jahren 2008 und 2009, Auskunftseinholung mit Auskunftsersuchen vom 30. September 2009 (57 Fragen), 9. Februar 2010 (39 Fragen), 27. April 2010 (19 Fragen) sowie der schließlich angefochtenen Entscheidung vom 30. März 2011 (94 Seiten mit über 100 Fragen) – alles unter derselben Begründung eines sehr weit gefassten Tatverdachts.[5]
> ***Qualcom*** (2018): Erlass einer umfangreichen Auskunftsentscheidung sieben Jahre nach Beginn der Ermittlungen und rund 1,5 Jahre nach Erlass der Beschwerdepunkte.[6]
> ***Facebook*** (2020): Einholung von 729.417 Dokumenten einschließlich einer Vielzahl an personenbezogenen Daten bspw. mit familiärem, gesundheitlich/medizinischem oder sonstigem persönlichen Hintergrund; generiert aus eine Reihe von Suchbegriffen aus dem gewöhnlichen Sprachgebrauch, wie Qualität, Wachstum, Vorteil oder *for free, big question* und *not good for us.*[7]

Ohne Zweifel handelt es sich um unterschiedliche Ermittlungskonstellationen, deren Rechtmäßigkeitserwägungen am spezifischen Sachverhalt auszurichten sind. Ausschlaggebend ist jedoch in all diesen Fällen eine wesentliche Frage: Wie weit darf die Kommission gehen? Oder mit anderen Worten: Ist die gewählte Vorgehensweise in Ansehung der konkreten Ermittlungssituation (noch) verhältnismäßig und von den Auskunftsrechten der Kommission gedeckt?

Diese Frage ist für die Auskunftsadressaten und die Kommission gleichermaßen von Interesse. Ist ein Auskunftsersuchen nicht verhältnismäßig und wird es – sofern zulässig – von dem Auskunftsadressaten gerichtlich angegriffen, wird das Gericht das Auskunftsersuchen in Gänze für rechtswidrig erklären. Sollten bereits Informationen an die Kommission geliefert worden sein, dürfen diese nicht verwertet werden. Andernfalls läuft die Kommission Gefahr, dass auch die auf den rechtswidrig erlangten Informationen beruhende Entscheidung selbst fehlerhaft und insoweit aufzuheben ist.

Die Aufgabe, die der Kommission mit der Beantwortung der oben aufgeworfenen Frage auferlegt wird, ist keine einfache. Die Ermittlungen im Bereich des Kartellrechts sind geprägt durch ein Spannungsverhältnis – dem öffentlichen Interesse an einer umfassenden Durchsetzung des Wettbewerbsrechts und dem Schutz des freien Marktes sowie den individuellen Interessen an möglichst geringen

5 EuG, Urt. v. 14.03.2014, T-302/11, ECLI:EU:T:2014:128 – HeidelbergCement; EuGH, Urt. v. 10.03.2016, C-247/14, ECLI:EU:C:2016:149 – HeidelbergCement.

6 EuG, Urt. v. 09.04.2019, T-371/17, ECLI:EU:T:2019:232 – Qualcom u.a.

7 EuG, Beschl. v. 29.10.20, T-451/20, ECLI:EU:T:2020:515 – Facebook I sowie EuG, Beschl. v. 29.10.2020, T-452/20, ECLI:EU:T:2020:516 – Facebook II.

Eingriffen und Belastungen durch die kartellrechtlichen Ermittlungen. Sie gehen mit Interessenskonflikten einher, deren Lösung und Ausgleich schwierige normative Erwägungen erfordert und von einzelfallspezifischen Charakteristika geprägt ist.

Die gesetzlichen Vorgaben, die bei Erlass der Auskunftsersuchen erfüllt sein müssen, und die der Kommission Anhaltspunkte für ihre Bewertung liefern könnten, sind dabei im Wesentlichen formeller Natur. In materiell-rechtlicher Hinsicht wird der Erlass eines Auskunftsverlangens, dessen Umfang sowie die Modalitäten seiner Beantwortung ebenso wie die Wahl des richtigen Auskunftsadressaten in das Ermessen der Kommission gestellt. Dieses sog. Ermittlungsermessen ist im Wortlaut der Art. 18 Abs. 1 VO 1/2003 und Art. 11 Abs. 1 FKVO verankert („*[d]ie Kommission kann (...) von Unternehmen und Unternehmensvereinigungen verlangen, dass sie alle erforderlichen Auskünfte erteilen*"). Es wurde und wird durch die Kommission und die Unionsgerichte weit ausgelegt. In Anbetracht ihrer weitreichenden Ermittlungsbefugnisse obliegt es der Kommission damit grundsätzlich selbst zu beurteilen, ob die angeforderten Informationen tatsächlich erforderlich sind. Die absolute Grenze liegt dabei erst bei Eingreifen eines Auskunftsverweigerungsrechts, aufgrund dessen bestimmte Informationen dem Zugriff der Kommission generell und unabhängig von der Ermessensausübung entzogen werden. Dies sind namentlich Informationen, die in den Anwendungsbereich des Anwaltsprivilegs fallen oder vom Verbot des Zwangs zur Selbstbezichtigung geschützt werden. Beide werden aus Gründen der Effizienz und Effektivität kartellrechtlicher Ermittlungshandlungen jedoch zurückhaltend angewendet.[8]

Maßgebliches Kriterium zur Begrenzung des Ermessensspielraums ist daher der Grundsatz der Verhältnismäßigkeit. Er ermöglicht sachverhaltsspezifische Bewertungen für den Einzelfall. Diese Einzelfallbetrachtung führt jedoch zwangsläufig dazu, dass allgemeingültige Prüfungskriterien weitgehend verhindert werden. Die Erwägungen, die zur Einholung der Informationen in der gewählten Art und Weise geführt haben, werden in aller Regel nicht offenlegt.

II. Aktueller Stand in Rechtsprechung und Literatur

Welche Maßnahmen im konkreten Einzelfall als verhältnismäßig anzusehen sind, lässt sich auch aus der sich mit der Rechtmäßigkeit von Auskunftsersuchen befassenden Rechtsprechung nicht belastbar ableiten. Auch wenn die einzelnen Teilaspekte des Verhältnismäßigkeitsgrundsatzes Gegenstand der gerichtlichen Überprüfung sind, fehlt es vielfach an einer hinreichenden Einheitlichkeit und terminologischen Klarheit der einzelnen Prüfungsschritte. Auch eine vertiefte

8 Aus denselben Gründen wird der Schutz vertraulicher Informationen, insbesondere Geschäftsgeheimnissen, nicht als ausreichend erachtet, ein Auskunftsverweigerungsrecht zu begründen, vgl. Bischke/Neideck, in: MüKo, Wettbewerbsrecht, 3. Aufl. 2020, Art. 18 VO 1/2003 Rn. 26.

Auseinandersetzung mit dem konkreten Sachverhalt ist nicht durchgängig vorhanden. Lange Zeit räumte die Rechtsprechung der Unionsgerichte der Kommission einen sehr weiten Ermessensspielraum bei der Bewertung der Auskunftsrechte ein. Zögerlich – und nach wie vor auf einzelne Sachverhaltskonstellationen beschränkt – zeigten sich in den letzten Jahren Ansätze kritischerer Bewertungen.

Auch im Schrifttum ist der Grundsatz der Verhältnismäßigkeit bereits seit längerem (wieder) verstärkt in das Wahrnehmungsfeld gerückt. Die Forderung nach einem gemäßigten Umgang mit den Ermittlungsrechten im Allgemeinen und den Auskunftsrechten im Konkreten wird immer häufiger vorgetragen.[9] Die bisherige theoretische Aufbereitung der Frage der Verhältnismäßigkeit von Auskunftsersuchen wird ihrer praktischen Bedeutung jedoch nicht gerecht. Während gerade die Auskunftsverweigerungsrechte und generell die Ermittlungsrechte bereits Gegenstand einer Vielzahl an monografischen Schriften waren, hat die Frage ihrer Verhältnismäßigkeit – trotz ihrer überragenden Bedeutung in der Praxis – bisher wenig Beachtung gefunden und wurde zumeist allenfalls überblicksartig am Rande gestreift.[10] So beschäftigte sich beispielweise *Vocke* vertiefend mit den Ermittlungsbefugnissen im Rahmen der Vorprüfungsphase eines Kartellverfahrens.[11] Er arbeitete insbesondere die Unterschiede und Vergleichbarkeiten von Auskunftsverlangen zu Nachprüfungen und sonstigen Ermittlungsbefugnissen heraus. *Göttlinger* setzte sich einige Jahre später spezifisch mit Auskunftsverlangen im Unionsrecht auseinander.[12] Vorrangig behandelt wurden jedoch allgemeine Fragen des primärrechtlich verankerten Auskunftsrechts der Kommission nach Art. 337 AEUV sowie die vergleichsweise Untersuchung der Ausgestaltung und Konkretisierung in verschiedenen sekundärrechtlich geregelten Anwendungsbereichen. Die Ausführungen zum inhaltlichen Umfang der Auskunftsverlangen und der Grenze der Erforderlichkeit beschränken sich in beiden Fällen auf eine relativ knappe Darstellung allgemeiner Erwägungen und Kritikpunkte. Mit der Frage der Bestimmung der Angemessenheit eines Auskunftsverlangens setzen sich die

9 Siehe bspw. die einleitende Frage im Beitrag von Steinle/Aberle/Gaglio/Zhu/Strand: „*Muss man sich das gefallen lassen?*“, Steinle/Aberle/Gaglio/Zhu/Strang, Rechtsschutz gegen kartellrechtliche Ermittlungsmaßnahmen – Teil 1, Compliance Berater 2020, 140, 140.

10 Vgl. u.a. Friedmann, Die Geltung rechtsstaatlicher Grundsätze im kartellrechtlichen Bußgeldverfahren der Europäischen Gemeinschaft, 2005, S. 182 ff.; Koch, Verwaltungssanktionen im europäischen und niederländischen Verwaltungs- und Kartellrecht, 2011, S. 80 ff.; Hennig, in: Immenga/Mestmäcker/Körber, Wettbewerbsrecht, 6. Aufl. 2019, Art. 18 VO 1/2003 Rn. 49 ff.

11 Vocke, Die Ermittlungsbefugnisse der EG-Kommission im kartellrechtlichen Voruntersuchungsverfahren, 2006, S. 38 ff., 181 ff.

12 Göttlinger, Auskunftsrechte der Kommission im Recht der EU, 2013, S. 228 ff., 270 ff.

vorhandenen Stimmen in der Literatur allenfalls zurückhaltend auseinander.[13] Detaillierte Analysen systematischer Einzelfragen zur Bestimmung der inhaltlichen Grenzen der Auskunftsrechte sowie die Entwicklung spezifischer Lösungsansätze für die Auslegung und Anwendung der Teilaspekte der Verhältnismäßigkeit auf den Einzelfall finden sich dort nicht.

Gänzlich unberücksichtigt geblieben in den bisherigen (monographischen) Untersuchungen sind, soweit ersichtlich, das Begründungserfordernis und die Zweckbestimmtheit eines Auskunftsverlangens. Anders ausgedrückt die Frage, ob und wann die Kommission einen hinreichend bestimmten und belastbaren Anfangs- bzw. Tatverdacht verfolgt, den sie entsprechend in der Begründung des Auskunftsverlangens darlegen muss. Dies überrascht, wenn man sich dessen enorme praktische Relevanz für die Ausübung des Ermittlungsermessens sowie die spätere Beurteilung des Auskunftsverlangens vor Augen führt. Der mit dem Auskunftsverlangen verfolgte Zweck bildet die Grundlage der gesamten Verhältnismäßigkeitsprüfung. Die Frage, ob eine Handlung geeignet, erforderlich und angemessen ist, ist stets in Ansehung dessen zu beurteilen, was hiermit verfolgt wird. Zudem kann überhaupt nur ein solcher Zweck im Rahmen der Verhältnismäßigkeitsprüfung Berücksichtigung finden, der formell und materiell rechtmäßig angegeben wurde.

III. Zum Gang der Untersuchung

Die vorliegende Arbeit untersucht die Verhältnismäßigkeit von Auskunftsersuchen in der kartellrechtlichen Praxis der Kommission – einfache Auskunfstverlangen und verbindliche Auskunftsentscheidungen ebenso wie informelle Informationsanfragen. Sie stellt sich der Aufgabe, den inhaltlichen Grenzen der kartellrechtlichen Auskunftsrechte der Kommission objektiv bestimmbare Konturen zu verleihen. Es wird untersucht, wie die Verhältnismäßigkeit in materieller Sicht konkretisiert sowie in verfahrensrechtlicher Hinsicht einfacher und effektiver durchgesetzt werden kann. Dies erfordert einen für Kommission und Auskunftsadressaten gleichermaßen verlässlichen Ansatz, der das Bedürfnis nach einer effektiven Bekämpfung bzw. Vermeidung von Wettbewerbsbeschränkungen in Einklang mit den individuellen Interessen der Unternehmen bringt.

Die Nachprüfungsungerechte der Kommission ebenso wie sonstige Ermittlungsmaßnahmen sollen dabei allenfalls am Rande vergleichsweise herangezogen werden, wenn dies für die Bewertung der Rechtmäßigkeit des Ermittlungsinstruments Auskunftsersuchen erforderlich ist. Selbiges gilt für die Ermittlungsbefugnisse

---

13 So Vocke, Die Ermittlungsbefugnisse der EG-Kommission im kartellrechtlichen Voruntersuchungsverfahren, 2006, S. 188, der – soweit ersichtlich – neben Göttlinger, Auskunftsrechte der Kommission im Recht der EU, 2013, S. 231 f. überhaupt mit der Frage der Angemessenheit kartellrechtlicher Auskunftsverlangen vertiefter befasst.

nationaler Wettbewerbsbehörden, die teilweise an die Ermittlungsbefugnisse der Kommission angelehnt, teilweise diesen jedenfalls vergleichbar sind.[14]

Im ersten Teil der Arbeit werden in der gebotenen Kürze die formellen wie materiell-rechtlichen Anforderungen an die Auskunftsrechte der Kommission im Rahmen von Kartellverfahren, Sektoruntersuchungen und Fusionskontrollverfahren dargestellt und der Gegenstand der Untersuchung abgegrenzt.

Der Schwerpunkt der Arbeit liegt sodann auf der Untersuchung der Ausprägung, Einhaltung und verfahrensrechtlichen Durchsetzung des Grundsatzes der Verhältnismäßigkeit in der Praxis. Die Ermittlungstätigkeit der Kommission ist auf variierende Sachverhalte ausgerichtet und geprägt von Prognosen und hypothetischen Verläufen. Eine Universallösung zur einheitlichen Beurteilung sämtlicher Einzelfallkonstellationen wird es in derartigen Konstellationen nicht geben können – weder für die Frage der Geeignetheit und Angemessenheit eines Auskunftsverlangens noch für seine Erforderlichkeit. Die nachfolgende Untersuchung ist dementsprechend auf das Ziel ausgerichtet, die Systematisierung und Konkretisierung der einzelfallspezifischen Diskussionen um die Verhältnismäßigkeit zu konturieren und voranzutreiben.

Im zweiten Teil der Arbeit wird daher untersucht, wie die Kommission und die Unionsgerichte mit den Teilaspekten des Verhältnismäßigkeitsgrundsatzes im Rahmen ihrer Bewertungen umgehen und bisher umgegangen sind. Ein besonderes Augenmerk wird dabei auf den legitimen Zweck, also der eigentlichen Grundlage der Verhältnismäßigkeitsprüfung gelegt. Es wird analysiert, welche Arten von Verdachtsmomenten die Kommission in der Vergangenheit beschäftigt haben, wie sie im Rahmen der konkreten Ermittlungsmaßnahme begründet wurden und wie sich dies auf die Prüfung der Verhältnismäßigkeit ausgewirkt hat. Über die Bildung von Fallgruppen und regelmäßig zu berücksichtigenden Prüfungskriterien wird sodann der Versuch unternommen, den Umgang mit den Auskunftsverlangen der Kommission nach der VO 1/2003 und der FKVO auf der Grundlage der bisherigen Praxis zu systematisieren und zu mehr Transparenz zu verhelfen.

In einem letzten, auf die Verfahrensrechte bezogenen Teil der Untersuchung werden die bestehenden Rechtsschutzmöglichkeiten einer kritischen Analyse unterzogen. Im Rahmen eines eigenen Lösungsvorschlags werden Schutzmechanismen geschaffen, die bereits während des laufenden Kommissionsverfahrens eingreifen können. So soll nicht nur das bestehende Rechtsschutzsystem, insbesondere in Bezug auf einfache Auskunftsverlangen, erweitert und verbessert werden. Im Wesentlichen zielen die Lösungsvorschläge darauf ab, einen Ausgleich der widerstreitenden Interessen zu finden, bevor die Meinungsverschiedenheiten sich zu Streitfragen entwickeln und in teilweise jahrlangen Verfahren durch die Unionsgerichte geklärt werden müssen.

---

14 So beispielsweise § 59 GWB für Auskunftsverlangen des Bundeskartellamtes.

Erster Teil. Der rechtliche Rahmen

Das Recht der Kommission zur Einholung von Auskünften ist primärrechtlich in Art. 337 AEUV verankert. Hiernach ist die Kommission berechtigt, alle für die Erfüllung der ihr übertragenen Aufgaben erforderlichen Auskünfte einzuholen. Diese Berechtigung wird in Bezug auf kartellrechtliche Auskunftsverlangen in Art. 18 ggf. i.V.m. Art. 17 Abs. 1 S. 2 und Abs. 2 VO 1/2003 und Art. 11 FKVO konkretisiert.[15]

Die Ermächtigungen sind in ihrem Wortlaut vergleichbar. So bestimmt Art. 18 Abs. 1 VO 1/2003:

> *„Die Kommission kann zur Erfüllung der ihr durch diese Verordnung übertragenen Aufgaben durch einfaches Auskunftsverlangen oder durch Entscheidung von Unternehmen und Unternehmensvereinigungen verlangen, dass sie alle erforderlichen Auskünfte erteilen."*

Nach Art. 17 Abs. 1 S. 2 VO kann die Kommission im Rahmen einer Sektoruntersuchung

> *„(...) von den betreffenden Unternehmen oder Unternehmensvereinigungen die Auskünfte verlangen, die zur Durchsetzung von Artikel 81 und 82 des Vertrags notwendig sind, und die dazu notwendigen Nachprüfungen vornehmen."*

Über den klarstellenden Verweis in Art. 17 Abs. 2 VO 1/2003 werden insoweit die Auskunftsrechte aus Art. 18 VO 1/2003 für Sektoruntersuchungen für entsprechend anwendbar erklärt.

Mit einer zu Art. 18 VO 1/2003 nahezu identischen Formulierung ermächtigt Art. 11 Abs. 1 FKVO die Kommission zur Einholung von Auskünften im Rahmen von Fusionskontrollverfahren.

> *„Die Kommission kann zur Erfüllung der ihr durch diese Verordnung übertragenen Aufgaben (...) von Unternehmen und Unternehmensvereinigungen durch einfaches Auskunftsverlangen oder durch Entscheidung verlangen, dass sie alle erforderlichen Auskünfte erteilen."*

Art. 11 FKVO ist mit der Novellierung im Jahr 2004 an Art. 18 VO 1/2003 angeglichen worden, sodass sich deren Voraussetzungen im Wesentlichen entsprechen.[16]

---

15 Vgl. u.a. Körber, in: Immenga/Mestmäcker, EU-Wettbewerbsrecht, 5. Aufl. 2012, FKVO Art. 11 Rn. 1; Jungermann, in: Frankfurter Kommentar Kartellrecht, 93. Aufl. 2020, Art. 18 VO 1/2003 Rn. 4.

16 Europäische Kommission, Vorschlag für eine Verordnung des Rates über die Kontrolle von Unternehmenszusammenschlüssen vom 28.01.2003, KOM (2002), 711, Rn. 81.

Vor einer vertieften Betrachtung der Verhältnismäßigkeit derartiger Auskunftsersuchen an Unternehmen, Unternehmensvereinigungen oder sonstige Teilnehmer des europäischen Wirtschaftslebens, werden nachfolgend zunächst ihr Anwendungsbereich sowie ihre formellen und materiell-rechtlichen Rechtmäßigkeitsvoraussetzungen dargestellt.

Erstes Kapitel: Übersicht über die Erlassarten

Wie im Rahmen der Einleitung dargestellt, sind gesetzlich zwei Arten von Auskunftsersuchen vorgesehen: die einfachen Auskunftsverlangen nach den Absätzen 2 der Art. 18 VO 1/2003 und Art. 11 FKVO sowie verbindliche Auskunftsentscheidungen nach deren Absatz 3.[17] Sie unterscheiden sich im Wesentlichen in der Art ihrer Folgen. Für einfache Auskunftsverlangen besteht grundsätzlich keine Beantwortungspflicht. Sollte das Unternehmen jedoch – wenn auch nur teilweise – Auskünfte erteilen, so müssen diese wahrheitsgemäß erfolgen und dürfen nicht einzeln oder in ihrer Zusammenschau irreführend sein. Dies folgt im Gegenschluss aus Art. 23 Abs. 1 lit. a) VO 1/2003 und Art. 14 Abs. 1 lit. b) FKVO, wonach die Erteilung unrichtiger oder irreführender Angaben mit Bußgeldern bewehrt ist. Auskunftsentscheidungen hingegen sind verbindlich. Auf die Fragen einer solchen Entscheidung ist das Unternehmen verpflichtet zu antworten. Es hat der Kommission fristgemäß vollständige und richtige Auskünfte vorzulegen.[18]

I. Das Verhältnis der Erlassarten zueinander

Die Wahl zwischen einfachem Auskunftsverlangen und verbindlicher Auskunftsentscheidung liegt im pflichtgemäßen Ermessen der Kommission.[19] In vielen Verfahren wird die Ermittlungstätigkeit dabei zunächst, teilweise auch ausschließlich, auf einfache Auskunftsverlangen gestützt.[20] Auf den (direkten) Erlass einer

---

17 Für Sektoruntersuchungen gilt Art. 18 VO 1/2003 i.V.m. Art. 17 Abs. 1 S. 2 und Abs. 2 VO 1/2003. Zur Vereinfachung der Darstellung wird auf Art. 18 VO 1/2003 für Kartellverfahren sowie die über den Verweis in Art. 17 Abs. 1 S. 2, Abs. 2 VO 1/2003 für Sektoruntersuchungen entsprechend geltende Rechtsgrundlage zusammenfassend und einheitlich als Art. 18 VO 1/2003 Bezug genommen.

18 Kommt der Auskunftsadressat dieser Pflicht nicht nach, kann die Kommission nicht nur Bußgelder verhängen, sondern auch Zwangsgelder zur Durchsetzung der Beantwortungspflicht festsetzen, vgl. Art. 23 Abs. 1 lit. b), Art. 24 Abs. 1 lit. d) VO 1/2003 und Art. 14 Abs. 1 lit. b), 15 Abs. 1 lit. a) FKVO.

19 Vgl. EuG, Urt. v. 14.03.2014, T-306/11 (Rn. 49 ff.), ECLI:EU:T:2014:123 – Schwenk Zement. Siehe u.a. auch Bischke, Welchen Anforderungen muss ein Auskunftsbeschluss der EU-Kommission gemäß Art. 18 Abs. 3 VO 1/2003 genügen?, NZKart 2014, 299, 300; York von Wartenburg, in: LMRKM, Kartellrecht, 4. Aufl. 2020, Art. 11 FKVO Rn. 4.

20 Hirsbrunner, in: Groeben/Schwarze/Hatje, Europäisches Unionsrecht, 7. Aufl. 2015, VO (EG) 1/2003 Art. 18 Rn. 7; Ohlhoff, in: MüKo, Wettbewerbsrecht, 3. Aufl. 2020,

Auskunftsentscheidung scheint die Kommission in der Regel dann zurückzugreifen, wenn besondere Umstände eine exakte Beantwortung erforderlich machen, das Unternehmen die Beantwortung verweigert oder begründete Anhaltspunkte dafür bestehen, dass es sie verweigern wird.[21] Ein verpflichtendes Stufenverhältnis zwischen einfachem Auskunftsverlangen und Auskunftsentscheidung besteht dabei jedoch zumindest formell nicht (mehr). Während sowohl Art. 11 VO 17/62 als auch Art. 11 VO 4064/89 noch ein obligatorisches zweistufiges Verfahren vorsahen, wurde diese Differenzierung mit der Novellierung der Kartellverfahrensordnung im Jahr 2003 sowie der Novellierung der FKVO in Jahr 2004 aufgegeben.[22] Nunmehr findet sich im Wortlaut des Art. 18 VO 1/2003 ebenso wie in Art. 11 FKVO die Ermächtigung, die erforderlichen Auskünfte wahlweise *„durch einfaches Auskunftsverlangen oder durch Entscheidung"* zu verlangen.[23] Im Gegensatz zur früheren Rechtslage ist die Kommission nach dem reinen Wortlaut der Normen daher berechtigt, unmittelbar Auskunftsentscheidungen zu erlassen, ohne den Erfolg eines vorherigen einfachen Auskunftsverlangens abzuwarten.[24]

Ob die Neufassungen der Ermächtigungen tatsächlich zu einer vollständigen Abschaffung des Stufenverhältnisses geführt haben bzw. führen konnten, wird in der Literatur zumindest auf den ersten Blick nicht einheitlich beurteilt.[25] Jedoch

---

Art. 11 FKVO Rn. 21. So auch Kizil, Strafrechtliche Verfahrensgarantien im europäischen und deutschen Wettbewerbsrecht, 2015, S. 54.

21 Siehe Hirsbrunner, in: Groeben/Schwarze/Hatje, Europäisches Unionsrecht, 7. Aufl. 2015, VO (EG) 1/2003 Art. 18 Rn. 7.

22 Statt aller m.w.N. Hacker, in: Groeben/Schwarze/Hatje, Europäisches Unionsrecht, 7. Aufl. 2015, VO (EG) 139/2004 Art. 11 Rn. 8. Siehe zur alten Rechtslage u.a. EuG, Urt. v. 09.11.1994, T-46/92 (Rn. 30), ECLI:EU:T:1994:267 – Scottish Football und EuG, Urt. v. 08.03.1995, T-34/93 (Rn. 38), ECLI:EU:T:1995:46 – Société Générale.

23 Art. 18 Abs. 1 VO 1/2003 sowie Art. 11 Abs. 1 FKVO (Hervorhebung hinzugefügt).

24 U.a. Hennig, in: Immenga/Mestmäcker/Körber, Wettbewerbsrecht, 6. Aufl. 2019, Art. 18 VO 1/2003 Rn. 18. Siehe zur früheren Vorgehensweise nach Art. 11 VO 17/62 EuG, Urt. v. 09.11.1994, T-46/92 (LS 3, Rn. 30), ECLI:EU:T:1994:267 – Scottish Football (*„Artikel 11 der Verordnung Nr. 17 schreibt für die Ausübung der Befugnis der Kommission, von einem Unternehmen oder einer Unternehmensvereinigung die Auskünfte zu verlangen, die sie für erforderlich hält, ein zweistufiges Verfahren vor, dessen zweiter Abschnitt, in dem die Kommission eine Entscheidung erlässt, die die geforderten Auskünfte bezeichnet, erst eingeleitet werden kann, wenn der erste Abschnitt, in dem die Kommission ein Auskunftsverlangen versendet, ohne Erfolg geblieben ist."*) sowie nahezu wortgleich EuG, Urt. v. 08.03.1995, T-34/93 (Rn. 38 m.w.N.), ECLI:EU:T:1995:46 – Société Générale. Zu ebendieser nach Art. 11 VO 4064/89 Völcker, in: Frankfurter Kommentar Kartellrecht, 93. Aufl. 2020, Art. 11 FKVO Rn. 16.

25 Das gleichberechtigte Verhältnis der Auskunftsformen bejahend u.a. Bronett (Hrsg.), Europäisches Kartellverfahrensrecht, 2. Aufl. 2012Art. 18 Rn. 1; Miersch, in: Dahlheimer/Feddersen/Miersch, EU-Kartellverfahrensverordnung, 2005, Art. 18 VO

scheinen sich auch die ablehnenden Stimmen nicht gegen eine Abschaffung des obligatorischen Charakters des zweistufigen Verfahrens zu stellen, die aus der Gesetzesänderung folgt. So wird vielmehr eine Art fakultatives Stufenverhältnis gefordert, bei dem ein direkter Erlass einer Auskunftsentscheidung *„unter den gegebenen Umständen opportun erschein[en muss]"*.[26] Ähnlich verlangen *Sauer/Vollrath*, dass die Kommission *„überhaupt einen einzelfallbezogenen, plausiblen Grund hat, direkt im Wege einer Auskunftsentscheidung vorzugehen"*.[27] *Hirsbrunner* konkretisiert dies und fordert für den unmittelbaren Erlass einer Auskunftsentscheidung, dass die Kommission *„begründeten Anlass zur Annahme hat, dass das befragte Unternehmen nicht kooperationsbereit ist"* und daher *„die Einholung von Auskünften durch einfaches Auskunftsverlangen von vornherein aussichtslos erscheint"*.[28] Auch *Sura*, der besonders kritisiert, dass weder den Erwägungsgründen noch den Gesetzesmaterialien eine Abkehr von der Zweistufigkeit und ein Übergang zur *„Einräumung eines echten Wahlrechts"* zu entnehmen sei,[29] spricht an späterer Stelle lediglich davon, dass am bisherigen Stufenverhältnis festzuhalten sei, wenn keine *„zwingende[n] Gründe für den sofortigen Erlass eines förmlichen Auskunftsverlangens (...) vorliegen"* würden.[30] Derartige Erwägungen sowie die dem früheren Stufenverhältnis zugrunde liegenden Wertungen finden auch nach dessen Abschaffung über

---

1/2003 Rn. 1, 5; Hacker, in: Groeben/Schwarze/Hatje, Europäisches Unionsrecht, 7. Aufl. 2015, VO (EG) 139/2004 Art. 11 Rn. 8; Schütz, in: Kölner Kommentar, Kartellrecht, 2017, Art. 18 VO 1/2003 Rn. 2, unter Hinweis darauf, dass die Parallelität der Verfahrensbeschleunigung dienen soll; Ohlhoff, in: MüKo, Wettbewerbsrecht, 3. Aufl. 2020, Art. 11 FKVO Rn. 21; Körber, in: Immenga/Mestmäcker/Körber, Wettbewerbsrecht, 6. Aufl. 2019, Art. 11 FKVO Rn. 3; Jungermann, in: Frankfurter Kommentar Kartellrecht, 93. Aufl. 2020, Art. 18 VO 1/2003 Rn. 2; wohl auch Schlussanträge GA Wahl v. 15.10.2015 zu EuGH, Urt. v. 10.03.2016, C-248/14 (29–30), ECLI:EU:C:2015:695 – Schwenk Zement. Weniger eindeutig Barthelmeß/Rudolf, in: LMRKM, Kartellrecht, 4. Aufl. 2020, Art. 18 VO 1/2003 Rn. 17 sowie Hennig, in: Immenga/Mestmäcker/Körber, Wettbewerbsrecht, 6. Aufl. 2019, Art. 18 VO 1/2003 Rn. 18 ff. Kritisch Sura, in: Langen/Bunte, Kartellrecht, 13. Aufl. 2018, Art. 18 VO 1/2003 Rn. 1. Zur a.A. siehe die Fundstellen in den nachfolgenden Fußnoten.

26 Bechtold/Bosch/Brinker (Hrsg.), EU-Kartellrecht, 3. Aufl. 2014, Art. 11 FKVO Rn. 12.

27 Sauer/Vollrath, in: Schulte/Just, Kartellrecht, 2. Aufl. 2016, Art. 18 VO 1/2003 Rn. 32.

28 Hirsbrunner, in: Groeben/Schwarze/Hatje, Europäisches Unionsrecht, 7. Aufl. 2015, VO (EG) 1/2003 Art. 18 Rn. 8. Ähnlich Barthelmeß/Rudolf, in: LMRKM, Kartellrecht, 4. Aufl. 2020, Art. 18 VO 1/2003 Rn. 17, der diskutiert, *„dass der Adressat ein berechtigtes Interesse hat, dass die Kommission nicht ohne jeglichen Grund eine verbindliche Entscheidung erlässt"*, gleichzeitig aber darauf hinweist, dass die Auswahl des Eingriffsmittels mangels Begründungspflicht in der Praxis kaum justiziabel sei.

29 Sura, in: Langen/Bunte, Kartellrecht, 13. Aufl. 2018, Art. 18 VO 1/2003 Rn. 1.

30 Sura, in: Langen/Bunte, Kartellrecht, 13. Aufl. 2018, Art. 18 VO 1/2003 Rn. 3.

die Verhältnismäßigkeit Eingang in die Rechtmäßigkeitsprüfung eines Auskunftsverlangens.[31] Dass die Kommission bei ihrer Ermessensausübung im Rahmen der Wahl der Ermittlungsform an den Grundsatz der Verhältnismäßigkeit gebunden ist, hatte das EuG – in expliziter Abkehr von der insoweit durch die Kommission geäußerten Rechtsansicht – vor nicht allzu langer Zeit nochmals ausdrücklich bestätigt.[32]

II. Abgrenzung zu informellen Informationsanfragen

Die formellen Auskunftsrechte der Kommission sind abzugrenzen von den sog. informellen Informationsanfragen. Die Kommission kann Auskünfte – anders als Nachprüfungen – auch im informellen Wege anfragen. So fallen, mangels Schriftform, beispielsweise mündliche oder fernmündliche Anfragen nicht unter die Voraussetzungen der Art. 18 VO 1/2003 und Art. 11 FKVO.[33] Ebenfalls nicht hierunter zu fassen ist die informelle Versendung von E-Mails. Auch Auskunftsanfragen an Unternehmen außerhalb der Europäischen Union werden mangels Verbindlichkeit und fehlender Sanktionsmöglichkeiten diesem informellen Bereich zugeordnet.[34]

---

31 Siehe hierzu unten Teil 2, Kapitel 3, B.

32 Vgl. EuG, Urt. v. 14.03.2014, T-306/11 (Rn. 49), ECLI:EU:T:2014:123 – Schwenk Zement („*Entgegen der von der Kommission in ihren Schriftsätzen offenbar vertretenen Ansicht ist hervorzuheben, dass die von ihr zu treffende Wahl zwischen einem einfachen Auskunftsverlangen nach Art. 18 Abs. 2 der Verordnung Nr. 1/2003 und einem Auskunftsbeschluss nach deren Art. 18 Abs. 3 der Verhältnismäßigkeitskontrolle unterliegt. Dies folgt zwangsläufig aus der oben in Rn. 47 angeführten Definition des Grundsatzes der Verhältnismäßigkeit, denn nach dieser Definition ist, „wenn mehrere geeignete Maßnahmen zur Auswahl stehen, die am wenigsten belastende zu wählen*"). Siehe auch EuG, Urt. v. 14.03.2014, T-293/11 (Rn. 83 ff.), ECLI:EU:T:2014:127 – Holcim sowie bereits EuGH, Urt. v. 26.06.1980, C-136/79 (Rn. 28 ff.), ECLI:EU:C:1980:169 – National Panasonic, wonach auch die Wahl zwischen einfachem Nachprüfungsauftrag und Nachprüfungsentscheidung von den Erfordernissen einer den Besonderheiten des Einzelfalls angemessenen Untersuchung abhängt. So auch weitgehend in der Literatur siehe statt aller und m.w.N. u.a. Hennig, in: Immenga/Mestmäcker/Körber, Wettbewerbsrecht, 6. Aufl. 2019, Art. 18 VO 1/2003 Rn. 19; Van der Hout/Konrads, in: Berg/Mäsch, Kartellrecht, 3. Aufl. 2018, Art. 18 VO 1/2003 Rn. 34; Barthelmeß/Rudolf, in: LMRKM, Kartellrecht, 4. Aufl. 2020, Art. 18 VO 1/2003 Rn. 17 sowie York von Wartenburg, in: LMRKM, Kartellrecht, 4. Aufl. 2020, Art. 11 FKVO Rn. 4.

33 Siehe u.a Van der Hout/Konrads, in: Berg/Mäsch, Kartellrecht, 3. Aufl. 2018, Art. 18 VO 1/2003 Rn. 12, ebenso Hennig, in: Immenga/Mestmäcker/Körber, Wettbewerbsrecht, 6. Aufl. 2019, Art. 18 VO 1/2003 Rn. 25 m.w.N.

34 Hennig, in: Immenga/Mestmäcker/Körber, Wettbewerbsrecht, 6. Aufl. 2019, Art. 18 VO 1/2003 Rn. 20. Siehe zur Adressierung von Unternehmen außerhalb des Unionsgebiets nochmals unten Teil 1, Kapitel 2, B.

Dass derartige Anfragen der Kommission zulässig sind und sein müssen, ist weitgehend anerkannt und kommissionsrechtliche Praxis.[35] Gesetzliche Bestimmungen insbesondere zur materiell-rechtlichen Ausgestaltung der informellen Informationsanfragen existieren nicht.[36] Spiegelbildlich hierzu kann die teilweise unrichtige oder unvollständige Beantwortung informeller Informationsanfragen jedoch auch nicht unter die Zwangsvorschriften der Art. 23 f. VO 1/2003 und Art. 14 f. FKVO subsumiert werden.[37]

III. Sonstige Ermittlungsmaßnahmen zur Erlangung von Auskünften

Formelle wie informelle Anfragen zur Informationserlangung sind weiter abzugrenzen von Befragungen nach Art. 19 VO 1/2003 und Art. 11 Abs. 7 FKVO sowie nachprüfungsbezogenen Auskunftsverlangen nach Art. 20 Abs. 2 lit. e) VO 1/2003 und Art. 13 Abs. 2 lit. e) FKVO.

Das formelle Ermittlungsinstrument der Befragung wurde mit der Neufassung der Kartellverfahrensverordnung in Art. 19 VO 1/2003 sowie der Novellierung der FKVO in Art. 11 Abs. 7 FKVO eingeführt. Sie ermöglicht der Kommission grundsätzlich die Einholung von Informationen von sämtlichen juristischen und natürlichen Personen unabhängig von der Art ihrer Stellung im Verfahren.[38] Die Befragung zeichnet sich durch die Freiwilligkeit der Kooperation mit der Kommission aus.[39] Ihre Durchführung sowie die spätere Verwertung der zu protokollierenden Aussagen setzt eine Belehrung über die Freiwilligkeit der Auskunftserteilung und eine

35 Kerse/Khan, EU antitrust procedure, 2012, Rn. 3.001. So u.a. auch Röhling, in: Hölters, Handbuch Unternehmenskauf, 9. Aufl. 2019, Kartellrecht (Fusionskontrollverfahren) Rn. 7.335; Sura, in: Langen/Bunte, Kartellrecht, 13. Aufl. 2018, Art. 18 VO 1/2003 Rn. 1. Kritischer Hennig, in: Immenga/Mestmäcker/Körber, Wettbewerbsrecht, 6. Aufl. 2019, Art. 18 VO 1/2003 Rn. 20.

36 Siehe zur informellen Ermittlungstätigkeit Hacker, in: Schröter/Jakob/Klotz/Mederer, Europäisches Wettbewerbsrecht, 2. Aufl. 2014, Art. 11 VO Nr. 139/2004 Rn. 9 f. Zum weiteren Umgang mit den gesetzlich nicht behandelten informellen Informationsanfragen unten Teil 1, Kapitel 3, A.III sowie Kapitel 4, B. I. und II.

37 Barthelmeß/Rudolf, in: LMRKM, Kartellrecht, 4. Aufl. 2020, Art. 18 VO 1/2003 Rn. 60.

38 Vgl. Bechtold/Bosch/Brinker (Hrsg.), EU-Kartellrecht, 3. Aufl. 2014, Art. Art. 19 VO 1/2003 Rn. 1 f. und Ohlhoff, in: MüKo, Wettbewerbsrecht, 3. Aufl. 2020, Art. 11 FKVO Rn. 31 sowie zur praktischen Bedeutung der Vorschrift Barthelmeß/Rudolf, in: LMRKM, Kartellrecht, 4. Aufl. 2020, Art. 19 VO 1/2003 Rn. 3.

39 Van der Hout/Konrads, in: Berg/Mäsch, Kartellrecht, 3. Aufl. 2018, Art. 19 VO 1/2003 Rn. 1; York von Wartenburg, in: LMRKM, Kartellrecht, 4. Aufl. 2020, Art. 11 FKVO Rn. 2.

dementsprechende Zustimmung durch die befragte Person voraus.[40] Zudem muss die Kommission, ebenso wie bei den anderen förmlichen Ermittlungsinstrumenten der VO 1/2003 und FKVO, vor dem Einsatz der Befragung bereits im Besitz von Informationen sein, die eine diesbezügliche Ermittlung rechtfertigen.[41] Mechanismen zur Durchsetzung der richtigen und vollständigen Beantwortung bzw. zur Sanktionierung falscher oder irreführender Angaben stehen der Kommission nicht zur Verfügung.[42] Ein vergleichbares Fragerecht gewähren Art. 20 Abs. 2 lit. e) VO 1/2003 und Art. 13 Abs. 2 lit. e) FKVO.[43] Ausdrücklich geregelt ist das Verhältnis der beiden Normen zueinander nicht. Es ist davon auszugehen, dass es sich bei Letzteren um Spezialvorschriften für die Dauer einer Nachprüfungsmaßnahme der Kommission handelt, während Art. 19 VO 1/2003 bzw. Art. 11 Abs. 7 FKVO die Ermächtigungen für Befragungen außerhalb solcher Maßnahmen darstellen.[44]

Beide Maßnahmen stehen trotz ihrer Bezeichnung inhaltlich nicht in engem Zusammenhang mit den Auskunftsrechten und folgen unterschiedlichen Anforderungen und Voraussetzungen. Vor diesem Hintergrund wird auf eine tiefergehende Auseinandersetzung mit den hiermit einhergehenden gesonderten Sachverhaltskonstellationen und Problemstellungen verzichtet.

---

40 Vgl. Erwägungsgrund 3 und Art. 3 Abs. 1 VO (EG) Nr. 773/2004 vom 7. April 2004 über die Durchführung von Verfahren auf der Grundlage der Artikel 81 und 82 EG-Vertrag durch die Kommission, wonach die Kommission zu Beginn der Befragung über die Rechtsgrundlage, den Gegenstand sowie den Zweck der Befragung aufklärt. Siehe hierzu auch Burrichter/Hennig, in: Immenga/Mestmäcker/Körber, Wettbewerbsrecht, 6. Aufl. 2019, Art, 19 VO 1/2003 Rn. 13 f.

41 Vgl. Hirsbrunner, in: Groeben/Schwarze/Hatje, Europäisches Unionsrecht, 7. Aufl. 2015, VO (EG) 1/2003 Art. 19 Rn. 3; Sura, in: Langen/Bunte, Kartellrecht, 13. Aufl. 2018, Art. 19 VO 1/2003 Rn. 3; Bischke/Neideck, in: MüKo, Wettbewerbsrecht, 3. Aufl. 2020, Art. 19 VO 1/2003 Rn. 10; Bechtold/Bosch/Brinker (Hrsg.), EU-Kartellrecht, 3. Aufl. 2014, Art. Art. 11 FKVO Rn. 19.

42 Vgl. Art. 23, 24 VO 1/2003 sowie Art. 14, 15 FKVO, die auf die Befragung nach Art. 19 VO 1/2003 sowie Art. 11 Abs. 7 FKVO keinen Bezug nehmen.

43 Wörtlich das Recht die Abgabe von *„Erläuterungen zu Sachverhalten [Tatsachen] oder Unterlagen zu verlangen, die mit Gegenstand und Zweck der Nachprüfung in Zusammenhang stehen, und ihre Antworten aufzuzeichnen [zu Protokoll zu nehmen]“*, vgl. Art. 20 Abs. 2 lit. e) VO 1/2003 und Art. 13 Abs. 2 lit. e) FKVO.

44 Bischke/Neideck, in: MüKo, Wettbewerbsrecht, 3. Aufl. 2020, Art. 19 VO 1/2003 Rn. 8. Siehe hierzu auch Ohlhoff, in: MüKo, Wettbewerbsrecht, 3. Aufl. 2020, Art. 13 FKVO Rn. 10, der von einer Verbindung von Elementen der allgemeinen Befragung sowie der Auskunftsrechte spricht.

Zweites Kapitel: Der Anwendungsbereich kartellrechtlicher Auskunftsersuchen

A. Der sachliche Anwendungsbereich

I. Kartellverfahren

Einer der Hauptanwendungsbereiche von Auskunftsersuchen sind bußgeldbewährte Verfahren nach der VO 1/2003 zur Aufklärung konkreter Wettbewerbsverstöße. Die sog. Kartellverfahren gliedern sich in zwei aufeinanderfolgende Phasen: eine Ermittlungsphase – das sog. Voruntersuchungsverfahren – sowie den darauf folgenden kontradiktorischen Teil des Verfahrens – die sog. Beschlussphase.[45] Die Beschlussphase wird durch den Erlass der Mitteilung der Beschwerdepunkte eingeleitet.[46]

Auskunftsersuchen der Kommission sind vorwiegend dem ersten Verfahrensabschnitt zuzuordnen. Im Rahmen der Voruntersuchung ist es Aufgabe der Kommission, die relevanten Argumente für oder gegen das Vorliegen eines Wettbewerbsverstoßes zu untersuchen und zusammenzutragen.[47] Hieraus ergibt sich jedoch nicht, dass die Kommission ihre Ermittlungstätigkeiten auf diesen Abschnitt beschränken muss. Vielmehr nimmt die Kommission mit bzw. bis zum Erlass der Beschwerdepunkte lediglich eine Ausrichtung des Verfahrens und dessen weiteren Ablaufs vor.[48] Unter Bestätigung durch die ständige Rechtsprechung der Unionsgerichte ist es der Kommission auch nach diesem Zeitpunkt uneingeschränkt möglich, alle erforderlichen Auskünfte einzufordern, die ihr eine abschließende Äußerung zu den untersuchten Verhaltensweisen ermöglichen.[49]

---

45 Vgl. EuG, Urt. v. 08.07.2008, T-99/04 (Rn. 47), ECLI:EU:T:2008:256 – AC-Treuhand; EuG, Urt. v. 25.11.2014, T-402/13 (Rn. 77), ECLI:EU:T:2014:991 – Orange.

46 Van der Hout/Wiemer, in: Berg/Mäsch, Kartellrecht, 3. Aufl. 2018, vor Art. 23 f. VO 1/2003 Rn 12.

47 EuG, Urt. v. 25.11.2014, T-402/13 (77), ECLI:EU:T:2014:991 – Orange. Siehe auch EuGH, Urt. v. 18.10.1989, C-374/87 (Rn. 21), ECLI:EU:C:1989:387 – Orkem, wonach der *„Zweck des Voruntersuchungsverfahrens (...) ausschließlich darin besteht, es der Kommission zu ermöglichen, die Auskünfte einzuholen und sich die Unterlagen zu beschaffen, die erforderlich sind, um das Vorliegen und die Bedeutung einer bestimmten Sach- und Rechtslage prüfen zu können"*.

48 Miersch, in: Dahlheimer/Feddersen/Miersch, EU-Kartellverfahrensverordnung, 2005, vor Art. 17 VO 1/2003 Rn. 3.

49 Nach Auffassung der Gerichte sind Auskunftsersuchen auch zum späten Zeitpunkt unbeschränkt einsetzbar, vgl. jüngst EuGH, Urt. v. 28.01.2021, C-466/19 (Rn. 66 ff.),

II. Sektoruntersuchungen

Die Ermittlungstätigkeit der Kommission bei der Durchführung von Sektoruntersuchungen nach Art. 17 VO 1/2003 liegt schwerpunktmäßig auf der Versendung von Auskunftsersuchen. Sektoruntersuchungen stellen, anders als Kartellverfahren, keine repressiven Ermittlungsverfahren dar.[50] Es handelt sich um flächendeckende Untersuchungen einzelner Wirtschaftszweige oder bestimmter Arten von Vereinbarungen.[51] Derartige Marktuntersuchungen können unterschiedliche Ziele verfolgen, beispielsweise die Überwachung von Märkten, die Aufdeckung von Wettbewerbshindernissen sowie die Überprüfung der Umsetzung spezieller Rechtsakte oder die Erforderlichkeit ihres Erlasses.[52] Auch dienen Sektoruntersuchungen der Erlangung von Wissen über die Charakteristika und Funktionsweisen einzelner Märkte.[53]

Die Voraussetzungen, welche die VO 1/2003 an die Einleitung einer Sektoruntersuchung stellt, sind niedriger als bei spezifischen Kartellverfahren. Art. 17 Abs. 1 VO 1/2003 verlangt, *„dass die Entwicklung des Handels zwischen Mitgliedstaaten, Preisstarrheiten oder andere Umstände vermuten lassen, dass der Wettbewerb im Gemeinsamen Markt möglicherweise eingeschränkt oder verfälscht ist“*.[54] Anders

---

ECLI:EU:C:2021:76 – Qualcom sowie u.a. EuG, Urt. v. 25.11.2014, T-402/13 (Rn. 77), ECLI:EU:T:2014:991 – Orange sowie EuGH, Urt. v. 29.09.2011, C-521/09 (Rn. 113), ECLI:EU:C:2011:620 – Elf Aquitaine. Siehe zudem Miersch, in: Dahlheimer/Feddersen/Miersch, EU-Kartellverfahrensverordnung, 2005, vor Art. 17 VO 1/2003 Rn. 3 und Van der Hout/Konrads, in: Berg/Mäsch, Kartellrecht, 3. Aufl. 2018, Art. 18 VO 1/2003 Rn. 3.

50 Bronett, Sektoruntersuchungen, WuW 2010, 258, 263.

51 Vgl. Art. 17 Abs. 1 VO 1/2003.

52 Siehe u.a. Pressemitteilung der Kommission vom 30. Januar 2004 über die Einleitung einer Sektoruntersuchung im Bereich New Media I, IP/04/134 sowie vom 13. Juni 2005 über die Einleitung einer Sektoruntersuchung auf den Gas- und Strommärkten, IP/05/716.

53 Kommission, Weißbuch der Kommission über die Modernisierung der Vorschriften zur Anwendung der Art. 85 und 86 EG, Rn. 1 ff., 115, wonach durch die Einführung des Legalausnahmeprinzips im Rahmen der VO 1/2003 ein Transparenz- und Informationsverlust befürchtet wurde, der über erweiterte Ermittlungsbefugnisse der Kommission auszugleichen war. Siehe hierzu Europäische Kommission, Mitteilung an das Europäische Parlament und den Rat – Bericht über das Funktionieren der Verordnung (EG) Nr. 1/2003 des Rates v. 29. April 2009, Rn. 106.

54 Vgl. Jungermann, in: Frankfurter Kommentar Kartellrecht, 93. Aufl. 2020, Art. 17 VO 1/2003 Rn. 26 f. m.w.N. auf den Streitstand, ob mit der Aufnahme des durch die VO 1/2003 eingeführten Zusatz *„möglicherweise eingeschränkt oder verfälscht“* eine zusätzliche Abschwächung der Voraussetzungen gegenüber der Vorgängerregelung Art. 12 VO 17/62 eingeführt wurde.

als für die Einleitung eines bußgeldbewährten Kartellverfahrens setzt ein Tätigwerden der Kommission nach Art. 17 VO 1/2003 keinen Anfangsverdacht eines Wettbewerbsverstoßes voraus.

III. Fusionskontrollverfahren

Schließlich spielen Auskunftsersuchen nach Art. 11 FKVO auch im Rahmen von Fusionskontrollverfahren eine wichtige Rolle.[55] Im Wege eines präventiven Prüfungsverfahrens[56] untersucht die Kommission vor der Freigabe eines Zusammenschlusses dessen zu erwartende Auswirkungen auf den Markt, um den freien Wettbewerb zu schützen.[57] Dabei stützt sie sich nicht nur auf die Angaben der Parteien aus der Anmeldung des beabsichtigten Vorhabens. Zur Ermöglichung einer umfassenden Bewertung holt die Kommission regelmäßig auch im Wege eigener Ermittlungen weitere Informationen u.a. zu den Hintergründen der beabsichtigten Konzentration, den Parteien sowie den Marktkonditionen ein.

Anders als bei Verfahren nach der VO 1/2003 handelt es sich bei Verfahren unter der FKVO in aller Regel um solche, die von den Partien und späteren Auskunftsadressaten selbst angestrengt werden. So geht es bei der allgemeinen Fusionskontrolle – Verfahren zur Aufklärung von Verstößen gegen verfahrensrechtliche Vorgaben der FKVO sind hiervon auszunehmen – nicht um die Aufdeckung und ggf. Ahndung potentieller (Wettbewerbs-)Verstöße und damit in aller Regel auch nicht um einen für die betroffenen Unternehmen negativen Verfahrensabschluss.[58] Vielmehr haben die Beteiligten eines Zusammenschlussvorhabens ein besonderes Interesse an der schnellen Freigabe durch die Kommission, um den Zusammenschluss vollziehen zu können. Entsprechend liegt die zeitnahe Beantwortung – anders als in Kartellverfahren und Sektoruntersuchungen – zumindest auch im eigenen Interesse der Zusammenschlussbeteiligten. Dieser Unterschied der hinter den jeweiligen Verfahren stehenden Erwägungen und Wertungen wirkt sich auf die tatsächliche Ausgestaltung der an sich wortgleichen Art. 18 VO 1/2003 und Art. 11 FKVO in der praktischen Umsetzung aus. Sie werden im Verlauf der Arbeit immer wieder Gegenstand der Diskussionen sein.

---

55 DG Competition, Guidance on the preparation of public versions of Commission Decisions adopted under the Merger Regulation, Rn. 27.

56 Vgl. Artikel 4 FKVO, nach dem ein Zusammenschlussvorhaben im Anwendungsbereich der FKVO vor dessen Vollzug anzuzeigen ist. Damit einhergehend normiert Art. 7 FKVO ein Verbot Zusammenschlüsse vor einer Freigabe durch die Kommission zu vollziehen. Verstöße hiergegen sind nach Art. 14 Abs. 2 lit. a) und b) FKVO bußgeldbewährt.

57 Vgl. Art. 2 Abs. 1 FKVO („Zusammenschlüsse im Sinne dieser Verordnung sind nach Maßgabe der Ziele dieser Verordnung und der folgenden Bestimmungen auf ihre Vereinbarkeit mit dem Gemeinsamen Markt zu prüfen.“).

58 Schütz, in: Kölner Kommentar, Kartellrecht, 2017, Art. 11 FKVO Rn. 3.

Das Fusionskontrollverfahren steht zudem unter dem Gebot der Beschleunigung.[59] Hierdurch soll dem Spannungsverhältnis zwischen den Ermittlungspflichten und -bedürfnissen der Kommission und dem Interesse der Parteien an einem zeitnahen Zusammenschluss Rechnung getragen werden.[60] Ein gewisses Maß an Planungssicherheit wird dabei durch strenge Fristenvorgaben sichergestellt. Nach Art. 10 Abs. 1 FKVO wird der beabsichtigte Zusammenschluss im Vorprüfungsverfahren, sog. Phase 1, innerhalb von regelmäßig 25 Werktagen auf wettbewerbsrechtliche Bedenken hinsichtlich seiner Vereinbarkeit mit dem Markt untersucht. Bestehen ernsthafte Bedenken und lassen sich diese nicht durch Zusagen, Auflagen oder Bedingungen ausräumen, eröffnet die Kommission das Hauptprüfverfahren, die sog. Phase 2. Innerhalb von nunmehr 90 Werktagen unterzieht sie das Zusammenschlussvorhaben einer detaillierten und in der Praxis meist sehr intensiven sowie für Kommission und Unternehmen gleichermaßen aufwendigen Prüfung.[61]

B. Der räumliche Anwendungsbereich

Die Ermittlungsrechte der Kommission erfassen unproblematisch die Untersuchung von Sachverhalten, die im Gemeinschaftsgebiet verwirklicht werden. Für Sachverhalte, die durch Unternehmen außerhalb der Europäischen Union begangen werden, ist zu differenzieren.

I. Ermittlung außereuropäischer Verhaltensweisen nur im Ausnahmefall

Unter bestimmten Voraussetzungen können die europäischen Wettbewerbsregeln und damit auch die Ermittlungsrechte der Kommission auf kartellrechtswidrige Verhaltensweisen im Ausland angewendet werden. Im Laufe der Jahre haben sich insoweit drei Anknüpfungspunkte für die extraterritoriale Geltung des europäischen Wettbewerbsrechts herausgebildet:

(1) Das Prinzip der wirtschaftlichen Einheit oder ***single economic entity (SEE) doctrine***, welche die persönliche Anwendung des Wettbewerbsrechts auf

59 Saulnier/Mudrony, in: Berg/Mäsch, Kartellrecht, 3. Aufl. 2018, Vorb. zu Art. 7-10 FK-DVO Rn. 1 f.; vgl. u.a. auch EuGH, Urt. v. 18.12.2007, C-202/06 (Rn. 36, 39), ECLI:EU:C:2007:814 – Cementbouw; EuGH, Urt. v. 25.09.2003, C-170/02 (Rn. 33), ECLI:EU:C:2003:501 – Schlüsselverlag J.S. Moser u.a.

60 Soltész/Köckritz, Europäische Fusionskontrolle aus der Sicht betroffener „Dritter“, BB 2009, 286, 287.

61 Vgl. Art. 10 Abs. 2 und 3 FKVO. Siehe auch Soltész/Köckritz, Europäische Fusionskontrolle aus der Sicht betroffener „Dritter“, BB 2009, 286, 288.

Unternehmen ermöglicht, die eine Tochtergesellschaft oder eine Muttergesellschaft auf dem Gebiet der Europäischen Union haben.[62]

(2) Das Durchführungsprinzip oder ***implementation doctrine***, nach der das europäische Wettbewerbsrecht Anwendung findet, wenn das zu beanstandende Verhalten zwar im Ausland stattfindet, jedoch im Gebiet der Union umgesetzt wird.[63] So wurde die Umsetzung einer Preisfestsetzungsvereinbarung zwischen Unternehmen außerhalb der Union beispielsweise durch den Verkauf dieser Produkte innerhalb des Unionsgebiets angenommen.[64] Später wurde die *implementation doctrine* auch angewendet, um eine europäische Zuständigkeit nach der FKVO im Zusammenhang mit grenzüberschreitenden Fusionstransaktionen zu begründen.[65]

(3) Das Auswirkungsprinzip oder ***qualified effects doctrine***, nach der die europäischen Wettbewerbsregeln auf solche Konstellationen Anwendung finden, die sich *„vorhersehbar, wesentlich und unmittelbar"* auf das Unionsgebiet auswirken können.[66] Es ist nicht erforderlich, dass diese Effekte auch tatsächlich eingetreten sind.[67] Das Auswirkungsprinzip ist nach der

---

62 Bereits EuGH, Urt. v. 14.07.1972, C-48/69 (Rn. 132/135), ECLI:EU:C:1972:70 – ICI.

63 Soweit ersichtlich erstmals im Jahr 1988 angewendet, vgl. EuGH, Urt. v. 27.09.1988, C-89/85 u.a. (LS 1), ECLI:EU:C:1988:447 – Ahlström Osakeyhtiö u.a. ("*The Community's jurisdiction to apply its competition rules to such conduct is covered by the territoriality principle as universally recognized in public international law. Under the rules against agreements, decisions or concerted practices, the decisive factor is where the agreement, decision or concerted practice is implemented rather than where it is formed. It is immaterial whether or not the producers had recourse to subsidiaries, agents, sub-agents, or branches within the Community in order to make their contacts with purchasers within the Community.*").

64 Über diesen Weg habe die Preisabsprache zu einem Preisanstieg auf dem europäischen Markt geführt und damit den Wettbewerb beeinträchtigt. Seinen Sitz hatte keines der betroffenen Unternehmen innerhalb der EU und keines von ihnen hatte eine Tochtergesellschaft in einem der Unionsstaaten. Es war daher nicht möglich, den SEE-Test durchzuführen. In seinem Urteil entschied der EuGH, dass nach dem Recht der Europäischen Union eine wettbewerbswidrige Preisfestsetzungsvereinbarung zwischen Unternehmen außerhalb des Unionsgebiets bei Umsetzung innerhalb der Grenzen dennoch in die Zuständigkeit der Europäischen Union falle, vgl. EuGH, Urt. v. 27.09.1988, C-89/85 u.a. (Rn. 1 ff.), ECLI:EU:C:1988:447 – Ahlström Osakeyhtiö u.a.

65 EuG, Urt. v. 25.03.1999, T-102/96 (Rn. 87 f.), ECLI:EU:T:1999:65 – Gencor.

66 EuG, Urt. v. 12.07.2018, T-441/14 (Rn. 106, 109), ECLI:EU:T:2018:453 – Brugg Kabel. Grundlegend bereits EuGH, Urt. v. 27.09.1988, C-89/85 u.a. (Rn. 15 ff.), ECLI:EU:C:1988:447 – Ahlström Osakeyhtiö u.a. Zum Auswirkungsprinzip und insbesondere dessen völkerrechtlicher Rechtfertigung Kling, in: Kling/Thomas, Kartellrecht, 2. Aufl. 2016, § 4. Rn. 24 f.

67 EuG, Urt. v. 12.06.2014, T-286/09 (Rn. 251), ECLI:EU:T:2014:547 – Intel.

europäischen Rechtsprechung unabhängig von der Frage der Umsetzung der Verhaltensweise im Unionsgebiet zu beurteilen; es handelt sich um alternative Vorgehensweisen.[68]

II. Möglichkeiten der Erlangung von Informationen im außereuropäischen Ausland

Hiervon zu unterscheiden ist die Frage, wo die Kommission die hierfür erforderlichen Ermittlungshandlungen vornehmen darf. Entsprechend des Umfangs sowie der Reichweite ihrer Ermittlungsbefugnisse ist die Kommission befugt, im gesamten Unionsgebiet Auskünfte einzuholen. Der Adressat eines Ersuchens muss folglich seinen Sitz im Europäischen Hoheitsgebiet haben.[69] Die Versendung von Auskunftsverlangen an Adressaten mit Sitz außerhalb der Grenzen der Europäischen Union ist jedoch – unter Beachtung des völkerrechtlichen Souveränitätsprinzips – nicht ausgeschlossen und wird auch routinemäßig durchgeführt.[70] Hierfür existieren mehrere Möglichkeiten. So können Kooperationsabkommen zwischen der Europäischen Union und Drittstaaten bestehen, die eine Versendung wettbewerbsrechtlicher Auskunftsersuchen an außereuropäische Unternehmen ermöglichen.[71] Auch besteht die Möglichkeit, einfache Auskunftsverlangen – ohne Hinweis auf Sanktionsfolgen – in der Hoffnung auf eine freiwillige Beantwortung an Unternehmen im Ausland zu richten.[72] Dass die Unternehmen auch ohne

---

68 EuGH, Urt. v. 06.09.2017, C-413/14 (Rn. 40 ff.), ECLI:EU:C:2017:632 – Intel; Komm., E. v. 18.07.2018 (AT.40099, Rn. 1361) – Google Android.

69 Jungermann, in: Frankfurter Kommentar Kartellrecht, 93. Aufl. 2020, Art. 18 VO 1/2003 Rn. 14; Barthelmeß/Rudolf, in: LMRKM, Kartellrecht, 4. Aufl. 2020, Art. 18 VO 1/2003 Rn. 20.

70 Van der Hout/Seitz, in: Berg/Mäsch, Kartellrecht, 3. Aufl. 2018, Vor Art. 17 ff. VO 1/2003 Rn. 14.

71 Auflistung der bilateralen Abkommen abrufbar unter http://ec.europa.eu/competition/international/bilateral. Innerhalb des Europäischen Wirtschaftsraums kann die Kommission an Unternehmen mit Sitz in den EFTA-Staaten Auskunftsverlangen versenden, Art. 8 Abs. 1 und 2 Protokoll 23 über die Zusammenarbeit zwischen den Überwachungsorganen. Siehe hierzu auch Van der Hout/Seitz, in: Berg/Mäsch, Kartellrecht, 3. Aufl. 2018, Vor Art. 17 ff. VO 1/2003 Rn. 16.

72 In der Praxis werden Auskunftsersuchen häufig in Asien, den USA oder der Schweiz zugestellt, vgl. Zeise, Europäische Fusionskontrolle, in: Schulte/Crede (Hrsg.), Handbuch Fusionskontrolle, Rn. 2167. Siehe hierzu auch Hirsbrunner, in: Schröter/Jakob/Klotz/Mederer, Europäisches Wettbewerbsrecht, 2. Aufl. 2014, Kapitel V – Ermittlungsbefugnisse, Art. 18 VO 1/2003 Rn. 3 sowie Bischke/Neideck, in: MüKo, Wettbewerbsrecht, 3. Aufl. 2020, Art. 18 VO 1/2003 Rn. 10. Zweifelnd in Bezug auf die völkerrechtliche Zulässigkeit Völcker, in: Frankfurter Kommentar Kartellrecht,

drohende Zwangs- oder Bußgelder die angefragten Auskünfte erteilen, ist in der Praxis nicht ungewöhnlich.[73] Die grundsätzliche Kooperationswilligkeit und die Bereitschaft bei Ermittlungen der Kommission weitest möglich zu unterstützen ist regelmäßig Teil der unternehmenspolitischen Grundsätze.[74] Gerade im Rahmen von Fusionskontrollverfahren wird die Kooperationsbereitschaft zudem vielfach aus eigenen Interessen der Unternehmen gespeist, die an dem beabsichtigten Zusammenschlussvorhaben beteiligt und daher an einem schnellen Abschluss der Prüfung durch die Kommission interessiert sind.[75]

Hat ein Unternehmen mit Sitz im außereuropäischen Ausland Tochtergesellschaften oder Niederlassungen innerhalb des Unionsgebiets, so kann die Kommission zudem an diese Unternehmen (auch verbindliche) Auskunftsersuchen adressieren, sofern sie selbst über die angeforderten Informationen verfügen.[76] Selbiges gilt sofern lediglich die Muttergesellschaft im Zuständigkeitsbereich der Kommission niedergelassen ist und selbst Verfügungsgewalt über die angefragten Informationen hat.[77] Hiervon zu unterscheiden ist die Situation, in der sich die relevanten Informationen oder Dokumente nicht innerhalb des Verfügungsbereichs des Adressaten im Unionsgebiet befinden. Handelt es sich um Informationen oder Dokumente, die offensichtlich einem im außereuropäischen Ausland niedergelassenen Teilbereiche des Konzerns (Mutter- oder Tochterunternehmen) zuzuordnen sind, bestehen Zweifel an der Zulässigkeit einer derartigen Vorgehensweise.[78] Wie weit die Pflicht zur Informationsbeschaffung eines Konzernunternehmens tatsächlich reicht, wird im Rahmen der Verhältnismäßigkeit der Maßnahme vertiefend diskutiert.[79]

---

93. Aufl. 2020, Art. 11 FKVO Rn. 8 sowie Kerse/Khan, EU antitrust procedure, 2012, S. 138 f. (3-061).

73 Siehe u.a. Hirsbrunner, in: Schröter/Jakob/Klotz/Mederer, Europäisches Wettbewerbsrecht, 2. Aufl. 2014, Kapitel V – Ermittlungsbefugnisse, Art. 18 VO 1/2003 Rn. 3 und Bischke/Neideck, in: MüKo, Wettbewerbsrecht, 3. Aufl. 2020, Art. 18 VO 1/2003 Rn. 10.

74 So auch Barthelmeß/Rudolf, in: LMRKM, Kartellrecht, 4. Aufl. 2020, Art. 18 VO 1/2003 Rn. 20.

75 Siehe hierzu bereits oben Teil 1, Kapitel 2, A.III.

76 Siehe hierzu Kellerbauer, in: Berg/Mäsch, Kartellrecht, 3. Aufl. 2018, Art. 11 FKVO Rn. 6; Van der Hout/Seitz, in: Berg/Mäsch, Kartellrecht, 3. Aufl. 2018, Vor Art. 17 ff. VO 1/2003 Rn. 15; Kerse/Khan, EU antitrust procedure, 2012, S. 139 (3-062).

77 Hennig, in: Immenga/Mestmäcker/Körber, Wettbewerbsrecht, 6. Aufl. 2019, Art. 18 VO 1/2003 Rn. 15.

78 Siehe hierzu Grave/Barth, Von „Dawn Raids“ zu „eRaids“, EuZW 2014, 369, 374 sowie Sauer/Vollrath, in: Schulte/Just, Kartellrecht, 2. Aufl. 2016, Art. 18 VO 1/2003 Rn. 16 f. m.w.N.

79 Siehe hierzu ausführlich Teil 2, Kapitel 4, D.II.

C. Der zeitliche Anwendungsbereich

Die Auskunftsrechte der Kommission sind in zeitlicher Hinsicht weitreichend. Sie sind nicht auf bestimmte Phasen der Ermittlungsverfahren beschränkt.[80] Auch kann die Kommission ihre Auskünfte unabhängig davon einfordern, ob sie innerhalb oder außerhalb der zeitlichen Umgrenzung des untersuchten Sachverhaltes liegen.[81] Ebenso ist es grundsätzlich ohne Relevanz, ob die Ermächtigungsgrundlage oder gar das europäische Wettbewerbsrecht generell zum Zeitpunkt der eingeforderten Auskunft bereits anwendbar waren.[82] Argumentiert wird damit, dass auch vor oder nach diesen Zeiträumen entstandene Informationen Rückschlüsse auf die untersuchten Verhaltensweisen ermöglichen können.[83] Selbiges gilt für die Ermittlung des Kontextes und des geschichtlichen Hintergrunds einer Verhaltensweise.[84] Ebenfalls ausreichend kann es sein, dass die vor dem eigentlichen Zeitraum liegenden Informationen eine vorgenommene Auslegung bereits vorhandener Beweise bestätigen oder vorliegende Erkenntnisse präzisieren können.[85]

D. Der potentielle Kreis an Adressaten

Die Kommission kann Auskunftsersuchen sowohl nach der VO 1/2003 als auch nach der FKVO an Unternehmen und Vereinigungen von Unternehmen richten.[86]

Die Auskunftsersuchen sind nach herrschender Meinung nicht auf die Verfahrensbeteiligten als Adressaten beschränkt.[87] Die Formulierung „erforderliche" Auskünfte indiziert, dass auch unbeteiligte Dritte durch die Kommission zur Mitwirkung verpflichtet werden können.[88] Neben Wettbewer-

80 Vgl. Kerse/Khan, EU antitrust procedure, 2012, S. 112 f. (3-013).

81 EuG, Urt. v. 22.03.2012, T-458/09 u.a. (Rn. 51), ECLI:EU:T:2012:145 – Slovak Telekom. Siehe hierzu auch bereits EuG, Urt. v. 14.12.2006, T-259/02 u.a. (Rn. 150 ff.), ECLI:EU:T:2006:396 – Raiffeisen Zentralbank Österreich u.a.

82 EuG, Urt. v. 22.03.2012, T-458/09 u.a. (Rn. 47), ECLI:EU:T:2012:145 – Slovak Telekom. Ähnlich bereits EuGH, Urt. v. 17.10.1989, verb. Rs. C-97/87 – 99/87 (Rn. 63), ECLI:EU:C:1989:380 – Dow Chemical Ibérica u.a.

83 Statt aller Bischke/Neideck, in: MüKo, Wettbewerbsrecht, 3. Aufl. 2020, Art. 18 VO 1/2003 Rn. 12.

84 Vgl. EuG, Urt. v. 22.03.2012, T-458/09 u.a. (Rn. 45), ECLI:EU:T:2012:145 – Slovak Telekom.

85 Siehe Van der Hout/Konrads, in: Berg/Mäsch, Kartellrecht, 3. Aufl. 2018, Art. 18 VO 1/2003 Rn. 23 f.

86 Vgl. Art. 18 Abs. 1 VO 1/2003 sowie Art. 11 Abs. 1 FKVO.

87 Friedmann, Die Geltung rechtsstaatlicher Grundsätze im kartellrechtlichen Bußgeldverfahren der Europäischen Gemeinschaft, 2005, S. 14, 123; Sura, in: Langen/Bunte, Kartellrecht, 13. Aufl. 2018, Art. 18 VO 1/2003 Rn. 8.

88 Bspw. in Komm., E. v. 12.07.2000 (COMP/M.1634) – Mitsubishi Heavy Industries.

bern[89] und den vor- und nachgelagerten Marktstufen[90] kommen hierfür insbesondere auch dienstleistende oder beratende Unternehmen wie Rechtsanwälte[91], Wirtschaftsprüfer oder Steuerberater als Adressaten eines Auskunftsersuchens in Betracht.[92] Voraussetzung ist stets, dass der potentielle Adressat als Unternehmen im Sinne der Art. 101 ff. AEUV zu qualifizieren ist und überhaupt über die gewünschten Informationen verfügen kann.[93] Der Unternehmensbegriff wird insoweit im Sinne eines funktionalen und unionsrechtlichen Verständnisses definiert.[94] Nach den Ausführungen des EuGH umfasst der wettbewerbsrechtliche Unternehmensbegriff *„jede eine wirtschaftliche Tätigkeit ausübende Einheit, unabhängig von ihrer Rechtsform und der Art ihrer Finanzierung"*.[95] Somit können grundsätzlich auch freiberuflich Tätige unter den kartellrechtlichen Unternehmensbegriff des

---

89 So waren im Rahmen der Untersuchung der Gründung eines Gemeinschaftsunternehmens durch Kvaerner ASA (Kvaerner) und A. Ahlstrom Corporation (Ahlstrom) an den Wettbewerber Mitsubishi Heavy Industries Europe Ltd. einfache Auskunftsverlangen sowie eine Auskunftsentscheidung erlassen und deren ungenügende Beantwortung später sanktioniert worden, vgl. Komm., E. v. 12.07.2000 (COMP/M.1634) – Mitsubishi Heavy Industries. Vgl. hierzu auch Komm., E. v. 11.06.2002 (COMP/36571) – Österreichische Banken., Rn. 15, 18.

90 Vgl Komm., E. v. 13.12.1989 (IV/32026) – Bayo-n-ox., Rn. 32 in der die Kommission Auskunftsersuchen an Bayo-n-ox Kunden der betroffenen Bayer AG versandte.

91 So die überwiegende Ansicht, vgl. Barthelmeß/Rudolf, in: LMRKM, Kartellrecht, 4. Aufl. 2020, Art. 18 VO 1/2003 Rn. 19 m.w.N. Dass Rechtsanwälte die erforderliche Unternehmenseigenschaft i.S.d. Art. 101 AEUV aufweisen, hatte der EuGH im Rahmen eines niederländischen Vorabentscheidungsersuchens klargestellt, vgl. EuGH, Urt. v. 19.02.2002, C-309/99 (Rn. 46 ff.), ECLI:EU:C:2002:98 – J. C. J. Wouters u.a.

92 Ihre Angaben erfolgen jedoch in den Grenzen des durch die jeweilige Berufsausübung vermittelten Geheimnisschutzes, bspw. des Anwaltsprivilegs, siehe Teil 1, Kapitel 4, A.II. Siehe zur Informationseinholung von Dritten die Ausführungen in Europäische Kommission, Kontakte mit der Kommission – Anmeldungen, Beschwerden, Nachprüfungen und Ermittlungsbefugnisse im Rahmen der Artikel 85 und 86 des EG-Vertrags, 1997, S. 21; Europäische Kommission, Bekanntmachung der Kommission über bewährte Vorgehensweisen in Verfahren nach Artikel 101 und 102 des AEUV v. 20. Oktober 2011, 32 sowie DG Competition, Best Practices on the conduct of EC merger proceedings v. 20. Januar 2004, 27.

93 Bechtold/Bosch/Brinker (Hrsg.), EU-Kartellrecht, 3. Aufl. 2014, Art. 18 VO 1/2003 Rn. 7.

94 Siehe Weiß, in: Calliess/Ruffert/Blanke, EUV, AEUV, 5. Aufl. 2016, Art. 101 AEUV Rn. 25 sowie zum Unternehmensbegriff unter der FKVO Kellerbauer, in: Berg/Mäsch, Kartellrecht, 3. Aufl. 2018, Art. 3 FKVO Rn. 8.

95 EuGH, Urt. v. 23.04.1991, C-41/90 (LS 1, Rn. 21), ECLI:EU:C:1991:161 – Höfner und Elser.

Art. 101 AEUV fallen und als Adressat von Ermittlungsmaßnahmen der Kommission in Betracht kommen.[96] Mangels Erforderlichkeit einer Gewinnerzielungsabsicht kommen nach der Unternehmensdefinition im Sinne des Art. 101 AEUV ebenso gemeinnützige Unternehmen als Informationsquelle in Betracht.[97]

Eine zwingende Rangfolge zwischen den verschiedenen Auskunftsadressaten ist nicht vorgegeben. Jedoch ist eine Charakterisierung eines Auskunftsadressaten vorzunehmen und in die Prüfung der Verhältnismäßigkeit einer Ermittlungsmaßnahme einzustellen. So verwies der EuGH in Sachen *Roquette Frères* als Maßstab zur Prüfung der Verhältnismäßigkeit eines Auskunftsersuchens auf die Natur und das wahrscheinliche Ausmaß der Verwicklung des Adressaten einer Ermittlungsmaßnahme in den zu untersuchenden Sachverhalt.[98] Ohne an dieser Stelle bereits vertieft auf die Frage der Charakterisierung des Dritten oder seine Nähe bzw. Entfernung zum untersuchten Geschehen eingehen zu wollen, kann festgehalten werden, dass die Kommission gemessen an den Aspekten der Verhältnismäßigkeit und sofern möglich dem Grunde nach gehalten ist, die erforderlichen Informationen primär von den in einen Untersuchungsgegenstand unmittelbar verwickelten Unternehmen zu erlangen.[99]

Natürliche Personen sind grundsätzlich nicht taugliche Adressaten der Auskunftsersuchen. Sie können nur im Wege der oben dargestellten Befragung und folglich nur mit deren Zustimmung zur direkten Informationsquelle der Kommission gemacht werden.[100] Einzige Ausnahme ist Art. 11 Abs. 1, Art. 3 Abs. 1 lit. b FKVO. Danach können natürliche Personen zur Auskunft verpflichtet werden, wenn sie einzeln oder mit anderen gemeinsam ein Unternehmen kontrollieren und somit der Gruppe der Zusammenschlussbeteiligten unterfallen. Hiervon zu unterscheiden sind die natürlichen Personen, die für die korrekte Auskunftserteilung

---

96 So subsumierte auch die Kommission Freiberufler bereits Anfang der 1990er-Jahre unter diese Definition, vgl. Komm., E. v. 30.06.1993 (IV/33407) – CNSD., Rn. 40.

97 Vgl. EuGH, Urt. v. 16.11.1995, C-244/94 (Rn. 21), ECLI:EU:C:1995:392 – Fédération française des sociétés d'assurance u.a., wonach der wirtschaftliche Charakter einer Tätigkeit nicht deshalb abgesprochen werden konnte, weil kein Gewinnerzielungsabsicht bestand. Siehe hierzu auch Bechtold/Bosch/Brinker (Hrsg.), EU-Kartellrecht, 3. Aufl. 2014, Art. Art. 101 AEUV Rn. 15 m.w.N.

98 Vgl. EuGH, Urt. v. 22.10.2002, C-94/00 (Rn. 79 f.), ECLI:EU:C:2002:603 – Roquette Frères.

99 So im Ergebnis auch Van der Hout/Konrads, in: Berg/Mäsch, Kartellrecht, 3. Aufl. 2018, Art. 18 VO 1/2003 Rn. 27; Hennig, in: Immenga/Mestmäcker/Körber, Wettbewerbsrecht, 6. Aufl. 2019, Art. 18 VO 1/2003 Rn. 17; Barthelmeß/Rudolf, in: LMRKM, Kartellrecht, 4. Aufl. 2020, Art. 18 VO 1/2003 Rn. 40.

100 Ohlhoff, in: MüKo, Wettbewerbsrecht, 3. Aufl. 2020, Art. 11 FKVO Rn. 9; Barthelmeß/Rudolf, in: LMRKM, Kartellrecht, 4. Aufl. 2020, Art. 18 VO 1/2003 Rn. 18. Siehe hierzu auch bereits Teil 1, Kapitel 1.

zuständig sind. Dies sind zumeist die Unternehmensinhaber, deren gesetzliche Vertreter oder – im Falle juristischer Personen – die zur Vertretung berufenen Personen.[101] Unabhängig davon, wer die Auskünfte im konkreten Fall erteilt, bleibt jedoch stets das auskunftspflichtige Unternehmen für die richtige, vollständige und nicht-irreführende Erteilung der Auskünfte verantwortlich.[102]

101 Vgl. Art. 18 Abs. 4 VO 1/2003 und Art. 11 Abs. 4 FKVO. Ausführlich zur Frage des Kreises möglicher Auskunftspersonen Vocke, Die Ermittlungsbefugnisse der EG-Kommission im kartellrechtlichen Voruntersuchungsverfahren, 2006, S. 195 ff. und Gillmeister, Ermittlungsrechte im deutschen und europäischen Kartellordnungswidrigkeitenverfahren, 1985, S. 129 f.

102 York von Wartenburg, in: LMRKM, Kartellrecht, 4. Aufl. 2020, Art. 11 FKVO Rn. 14; Barthelmeß/Rudolf, in: LMRKM, Kartellrecht, 4. Aufl. 2020, Art. 18 VO 1/2003 Rn. 29.

Drittes Kapitel: Die rechtlichen Voraussetzungen

Die rechtlichen Voraussetzungen, welche an die Ausübung der Auskunftsrechte zu stellen sind, unterscheiden sich je nach Art der in Rede stehenden Informationsanfrage. Die wesentlichen Bestandteile der formellen Auskunftsersuchen, also der oben bereits dargestellten, gesetzlich normierten einfachen Auskunftsverlangen sowie Auskunftsentscheidungen, sind im Gesetz definiert. Es wird im Folgenden unterschieden zwischen einem allgemeinen Teil an Voraussetzungen, der für sämtliche formelle Auskunftsersuchen gilt, und einem besonderen Teil an Voraussetzungen. Das Vorliegen Letzterer wird lediglich bei Erlass einer Auskunftsentscheidung gefordert und daher in einem gesonderten Abschnitt dargestellt. Ebenfalls werden die Voraussetzungen der informellen, gesetzlich nicht ausdrücklich normierten Informationsanfragen der Kommission behandelt. In einem zweiten Schritt wird die inhaltliche Reichweite der Auskunftsersuchen, also deren materielle Rechtmäßigkeit, im Überblick dargestellt.

Die nachfolgende Darstellung der rechtlichen Voraussetzungen erfolgt aus Gründen der Übersichtlichkeit, soweit möglich, einheitlich für Kartellverfahren, Sektoruntersuchungen und Fusionskontrollverfahren. Weichen die Anforderungen voneinander ab, wird hierauf gesondert hingewiesen.

A. Die formelle Rechtmäßigkeit

I. Allgemeine Voraussetzungen formeller Auskunftsersuchen

Die formellen Voraussetzungen bestimmen sich für Kartellverfahren und Sektoruntersuchungen nach Art. 18 VO 1/2003, für Fusionskontrollverfahren nach Art. 11 FKVO. Zunächst hat die Kommission in einem Auskunftsersuchen die **Rechtsgrundlage** darzulegen und die **Art der benötigten Auskünfte** so präzise wie möglich zu bestimmen.[103]

Zudem hat sie den Zweck der Ermittlungshandlung anzugeben. Die **Zweckangabe** stellt eine Ausprägung des Bestimmtheitsgrundsatzes dar.[104] Hierüber wird der Gegenstand der Ermittlungen umgrenzt und eine unspezifische Informationssammlung „ins Blaue hinein" verhindert.[105] Darüber hinaus soll dem Adressaten

103 Vgl. Art. 18 Abs. 2, Abs. 3 S. 1 VO 1/2003 und Art. 11 Abs. 2, Abs. 3 S. 1 FKVO.

104 Sura, in: Langen/Bunte, Kartellrecht, 13. Aufl. 2018, Art. 20 VO 1/2003 Rn. 6.

105 Siehe statt aller Van der Hout/Konrads, in: Berg/Mäsch, Kartellrecht, 3. Aufl. 2018, Art. 18 VO 1/2003 Rn. 17.

neben der Berechtigung des Auskunftsverlangens der Umfang seiner eigenen Mitwirkungspflicht sowie die gegebenenfalls bestehenden Möglichkeiten der Verteidigung aufgezeigt werden.[106] Während es vorliegend um die generelle Pflicht zur Angabe eines Ermittlungszwecks geht, stellt die Bestimmung der konkreten inhaltlichen Erfordernisse, denen die Zweckangabe genügen muss, eine Frage der materiellen Rechtmäßigkeit dar. Sie wird an späterer Stelle vertieft untersucht.[107] Im Rahmen von Sektoruntersuchungen besteht insoweit die Besonderheit, dass der Zweck der Ermittlungsinstrumente mit dem Beschluss zur Einleitung der Untersuchung begründet werden kann. Um dem Adressaten die Überprüfung der Eingriffsvoraussetzungen zu ermöglichen, ist dem Auskunftsersuchen der Eröffnungsbeschluss der Sektoruntersuchung beizufügen.[108]

Des Weiteren schreiben die Art. 18 Abs. 2, Abs. 3 S. 2 VO 1/2003 und Art. 11 Abs. 2, Abs. 3 S. 2 FKVO vor, dass die Kommission einen **Hinweis auf ihre Sanktionsmöglichkeiten** nach Art. 23 Abs. 1 lit. a) und lit. b) VO 1/2003 und Art. 14 Abs. 1 lit. b) und lit. c) FKVO in das Auskunftsverlangen aufzunehmen hat. Bei einfachen Auskunftsverlangen drohen Bußgelder bei der Erteilung unrichtiger bzw. irreführender Auskünfte.[109] Bei Auskunftsentscheidungen können Bußgelder für unvollständige oder nicht-fristgemäße Antworten hinzukommen.[110]

---

106 Vgl. allgemein EuGH, Urt. v. 22.10.2002, C-94/00 (Rn. 47 f.), ECLI:EU:C:2002:603 – Roquette Frères; EuGH, Urt. v. 17.10.1989, verb. Rs. C-97/87 – 99/87 (Rn. 26), ECLI:EU:C:1989:380 – Dow Chemical Ibérica u.a.; EuGH, Urt. v. 25.06.2014, C-37/13 (Rn. 34), ECLI:EU:C:2014:2030 – Nexans u.a.; EuGH, Urt. v. 18.06.2015, C-583/13 (Rn. 56), ECLI:EU:C:2015:404 – Deutsche Bahn AG. Siehe hierzu auch Van der Hout/Konrads, in: Berg/Mäsch, Kartellrecht, 3. Aufl. 2018, Art. 18 VO 1/2003 Rn. 17.

107 Siehe hierzu unten Teil 2, Kapitel 1.

108 Barthelmeß/Rudolf, in: LMRKM, Kartellrecht, 4. Aufl. 2020, Art. 17 VO 1/2003 Rn. 9. Zu den formellen Voraussetzungen der Verfahrenseröffnung Sule, in: Groeben/Schwarze/Hatje, Europäisches Unionsrecht, 7. Aufl. 2015, VO (EG) 1/2003 Art. 17 Rn. 14.

109 Auch bei einfachen Auskunftsverlangen kommt jedoch die Sanktionierung einer lediglich unvollständigen Beantwortung in Betracht, sofern diese ein unrichtiges oder irreführendes Bild erzeugt, z.B. mutmaßlich den Eindruck der Vollständigkeit zu erwecken versucht, vgl. Komm., E. v. 14.12.1999 (COMP/M.1608) – KLM/Martinair III., Rn. 35 ff.

110 Nicht vollständig geklärt, i.E. aber wohl zu bejahen, ist die Frage, ob auch Sektoruntersuchungen nach Art. 17 VO 1/2003 eine geeignete Grundlage für eine sanktionsfähige „Entscheidung" der Kommission darstellen; siehe hierzu m.w.N. Jungermann, in: Frankfurter Kommentar Kartellrecht, 93. Aufl. 2020, Art. 17 VO 1/2003 Rn. 48, 54.

Die formellen Auskunftsersuchen sind **schriftlich** abzufassen.[111] Zur Verfahrensbeschleunigung werden sie regelmäßig in Form von E-Mails oder Telefax übermittelt.[112] Entsprechend können auch die Antworten elektronisch übersandt, in Ausnahmefällen auch bei der zuständigen behördlichen Stelle zu Protokoll gegeben werden.[113] Die Auskunftsersuchen bestehen in der Regel aus einem Anschreiben, sowie dem eigentlichen Fragebogen. Das Anschreiben ist entsprechend Art. 3 VO 1/1958[114] grundsätzlich in der Sprache des Mitgliedstaates abgefasst, dessen Hoheitsgewalt der Adressat untersteht. Die Fragebögen hingegen übermittelt die Kommission in aller Regel in der sog. Verfahrenssprache.[115] Ist die Verfahrenssprache nicht englisch, fügt die Kommission in der Regel eine englische Übersetzung des Fragebogens bei.[116] Auf Wunsch des jeweiligen Adressaten reicht sie auch Übersetzungen in die jeweilige Amtssprache nach.[117] Nach der Rechtsprechung der Unionsgerichte ist jedenfalls sicherzustellen, dass die Unternehmen in der Lage sind, die an sie gerichteten Fragen in hinreichendem Maße zu verstehen.[118] Zudem

---

111 Vgl. Ohlhoff, in: MüKo, Wettbewerbsrecht, 3. Aufl. 2020, Art. 11 FKVO Rn. 17 sowie Jungermann, in: Frankfurter Kommentar Kartellrecht, 93. Aufl. 2020, Art. 18 VO 1/2003 Rn. 23.

112 Vgl. Art. 21 Abs. 1 und 2 DVO-FKVO. Siehe zur Form der Auskunftsersuchen u.a. Ohlhoff, in: MüKo, Wettbewerbsrecht, 3. Aufl. 2020, Art. 11 FKVO Rn. 17 sowie Jungermann, in: Frankfurter Kommentar Kartellrecht, 93. Aufl. 2020, Art. 18 VO 1/2003 Rn. 23.

113 EuG, Urt. v. 28.04.1999, T-221/95 (Rn. 84), ECLI:EU:T:1999:85 – Endemol.

114 Verordnung Nr. 1 des Rates vom 15.04.1958 zur Regelung der Sprachenfrage für die Europäische Wirtschaftsgemeinschaft, zuletzt geändert durch die Verordnung (EG) Nr. 1791/2006 vom 20.11.2006.

115 In Fusionskontrollverfahren ist dies die Sprache der Anmeldung, siehe Art. 3 Abs. 3 und 4 Verordnung (EG) Nr. 802/2004 der Kommission vom 07.04.2004 zur Durchführung der Verordnung (EG) Nr. 139/2004 des Rates über die Kontrolle von Unternehmenszusammenschlüssen, im Folgenden „DVO-FKVO". In Kartellverfahren können sich Unternehmen und Kommission auf eine Sprache einigen, vgl. Jungermann, in: Frankfurter Kommentar Kartellrecht, 93. Aufl. 2020, Art. 18 VO 1/2003 Rn. 25.

116 Kellerbauer, in: Berg/Mäsch, Kartellrecht, 3. Aufl. 2018, Art. 11 FKVO Rn. 18.

117 Hierbei handelt es sich oftmals jedoch um maschinelle Übersetzungen, die qualitativ nicht einem in der jeweiligen Amtssprache erstellten Fragebogen entsprechen, vgl. Völcker, in: Frankfurter Kommentar Kartellrecht, 93. Aufl. 2020, Art. 11 FKVO Rn. 17 f. Siehe auch Ortiz Blanco, EU competition procedure, 2013, S. 293, Rn. 7.28. Ausführlich zu den rechtlichen Konsequenzen und der Risikoverteilung Maass, in: Langen/Bunte, Kartellrecht, 13. Aufl. 2018, Art. 11 FKVO Rn. 4 sowie Hensmann, Die Ermittlungsrechte der Kommission im europäischen Kartellverfahren, 2009, S. 73 m.w.N.

118 Vgl. EuG, Urt. v. 12.07.2018, T-441/14 (Rn. 46), ECLI:EU:T:2018:453 – Brugg Kabel.

dürften die Auskunftsadressaten nicht verpflichtet werden, die Beantwortung in der von der Kommission gewählten, von „ihrer" Amtssprache abweichenden Sprache vorzunehmen.[119]

Schließlich sind die kommissionsrechtlichen formellen Auskunftsverlangen in **Kopie an die zuständigen Behörden der Mitgliedstaaten** zu versenden, in denen der Adressat seinen (Wohn)Sitz hat und/oder deren Hoheitsgebiete von den potentiellen Verstößen gegen Art. 101 f. AEUV bzw. dem Zusammenschlussvorhaben betroffen sind.[120] Nach Art. 18 Abs. 5 VO 1/2003 gilt dies im Rahmen von Kartellverfahren und Sektoruntersuchungen für einfache Auskunftsverlangen und Auskunftsentscheidung in gleichem Maße. Im Rahmen von Fusionskontrollverfahren werden Auskunftsentscheidungen stets an die betroffenen Mitgliedstaaten versendet, einfache Auskunftsverlangen hingegen nur auf ausdrückliche Anforderung.[121] Nicht vorgesehen ist, dass auch die Beantwortung weitergeleitet wird. Dennoch übermittelt die Kommission in der Praxis regelmäßig auch die Antwortschreiben.[122]

II. Zusätzliche Anforderungen bei Auskunftsentscheidungen nach Art. 18 Abs. 3 VO 1/2003 und Art. 11 Abs. 3 FKVO

Erlässt die EU-Kommission eine verbindliche Auskunftsentscheidung nach Art. 18 Abs. 3 VO 1/2003 oder Art. 11 Abs. 3 FKVO stellt das Gesetz, neben den im vorherigen Absatz dargestellten Anforderungen, zusätzliche Erfordernisse auf. Die Adressaten werden durch eine solche Entscheidung verpflichtet, die geforderten Auskünfte innerhalb der gesetzten Frist vollständig zu erteilen. Zur Durchsetzung dieser Pflicht kann die Kommission Zwangsgelder festsetzen.[123] Sie ist jedoch nach Art. 18 Abs. 3 S. 2 VO 1/2003 bzw. Art. 11 Abs. 3 S. 2 FKVO verpflichtet, in der Entscheidung zur Anforderung der Auskünfte auf diese Sanktionsmöglichkeiten vorab hinzuweisen. Darüber hinaus weist die Kommission die betroffenen Adressaten auf ihr Recht auf Schutz vor einer Selbstbelastung im Sinne der Rechtsprechung der Unionsgerichte hin.[124]

---

119 Ohlhoff, in: MüKo, Wettbewerbsrecht, 3. Aufl. 2020, Art. 11 FKVO Rn. 13; Barthelmeß/Rudolf, in: LMRKM, Kartellrecht, 4. Aufl. 2020, Art. 18 VO 1/2003 Rn. 13.

120 Miersch, in: Dahlheimer/Feddersen/Miersch, EU-Kartellverfahrensverordnung, 2005, Art. 18 VO 1/2003 Rn. 26; Ohlhoff, in: MüKo, Wettbewerbsrecht, 3. Aufl. 2020, Art. 11 FKVO Rn. 19.

121 Vgl. Art. 11 Abs. 5 S. 1 und 2 FKVO.

122 Europäische Kommission, Antitrust Manual of Procedures, § 6 Rn. 40.

123 Vgl. Art. 24 Abs. 1 lit. d) VO 1/2003 und Art. 15 Abs. 1 lit. a) FKVO.

124 Europäische Kommission, Bekanntmachung der Kommission über bewährte Vorgehensweisen in Verfahren nach Artikel 101 und 102 des AEUV v. 20.10.2011, Rn. 36.

Schließlich handelt es sich bei einer Auskunftsentscheidung der Kommission um eine Entscheidung nach Art. 263 Abs. 4 AEUV. Sie ist – unabhängig von der Hauptsache – im Wege der Nichtigkeitsklage vor dem Gericht der Europäischen Union (im Folgenden kurz „EuG") angreifbar. Nach Art. 18 Abs. 3 S. 3 VO 1/2003 und Art. 11 Abs. 3 S. 3 FKVO sind die Adressaten einer Auskunftsentscheidung auf diese Rechtschutzmöglichkeit hinzuweisen.[125]

III. Keine Vorgaben für informelle Informationsanfragen

Die Kommission hat die Möglichkeit auch auf informeller Basis Informationen von Unternehmen und Unternehmensvereinigungen zu erlangen.[126] Diese informellen Informationsanfragen sind gesetzlich nicht geregelt. An die in den Art. 11 FKVO und Art. 18 VO 1/2003 niedergelegten formellen Voraussetzungen ist die Kommission im Rahmen dieser informellen Vorgehensweisen nicht gebunden.[127] Ihr stehen allerdings auch keine der gesetzlich vorgesehenen Zwangsmittel zur Verfügung, um die ordnungsgemäße Beantwortung der gestellten Fragen bzw. die Vorlage der angeforderten Unterlagen durchzusetzen.[128] Trotz ihrer Unverbindlichkeit kommt dieser Art der Informationsbeschaffung in der Praxis eine nicht unerhebliche Relevanz zu.

3.1. Wesentlicher Anwendungsbereich

Ein besonders gängiger und weit verbreiteter Anwendungsbereich informeller Informationsanfragen sind vertrauliche Vorgespräche zwischen der Kommission und den Beteiligten eines geplanten Zusammenschlussvorhabens im Rahmen der sog. Pränotifizierungsphase oder schlicht *pre-notification.* Sie ist ein fester Bestandteil und wichtige Informationsquelle der Kommissionspraxis in Fusionskontrollverfahren.[129] Die Zusammenschlussbeteiligten werden daher aufgefordert auch

125 Enthält die Entscheidung keine entsprechende Rechtsbehelfsbelehrung beginnt die Frist zur Rechtsmitteleinlegung nicht zu laufen, vgl. York von Wartenburg, in: LMRKM, Kartellrecht, 4. Aufl. 2020, Art. 11 FKVO Rn. 7.

126 Koch, Verwaltungssanktionen im europäischen und niederländischen Verwaltungs- und Kartellrecht, 2011, S. 86 m.w.N.; Kizil, Strafrechtliche Verfahrensgarantien im europäischen und deutschen Wettbewerbsrecht, 2015, S. 51; Sura, in: Langen/Bunte, Kartellrecht, 13. Aufl. 2018, Art. 18 VO 1/2003 Rn. 1.

127 Vgl. Jungermann, in: Frankfurter Kommentar Kartellrecht, 93. Aufl. 2020, Art. 18 VO 1/2003 Rn. 22; Körber, in: Immenga/Mestmäcker, EU-Wettbewerbsrecht, 5. Aufl. 2012, FKVO Art. 11 Rn. 1.

128 Vgl. die Aufzählungen der Art. 23 und 24 VO 1/2003 sowie Art. 14 und 15 FKVO.

129 Siehe hierzu DG Competition, Best Practices on the conduct of EC merger proceedings v. 20. Januar 2004, Rn. 5 („*In DG Competition's experience the pre-notification phase of the procedure is an important part of the whole review process.*").

bereits in dieser Vorphase des eigentlichen Verfahrens aktiv und umfassend mit der Kommission zusammenzuarbeiten.[130] Die Vorgespräche dienen in Anbetracht der knappen Prüfungsfristen insbesondere der Identifizierung von möglichen Problemen im Vorfeld der offiziellen Anmeldung des Zusammenschlussvorhabens. Zudem soll über Abstimmungen zu Umfang und Inhalt der Anmeldung verhindert werden, dass eine einmal eingereichte Anmeldung möglicherweise aus Gründen der Unvollständigkeit zurückgewiesen werden muss. Weiter sollen die Vorgespräche mögliche Bedenken aus dem Markt bereits zu einem frühen Zeitpunkt sichtbar machen.[131] Auch erste unverbindliche Abgrenzungen der sachlich und räumlich relevanten Märkte können erörtert und Einschätzungen zu möglichen wettbewerbsrechtlichen Bedenken der Kommission eingeholt werden.[132]

Darüber hinaus greift die Kommission sowohl nach der VO 1/2003 als auch nach der FKVO regelmäßig auf informellen Austausch mit den Verfahrensbeteiligten u.a. im Falle der Kooperation von Unternehmen oder bei Anfragen an Unternehmen zurück, deren Sitz außerhalb des Unionsgebiets liegt.[133]

3.2. Fehlende gesetzliche Voraussetzungen

Trotz ihrer praktischen Relevanz insbesondere für Fusionskontrollverfahren gibt es weder eine rechtliche Grundlage noch inhaltliche Vorgaben für den Erlass informeller Informationsanfragen. Formelle und materielle Rechtmäßigkeitsvoraussetzungen der Pränotifizierungsphase werden weder in den Best Practices noch der FK-DVO erörtert. Die auf der Grundlage von Art. 23 FKVO erlassene Durchführungsverordnung zur FKVO sieht in ihrem elften Erwägungsgrund lediglich vor, dass *„den Beteiligten auf deren Wunsch bereits vor der Anmeldung Gelegenheit zu informellen und vertraulichen Gesprächen über den beabsichtigten Zusammenschluss“* gegeben werden sollte. Die *Best Practices on the conduct of EC merger control proceedings* der Kommission beschränken sich auf Ausführungen zu den zeitlichen Abläufen der Vorgespräche sowie allgemein zum Umgang mit den Zusammenschlussbeteiligten.[134] Eine Kontaktaufnahme durch die anmeldenden

130 OECD, Investigative Powers in Practice – Contribution from the European Commission 30.11.2018, Rn. 51.

131 Saulnier/Mudrony, in: Berg/Mäsch, Kartellrecht, 3. Aufl. 2018, Art. 1 FK-DVO Rn. 4.

132 Vgl. DG Competition, Best Practices on the conduct of EC merger proceedings v. 20.01.2004, Rn. 6. Siehe auch Soltész/Köckritz, Europäische Fusionskontrolle aus der Sicht betroffener „Dritter“, BB 2009, 286, 288.

133 Siehe zur Unterscheidung in formelle und informelle Instrumente der Wissensakquise im Rahmen der FKVO grundlegend Leber, Dynamische Effizienzen in der EU-Fusionskontrolle, 2018, S. 144; im Rahmen des Kartellverfahrens Barthelmeß/Rudolf, in: LMRKM, Kartellrecht, 4. Aufl. 2020, Art. 18 VO 1/2003 Rn. 60 sowie bei Sektoruntersuchungen Bronett, Sektoruntersuchungen, WuW 2010, 258, 265.

134 Kellerbauer, in: Berg/Mäsch, Kartellrecht, 3. Aufl. 2018, Art. 4 FKVO Rn. 7.

Parteien sollte danach mindestens zwei Wochen vor der geplanten Anmeldung erfolgen, wenn möglich in Form eines schriftlichen Memorandums.[135] In komplexen Fällen wird eine erstmalige Kontaktaufnahme deutlich früher erforderlich sein.[136] Je nach Komplexität des Sachverhalts schließen sich erläuternde Gespräche und weitere Sachverhaltsermittlungen an.[137]

Die einzige ersichtliche Anforderung ist daher, dass das Zusammenschlussvorhaben bereits hinreichend sicher geplant ist und eine gewisse Gestalt angenommen hat.[138] Rein hypothetische, weder hinsichtlich der Parteien noch bezüglich der betroffenen Wirtschaftszweige konkretisierte oder konkretisierbare Transaktionen können (noch) nicht zum Gegenstand informeller Besprechungen gemacht werden.[139]

Ob und inwieweit auch die informellen Kontakte Grenzen unterliegen (müssen), wird an späterer Stelle detailliert erörtert.[140]

IV. Die Festsetzung der Antwortfristen

Die Länge der für die Beantwortung der Auskunftsersuchen vorgesehenen Fristen sowie die Anforderungen an ihre Bestimmung werden weder in Art. 18 VO 1/2003 noch in Art. 11 FKVO geregelt. Sie werden von der Kommission eigenständig festgesetzt. Dabei wird ihr von der Rechtsprechung ein weites Ermessen zuerkannt.[141]

---

135 DG Competition, Best Practices on the conduct of EC merger proceedings v. 20. Januar 2004, Rn. 10 f. Die Kommission hat ein Formular zur Beantragung eines Bearbeitungs-Teams veröffentlicht, das sog. Case team allocation request. Dieses kann und sollte im Rahmen der ersten Kontaktaufnahme verwendet werden.

136 Vgl. Saulnier/Mudrony, in: Berg/Mäsch, Kartellrecht, 3. Aufl. 2018, Art. 1 FK-DVO Rn. 5, wonach mindestens drei Wochen für die Phase der Pränotifizierung einzukalkulieren seien. Nach Kellerbauer, in: Berg/Mäsch, Kartellrecht, 3. Aufl. 2018, Art. 4 FKVO Rn. 7, kann *„eine Kontaktaufnahme bereits Monate vor der eigentlichen Anmeldung angezeigt sein"*.

137 DG Competition, Best Practices on the conduct of EC merger proceedings v. 20. Januar 2004, Rn. 13 ff.

138 Siehe hierzu Wagemann, in: Wiedemann/Bronett, Handbuch des Kartellrechts, 4. Aufl. 2020, § 17 Rn. 10.

139 Wagemann, in: Wiedemann/Bronett, Handbuch des Kartellrechts, 4. Aufl. 2020, § 17 Rn. 10.

140 Siehe unten Teil 1, Kapitel 4, B.II.

141 So setzte die Kommission dem antragstellenden Unternehmen in „Schneider/Legrand", COMP/M.2283 eine Frist von fünf Tagen zur Beantwortung von 322 Fragen, für deren Beantwortung die Sammlung von über 300.000 Daten erforderlich war. Die Verhältnismäßigkeit wurde für den konkreten Fall *„angesichts der vorliegenden Umstände"* durch das EuG bestätigt (vgl. EuG, Urt. v. 22.10.2002, T-310/01 (Rn. 79, 100), ECLI:EU:T:2002:254 – Schneider Electric). Siehe hierzu auch Völcker, in: Frankfurter Kommentar Kartellrecht, 93. Aufl. 2020, Art. 11 FKVO Rn. 17, 26.

Die Auskunftsfristen im Fusionskontrollverfahren werden aufgrund des engen Fristenregimes des Art. 10 FKVO und dem hierin verankerten Beschleunigungsgebot im Regelfall äußerst knapp bemessen.[142] Sie belaufen sich in der ersten Prüfungsphase in der Regel auf sieben bis zehn Tage.[143] Werden die Auskunftsersuchen an die Parteien des Zusammenschlussvorhabens gerichtet oder handelt es sich um Folgefragen, sind auch kürzere Fristen möglich und in der Praxis üblich.[144] So können Antwortfristen auf einzelne Tage oder Stunden begrenzt sein.[145] Zu Beginn der vertieften Ermittlungen in Phase 2 wird den Unternehmen regelmäßig mehr Zeit zugebilligt.[146] Mit Fortschreiten der Prüfungsphase, wenn u.a. Zusagen über die Durchführung von Markttests überprüft werden müssen, macht der Zeitdruck die Festsetzung kurzer Fristen jedoch unumgänglich.[147]

Auskunftsersuchen in Kartellverfahren und Sektoruntersuchungen unterliegen mangels vorgeschriebener Verfahrens- und Prüfungsfristen geringerem zeitlichen Druck. So hat die Kommission für Verfahren nach der VO 1/2003 im Wege einer Selbstbindung festgesetzt, dass Antwortfristen grundsätzlich mindestens zwei Wochen ab Eingang des Auskunftsverlangens betragen.[148] Bei einfachen Auskunftsverlangen in Kartellverfahren sind Fristen von zwei bis vier Wochen üblich, bei verbindlichen Auskunftsentscheidungen Fristen von drei bis acht Wochen.[149]

---

142 Siehe zum Fristenregime der FKVO oben Teil 1, Kapitel 2, A.III.

143 Maass, in: Langen/Bunte, Kartellrecht, 13. Aufl. 2018, Art. 11 FKVO Rn. 3 So auch Schütz, in: Kölner Kommentar, Kartellrecht, 2017, Art. 11 FKVO Rn. 18.

144 Siehe Völcker, in: Frankfurter Kommentar Kartellrecht, 93. Aufl. 2020, Art. 11 FKVO Rn. 17, 26 Vgl. bereits EuG, Urt. v. 22.10.2002, T-310/01 (Rn. 79, 100), ECLI:EU:T:2002:254 – Schneider Electric.

145 Ohlhoff, in: MüKo, Wettbewerbsrecht, 3. Aufl. 2020, Art. 11 FKVO Rn. 16.

146 So Hacker, in: Groeben/Schwarze/Hatje, Europäisches Unionsrecht, 7. Aufl. 2015, VO (EG) 139/2004 Art. 11 Rn. 7.

147 Maass, in: Langen/Bunte, Kartellrecht, 13. Aufl. 2018, Art. 11 FKVO Rn. 3.

148 Europäische Kommission, Bekanntmachung der Kommission über bewährte Vorgehensweisen in Verfahren nach Artikel 101 und 102 des AEUV v. 20.10.2011, Rn. 38. Ausführlich Göttlinger, Auskunftsrechte der Kommission im Recht der EU, 2013, S. 238 ff.

149 In Sachen *HeidelbergCement* hatte die Kommission für einen aus elf Fragegruppen bestehenden Fragebogen mit einem Umfang von 94 Seiten eine Beantwortungsfrist von insgesamt 12 Wochen festgesetzt. Diese Vorgehensweise wurde durch das EuG bestätigt, vgl. EuG, Urt. v. 14.03.2014, T-302/11 (Rn. 46), ECLI:EU:T:2014:128 – HeidelbergCement. Durch den EuGH musste diese Frage nicht entschieden werden, nachdem die Rechtswidrigkeit des Auskunftsersuchens bereits aufgrund einer fehlerhaften Begründung festgestellt wurde, vgl. EuGH, Urt. v. 10.03.2016, C-247/14 (Rn. 15 ff.), ECLI:EU:C:2016:149 – HeidelbergCement. Siehe hierzu auch Jungermann, in: Frankfurter Kommentar Kartellrecht, 93. Aufl. 2020, Art. 18 VO 1/2003 Rn. 26.

Im Rahmen von Sektoruntersuchungen werden Auskunftsverlangen regelmäßig in zwei Runden versandt, zunächst an einzelne Unternehmen, später an eine breitere Masse von Marktteilnehmern.[150] Den Adressaten wird dabei üblicherweise eine Beantwortungsfrist von sechs bis acht Wochen zugestanden.[151] In Ausnahmefällen oder bei Nachfragen kann jedoch auch bei Fristen nach der VO 1/2003 eine Reduktion auf wenige Tage erfolgen.[152]

Die festgesetzten Fristen zur Beantwortung der Auskunftsersuchen müssen angemessen sein. Wie sämtliches Verwaltungshandeln unterliegen sie dem Grundsatz der Verhältnismäßigkeit.[153] Dabei ist insbesondere in Fusionskontrollverfahren zu beachten, dass teilweise mehrere Auskunftsanfragen parallel gestellt werden können. Hält der Adressat die festgesetzte Beantwortungsfrist für unangemessen oder kann er die Frist aus sonstigen Gründen nicht einhalten, kann er eine Fristverlängerung beantragen. Anträgen, die mit nachvollziehbaren Gründen für eine Verlängerung versehen sind, wird bzw. sollte stattgegeben werden.[154] Teilweise wird zwischen Kommission und Auskunftsadressaten auch vereinbart, dass die Dringlichkeit der einzelnen Fragen abgestuft und diese sodann sukzessive beantwortet wird.[155] Eine Pflicht der Kommission, Fristverlängerungen stattzugeben, ist jedoch zu verneinen. Andernfalls wäre die Einführung des diesbezüglichen Mandats des Anhörungsbeauftragten als unabhängige Stelle, den der Adressat bei der Ablehnung einer Fristverlängerung anrufen kann, überflüssig.[156]

Die Einhaltung der Verhältnismäßigkeit der festgesetzten Fristen unterliegt der Kontrolle der Europäischen Gerichtsbarkeit.[157]

---

150 Grave/Trafkowski, Sektorenuntersuchungen durch die Kartellbehörden, RdE 2005, 209, 210.

151 Grave/Trafkowski, Sektorenuntersuchungen durch die Kartellbehörden, RdE 2005, 209, 210.

152 Siehe Jungermann, in: Frankfurter Kommentar Kartellrecht, 93. Aufl. 2020, Art. 18 VO 1/2003 Rn. 26.

153 Statt aller Europäische Kommission, Bekanntmachung der Kommission über bewährte Vorgehensweisen in Verfahren nach Artikel 101 und 102 des AEUV v. 20.10.2011, Rn. 38.

154 Europäische Kommission, Bekanntmachung der Kommission über bewährte Vorgehensweisen in Verfahren nach Artikel 101 und 102 des AEUV v. 20.10.2011, Rn. 39.

155 Siehe hierzu Barthelmeß/Rudolf, in: LMRKM, Kartellrecht, 4. Aufl. 2020, Art. 18 VO 1/2003 Rn. 12.

156 Art. 4 Abs. 2 lit. c. des Beschlusses des Präsidenten der Kommission vom 13. Oktober 2011 über Funktion und Mandat des Anhörungsbeauftragten in bestimmten Wettbewerbsverfahren (2011/695/EU), im Folgenden „Mandat des Anhörungsbeauftragten". Siehe Hirsbrunner, in: Groeben/Schwarze/Hatje, Europäisches Unionsrecht, 7. Aufl. 2015, VO (EG) 1/2003 Art. 18 Rn. 10.

157 EuG, Urt. v. 12.11.2013, T-570/08 RENV (Rn. 93), ECLI:EU:T:2013:589 – Deutsche Post zur Fristsetzung einer Auskunftsentscheidung im Rahmen eines Verfahrens

B. Die Bestimmung der inhaltlichen Reichweite der Auskunftsersuchen anhand des Kriteriums der Erforderlichkeit (als Teil des allgemeinen Grundsatzes der Verhältnismäßigkeit)

I. Einführung

Die Befugnisse der Kommission zur Einholung von Auskünften im Rahmen kartellrechtlicher Ermittlungen sind in den gesetzlichen Bestimmungen inhaltlich seit jeher weit gefasst. So sehen Art. 18 Abs. 1 VO 1/2003 sowie Art. 11 Abs. 1 FKVO lediglich vor, dass die anzufragenden Auskünfte erforderlich sind. Diese Formulierung war ebenso bereits in den Vorgängervorschriften Art. 11 Abs. 1 VO 17/62[158] und Art. 11 VO 4064/89[159] enthalten. Auch die Erwägungsgründe Nr. 23 VO 1/2003 und Nr. 38 FKVO enthalten entsprechende Hinweise auf die Grenzen der Auskunftsrechte. Weitergehende begrenzende Voraussetzungen finden sich im Gesetz nicht.

Über die Jahre hinweg wurden die Ermittlungs- und Entscheidungsbefugnisse dann über Auslegungen konkretisiert und diese teilweise in Guidelines und Richtlinien schriftlich niedergelegt.[160] Ein anschauliches Beispiel hierfür ist die Anfrage von Dokumenten als Gegenstand von Auskunftsersuchen.[161] Nach Art. 18 Abs. 1 VO 1/2003 und Art. 11 Abs. 1 FKVO haben die Adressaten eines Auskunftsersuchens *Auskünfte* zu erteilen. Auskünfte beziehen sich nach dem reinen Wortsinn

---

bzgl. staatlicher Beihilfen. Dies wurde für eine unter der VO 1/2003 erlassene Auskunftsentscheidung bestätigt durch EuG, Urt. v. 14.03.2014, T-302/11 (Rn. 104 ff.), ECLI:EU:T:2014:128 – HeidelbergCement sowie EuG, Urt. v. 14.03.2014, T-306/11 (Rn. 71 f.), ECLI:EU:T:2014:123 – Schwenk Zement.

158 VO (EWG) Nr. 17/62 des Rates vom 6. Februar 1962: Erste Durchführungsverordnung zu den Artikeln 85 und 86 des Vertrages (im Folgenden VO 17/62).

159 VO (EWG) Nr. 4064/89 des Rates vom 21. Dezember 1989 über die Kontrolle von Unternehmenszusammenschlüssen (im Folgenden VO 4064/89).

160 Lübking/Koppenfels, Effektive Durchsetzung des EU-Wettbewerbsrechts und Verfahrensgarantien, in: Immenga/Körber (Hrsg.), Die Kommission zwischen Gestaltungsmacht und Rechtsbindung, S. 63. Ebenfalls u.a. Schlussanträge GA Wahl v. 15.10.2015 zu EuGH, Urt. v. 10.03.2016, C-247/14 (Rn. 26 f.), ECLI:EU:C:2015:694 – HeidelbergCement; Hirsbrunner, in: Groeben/Schwarze/Hatje, Europäisches Unionsrecht, 7. Aufl. 2015, VO (EG) 1/2003 Art. 18 Rn. 13; Holterhus, Beweisführung in der Europäischen Fusionskontrolle, 2014, S. 174 sowie Wilson, Legal Professional Privilege in der EU-Fusionskontrolle, NZKart 2017, 352, 352.

161 Siehe zum Umfang eines Auskunftsersuchens statt aller Sura, in: Langen/Bunte, Kartellrecht, 13. Aufl. 2018, Art. 18 VO 1/2003 Rn. 13 f. sowie Körber, in: Immenga/Mestmäcker/Körber, Wettbewerbsrecht, 6. Aufl. 2019, Art. 11 FKVO Rn. 4.

auf Tatsachen, Informationen tatsächlicher Art sowie sonstige Umstände und Verhältnisse, die den Adressaten betreffen und ihm bekannt sind bzw. vorliegen.[162] Hierzu zählen u.a. interne Vorgänge der Unternehmen, die Darlegung der Konzernstruktur, Absatzwege und Kundenstrukturen, Geschäftspläne, Preisstrategien ebenso wie die Mitgliedschaft in Verbänden oder die Teilnahme an deren Aktivitäten.[163] Unter den Begriff Auskünfte fallen auch Aussagen zu unternehmensbezogenen Daten wie Umsatzzahlen – bei Bedarf heruntergebrochen auf einzelne Produkte oder Kunden –, Produktionsmengen oder Kapazitäten.[164] Demgegenüber taucht die Ermächtigung zur Sichtung von Dokumenten[165] einschließlich u.a. der Anfertigung von Kopien oder der Einholung von Erläuterungen zu diesen ausdrücklich nur im Rahmen der Nachprüfung nach Art. 20 Abs. 2 und 3 VO 1/2003 und Art. 13 Abs. 2 und 3 FKVO auf. Diese differenzierende Formulierung ließ sich auch bereits in den entsprechenden Rechtsgrundlagen der Vorgängerverordnungen Art. 11 Abs. 1, 14 Abs. 1 und 2 VO 17/62 und Art. 11 Abs. 1, 13 Abs. 1 und 2 der VO 4064/89 finden. Dennoch umfasst die Kommissionspraxis im Rahmen der Übermittlung von Auskünften seit geraumer Zeit auch die Vorlage von Dokumenten, Daten und sonstigen Unterlagen.[166] Teilweise werden Auskunftsersuchen auch auf die Vorlage von Unterlagen beschränkt, sog. document oder data requests.[167] Mit den jüngsten Novellierungen der Verordnungstexte ist diese Kommissionspraxis bei Beibehaltung des unveränderten Wortlauts der Ermächtigungsgrundlagen in

---

162 Siehe statt aller Völcker, in: Frankfurter Kommentar Kartellrecht, 93. Aufl. 2020, Art. 11 FKVO Rn. 9.

163 Vgl. hierzu u.a. York von Wartenburg, in: LMRKM, Kartellrecht, 4. Aufl. 2020, Art. 11 FKVO Rn. 10; Ohlhoff, in: MüKo, Wettbewerbsrecht, 3. Aufl. 2020, Art. 11 FKVO Rn. 26; Burrichter/Hennig, in: Immenga/Mestmäcker, EU-Wettbewerbsrecht, 5. Aufl. 2012, VO 1/2003 Art. 18 Rn. 54.

164 Körber, in: Immenga/Mestmäcker, EU-Wettbewerbsrecht, 5. Aufl. 2012, FKVO Art. 11 Rn. 4.

165 Der Begriff Dokumente umfasst insoweit sämtliche Arten von Unterlagen unabhängig von ihrem Format, ihrer Speicherform oder ihrem Ersteller, die sich im Besitz, der Verwahrung oder in der Kontrolle des befragten Unternehmens befinden, vgl. statt vieler jüngst Wilson, Document requests in complex EU merger cases, ZWeR 2017, 146, 152.

166 Siehe u.a. die Aussagen der Kommission im Verfahren EuGH, Urt. v. 29.06.2006, C-301/04 (Rn. 44), ECLI:EU:C:2006:432 – SGL Carbon und EuG, Urt. v. 20.02.2001, T-112/98 (Rn. 28), ECLI:EU:T:2001:61 – Mannesmannröhren-Werke. Vgl. hierzu auch Jungermann, in: Frankfurter Kommentar Kartellrecht, 93. Aufl. 2020, Art. 18 VO 1/2003 Rn. 32; York von Wartenburg, in: LMRKM, Kartellrecht, 4. Aufl. 2020, Art. 11 FKVO Rn. 10.

167 Siehe zu sog. data requests unten Teil 3, Kapitel 2, A.IV.1.

Erwägungsgrund 23 der VO 1/2003 und Erwägungsgrund 41 der FKVO gesetzlich verankert worden.[168] Dort heißt es nun

> *„[d]ie Kommission sollte die Befugnis haben, im gesamten Bereich der Gemeinschaft die Auskünfte zu verlangen (...). Unternehmen, die einer Entscheidung der Kommission nachkommen, (...) sind auf jeden Fall aber verpflichtet, Fragen nach Tatsachen zu beantworten und Unterlagen vorzulegen, (...)“*[169]

sowie

> *„[w]enn Unternehmen oder natürliche Personen Entscheidungen der Kommission nachkommen, (...) sie sind jedoch in jedem Fall verpflichtet, Sachfragen zu beantworten und Unterlagen beizubringen, (...)“.*[170]

Während der Kommission durch die Literatur insoweit teilweise nachgesagt wird, *„den bestehenden Rechtsrahmen durch Durchfechten kontroverser verfahrens- und materiellrechtlicher Einzelfragen vor den Unionsgerichten“* stetig auszudehnen,[171] ist die weite Auslegung der Auskunftsrechte im Sinne eines effet utile-Gedankens des Europäischen Kartellrechts und unter Zuerkennung erheblicher Ermessensspielräume der Kommission von der unionsgerichtlichen Rechtsprechung bisher weitgehend bestätigt worden.[172]

---

168 Der Wortlaut der Rechtsgrundlagen der Art. 18 Abs. 1 VO 1/2003 und Art. 11 Abs. 1 FKVO spricht hingegen unverändert von Auskünften.

169 Erwägungsgrund 23 VO 1/2003 (Hervorhebung hinzugefügt).

170 Erwägungsgrund 41 FKVO (Hervorhebung hinzugefügt).

171 Völcker, Allmacht der Kommission?, in: Immenga/Körber (Hrsg.), Die Kommission zwischen Gestaltungsmacht und Rechtsbindung, S. 158, der beispielhaft die Einholung von Dokumenten im Rahmen von Auskunftsersuchen und die indirekte Verwertung von unter das Verwertungsverbot fallender Dokumente als Grundlage für die Einleitung neuer Verfahren nennt.

172 EuG, Urt. v. 08.03.1995, T-34/93 (Rn. 71 ff.), ECLI:EU:T:1995:46 – Société Générale; EuGH, Urt. v. 29.06.2006, C-301/04 (Rn. 38 ff.), ECLI:EU:C:2006:432 – SGL Carbon. Im obigen Fall der Anfrage von Dokumenten zumindest für Verfahren unter der VO 1/2003 sowie bereits unter der VO 17/62, u.a. EuGH, Urt. v. 18.10.1989, C-374/87 (Rn. 34), ECLI:EU:C:1989:387 – Orkem; EuGH, Urt. v. 18.10.1989, C-27/88 (LS 2), ECLI:EU:C:1989:388 – Solvay; EuG, Urt. v. 20.02.2001, T-112/98 (Rn. 61 ff.), ECLI:EU:T:2001:61 – Mannesmannröhren-Werke; jüngst abermals bestätigt in EuG, Urt. v. 14.03.2014, T-302/11 (Rn. 85), ECLI:EU:T:2014:128 – HeidelbergCement. Siehe zu alledem Völcker, Allmacht der Kommission?, in: Immenga/Körber (Hrsg.), Die Kommission zwischen Gestaltungsmacht und Rechtsbindung, S. 156 m.w.N.
In jüngerer Vergangenheit zeigte der Gerichtshof der Europäischen Union („EuGH“) allerdings Tendenzen einer strengeren Überwachung der Ermittlungsbefugnisse Siehe hierzu beispielsweise EuGH, Urt. v. 10.03.2016, C-247/14 (Rn. 15 ff.), ECLI:EU:C:2016:149 – HeidelbergCement sowie die ausführliche Untersuchung des

Dieses Beispiel verdeutlicht den Spielraum, den die Ermächtigungsgrundlagen in materiellrechtlicher Hinsicht gewähren; sowohl hinsichtlich der Anwendung durch die Kommission als auch im Rahmen der späteren Kontrolle durch die Unionsgerichte. Allein aus dem unbestimmten Rechtsbegriff der Erforderlichkeit lassen sich die konkreten Grenzen der Auskunftsrechte nicht zweifelsfrei bestimmen.

Bereits die Auslegung der Begrifflichkeiten in der Theorie und ihre konkrete Reichweite in der Praxis sind unscharf. Die Kommission definiert die Erforderlichkeit dahingehend, dass die angeforderten Auskünfte es ihr ermöglichen, die untersuchten Zusammenhänge *„zu verifizieren"*.[173] Nach gefestigter Rechtsprechung der Unionsgerichte setzt die Erforderlichkeit voraus, dass die *„Kommission zum Zeitpunkt des Verlangens vernünftigerweise davon ausgehen [können muss], dass das Schriftstück [oder die Auskunft im Allgemeinen] ihr bei der Prüfung (...) nützen würde"*.[174] Zudem handelt es sich bei der Erforderlichkeit im Konkreten sowie der Verhältnismäßigkeit im Generellen um Kriterien, die spezifisch auf den Einzelfall zugeschnitten sind. Dementsprechend schwierig gestaltet sich auf dieser Grundlage auch eine einheitliche Bewertung der Auskunftsrechte in der Praxis.

Im weiteren Verlauf dieses Kapitels erfolgt daher zunächst eine Einordnung des Merkmals der Erforderlichkeit in den Rahmen des allgemeinen unionsrechtlichen Grundsatzes der Verhältnismäßigkeit und dessen besondere Geltung im Europäischen Kartellrecht. Im nachfolgenden zweiten Teil der Arbeit wird der praktische Umgang der Kommission und der Europäischen Gerichte mit den aus der Verhältnismäßigkeit abgeleiteten (unbestimmten) Rechtsbegriffen vertieft untersucht.

II. Die Rechtsnatur der Erforderlichkeit

Nach Art. 18 VO 1/2003 und Art. 11 FKVO darf die Kommission Auskünfte einholen, die zur Erfüllung der ihr übertragenen Aufgaben *„erforderlich"* sind. Welche Rechtsnatur diesem Erforderlichkeits-Kriterium zukommt, ist weitgehend ungeklärt. Wird sie überhaupt diskutiert, so wird ihr oftmals eine Doppelnatur zuerkannt: als allgemeines Korrektiv der Auskunftsersuchen sowie zugleich als

---

Umgangs der Kommission sowie der Rechtsprechung mit dem Verhältnismäßigkeitsgrundsatz in Teil 2 der Arbeit.

173 Europäische Kommission, Bekanntmachung der Kommission über bewährte Vorgehensweisen in Verfahren nach Artikel 101 und 102 des AEUV v. 20. Oktober 2011, Rn. 33.

174 Vgl. Schlussanträge GA Jacobs v. 15.12.1993 zu EuGH, Urt. v. 19.05.1994, C-36/92 (Rn. 21), ECLI:EU:C:1993:928 – SEP (Hervorhebung hinzugefügt), bestätigt durch EuGH, Urt. v. 19.05.1994, C-36/92 (Rn. 21), ECLI:EU:C:1994:205 – SEP sowie jüngst durch EuG, Urt. v. 09.04.2019, T-371/17 (Rn. 62), ECLI:EU:T:2019:232 – Qualcom u.a. bestätigt durch EuGH, Urt. v. 28.01.2021, C-466/19 (Rn. 70), ECLI:EU:C:2021:76 – Qualcom

Teil des Grundsatzes der Verhältnismäßigkeit.[175] Wie die beiden Prüfungsschritte sodann voneinander abgegrenzt werden sollen, wird nicht weiter konkretisiert.[176]

Die Erforderlichkeit gilt allgemein als Herzstück des unionsrechtlichen Grundsatzes der Verhältnismäßigkeit.[177] Es ist aus mehreren, unten näher dargestellten Gründen davon auszugehen, dass die Nennung der Erforderlichkeit in Art. 18 Abs. 1 VO 1/2003 und Art. 11 Abs. 1 FKVO als stellvertretend für die gesetzliche Verankerung des Verhältnismäßigkeitsgrundsatzes als solchem und nicht als Schaffung eines gesonderten Tatbestandsmerkmals zu werten ist. So bestätigt insbesondere ein Vergleich mit der gesetzlichen Normierung des Verhältnismäßigkeitsprinzips im Vertrag über die Europäische Union diese Leseart. Nach Art. 5 Abs. 4 UA. 1 EUV dürfen

> *„[n]ach dem Grundsatz der Verhältnismäßigkeit (...) Maßnahmen der Union inhaltlich wie formal nicht das zur Erreichung der Ziele der Verträge erforderliche Maß hinaus[gehen]." (Hervorhebung hinzugefügt).*

Auch insoweit ist anerkannt, dass sich hinter dem Merkmal der Erforderlichkeit die dreistufige Verhältnismäßigkeitsprüfung (Geeignetheit – Erforderlichkeit – Angemessenheit) verbirgt.[178]

Dass es sich bei der Nennung der Erforderlichkeit um eine redaktionelle Bekräftigung der Anwendbarkeit des Verhältnismäßigkeitsprinzips handelt, verdeutlicht auch ein Blick in das europäische Beihilferecht. Die Kommission kann hier auf der Grundlage von Art. 10 Abs. 2 und 3 der Verordnung (EG) Nr. 659/1999[179] von den Mitgliedstaaten Auskünfte zur Prüfung vermeintlich unionsrechtswidriger Beihilfen einholen. Sieht man sich die Ermächtigungsgrundlage genauer an, fällt auf, dass das Merkmal der Erforderlichkeit als Voraussetzung der Auskunftseinholung

---

175 Statt vieler Göttlinger, Auskunftsrechte der Kommission im Recht der EU, 2013, u.a. S. 228 ff, 270 f. m.w.N.; a.A. wohl Ohlhoff, in: MüKo, Wettbewerbsrecht, 3. Aufl. 2020, Art. 11 FKVO Rn. 27; Van der Hout/Wiemer, in: Berg/Mäsch, Kartellrecht, 3. Aufl. 2018, Art. 20 VO 1/2003 Rn. 9 sowie Friedmann, Die Geltung rechtsstaatlicher Grundsätze im kartellrechtlichen Bußgeldverfahren der Europäischen Gemeinschaft, 2005, S. 124, 185.

176 Zuweilen wird die Erforderlichkeit als tatbestandliches Korrektiv verwendet, während sich die spätere Verhältnismäßigkeitsprüfung auf eine Verhältnismäßigkeit im engeren Sinne reduziert.

177 Vocke, Die Ermittlungsbefugnisse der EG-Kommission im kartellrechtlichen Voruntersuchungsverfahren, 2006, S. 46 m.w.N.

178 Siehe statt aller Schwarze, Europäisches Verwaltungsrecht (Band II), 1988, S. 831 sowie Streinz, in: Streinz/Michl, EUV/AEUV, 3. Aufl. 2018, Art. 5 EUV Rn. 43.

179 Verordnung (EG) Nr. 659/1999 des Rates vom 22. März 1999 über besondere Vorschriften für die Anwendung von Artikel 93 des EG-Vertrags.

im Wortlaut nicht genannt wird.[180] Dennoch erfolgt die Prüfung der Rechtmäßigkeit der Auskunftsersuchen unter der gleichen Definition wie die der Auskunftsersuchen nach Art. 18 VO 1/2003 sowie Art. 11 FKVO. Zwar spricht beispielsweise das EuG in Sachen *Deutsche Post* von der Relevanz und nicht der Erforderlichkeit der angeforderten Auskünfte. Der von den Unionsgerichten angelegte Prüfungsmaßstab entspricht jedoch demjenigen, der für die Erforderlichkeit nach Art. 18 VO 1/2003 entwickelt wurde.

> *„Bei der Auslegung des Begriffs der relevanten Auskunft ist auf den Zweck abzustellen, zu dem der Kommission die fraglichen Untersuchungsbefugnisse übertragen wurden. Das Erfordernis eines Zusammenhangs zwischen dem Auskunftsverlangen und der vermuteten Zuwiderhandlung ist erfüllt, wenn in diesem Stadium des Verfahrens Grund zu der Annahme besteht, dass das Verlangen eine Beziehung zu der vermuteten Zuwiderhandlung in dem Sinne aufweist, dass die Kommission vernünftigerweise davon ausgehen kann, dass ihr das Dokument bei der Feststellung, ob die behauptete Zuwiderhandlung vorliegt, von Nutzen sein wird.“*[181]

Obwohl es sich um unterschiedliche Verordnungen, abweichende Untersuchungsgegenstände und verschiedene Auskunftsadressaten handelt, wird ein identischer Maßstab zur Bewertung der materiellen Rechtmäßigkeit angelegt.[182]

In der Konsequenz ist die alleinige materiell-rechtliche Grenze der Auskunftsrechte der Kommission der Grundsatz der Verhältnismäßigkeit. Die materielle Reichweite der Auskunftsrechte beurteilt sich daher anhand des gesetzlich niedergelegten Merkmals der *Erforderlichkeit*[183] bzw. *Notwendigkeit*[184] der einzuholenden

---

180 Vgl. Art. 10 Abs. 2 und 3 der Verordnung (EG) Nr. 659/1999 („(2) Gegebenenfalls verlangt die Kommission von dem betreffenden Mitgliedstaat Auskünfte. In diesem Fall gelten Artikel 2 Absatz 2 und Artikel 5 Absätze 1 und 2 entsprechend. (3) Werden von dem betreffenden Mitgliedstaat trotz eines Erinnerungsschreibens nach Artikel 5 Absatz 2 die verlangten Auskünfte innerhalb der von der Kommission festgesetzten Frist nicht oder nicht vollständig erteilt, so fordert die Kommission die Auskünfte durch Entscheidung an (...). [Sie] bezeichnet die angeforderten Auskünfte und legt eine angemessene Frist zur Erteilung dieser Auskünfte fest.“, Hervorhebung hinzugefügt).

181 EuG, Urt. v. 12.11.2013, T-570/08 RENV (Rn. 119), ECLI:EU:T:2013:589 – Deutsche Post (Hervorhebung hinzugefügt).

182 Die Gerichte verweisen sogar ausdrücklich auf die Grundsatzurteile zur Kartellverfahrensverordnung – wie gesagt, ohne dass das Merkmal der Erforderlichkeit im Tatbestand der Ermächtigungsgrundlage überhaupt erwähnt wird, so etwa EuG, Urt. v. 12.11.2013, T-570/08 RENV (Rn. 119), ECLI:EU:T:2013:589 – Deutsche Post.

183 Vgl. Art. 18 Abs. 1 VO 1/2003 sowie Art. 11 Abs. 1 FKVO.

184 Vgl. Art. 17 Abs. 1 S. 2 VO 1/2003 sowie zur näheren Darstellung und Abgrenzung der beiden Begrifflichkeiten Hennig, in: Immenga/Mestmäcker/Körber,

Informationen, das um die ungeschriebenen Teilaspekte der Geeignetheit und Angemessenheit sowie der ordnungsgemäßen Angabe und Begründung des verfolgten legitimen Zwecks zu ergänzen ist.

III. Der unionsrechtliche Grundsatz der Verhältnismäßigkeit – Leitprinzip des europäischen Kartellrechts

Der Grundsatz der Verhältnismäßigkeit stellt ein allgemeines Rechtsprinzip des Unionsrechts dar.[185] Ihm kommt sowohl im primären und sekundären Unionsrecht als auch in den nationalen Rechtsordnungen erhebliche Bedeutung zu.[186]

1. Entwicklung und gesetzliche Verankerung

Bereits lange vor seiner primärrechtlichen Kodifikation war der Grundsatz der Verhältnismäßigkeit als grundlegendes, die Unionsorgane umfassend bindendes Rechtsprinzip anerkannt.[187] So war bereits in den 80er-Jahren die Rede davon, dass es sich um den *„wichtigste[n] allgemeine[n] Rechtsgrundsatz im Bereich des Wirtschaftsrechts des Gemeinsamen Marktes“* handelt.[188] Weitere gewichtige Stimmen

Wettbewerbsrecht, 6. Aufl. 2019, Art. 17 VO 1/2003 Rn. 27 sowie Bechtold/Bosch/Brinker (Hrsg.), EU-Kartellrecht, 3. Aufl. 2014, Art. 17 VO 1/2003 Rn. 7.

185 Vgl. in diesem Sinne EuGH, Urt. v. 06.12.2005, C-453/03 (Rn. 68), ECLI:EU:C:2005:741 – ABNA u.a., EuGH, Urt. v. 07.07.2009, C-558/07 (Rn. 41 – S.P.C.M. SA u.a. und EuGH, Urt. v. 08.06.2010, C-58/08 (Rn. 51), ECLI:EU:C:2010:321 – Vodafone Ltd. u.a. Siehe hierzu u.a. auch Zuleeg/Kadelbach, in: Schulze/Zuleeg/Kadelbach, Europarecht, 3. Aufl. 2015, § 8 Rn. 44 m.w.N. sowie Schlussanträge GA Wahl v. 15.10.2015 zu EuGH, Urt. v. 10.03.2016, C-268/14 (Rn. 32), ECLI:EU:C:2015:697 – Italmobiliare.

186 In einer seiner frühen Entscheidungen bezeichnete der EuGH den heutigen Grundsatz der Verhältnismäßigkeit als *„Gerechtigkeitsgrundsatz“*, vgl. EuGH, Urt. v. 13.07.1962, verb. Rs. 17 u. 20/61 (u.a. LS 1)), ECLI:EU:C:1962:30 – Kloeckner-Werke u.a.

187 Spätestens seit EuGH, Urt. v. 17.12.1970, C-11/70 (Rn. 2 ff.), ECLI:EU:C:1970:114 – Internationale Handelsgesellschaft. Vgl. auch Danwitz, Der Grundsatz der Verhältnismäßigkeit im Gemeinschaftsrecht, EWS 2003, 393, 393. Zum Geltungsgrund und Verfassungsrang des Grundsatzes der Verhältnismäßigkeit im Unionsrecht Pollak, Verhältnismäßigkeitsprinzip und Grundrechtsschutz, 1991, S. 36 ff. und 39 ff. und allgemein zur Entwicklung des unionsrechtlichen Verhältnismäßigkeitsgrundsatzes Kischel, Die Kontrolle der Verhältnismäßigkeit durch den EuGH, EuR 2000, 380, 382 ff. m.w.N. sowie Schwarze, Europäisches Verwaltungsrecht (Band II), 1988, S. 690 f.

188 Schwarze, Dimensionen des Rechtsgrundsatzes der Verhältnismäßigkeit, in: Ipsen (Hrsg.), Europa im Wandel – Festschrift für Hans-Werner Rengeling, S. 641 f. m.w.N.

der Literatur sprechen vom Verhältnismäßigkeitsgrundsatz als *„übergreifendes Prinzip zur Begrenzung der Wirtschaftsgesetzgebung und -Verwaltung in der Gemeinschaft“*[189], als dem *„maßgebende[n] Gestaltungsprinzip für Verwaltung, Richter und Gesetzgeber (...)“*[190] oder allgemeiner als *„Leitlinie [sämtlichen] gemeinschaftsrechtlichen Handelns“*[191].

Der Grundsatz der Verhältnismäßigkeit ist ein bedeutender Mechanismus zur Sicherung individueller Rechte und Interessen; er bietet die Grundlage für den wertenden Ausgleich kollidierender Rechtspositionen.[192] Ursprünglich war der Verhältnismäßigkeitsgrundsatz ein Prüfungsmaßstab für die Rechtskontrolle normativer Akte des primären und sekundären Gemeinschaftsrechts. Bereits früh wurde das Verhältnismäßigkeitsprinzip jedoch auch als Bewertungsmaßstab für das Verwaltungshandeln der Unionsorgane herangezogen.[193] Dahinter steht der Gedanke, dass die Übertragung von Kompetenzen auf die Union durch gesellschaftliche Zwecke legitimiert wird und unter dem Vorbehalt steht, dass diese unter Einhaltung des Grundsatzes der Verhältnismäßigkeit ausgeübt werden.[194] Darf also die Rechtssetzung nur innerhalb des Geeigneten, Erforderlichen und Angemessenen erfolgen, dürfen sich konsequenterweise auch die Umsetzung und die Ausübung der daraus resultierenden Kompetenzen nicht außerhalb dieses Rahmens bewegen. Mittlerweile gilt die Stoßrichtung des Grundsatzes der Verhältnismäßigkeit für alle Unionsorgane und sämtliche ihrer Handlungen jedenfalls dann als anerkannt, wenn es sich um Akte mit rechtsverbindlicher Wirkung handelt.[195]

---

189 Schwarze, Europäisches Verwaltungsrecht (Band II), 1988, S. 830 f.

190 Mayer, in: Terhechte, Verwaltungsrecht der EU, 1. Aufl. 2011, § 8 Rn. 63.

191 Danwitz, Der Grundsatz der Verhältnismäßigkeit im Gemeinschaftsrecht, EWS 2003, 393, 394.

192 Danwitz, Der Grundsatz der Verhältnismäßigkeit im Gemeinschaftsrecht, EWS 2003, 393, 394 sowie Kellerbauer, Limits on EU antitrust investigative measures under recent case-law: tiptoeing between proportionality and effectiveness, EuZW 2014, 407–410, 407.

193 Vgl. EuGH, Urt. v. 17.10.1989, C-85/87 (Rn. 30 m.w.N.), ECLI:EU:C:1989:379 – Dow Benelux sowie bereits Schlussanträge GA Trabucchi v. 02.06.1976 zu EuGH, Urt. v. 07.07.1976, C-118/75 (Rn. 5 m.w.N.), ECLI:EU:C:1976:79 – Watsan und Belmann. Siehe zur Entwicklung statt aller Schwarze, Europäisches Verwaltungsrecht (Band II), 1988, S. 838.

194 Terhechte, in: Terhechte, Verwaltungsrecht der EU, 1. Aufl. 2011, § 7 Rn. 21 Siehe auch Schwarze, Europäisches Verwaltungsrecht (Band II), 1988, S. 662 f.

195 Siehe zum Streitstand Trstenjak/Beysen, Das Prinzip der Verhältnismäßigkeit in der Unionsrechtsordnung, EuR 2012, 265, S. 266 f., wonach insbesondere bedeutende Stimmen aus dem englischen Recht eine derartige Ausweitung des Verhältnismäßigkeitsgrundsatzes ablehnen, während die deutschen Stimmen dies weit überwiegend bejahten. Vgl. u.a. auch Schwarze, Europäisches Verwaltungsrecht (Band II), 1988, S. 830 f.; Lienbacher, in: Schwarze/Becker/Hatje, EU-Kommentar, 4. Aufl. 2019,

So stellt auch Art. 5 Abs. 4 EUV ausdrücklich fest, dass *„[n]ach dem Grundsatz der Verhältnismäßigkeit (...) die Maßnahmen der Union inhaltlich wie formal nicht über das zur Erreichung der Ziele der Verträge erforderliche Maß hinaus[gehen]“.*[196]

Die verwaltungsrechtliche Geltung des Verhältnismäßigkeitsprinzips wird des Weiteren durch die Grundrechte-Charta der Union bestätigt und präzisiert. So wird nicht nur in Art. 52 GRCh ausdrücklich bestimmt, dass die Einschränkung geschützter Rechtspositionen Einzelner ausschließlich unter der Wahrung der Verhältnismäßigkeit erfolgen darf.[197] Nach dem in Art. 41 GRCh verankerten subjektiven Recht auf eine gute Verwaltung, muss dieser Grundsatz umso sorgfältiger und präziser geprüft und eingehalten werden, umso geringer die sonstigen Anforderungen an die handelnde Stelle ausgestaltet sind.[198] Dies gilt unstreitig für Konstellationen, in denen den Unionsorganen ein weiter Beurteilungsspielraum zugesprochen wird.

> *„Nach der Rechtsprechung des Gerichtshofs und des Gerichts zum Grundsatz der guten Verwaltung kommt in den Fällen, in denen die Organe der Union über einen Beurteilungsspielraum verfügen, der Beachtung der Garantien, die die Unionsrechtsordnung in Verwaltungsverfahren gewährt, eine umso grundlegendere Bedeutung zu.“*[199]

Die Wahrung des Grundsatzes der Verhältnismäßigkeit gehört damit ganz allgemein zu einer der grundlegenden Gewährleistungen einer guten Verwaltungspraxis.

2. Besondere Ausprägung im Bereich des Europäischen Kartellrechts

Gerade im Bereich der kartellrechtlichen Ermittlungen machen es die Besonderheiten der jeweiligen Verfahren und der zu ermittelnden Sachverhalte erforderlich, auf (zu) strenge gesetzlichen Vorgaben im Rahmen der Ermächtigungsgrundlagen zu verzichten. Es muss der Kommission innerhalb ihrer Ermittlungstätigkeiten möglich sein, Sachverhalte und deren Entwicklung frei einschätzen und

---

Artikel 5 EUV Rn. 43; Danwitz, Der Grundsatz der Verhältnismäßigkeit im Gemeinschaftsrecht, EWS 2003, 393, 394.

196 Siehe vertieft zu Art. 5 Abs. 4 EUV und der systematischen Einordnung der gesetzlichen Verankerung des Verhältnismäßigkeitsgrundsatzes Bast, in: Grabitz/Hilf/Nettesheim, Das Recht der Europäischen Union, 2020, Art. 5 EUV Rn. 67 f.

197 Schwarze, Die Bedeutung des Grundsatzes der Verhältnismäßigkeit bei der Behandlung von Verpflichtungszusagen nach der europäischen Fusionskontrollverordnung, EuZW 2002, 741, 745. Zum systematischen Verhältnis von Art. 52 GRCh zum allgemeinen Verhältnismäßigkeitsprinzip Bast, in: Grabitz/Hilf/Nettesheim, Das Recht der Europäischen Union, 2020, Art. 5 EUV Rn. 67 f.

198 Siehe statt aller bereits Jakobs, Der Grundsatz der Verhältnismäßigkeit, 1985, S. 138.

199 EuG, Urt. v. 22.03.2012, T-458/09 u.a. (Rn. 65, 68), ECLI:EU:T:2012:145 – Slovak Telekom.

bewerten zu können. Andernfalls sind Einbußen der Effizienz der Ermittlungen zu befürchten.

Vor diesem Hintergrund ist es wenig verwunderlich, dass der Grundsatz der Verhältnismäßigkeit auch in den kartellrechtlichen Verordnungen allgegenwärtig vertreten ist. So hat der Verhältnismäßigkeitsgrundsatz nicht nur über die Erwägungsgründe Nr. 36 FKVO und Nr. 37 VO 1/2003 ausdrücklich Eingang in die kartellrechtliche Ermittlungs- und Entscheidungspraxis gefunden. Bei genauerer Betrachtung der Regelungen und Gewährleistungen der VO 1/2003 und FKVO wird deutlich, dass viele der Tätigkeiten und diesbezüglichen Ermächtigungen von Verhältnismäßigkeitserwägungen durchzogen sind. Auch wenn der Begriff der Verhältnismäßigkeit nicht explizit genannt wird, so sind die Systematik und der Aufbau der Verordnungen in besonderer Weise vom Grundsatz der Verhältnismäßigkeit geprägt.[200]

Dies zeigt sich beispielsweise im System der detaillierten Bewertung potentieller Maßnahmen zur Abstellung einer Zuwiderhandlung. Es dürfen lediglich solche Maßnahmen festgesetzt werden, die *„zur effektiven Abstellung einer Zuwiderhandlung erforderlich sind“.*[201] Da Maßnahmen struktureller Art regelmäßig mit stärkeren Belastungen verbunden sind als verhaltensorientierte Maßnahmen, sind letztere insoweit grundsätzlich vorrangig heranzuziehen.[202] Auch im Rahmen von Sektoruntersuchungen ist der Einsatz der Ermittlungsmaßnahmen aus Gründen der Verhältnismäßigkeit beschränkt. So sind Durchsuchungen in Privatwohnungen aufgrund der besonderen Belastung des Betroffenen nicht möglich.[203] Eine besondere Ausprägung des Grundsatzes der Verhältnismäßigkeit in der VO 1/2003 findet sich auch im System der Festsetzung der Bußgeldhöhe, insbesondere der Schaffung einer Obergrenze sowie nachvollziehbarer Kriterien der Bußgeldbemessung,[204] mit der sich sogar der EGMR bereits vertieft befasste. In seiner *Menarini*-Rechtsprechung bestätigte er dieses System der Bußgeldfestsetzung in Anlehnung an die Grundsätze der Verhältnismäßigkeit von Strafen.[205]

---

200 Vgl. in anderem Zusammenhang Schwarze, Die Bedeutung des Grundsatzes der Verhältnismäßigkeit bei der Behandlung von Verpflichtungszusagen nach der europäischen Fusionskontrollverordnung, EuZW 2002, 741, 744.

201 Vgl. Erwägungsgrund 12 VO 1/2003.

202 Vgl. Erwägungsgrund 12 VO 1/2003. Die Befugnis zur Festsetzung der Maßnahmen wird ausdrücklich unter der Auflage der *„Beachtung des Grundsatzes der Verhältnismäßigkeit“* übertragen.

203 Ein entsprechender Verweis findet sich in Art. 17 Abs. 2 VO 1/2003, der die allgemeine Anwendbarkeit der Ermittlungsmaßnahmen der Art. 18 ff. VO 1/2003 festlegt, nicht.

204 Vgl. u.a. EuG, Urt. v. 29.02.2016, T-265/12 (Rn. 244 f.), ECLI:EU:T:2016:111 – Schenker.

205 Vgl. EGMR, Urt. v. 27.09.2011, No. 43509/08 (Rn. 38 ff.) – Menarini Diagnostics. Siehe hierzu weitergehend Teil 1, Kapitel 4, D.I.1. sowie Teil 3, Kapitel 2, C.I.

Ebenso finden sich in der FKVO Ausprägungen des Verhältnismäßigkeitsprinzips. Sie zeigen sich besonders deutlich in der Einführung des abgestuften Anmelde- sowie Prüfungs- und Freigabesystems, das von einer bedingungslosen Genehmigung[206] über eine Vereinbarkeitserklärung mit Verpflichtungszusagen, Bedingungen und Auflagen[207] bis hin zur vollständigen Untersagung[208] reicht.[209] Diesem System liegt der Gedanke zu Grunde, dass ein Durchlaufen der verschiedenen Stufen nur erfolgen soll, wenn eine unionsrechtliche Prüfung überhaupt erforderlich und eine Freigabe des beabsichtigen Zusammenschlussvorhabens nicht auf einer vorherigen Stufe möglich ist, eine solche also kein geeignetes, aber milderes Mittel darstellt.[210]

Der Grundsatz der Verhältnismäßigkeit ist daher nicht nur wegen seines allgemeinen Geltungsrangs von maßgeblicher Bedeutung für kartellrechtliche Verfahren. Er ist als variables Korrektiv für den Einzelfall im System dieser Verfahren selbst sowie in deren gesetzlichen Regelungen allgegenwärtig verankert.[211]

IV. Struktur der Verhältnismäßigkeitsprüfung

Die Mehrheit der Stimmen in der Literatur ging und geht nach wie vor von einer dreistufigen Verhältnismäßigkeitsprüfung aus: Der Geeignetheit, Erforderlichkeit und Angemessenheit.[212] Sie folgt damit dem Vorbild des deutschen Rechts, aus

---

206 Vgl. Art. 2 Abs. 2 FKVO.

207 Vgl. Art. 8 Abs. 2 FKVO.

208 Vgl. Art. 2 Abs. 3 FKVO.

209 Vgl. in anderem Zusammenhang Schwarze, Die Bedeutung des Grundsatzes der Verhältnismäßigkeit bei der Behandlung von Verpflichtungszusagen nach der europäischen Fusionskontrollverordnung, EuZW 2002, 741, 742 ff.

210 So auch Schwarze, Die Bedeutung des Grundsatzes der Verhältnismäßigkeit bei der Behandlung von Verpflichtungszusagen nach der europäischen Fusionskontrollverordnung, EuZW 2002, 741, 744.

211 Vgl. Schwarze, Europäisches Verwaltungsrecht (Band II), 1988, S. 812 sowie Schwarze, Die Bedeutung des Grundsatzes der Verhältnismäßigkeit bei der Behandlung von Verpflichtungszusagen nach der europäischen Fusionskontrollverordnung, EuZW 2002, 741, 742. Siehe zur Einordnung als einzelfallabhängiges Kontrollinstrument Schwarze, Dimensionen des Rechtsgrundsatzes der Verhältnismäßigkeit, in: Ipsen (Hrsg.), Europa im Wandel – Festschrift für Hans-Werner Rengeling, S. 641 f.

212 Siehe u.a. Vocke, Die Ermittlungsbefugnisse der EG-Kommission im kartellrechtlichen Voruntersuchungsverfahren, 2006, S. 43 f.; Kischel, Die Kontrolle der Verhältnismäßigkeit durch den EuGH, EuR 2000, 380, 391; Pache, Der Grundsatz der Verhältnismäßigkeit in der Rechtsprechung der Gerichte der EG, NVwZ 1999, 1033, 1036.

dem die wesentlichen Aspekte des unionsrechtlichen Grundsatzes im Rahmen der Rechtsvergleichung abgeleitet wurden.[213]

Die Prüfungsschritte der Geeignetheit und Erforderlichkeit werden dabei nahezu einheitlich bejaht. Sie greifen in gewissen Maße ineinander. Die Geeignetheit erfährt in aller Regel wenig Aufmerksamkeit. Sie steht überhaupt erst dann in Frage, wenn durch das eingesetzte Mittel das mit ihm verfolgte Ziel in keiner denkbaren Weise erreicht werden kann.[214] Die Erforderlichkeit wird dahingehend geprüft, ob das verfolgte Ziel nicht ebenso wirksam durch eine gleich geeignete Maßnahme zu erreichen ist, die jedoch eine geringere Beeinträchtigung des zu schützenden Guts hervorruft.[215]

Ob zudem der Teilaspekt der Angemessenheit im Rahmen der Verhältnismäßigkeit zu prüfen ist, war seit dem Einzug des Grundsatzes der Verhältnismäßigkeit in das Unionsrecht umstritten. Die Stimmen, die von einer lediglich zweistufigen Prüfung ausgehen, verweisen im Wesentlichen auf den Wortlaut des Art. 5 Abs. 4 EUV.[216] Die Angemessenheit werde weder ausdrücklich als Prüfungskriterium genannt, noch ergebe sie sich implizit aus der Norm.[217] Entsprechend habe auch die unionsgerichtliche Rechtsprechung eine deutliche Tendenz entwickelt, sich im Rahmen der Prüfung der Verhältnismäßigkeit schwerpunktmäßig auf die Kriterien der Geeignetheit und Erforderlichkeit zu konzentrieren.[218] Dieser Ansicht ist zuzugestehen, dass – zumindest in den früheren Urteilen – tatsächlich oftmals auf die Vornahme einer abwägenden Angemessenheitsprüfung verzichtet wurde.[219] Die Unionsgerichte schienen sich in ihren Urteilen auf Fragen der Erforderlichkeit beschränkt zu haben.[220] Hieraus kann jedoch nicht geschlossen werden, dass Überlegungen der Proportionalität überhaupt nicht in die gerichtliche Bewertung

213 Siehe die ausführliche Darstellung der Entwicklung des Verhältnismäßigkeitsgrundsatzes im europäischen Recht Danwitz, Der Grundsatz der Verhältnismäßigkeit im Gemeinschaftsrecht, EWS 2003, 393, 397 sowie Scheuing, in: Schulze/Zuleeg/Kadelbach, Europarecht, 3. Aufl. 2015, § 6 Rn. 29 m.w.N.

214 Calliess, in: Calliess/Ruffert/Blanke, EUV, AEUV, 5. Aufl. 2016, Art. 5 EUV Rn. 44 sowie Kischel, Die Kontrolle der Verhältnismäßigkeit durch den EuGH, EuR 2000, 380, 383.

215 Weiß, in: Calliess/Ruffert/Blanke, EUV, AEUV, 5. Aufl. 2016, Art. 101 AEUV Rn. 44.

216 Siehe hierzu Classen, in: Groeben/Schwarze/Hatje, Europäisches Unionsrecht, 7. Aufl. 2015, Art. 114 AEUV Rn. 110.

217 Vgl. hierzu Trstenjak/Beysen, Das Prinzip der Verhältnismäßigkeit in der Unionsrechtsordnung, EuR 2012, 265, 269 f. m.w.N.

218 Trstenjak/Beysen, Das Prinzip der Verhältnismäßigkeit in der Unionsrechtsordnung, EuR 2012, 265, 269 f. m.w.N.

219 Ehlers, Die Europäisierung des Verwaltungsprozessrechts, DVBl 2004, 1441, 1449.

220 Pache, Der Grundsatz der Verhältnismäßigkeit in der Rechtsprechung der Gerichte der EG, NVwZ 1999, 1033, 1036.

eingeflossen sind. Die zuständigen Unionsrichter stammen oftmals aus einer Vielzahl unterschiedlicher europäischen Jurisdiktionen mit unterschiedlichen Praktiken.[221] Nicht in jeder sind die Gewährleistungen und Begrifflichkeiten der Teilaspekte des Grundsatzes der Verhältnismäßigkeit in einem dem deutschen Recht vergleichbaren Maße strikt voneinander getrennt.[222] Entsprechend wurden auch die Prüfungsschritte – insbesondere in den Anfangsphasen der Geltung des Verhältnismäßigkeitsgrundsatzes – von den Unionsrichtern nicht immer klar abgegrenzt und getrennt.[223] Zudem sind unionsgerichtliche Urteile selten umfassend und ausführlich abgefasst. Sie orientieren sich an den zentralen sowie von den Verfahrensbeteiligten besonders gerügten Problemschwerpunkten; in aller Regel ohne sich vertieft mit dogmatischen Grundsatzfragen auf dem Weg zu einer Entscheidung auseinanderzusetzen.[224] Aus der Tatsache, dass die Verhältnismäßigkeit i.e.S. nicht ausdrücklich in den Entscheidungsgründen genannt wird, kann daher nicht geschlussfolgert werden, dass sie nicht Gegenstand der Prüfung und Urteilsfindung der Unionsrichter gewesen ist.

Dementsprechend hat sich in Fällen, in denen die Angemessenheit von Relevanz für die Entscheidung des Rechtsstreits war, bereits früh eine zweite Rechtsprechungslinie herausgebildet, welche die drei Stufen der Verhältnismäßigkeit auch explizit als Prüfungskriterien nennt und untersucht.[225] Erste Ansätze der

---

221 Vgl. Vocke, Die Ermittlungsbefugnisse der EG-Kommission im kartellrechtlichen Voruntersuchungsverfahren, 2006, S. 46 f.

222 Vgl. Vocke, Die Ermittlungsbefugnisse der EG-Kommission im kartellrechtlichen Voruntersuchungsverfahren, 2006, S. 46 f. Mit Trstenjak/Beysen ist jedoch davon auszugehen, dass die Gerichte auch in Fällen, in denen sie nicht explizit als solche bezeichnet wurde, die Frage der Angemessenheit zumindest implizit geprüft haben. Auch Brigola, Der Grundsatz der Verhältnismäßigkeit im Gefüge der EU-Grundfreiheiten – Steuerungsinstrument oder Risikofaktor?, EuZW 2017, 406, 406 spricht davon, dass Angemessenheit und Erforderlichkeit oftmals miteinander verwoben sein können.

223 Kischel, Die Kontrolle der Verhältnismäßigkeit durch den EuGH, EuR 2000, 380, 383.

224 Vgl. Kischel, Die Kontrolle der Verhältnismäßigkeit durch den EuGH, EuR 2000, 380, 401 f. Die Urteilsgründe, entsprechend der knappen Urteilsbegründungen französischer Verwaltungsgerichte, oftmals auf die wesentlichen – und damit problematischen – Elemente der Entscheidungsfindung beschränkt, Vocke, Die Ermittlungsbefugnisse der EG-Kommission im kartellrechtlichen Voruntersuchungsverfahren, 2006, S. 46 f.

225 Vgl. Trstenjak/Beysen, Das Prinzip der Verhältnismäßigkeit in der Unionsrechtsordnung, EuR 2012, 265, 270, der die Entwicklung und Ursprünge dieser Rechtsprechungspraxis umfangreich nachweist. Diese Rechtsprechungslinie hat auch in einer Vielzahl von Schlussanträgen der Generalanwälte Zustimmung gefunden. Vgl. nur Schlussanträge GA Kokott v. 06.05.2010 zu EuGH, Urt. v. 08.07.2010, C-343/09 (Rn. 55 ff.), ECLI:EU:C:2010:258 – Afton Chemical; Schlussanträge GA Trstenjak

Angemessenheitsprüfung zeigten sich bereits 1956 in einer Entscheidung des Gerichtshofs zum EGKS-Vertrag.[226] Im Jahr 1989 führte der EuGH in dem Verfahren *Schräder/Hauptzollamt Gronau* dann aus:

> *„Nach dem Grundsatz der Verhältnismässigkeit sind Maßnahmen (...) nur rechtmässig, wenn sie zur Erreichung der zulässigerweise mit der fraglichen Regelung verfolgten Ziele geeignet und erforderlich sind. Dabei ist, wenn mehrere geeignete Maßnahmen zur Auswahl stehen, die am wenigsten belastende zu wählen; ferner müssen die auferlegten Belastungen in angemessenem Verhältnis zu den angestrebten Zielen stehen."*[227]

In Bestätigung und unter Verweis auf die hiermit begonnene Rechtsprechungspraxis haben die Unionsgerichte auch für kartellrechtliche Auskunftsersuchen ausdrücklich festgestellt, dass

> *„es zur Wahrung des Grundsatzes der Verhältnismäßigkeit (...) nicht genügt, dass die verlangten Auskünfte mit dem Gegenstand der Untersuchung in Zusammenhang stehen. Erforderlich ist auch, dass die Verpflichtung zur Auskunftserteilung für das betreffende Unternehmen keine Belastung darstellt, die zu den Erfordernissen der Untersuchung außer Verhältnis steht."*[228]

---

v. 21.01.2010 zu EuGH, Urt. v. 20.05.2010, C-365/08 (Rn. 59), ECLI:EU:C:2010:27 – Agrana Zucker; Schlussanträge GA Mischo v. 08.03.1990 zu EuGH, Urt. v. 13.11.1990, C-331/88 (Rn. 28 ff. 42), ECLI:EU:C:1990:109 – Fedesa u.a. Hierzu auch Schwarze, Europäisches Verwaltungsrecht (Band II), 1988, S. 833, 836 m.w.N.

226 EuGH, Urt. v. 29.11.1956, C-8/55 (S. 311 f.), ECLI:EU:C:1956:11 – Fédération charbonnière de Belgique (*„Die hohe Behörde hat im Übrigen (...) die Aufgabe, für die Erreichung der in diesem Vertrag festgelegten Zwecke nach Maßgabe des Vertrages zu sorgen. Aus dieser Bestimmung (...) muss geschlossen werden, dass [die hohe Behörde] im Hinblick auf die Ausführungsmaßnahmen, die zur Verwirklichung der im Vertrag (...) vorgesehenen Ziele erforderlich sind, eine gewisse Autonomie geniesst."*).

227 EuGH, Urt. v. 11.07.1989, Rs. 265/87 (LS 4), Slg. 1989, 2237 – Schräder/Hauptzollamt Gronau (Hervorhebung hinzugefügt). Etwas weniger deutlich so auch bereits EuGH, Urt. v. 26.06.1980, C-136/79 (Rn. 30), ECLI:EU:C:1980:169 – National Panasonic und EuG, Urt. v. 12.12.1991, T-39/90 (Rn. 51), ECLI:EU:T:1991:71 – SEP.

228 So jüngst nochmals EuG, Urt. v. 14.03.2014, T-302/11 (72), ECLI:EU:T:2014:128 – HeidelbergCement (Hervorhebung hinzugefügt). U.a. bereits auch EuG, Urt. v. 12.12.1991, T-39/90 (Rn. 51), ECLI:EU:T:1991:71 – SEP oder EuG, Urt. v. 30.09.2003, T-191/98 u.a. (Rn. 418), ECLI:EU:T:2003:245, – Atlantic Container Line u.a. (*„Gemäß der Rechtsprechung müssen die Auskunftsverlangen der Kommission dem Grundsatz der Verhältnismäßigkeit entsprechen, und die einem Unternehmen auferlegte Verpflichtung zur Auskunftserteilung darf für dieses keine Belastung darstellen, die zu den Erfordernissen der Untersuchung außer Verhältnis steht."*). Siehe mit weiteren Nachweisen u.a. auch EuG, Urt. v. 25.11.2014, T-402/13 (Rn. 22), ECLI:EU:T:2014:991 – Orange; EuG, Urt. v. 14.03.2014, T-296/11 (Rn. 86), ECLI:EU:T:2014:121 – Cementos

Es ist vor diesem Hintergrund auch wenig verwunderlich, dass sich die Kommission selbst positiv in Bezug auf den Prüfungsschritt der Angemessenheit äußert. So führte sie beispielsweise in Bezug auf die allgemeinen Grundsätze guter Verwaltungspraxis zur Verhältnismäßigkeit aus: *„Die Kommission achtet darauf, dass die Maßnahmen in einem angemessenen Verhältnis zu den angestrebten Zielen stehen“*.[229]

Lediglich der Vollständigkeit halber sei darauf hingewiesen, dass diese dreistufige Prüfung des Grundsatzes der Verhältnismäßigkeit in Übereinstimmung mit der Rechtsprechung des Europäischen Gerichtshofs für Menschenrechte steht.[230]

C. Die Einschätzungsprärogative der Kommission

Auf der Grundlage des Verhältnismäßigkeitsprinzips kommt der Kommission im Rahmen ihrer Ermittlungen sowohl hinsichtlich des „Ob“ als auch des „Wie“ eine erhebliche Einschätzungsprärogative zu.[231] Hintergrund ist die besondere Bedeutung des freien Wettbewerbs für die Funktionsfähigkeit des europäischen Binnenmarktes, dessen Hüterin die Kommission ist. Wettbewerbsbeschränkungen stellen schwerwiegende Zuwiderhandlungen gegen die europäische Wirtschaftsordnung dar. Sie sind möglichst zu verhindern, jedenfalls aber müssen sie schnell und effektiv aufgedeckt und abgestellt werden.[232] Enge und fest abgesteckte Befugnisse der

Portland; EuG, Urt. v. 22.03.2012, T-458/09 u.a. (Rn. 81 ff.), ECLI:EU:T:2012:145 – Slovak Telekom.

229 Siehe den Kodex für die gute Verwaltung in den Beziehungen der Bediensteten der Kommission zur Öffentlichkeit, Anhang zur Geschäftsordnung der Kommission vom 8. Dezember 2000.

230 Siehe u.a. bereits EGMR, Urt. v. 28.03.1990, No. 10890/84 (Rn. 72 f. – Groppera Radio (“*According to the Court’s settled case-law, the Contracting States enjoy a certain margin of appreciation in assessing whether and to what extent an interference is necessary, but this margin goes hand in hand with European supervision covering both the legislation and the decisions applying it; when carrying out that supervision, the Court must ascertain whether the measures taken at national level are justifiable in principle and proportionate (...). In order to verify that the interference was not excessive in the instant case, the requirements of protecting the international telecommunications order as well as the rights of others must be weighed against the interest of the applicants and others in the retransmission of Sound Radio’s programmes by cable.*”, Hervorhebung hinzugefügt).

231 Die Ermächtigungen der Art. 17 Abs. 1 S. 2 VO 1/2003, Art. 18 Abs. 1 VO 1/2003 sowie Art. 11 Abs. 1 FKVO sprechen deutlich davon, dass die Kommission die erforderlichen Auskünfte einholen *„kann“*, vgl. hierzu statt vieler Bechtold, Zum Ermessen der Kommission in Bußgeldverfahren, WuW 2009, 1115, 1115.

232 Siehe Schlussanträge GA Wahl v. 12.02.2015 zu EuGH, Urt. v. 18.06.2015, C-583/13 (Rn. 62), ECLI:EU:C:2015:92 – Deutsche Bahn.

Kommission im Rahmen der Ermittlungen würden dies konterkarieren. Den zu untersuchenden Sachverhalten kommt in aller Regel eine erhebliche (wirtschaftliche) Komplexität und Vielfältigkeit zu. Zudem können gerade im Rahmen der frühen Sachverhaltsaufklärung zu Beginn eines Ermittlungsverfahrens die Vornahme prognostischer Analysen und die Beachtung hypothetischer Verlaufsszenarien erforderlich werden, die einen Entscheidungsspielraum unverzichtbar machen.[233] Aus diesem Grund wird das Ermittlungsermessen – insbesondere in Bezug auf Effektivitätserwägungen – nach überwiegender Ansicht weit ausgelegt.[234] IEs obliegt der Kommission grundsätzlich selbst, zu beurteilen, ob die angeforderten Informationen tatsächlich erforderlich sind.[235]

Aus demselben Grund erfolgt die Bewertung der Ermessensausübung aus einer ex-ante Perspektive.[236] Es wird darauf abgestellt, was die Kommission zum

---

233 Vgl. Lepsius, Die Chancen und Grenzen des Grundsatzes der Verhältnismäßigkeit, in: Jestaedt/Lepsius (Hrsg.), Verhältnismäßigkeit, S. 32.

234 In Bestätigung der ständigen Rechtsprechung jüngst EuG, Beschl. v. 29.10.2020, T-451/20, ECLI:EU:T:2020:515 (Rn. 38) – Facebook I. („*Thus, the requirement that a correlation must exist between the request for information and the presumed infringement will be satisfied as long as, at that stage in the procedure, the request may legitimately be regarded as having a connection with the presumed infringement, in the sense that the Commission may reasonably suppose that the information will help it to determine whether the alleged infringement has taken place*"). Vgl. bereits EuGH, Urt. v. 18.05.1982, C-155/79 (LS 2), ECLI:EU:C:1982:157 – AM & S Europe sowie jüngst EuG, Urt. v. 09.04.2019, T-371/17 (Rn. 99), ECLI:EU:T:2019:232 – Qualcom u.a. Siehe auch Miersch, in: Grabitz/Hilf, Das Recht der Europäischen Union, 40. Aufl. 2010, Art. 18 VO 1/2003 Rn. 7; Zeise, Europäische Fusionskontrolle, in: Schulte/Crede (Hrsg.), Handbuch Fusionskontrolle, Rn. 2083; Maass, in: Langen/Bunte, Kartellrecht, 13. Aufl. 2018, Art. 11 FKVO Rn. 7; Hirsbrunner, in: Groeben/Schwarze/Hatje, Europäisches Unionsrecht, 7. Aufl. 2015, VO (EG) 1/2003 Art. 18 Rn. 2; Mestmäcker/Schweitzer, in: Mestmäcker/Schweitzer, Europäisches Wettbewerbsrecht, 3. Aufl. 2014, 5. Kapitel Verfahren in Wettbewerbssachen, § 20 Rn. 19; Mestmäcker/Schweitzer, in: Mestmäcker/Schweitzer, Europäisches Wettbewerbsrecht, 3. Aufl. 2014, 6. Kapitel Fusionskontrolle, § 24 Rn. 94 ff. So beispielsweise auch Schlussanträge GA Wahl v. 15.10.2015 zu EuGH, Urt. v. 10.03.2016, C-247/14 (Rn. 70), ECLI:EU:C:2015:694 – HeidelbergCement.

235 EuG, Urt. v. 09.04.2019, T-371/17 (Rn. 62), ECLI:EU:T:2019:232 – Qualcom u.a.; EuG, Beschl. v. 29.10.2020, T-451/20, ECLI:EU:T:2020:515 (Rn. 38) – Facebook I.

236 EuG, Urt. v. 27.09.2012, T-343/06 (Rn. 104), ECLI:EU:T:2012:478 – Shell Petroleum. So auch Zeise, Europäische Fusionskontrolle, in: Schulte/Crede (Hrsg.), Handbuch Fusionskontrolle, Rn. 2181.

Zeitpunkt der Versendung des Auskunftsersuchens für erforderlich halten durfte.[237] Ob die angefragten Informationen letztlich tatsächlich erforderlich waren oder sie Verwendung für das weitere Verfahren gefunden haben, soll insoweit ohne Relevanz sein.[238] Hiermit wird dem Umstand Rechnung getragen, dass eine abschließende Beurteilung der Erforderlichkeit bestimmter Auskünfte grundsätzlich erst bei deren Vorliegen möglich ist.[239]

Hinsichtlich dieses Entscheidungsspielraums der Kommission finden sich in den deutschen Fassungen der gerichtlichen Entscheidungen eine Vielzahl an Begrifflichkeiten, beispielsweise Ermessensbefugnis, Beurteilungsspielraum oder Ermessensspielraum. Eine Differenzierung nach Entscheidungsfreiheiten auf Tatbestands- und Rechtsfolgenebene, wie sie dem klassischen deutschen Verwaltungsrecht immanent ist, nehmen die Europäischen Gerichte nicht vor.[240] Vielmehr scheinen die durch unbestimmte Rechtsbegriffe und Ermessensentscheidungen eingeräumten Freiräume lediglich Teilaspekte eines Gesamtphänomens der Entscheidungsfreiheit der Verwaltung zu sein.[241] Entsprechend der Vorgehensweise der Unionsgerichte wird im Folgenden der Begriff „Ermessen" oder „Ermittlungsermessen" für die umfassende Entscheidungs- und Gestaltungsfreiheit der Kommission bei der Versendung von Auskunftsersuchen verwendet.

D. Rechtsschutzmöglichkeiten im Überblick

Die Rechtmäßigkeit der Handlung eines Unionsorgans unterliegt der Kontrolle durch die Unionsgerichte. Dies gilt in Hinsicht auf die formelle Rechtmäßigkeit ebenso wie für die materielle Rechtsmäßigkeit. Damit kann auch die Verhältnismäßigkeit als Teil der materiellen Rechtmäßigkeit eines Auskunftsersuchens durch die Unionsgerichte überprüft werden.[242]

---

237 Vgl. EuG, Urt. v. 27.09.2012, T-343/06 (Rn. 104), ECLI:EU:T:2012:478 – Shell Petroleum. So auch Zeise, Europäische Fusionskontrolle, in: Schulte/Crede (Hrsg.), Handbuch Fusionskontrolle, Rn. 2181.

238 EuG, Urt. v. 04.02.2009, T-145/06 (LS 2, Abs. 4), ECLI:EU:T:2009:27 – Omya.

239 Eine völlige Ungebundenheit des behördlichen Handelns darf die Einräumung von Ermessen allerdings dennoch nicht bedeuten, vgl. Guski, Regelbildung als Entdeckungsverfahren, ZWeR 2012, 243, 251, wonach es zum Kernbestand des Unionsrechts gehört, dass Verwaltungsmaßnahmen der richterlichen Überprüfung unterliegen.

240 Ehlers, Die Europäisierung des Verwaltungsprozessrechts, DVBl 2004, 1441, 1448 f. sowie Schwarze, Europäisches Verwaltungsrecht (Band I), 1988, S. 280.

241 Vgl. hierzu Schwarze, Europäisches Verwaltungsrecht (Band I), 1988, S. 281 f.

242 Vgl. u.a. Van der Hout/Konrads, in: Berg/Mäsch, Kartellrecht, 3. Aufl. 2018, Art. 18 VO 1/2003 Rn. 6.

An dieser Stelle soll sich die Arbeit auf die Darstellung potentieller Rechtsschutzmöglichkeiten der Adressaten eines einfachen Auskunftsverlangens sowie einer Auskunftsentscheidung beschränken. Fragen der Effektivität des Rechtsschutzes sowie die Untersuchung und Bewertung etwaiger Lücken im nachträglichen gerichtlichen Schutzsystem erfolgen aufgrund der größeren Sachnähe an späterer Stelle, wenn erweiterte Schutzmöglichkeiten auf der Ebene des Kommissionsverfahrens im Rahmen des Lösungsvorschlags erarbeitet werden.[243]

I. Nichtigkeitsklage

Nach Art. 263 Abs. 4 AEUV können natürliche oder juristische Person gegen die an sie gerichteten oder sie unmittelbar und individuell betreffenden Handlungen vor den Unionsgerichten Klage erheben.

Gegen Auskunftsentscheidungen der Europäischen Kommission nach Art. 18 Abs. 3 VO 1/2003 sowie Art. 11 Abs. 3 FKVO kann eine Nichtigkeitsklage gemäß Art. 263 Abs. 4 AEUV direkt erhoben werden.[244] Einfache Auskunftsverlangen hingegen können nach dem derzeitigen Stand der Rechtsprechung nicht gesondert angefochten werden. Da ihre Nichtbeantwortung grundsätzlich nicht sanktioniert werden kann, fehle es ihnen an dem für eine Anfechtbarkeit erforderlichen Entscheidungscharakter.[245] Für ein einfaches Auskunftsverlangen steht jedoch eine Überprüfung im Rahmen einer Nichtigkeitsklage gegen die verfahrensabschließende Entscheidung offen.[246]

Die Nichtigkeitsklage ist innerhalb einer Klagefrist von zwei Monaten zu erheben.[247] Eingangsinstanz ist das EuG.[248] Die Zuständigkeit des EuGH eröffnet sich erst im Rahmen der weiteren rechtlichen Kontrolle innerhalb eines Rechtsmittelverfahrens gegen die erstinstanzliche Entscheidung des EuG.[249]

---

243 Siehe hierzu Teil 3, Kapitel 1.

244 Jungermann, in: Frankfurter Kommentar Kartellrecht, 93. Aufl. 2020, Art. 18 VO 1/2003 Rn. 53.

245 Jungermann, in: Frankfurter Kommentar Kartellrecht, 93. Aufl. 2020, Art. 18 VO 1/2003 Rn. 51.

246 EuG, Urt. v. 20.04.1999, T-305/94 (Rn. 412), ECLI:EU:T:1999:80 – Limburgse Vinyl Maatschappij u.a.; Barthelmeß/Rudolf, in: LMRKM, Kartellrecht, 4. Aufl. 2020, Art. 18 VO 1/2003 Rn. 51.

247 Vgl. Art. 263 Abs. 6 AEUV. Nach Art. 102 §§ 1, 2 VerfO-EuG beginnt diese Frist 14 Tage nach Veröffentlichung der Entscheidung zu laufen, worauf pauschal eine Zehntagesfrist anzurechnen ist.

248 Vgl. Art. 263 Abs. 5 i.V.m. Art. 256 Abs. 1 AEUV. Siehe allgemein zu den Zulässigkeitsvoraussetzungen einer Nichtigkeitsklage Ehricke, in: Streinz/Michl, EUV/AEUV, 3. Aufl. 2018, Art. 263 AEUV Rn. 39 ff.

249 Barthelmeß/Rudolf, in: LMRKM, Kartellrecht, 4. Aufl. 2020, Art. 18 VO 1/2003 Rn. 52.

1. *Prüfungsumfang*

Nach Art. 263 Abs. 2 und 4 AEUV überwacht der EuGH die Wahrung der Verträge sowie die bei ihrer Durchführung anzuwendenden Rechtsnormen einschließlich der korrekten Ausübung eingeräumter Ermessensspielräume. Die Unionsrichter nehmen in rechtlicher wie tatsächlicher Sicht eine Kontrolle der vorgebrachten Rügen vor.[250]

Zugunsten der höheren Sachkompetenz der Beschlussabteilungen verzichten die Unionsgerichte im Rahmen sog. wirtschaftlich komplexer Beurteilungen regelmäßig jedoch auf die minutiöse Nachprüfung der Ermessensausübung.[251] Denn je komplexer die Ausübung des Ermessens durch das handelnde Unionsorgan ist, desto schwieriger könne eine getroffene Wertung als falsch bezeichnet werden.[252] Die Gerichte überprüfen folglich lediglich, ob die Lösung unter Zugrundelegung aller Umstände des Einzelfalls vertretbar ist.[253] Dies umfasst die

---

250 So EuGH, Urt. v. 10.07.2014, C-295/12 (Rn. 53), ECLI:EU:C:2014:2062 – Telefónica oder EuGH, Urt. v. 18.07.2013, C-501/11 (Rn. 37 f. m.w.N.), ECLI:EU:C:2013:522 – Schindler Holding sowie u.a. Lübking/Koppenfels, Effektive Durchsetzung des EU-Wettbewerbsrechts und Verfahrensgarantien, in: Immenga/Körber (Hrsg.), Die Kommission zwischen Gestaltungsmacht und Rechtsbindung, S. 82; Kment/Vorwalter, Beurteilungsspielraum und Ermessen, JuS 2015, 193, 196.

251 Lübking/Koppenfels, Effektive Durchsetzung des EU-Wettbewerbsrechts und Verfahrensgarantien, in: Immenga/Körber (Hrsg.), Die Kommission zwischen Gestaltungsmacht und Rechtsbindung, 82 f.

252 Siehe hierzu Guski, Regelbildung als Entdeckungsverfahren, ZWeR 2012, 243, 252.

253 Eine Übertragung oder entsprechende Anwendung der Befugnis der Unionsgerichte zur unbeschränkten Nachprüfung auf andere als die gesetzlich vorgesehenen Ermessensentscheidungen (bspw. Art. 31 VO 1/2003 und Art. 16 FKVO) ist vor der bestehenden Rechtslage umstritten und ist nach dem derzeitigen Stand der unionsgerichtlichen Rechtsprechung sowie dem Schrifttum weit überwiegend abgelehnt worden: Vgl. EuGH, Urt. v. 10.07.2014, C-295/12 (Rn. 42), ECLI:EU:C:2014:2062 – Telefónica, wonach die gerichtliche Kontrolldichte im europäischen Kartellrecht bestehend aus einer Rechtmäßigkeitskontrolle auf der Grundlage von Art. 263 AEUV, ergänzt um eine Befugnis zur unbeschränkten Nachprüfung gemäß Art. 261 AEUV, im Einklang mit der Garantie eines effektiven gerichtlichen Rechtsschutzes stehe. Siehe insoweit u.a. auch EuGH, Urt. v. 08.12.2011, C-386/10 (Rn. 67), ECLI:EU:C:2011:815 – Chalkor, EuGH, Urt. v. 06.11.2012, C-199/11 (Rn. 63), ECLI:EU:C:2012:684 – Otis und EuGH, Urt. v. 18.07.2013, C-501/11 (Rn. 38), ECLI:EU:C:2013:522 – Schindler Holding. Auch der EGMR bestätigte in seiner grundlegenden *Menarini*-Rechtsprechung, dass das Zugestehen eines Beurteilungsspielraums auf Tatbestandsseite und eines Ermessensspielraums auf Rechtsfolgenseite mit dem Grundsatz auf effektiven gerichtlichen Rechtsschutz grundsätzlich vereinbar sei (vgl. EGMR, Urt. v. 27.09.2011, No. 43509/08 (§§ 59 ff.) – Menarini Diagnostics). So explizit u.a. Van der Hout/Walzel, in: Berg/Mäsch, Kartellrecht,

Einhaltung wesentlicher Verfahrens- und Formvorschriften, die Überprüfung der Ordnungsmäßigkeit der Begründung sowie die korrekte Ermittlung der Sachverhaltsgrundlage.[254] Hierzu gehört auch die Prüfung, ob die angeführten Beweise zur Beurteilung der Untersuchungsgegenstände ausreichend, vollständig sowie sachlich richtig sind und ob sie die aus ihnen gezogenen Schlüsse stützen.[255] In Bezug auf die eingeräumten Ermessensspielräume haben die Gerichte auch bzw. gerade in wirtschaftlich komplexen Sachverhalten zu prüfen, ob das der Kommission eingeräumte Ermessen offensichtlich fehlerhaft ausgeübt oder sogar missbraucht wurde (sog. offensichtliche Beurteilungsfehler und Ermessensmissbrauch).[256]

Die hier in Rede stehenden Ermessensentscheidungen der Kommission unterfallen folglich einer reduzierten Kontrolldichte. Eine in diesen Grenzen vorzunehmende gründliche und eigenständige rechtliche wie tatsächliche Kontrolle des Erlasses und der Ausgestaltung der Auskunftsersuchen kann dennoch nicht unterbleiben.[257]

2. Probleme bei Nichteinhaltung des (reduzierten) Prüfungsmaßstabs

Wird die unionsgerichtliche Kontrolle den obigen – wenn auch beschränkten – Anforderungen nicht gerecht, werden rechtsstaatliche Erwägungen wie das Recht auf einen effektiven gerichtlichen Rechtsschutz und die grundsätzliche Kontrollfähigkeit von Verwaltungsmaßnahmen nicht hinreichend berücksichtigt und hinter

3. Aufl. 2018, Art. 31 VO 1/2003 Rn. 2; Kellerbauer, in: Berg/Mäsch, Kartellrecht, 3. Aufl. 2018, Art. 16 FKVO Rn. 1; Lübking/Koppenfels, Effektive Durchsetzung des EU-Wettbewerbsrechts und Verfahrensgarantien, in: Immenga/Körber (Hrsg.), Die Kommission zwischen Gestaltungsmacht und Rechtsbindung, S. 65 m.w.N. in Fn. 3.

254 Vgl. statt aller u.a. EuGH, Urt. v. 11.07.1985, C-45/84 (Rn. 34), ECLI:EU:C:1985:327 – Remia u.a.; EuGH, Urt. v. 17.11.1987, C-142/84 (Rn. 62), ECLI:EU:C:1987:490 – British American Tobacco; EuG, Urt. v. 04.07.2006, T-177/04 (Rn. 44), ECLI:EU:T:2006:187 – easyJet sowie EuG, Urt. v. 04.02.2009, T-145/06 (Rn. 32 m.w.N.), ECLI:EU:T:2009:27 – Omya. Siehe hierzu auch Bechtold, Zum Ermessen der Kommission in Bußgeldverfahren, WuW 2009, 1115, 1115.

255 Lübking/Koppenfels, Effektive Durchsetzung des EU-Wettbewerbsrechts und Verfahrensgarantien, in: Immenga/Körber (Hrsg.), Die Kommission zwischen Gestaltungsmacht und Rechtsbindung, 82 f. Siehe hierzu beispielhaft EuGH, Urt. v. 10.07.2014, C-295/12 (53 f.), ECLI:EU:C:2014:2062 – Telefónica.

256 EuG, Urt. v. 04.02.2009, T-145/06 (Rn. 32), ECLI:EU:T:2009:27 – Omya. So u.a. auch Danwitz, Der Grundsatz der Verhältnismäßigkeit im Gemeinschaftsrecht, EWS 2003, 393, 396; Guski, Regelbildung als Entdeckungsverfahren, ZWeR 2012, 243, 252 und Kment/Vorwalter, Beurteilungsspielraum und Ermessen, JuS 2015, 193, 196.

257 So auch EuGH, Urt. v. 10.07.2014, C-295/12 (Rn. 56), ECLI:EU:C:2014:2062 – Telefónica.

die Ermittlungsinteressen der Kommission zurückgedrängt.[258] Dies zeigt sich insbesondere am Urteil des EuG in Sachen *HeidelbergCement*,[259] in dem das EuG der Kommission unter Berufung auf seine bisherige Entscheidungspraxis der Unionsgerichte einen nahezu unkontrollierbaren Ermessensspielraum zubilligte:

> *„In Anbetracht der weitgehenden Nachprüfungs- und Ermittlungsbefugnisse der Kommission ist es ihre Sache, die Erforderlichkeit der Auskünfte zu beurteilen, die sie von den betroffenen Unternehmen verlangt."*[260]

Diese These des Gerichts beruht maßgeblich auf einem sinnentstellenden Zitat der aus dem Jahr 1982 stammenden Entscheidung AM & S Europe.[261] Darin stellte der Gerichtshof fest, dass die Herausgabe von Dokumenten durch die Auskunftsadressaten nicht selbstständig unter Berufung auf die Grund- und Verteidigungsrechte verweigert werden darf.[262] Denn es sei *„grundsätzlich Sache der Kommission selbst und nicht des betroffenen Unternehmens oder eines Dritten, sei er Sachverständiger oder Schiedsrichter, darüber zu entscheiden, ob der Kommission ein Schriftstück vorzulegen ist"*.[263] Diese Passage übernahm der Gerichtshof in der Rechtssache Orkem.

---

258 Zuweilen wurde Kritik geäußert, dass die Unionsgerichte nicht einmal in dieser Tiefe der Überprüfung gerecht würden. Es seien Tendenzen ersichtlich, wonach das jeweilige Beschlussgremium sich schlicht die Sachverhaltsprüfung und Argumentationslinien der Kommission zu eigen mache, ohne der eigenen Pflicht zur Prüfung in sachlicher und rechtlicher Hinsicht in ausreichendem Maße nachzukommen, vgl. beispielsweise Schlussanträge GA Bot v. 21.06.2012 zu EuGH, Urt. v. 22.11.2012, C-89/11 (Rn. 118 f.), ECLI:EU:C:2012:375 – E.ON sowie Grave/Barth, Von „Dawn Raids" zu „eRaids", EuZW 2014, 369, 374 m.w.N.

259 Das Urteil des EuG war Gegenstand eines späteren Rechtsmittelverfahrens vor dem EuGH, in dem das Urteil aufgehoben und die angegriffene Auskunftsentscheidung für nichtig erklärt wurde. Jedoch waren die folgenden Ausführungen des EuG nicht Gegenstand der Gründe des EuGH für die Aufhebung des erstinstanzlichen Urteils und die Nichtigerklärung des Auskunftsbescheids. Grund hierfür war die Begründung der Entscheidung durch die Kommission und die aus Sicht des EuGH fehlerhafte Würdigung desselben durch das Gericht, vgl. EuGH, Urt. v. 10.03.2016, C-247/14 (Rn. 15 ff.), ECLI:EU:C:2016:149 – HeidelbergCement. Mit den in dem erstinstanzlichen Urteil aufgeworfenen Fragen musste sich der Gerichtshof folglich nicht mehr auseinandersetzen.

260 EuG, Urt. v. 14.03.2014, T-302/11 (Rn. 52), ECLI:EU:T:2014:128 – HeidelbergCement. Zustimmend wohl Kellerbauer, Limits on EU antitrust investigative measures under recent case-law: tiptoeing between proportionality and effectiveness, EuZW 2014, 407–410, 408.

261 Vgl. die diesbezüglichen Quellenangaben in EuG, Urt. v. 14.03.2014, T-302/11 (Rn. 52), ECLI:EU:T:2014:128 – HeidelbergCement.

262 EuGH, Urt. v. 18.05.1982, C-155/79 (Rn. 17), ECLI:EU:C:1982:157 – AM & S Europe.

263 EuGH, Urt. v. 18.05.1982, C-155/79 (Rn. 17), ECLI:EU:C:1982:157 – AM & S Europe.

Er billigte der Kommission hierüber die Gewinnung von Beweismitteln zu, die dazu geeignet sind, ihre Kenntnis in Bezug auf bereits mit Indizien und Beweismitteln unterlegte Vorwürfe zu optimieren.[264]

Keineswegs sollte der Kommission hiermit ein unbegrenzter Beurteilungsspielraum, frei von richterlicher Kontrolle, eingeräumt werden. Dies stellte der Gerichtshof im Rahmen der Frage der richterlichen Kontrollmöglichkeit beim Einsatz staatlicher Zwangsmittel durch die Mitgliedstaaten in Sachen Roquette Frères später selbst klar.[265] Auch das EuG hat dies jüngst nochmals bestätigt. Im Rahmen des einstweiligen Rechtsschutzverfahrens in Sachen *Facebook* betonte das Gericht, dass es in der Tat Sache der Kommission sei, zu entscheiden, welche Auskünfte im Licht der Ermittlungen als erforderlich angesehen werden können.[266] Abermals wurde jedoch dazu abgegrenzt, dass es weder den Unternehmen noch deren rechtlichen Vertreter offenstehe, selbst zu entscheiden welche Auskünfte sie für erforderlich halten und übermitteln wollen.[267] Denn dies würde die Ermittlungsbefugnisse der Kommission ernsthaft untergraben.[268] Die Abgrenzung der Zuständigkeiten Kommission – Gericht ist hiervon nicht betroffen.

Die Grenze der gerichtlichen Kontrolle ist dort zu ziehen, wo das Gericht – sollte es die beschränkt überprüfbaren Wertungsspielräume nicht wahren bzw. zugestehen – derart in die Zuständigkeiten der Kommission eingreifen würde, dass die Richter die Ermittlungen de facto selbst übernehmen.[269] Die Gerichte sind, anders ausgedrückt, im Rahmen von wirtschaftlich komplexen Sachverhalten und dem Umgang mit unbestimmten Rechtsbegriffen also nicht befugt, die Einschätzung der Kommission durch eigene Zweckmäßigkeitserwägungen ersetzen.

Bis dorthin unterliegen die Auskunftsverlangen jedoch der vollen, oben dargelegten richterlichen Kontrolle.

---

264 EuGH, Urt. v. 18.10.1989, C-374/87 (Rn. 15), ECLI:EU:C:1989:387 – Orkem.

265 So heißt es dort *„Das zuständige nationale Gericht muss daher die beantragten Zwangsmaßnahmen verweigern können, wenn die behauptete Beeinträchtigung des Wettbewerbs zu gering, das wahrscheinliche Ausmaß der Verwicklung des betroffenen Unternehmens zu klein oder der Gegenstand der Suche zu nebensächlich ist, als dass der Eingriff in die Sphäre der privaten Betätigung einer juristischen Person, den eine Durchsuchung unter Einsatz staatlicher Zwangsmittel mit sich bringt, nicht angesichts der mit der Nachprüfung verfolgten Ziele unverhältnismäßig und untragbar erschiene"*, vgl. EuGH, Urt. v. 22.10.2002, C-94/00 (Rn. 79 f.), ECLI:EU:C:2002:603 – Roquette Frères. Hierzu Hennig, in: Immenga/Mestmäcker/Körber, Wettbewerbsrecht, 6. Aufl. 2019, Art. 18 VO 1/2003 Rn. 12 m.w.N.

266 EuG, Beschl. v. 29.10.20, T-451/20, ECLI:EU:T:2020:515 (Rn. 117) – Facebook I.

267 EuG, Beschl. v. 29.10.20, T-451/20, ECLI:EU:T:2020:515 (Rn. 117) – Facebook I.

268 EuG, Beschl. v. 29.10.20, T-451/20, ECLI:EU:T:2020:515 (Rn. 117) – Facebook I.

269 Im Umkehrschluss aus Van der Hout/Walzel, in: Berg/Mäsch, Kartellrecht, 3. Aufl. 2018, Art. 31 VO 1/2003 Rn. 1.

3. *Rechtsfolgen der Nichtigerklärung eines Auskunftsersuchens*

Stellt das Gericht die Rechtswidrigkeit eines Auskunftsersuchens fest, so wird dieses gemäß Art. 264 AEUV für nichtig erklärt. Die Parteien werden hierdurch in den Zustand zurückversetzt, der vor dem Erlass angefochtenen Auskunftsersuchens bestand.[270]

Hieraus folgt, dass die angefragten Auskünfte nicht an die Kommission übermittelt werden müssen. Ist die Auskunftserteilung bereits erfolgt, so entsteht als Folge der erfolgreichen Nichtigkeitsklage ein Beweisverwertungsverbot für diese Auskünfte.[271] Die angefragten Informationen dürfen nicht (weiter) verwendet werden.[272] Wurde das Urteil vor Abschluss des Kommissionsverfahrens erlassen, dürfen die mit dem angefochtenen und für nichtig erklärten Auskunftsersuchen eingeholten Informationen für die verfahrensabschließende Entscheidung der Kommission nicht herangezogen werden.[273] Stützt die Kommission eine verfahrensabschließende Entscheidung dennoch auf diese Informationen, so läuft sie Gefahr, dass diese bei einem späteren gerichtlichen Angriff durch die betroffenen Unternehmen für nichtig erklärt wird.[274]

Fällt die Entscheidung über die Unrechtmäßigkeit der Auskunftseinholung erst im Rahmen des Angriffs der verfahrensabschließenden Kommissionsentscheidung, so hat das hiermit betraute Gericht die Rechtmäßigkeit dieser Entscheidung zu bewerten, ohne die rechtswidrig eingeholten Informationen zu würdigen.[275] Sie müssen als Beweismittel außer Betracht bleiben.

II. Einstweiliger Rechtsschutz

Der Erhebung einer Nichtigkeitsklage nach Art. 263 AEUV kommt nach Art. 278 Abs. 1 AEUV keine aufschiebende Wirkung zu. Mangels Suspensiveffekt besteht

270 Vgl. bereits EuGH, Urt. v. 31.03.1971, C-22/70 (Rn. 59/60), ECLI:EU:C:1971:32 – Europäisches Übereinkommen über Straßenverkehr, wonach der angefochtene und für nichtig erklärte Beschluss als ungeschehen anzusehen ist.

271 Siehe zum Beweisverwertungsverbot aufgrund Zweckgebundenheit der Auskunftseinholung ausführlich unten Teil 3, Kapitel 1, VII.

272 Konkret zum Fall der aufgrund einer rechtswidrigen Nachprüfung erlangten Informationen Schlussanträge GA Wahl v. 12.02.2015 zu EuGH, Urt. v. 18.06.2015, C-583/13 (Rn. 23), ECLI:EU:C:2015:92 – Deutsche Bahn.

273 Sauer/Vollrath, in: Schulte/Just, Kartellrecht, 2. Aufl. 2016, Art. 18 VO 1/2003 Rn. 36.

274 Siehe zur allgemeinen Meinung statt vieler EuGH, Urt. v. 22.10.2002, C-94/00 (Rn. 49 m.w.N.), ECLI:EU:C:2002:603 – Roquette Frères sowie Miersch, in: Dahlheimer/Feddersen/Miersch, EU-Kartellverfahrensverordnung, 2005, vor Art. 17 VO 1/2003 Rn. 48.

275 Vgl. Barthelmeß/Rudolf, in: LMRKM, Kartellrecht, 4. Aufl. 2020, Art. 18 VO 1/2003 Rn. 52 m.w.N.

die Pflicht zur Beantwortung eines Auskunftsbescheids daher auch bei direkter Erhebung einer Nichtigkeitsklage fort.[276] Die mangelnde aufschiebende Wirkung ist Ausdruck des unionsrechtlichen Grundsatzes, wonach Rechtshandlungen der Unionsorgane solange Bestand haben und zu vollziehen sind, bis sie für nichtig erklärt werden.[277]

Will oder kann der betroffene Auskunftsadressat die angeforderten Auskünfte nicht erteilen, kann er vor der Unionsgerichtsbarkeit nach Art. 278 S. 2 AEUV die Aussetzung des Vollzuges oder nach Art. 279 AEUV den Erlass einer einstweiligen Anordnung beantragen.[278] Die Zuständigkeit bestimmt sich nach der sachlichen Zuständigkeit der Hauptsache, sodass hier grundsätzlich das EuG zuständig ist. Nach den verfahrensrechtlichen Regelungen der Art. 160 Abs. 1 EuGH-VfO sowie Art. 156 Abs. 1 EuG-VfO setzen solche Anträge die Rechtshängigkeit der Hauptsache, d.h. eine wirksame Klageerhebung, voraus.[279] Die Beantragung einstweiligen Rechtsschutzes kann aber zeitgleich mit der Erhebung der Klage in der Hauptsache erfolgen, erfordert jedoch einen gesonderten Schriftsatz.[280] Bei zulässiger Antragsstellung prüft das Gericht, ob der Antrag hinreichend dringlich ist und die den Antrag rechtfertigenden sachlichen und rechtlichen Gründe angeführt werden.[281]

Die Begründetheit eines Antrags auf einstweiligen Rechtsschutz setzt voraus, dass dem Antragssteller ein schwerer, nicht wiedergutzumachender Schaden droht.[282] Der Eintritt dieses Schadens muss sicher oder zumindest mit hinreichender Wahrscheinlichkeit belegbar sein.[283] Zudem müssen der Schutz des Antragsstellers und die Dringlichkeit der Ergreifung vorläufiger Schutzmaßnahmen im Rahmen einer umfassenden Interessenabwägung gegenüber den Interessen der

---

276 Siehe hierzu auch Sauer/Vollrath, in: Schulte/Just, Kartellrecht, 2. Aufl. 2016, Art. 18 VO 1/2003 Rn. 36.

277 Ausdrücklich festgestellt hatte der EuGH seine Zuständigkeit über die Rechtmäßigkeit einer Unionsmaßnahme zu entscheiden für Rechtsverordnungen, vgl. EuGH, Urt. v. 13.02.1979, C-101/78 (Rn. 4), ECLI:EU:C:1979:38 – Granaria sowie für Nachprüfungsentscheidungen EuGH, Urt. v. 21.09.1989, C-46/87 (Rn. 63 f.), ECLI:EU:C:1989:337 – Höchst. Siehe hierzu auch Ehricke, in: Streinz/Michl, EUV/AEUV, 3. Aufl. 2018, Art. 279 AEUV Rn. 1.

278 Siehe zu den Verfahren der Einreichung und Prüfung derartiger Anträge Art. 160 ff. Verfahrensordnung des Gerichtshofs vom 25. September 2012 („EuGHVfO") sowie Art. 156 ff. Verfahrensordnung des Gerichts vom 4. März 2015 („EuGVfO").

279 Wegener, in: Calliess/Ruffert/Blanke, EUV, AEUV, 5. Aufl. 2016, Art. 279 AEUV Rn. 8.

280 Vgl. Gaitanides, in: Groeben/Schwarze/Hatje, Europäisches Unionsrecht, 7. Aufl. 2015, Art. 279 AEUV Rn. 16.

281 Wegener, in: Calliess/Ruffert/Blanke, EUV, AEUV, 5. Aufl. 2016, Art. 279 AEUV Rn. 19.

282 Vgl. Kellerbauer, in: Berg/Mäsch, Kartellrecht, 3. Aufl. 2018, Art. 6 FKVO Rn. 32.

283 Jäger, Eilverfahren vor dem Gericht der Europäischen Union, EuR 2013, 3, 14.

Union überwiegen.[284] Ist dies der Fall, kann durch Beschluss die sofortige Vollziehung ausgesetzt bzw. eine einstweilige Anordnung mit entsprechendem Inhalt getroffen werden.[285]

284 Vgl. beispielhaft zu derartigen Interessenabwägungen der Vor- und Nachteile im Rahmen der Gewährung einstweiligen Rechtsschutz EuGH, B. v. 16.01.1975, C-3/75, ECLI:EU:C:1975:3 (Rn. 2/5) – Johnson & Firth Brown., EuGH, B. v. 26.05.1982, C-142/82, ECLI:EU:C:1982:202 (Rn. 5) – Copine. sowie EuGH, Beschl. v. 18.10.1985, C-250/85, ECLI:EU:C:1985:418 (Rn. 17) – Brother Industries.

285 Die Aussetzung des Vollzugs nach Art. 278 AEUV erweist sich insoweit als Unterfall der in Art. 279 AEUV allgemein geregelten einstweiligen Anordnung, die regelmäßig bei einer bestimmten, den Adressaten belastenden und sofort vollziehbaren Maßnahme eines Unionsorgans herangezogen wird. Sie beschränkt sich in ihrer Wirkung auf die Vollziehung, während Art. 279 AEUV zur Anordnung inhaltlich unterschiedlicher Ge- und Verbote zur vorläufigen Regelung eines Rechtsverhältnisses ermächtigt. Zur Vermeidung von Unsicherheiten werden die Anträge in der Praxis oftmals auf beide Normen gestützt. Vgl. zu alledem u.a. Gaitanides, in: Groeben/Schwarze/Hatje, Europäisches Unionsrecht, 7. Aufl. 2015, Art. 279 AEUV Rn. 4; Wegener, in: Calliess/Ruffert/Blanke, EUV, AEUV, 5. Aufl. 2016, Art. 279 AEUV Rn. 3; Richter, Der Maßstab der Dringlichkeit im Verfahren einstweiligen Rechtsschutzes – gerechtfertigte Strenge?, EuZW 2014, 416, 419 sowie Ehricke, in: Streinz/Michl, EUV/AEUV, 3. Aufl. 2018, Art. 279 AEUV Rn. 6.

Viertes Kapitel: Konkretisierung des Gegenstands sowie des Anwendungsbereichs der nachfolgenden Untersuchung

A. Grundsatz: Die formellen Auskunftsersuchen als Untersuchungsgegenstand und Anwendungsfall

Gegenstand der Untersuchung sind vorrangig die formellen Auskunftsersuchen der Kommission, die in Art. 18 VO 1/2003 ggf. i.V.m. Art. 17 Abs. 1 S. 2 VO 1/2003 sowie Art. 11 FKVO gesetzlich normiert sind. Die Auswertung des Umgangs der Kommission und der Unionsgerichte mit dem Grundsatz der Verhältnismäßigkeit im Rahmen der formellen Auskunftsersuchen wird zudem die Grundlage der nachfolgenden Entwicklung einheitlicher Bewertungsstandards und übergreifender Kontrollansätze bilden. In inhaltlicher Hinsicht beziehen sich die Ausführungen dabei grundsätzlich auf sämtliche Auskünfte und Anfragen.

Die Rechtsprechung erkennt an, dass Informationen nicht vorgelegt werden müssen, wenn sich der Auskunftsadressat (1) unmittelbar selbst belasten müsste oder (2) die geforderten Auskünfte in den Schutzbereich der privilegierten Kommunikation zwischen Rechtsanwalt und Mandaten fallen. Diese Informationen sind dem Zugriff der Kommission unabhängig davon entzogen, wie sie ihr Ermessen ausübt und ob eine Anfrage – aus rein inhaltlicher Sicht – verhältnismäßig wäre. Da der Umgang mit derartigen Anfragen dennoch Auswirkungen auf die Frage der Angemessenheit und die Grenze der noch zu duldenden Belastungen eines Unternehmens haben kann, werden sie nachfolgend kurz dargestellt.[286]

---

286 Die Auskunftsverweigerungsrechte dienen als Grundlage weiterer Argumentationen und werden daher nur in der hierfür erforderlichen Kürze umrissen. Zum Sachstand der Auskunftsverweigerungsrechte im Rahmen kartellrechtlicher Ermittlungsbefugnisse, insbesondere zur Entwicklung der unionsgerichtlichen Rechtsprechung, ausführlich Göttlinger, Auskunftsrechte der Kommission im Recht der EU, 2013, S. 340 ff. und Gillmeister, Ermittlungsrechte im deutschen und europäischen Kartellordnungswidrigkeitenverfahren, 1985, S. 137 ff.

I. Ausnahme: Auskunftsverweigerung aufgrund Verbot zur Selbstbelastung

Das Recht, sich nicht selbst belasten zu müssen, ist eine allgemeine Gewährleistung des Unionsrechts.[287] Es wird als ein grundlegender Bestandteil der Verteidigungsrechte eines jeden Adressaten unionsrechtlicher Maßnahmen angesehen.[288] Praktische Bedeutung kommt ihm vor allem bei Verfahren nach der VO 1/2003 zu.[289]

Es ist anerkannt, dass die Erteilung von Auskünften dann verweigert werden kann, wenn der Adressat mit der Beantwortung eine Zuwiderhandlung eingestehen müsste, für deren Nachweis die Kommission beweispflichtig ist.[290] Die Handhabung dieses Rechts in der gerichtlichen Praxis erfolgt restriktiv.[291] Begründet wird dies damit, dass die Gewährung eines absoluten Auskunftsverweigerungsrechts über das zur Gewährleistung der Verteidigungsrechte erforderliche Maß hinausgehen und die Effektivität der kartellrechtlichen Ermittlungsbefugnisse unangemessen schwächen würde.[292] Nach der Rechtsprechung des EuGH ist der Schutzbereich damit erst dann eröffnet, wenn die Antwort selbst *„einem Eingeständnis einer Zuwiderhandlung gleichkäme“*.[293] Auch aus Sicht der Kommission

---

287 Zusammenfassend Nowak, in: Terhechte, Verwaltungsrecht der EU, 1. Aufl. 2011, § 14 Rn. 51 ff. Zur Entwicklung des Verbots zur Selbstbezichtigung im Unionsrecht ausführlich Hensmann, Die Ermittlungsrechte der Kommission im europäischen Kartellverfahren, 2009, S. 92 ff.

288 Schlussanträge GA Wahl v. 15.10.2015 zu EuGH, Urt. v. 10.03.2016, C-247/14 (Rn. 149), ECLI:EU:C:2015:694 – HeidelbergCement.

289 Siehe zur Anwendbarkeit der straf(verfahrens)rechtlichen Gewährleistungen auf Wettbewerbsverfahren Kizil, Strafrechtliche Verfahrensgarantien im europäischen und deutschen Wettbewerbsrecht, 2015, S. 247 ff.

290 Vgl. Erwägungsgrund 23 VO 1/2003 und Erwägungsgrund 41 FKVO.

291 Obwohl die kartellrechtlichen Auskunftsrechte als „scharfes Schwert“ wahrgenommen werden, sehen Gesetz und Rechtsprechung kein absolutes Auskunftsverweigerungsrecht der Adressaten vor. Vgl. ausdrücklich EuG, Urt. v. 20.02.2001, T-112/98 (Rn. 66 f.), ECLI:EU:T:2001:61 – Mannesmannröhren-Werke sowie u.a. bereits EuGH, Urt. v. 18.10.1989, C-374/87 (Rn. 33 ff.), ECLI:EU:C:1989:387 – Orkem und EuG, Urt. v. 08.03.1995, T-34/93 (Rn. 74 f.), ECLI:EU:T:1995:46 – Société Générale.

292 Vgl. jüngst EuG, Urt. v. 09.04.2019, T-371/17 (Rn. 179 ff. m.w.N.), ECLI:EU:T:2019:232 – Qualcom u.a. So auch EuG, Urt. v. 20.02.2001, T-112/98 (Rn. 66 f.), ECLI:EU:T:2001:61 – Mannesmannröhren-Werke; EuGH, Urt. v. 07.01.2004, C-204/00 u.a. (Rn. 61), ECLI:EU:C:2004:6 – Aalborg Portland sowie EuG, Urt. v. 28.04.2010, T-446/05 (Rn. 326), ECLI:EU:T:2010:165 – Amann & Söhne u.a.

293 EuGH, Urt. v. 15.10.2002, C-238/99 u.a. (Rn. 273), ECLI:EU:C:2002:582 – Limburgse Vinyl Maatschappij u.a. In dem Kartellverfahren Orkem beanstandete der EuGH, dass die Kommission nach dem Zweck sowie dem verfolgten Ziel von Initiativen zur *„Festlegung und Aufrechterhaltung von für alle Teilnehmer der Zusammenkünfte*

dürfen Antworten erst dann unterbleiben, wenn der Auskunftgebende allein aufgrund seiner Antwort der Gefahr einer Sanktion ausgesetzt, die Schlussfolgerung einer Wettbewerbsbeschränkung also vorweggenommen würde.[294]

Der Schutz ist damit auf ein sog. Geständnisverweigerungsrecht beschränkt. Im konkreten Fall des Auskunftsersuchens sind die Unternehmen daher verpflichtet, Fragen zu beantworten und Dokumente vorzulegen, auch wenn diese als Beweis für die Zuwiderhandlung genutzt werden können.[295]

II. Ausnahme: Auskunftsverweigerung zur Wahrung des Vertraulichkeitsschutzes des Anwaltsprivilegs

Weiterhin können solche Auskünfte – Informationen wie Dokumente – dem Auskunftsrecht der Kommission entzogen werden, die unter das sog. Anwaltsprivileg oder Legal Professional Privilege („LPP") fallen. Die Vertraulichkeit anwaltlicher Korrespondenz sichert die Funktionalität des Rechts eines Mandanten, sich nach Offenlegung aller Umstände seines Falles durch einen unabhängigen Rechtsanwalt umfassend beraten zu lassen.[296]

Die Kommunikation mit externen Rechtsanwälten ist weitgehend vom Schutzbereich des Anwaltsgeheimnisses umfasst und dem Zugriff der Kommission entzogen. Die zu schützende Rechtsberatung muss von einem unabhängigen, in der Europäischen Union oder dem Europäischen Wirtschaftsraum zugelassenen Rechtsanwalt stammen. Syndikusanwälte fallen nicht in den persönlichen Schutzbereich des Anwaltsprivilegs.[297] Seit der gerichtlichen Entscheidung in Sachen *Hilti*

---

befriedigenden Preisniveaus" fragte und erklärte den Teil des Fragebogens für unzulässig, mit dem Angaben angefordert wurden über *„alle abgestimmten Vorstösse oder Maßnahmen, die möglicherweise zur Unterstützung dieser Initiativen auf dem Gebiet der Preise ins Auge gefasst oder beschlossen worden sind"*, vgl. EuGH, Urt. v. 18.10.1989, C-374/87 (Rn. 34), ECLI:EU:C:1989:387 – Orkem.

294 Vgl. EuGH, Urt. v. 29.06.2006, C-301/04 (Rn. 59), ECLI:EU:C:2006:432 – SGL Carbon.

295 Diese gerichtliche und verwaltungsrechtliche Praxis ist nicht ohne Kritik geblieben, siehe beispielsweise Sura, in: Langen/Bunte, Kartellrecht, 13. Aufl. 2018, Art. 18 VO 1/2003 Rn. 16. Eine umfassende Darstellung und Bewertung findet sich bei Kizil, Strafrechtliche Verfahrensgarantien im europäischen und deutschen Wettbewerbsrecht, 2015, S. 251 ff., 256 ff. m.w.N.

296 Pfromm/Hentschel, Zum Umfang des Legal Privilege in Kartellrechtsverfahren, EWS 2005, 350, 350 m.w.N.

297 Diese bereits seit Jahrzehnten in vielfacher Hinsicht von der Literatur als zu eng kritisierte Rechtsprechungspraxis wurde vom EuGH in jüngster Vergangenheit nochmals bestätigt, vgl. EuGH, Urt. v. 14.09.2010, C-550/07 (LS 2 m.w.N.), Slg. 2010, I-8301 – Akzo Nobel sowie die Besprechung in Schnichels/Resch, Das Anwaltsprivileg im Europäischen Kontext, EuZW 2011, 47, 47 ff. Siehe hierzu auch EuGH, Urt. v. 18.05.1982, C-155/79 (Rn. 25), ECLI:EU:C:1982:157 – AM & S Europe sowie

können aber auch unternehmensinterne Dokumente in zwei Fällen dem direkten Schriftverkehr zwischen Mandant und Rechtsanwalt gleichgestellt werden: bei internen Aufzeichnungen, in denen der Wortlaut oder Inhalt der rechtlichen Beratung wiedergegeben wird und bei solchen Dokumenten, die zur Vorbereitung oder Unterstützung der externen Rechtsberatung dienen.[298] Sie unterliegen dem Anwaltsgeheimnis und müssen nicht an die Kommission übermittelt werden.[299] Vorausgesetzt wird bei alledem, dass es sich um Rechtsberatung zum Zwecke und im Interesse der Verteidigungsrechte des Mandanten handelt.[300]

Aufgrund der steigenden Anforderung von internen Dokumenten durch die Kommission hat das Anwaltsprivileg in kartellrechtlichen Verfahren erheblich an Relevanz gewonnen.[301]

III. Zwischenergebnis

Vorrangiger Gegenstand der Untersuchung und Hauptanwendungsfall der zu entwickelnden Lösungsansätze ist die Verhältnismäßigkeit der formellen, in Art. 18 VO 1/2003 und Art. 11 FKVO verschriftlichen Auskunftsersuchen – mit Ausnahme der unter anerkannte Auskunftsverweigerungsrechte fallenden Anfragen.

---

ausführlich zur Entwicklung der diesbezüglichen Rechtsprechung und der Darstellung der hieran geäußerten Kritik Hensmann, Die Ermittlungsrechte der Kommission im europäischen Kartellverfahren, 2009, S. 209 ff.

298 EuG, Beschl. v. 04.04.1990, T-30/89, ECLI:EU:T:1990:27 (Rn. 16 ff.) – Hilti. Siehe auch Völcker, in: Frankfurter Kommentar Kartellrecht, 93. Aufl. 2020, Art. 11 FKVO Rn. 13 sowie Meyer/Kuhn, Befugnisse und Grenzen kartellrechtlicher Durchsuchungen, WuW 2004, 880, 884 m.w.N.

299 EuG, Beschl. v. 04.04.1990, T-30/89, ECLI:EU:T:1990:27 (Rn. 13, 18) – Hilti.

300 Umstritten und gerichtlich weitgehend ungeklärt ist dabei, ob sich das Verteidigungsinteresse auf das konkrete Verfahren beziehen, also ein Zusammenhang der Rechtsberatung mit dem Gegenstand des in Rede stehenden Verfahrens bestehen und wie dieser ausgestaltet sein muss, siehe Völcker, in: Frankfurter Kommentar Kartellrecht, 93. Aufl 2020, Art. 11 FKVO Rn. 13 f. Kritisch Meyer/Kuhn, Befugnisse und Grenzen kartellrechtlicher Durchsuchungen, WuW 2004, 880, 886; Jungermann, in: Frankfurter Kommentar Kartellrecht, 93. Aufl. 2020, Art. 18 VO 1/2003 Rn. 43.

301 Maass, in: Langen/Bunte, Kartellrecht, 13. Aufl. 2018, Art. 11 FKVO Rn. 6; Wilson, Document requests in complex EU merger cases, ZWeR 2017, 146, 154. Zum Schutzbereich allgemein Europäische Kommission, Bekanntmachung der Kommission über bewährte Vorgehensweisen in Verfahren nach Artikel 101 und 102 des AEUV v. 20. Oktober 2011, 51. Zum Europäischen Anwaltsprivileg sowie vergleichend zu den diesbezüglichen US-amerikanischen Bestimmungen Mackinthosh/Angus, Conflict in Confidentiality, The International Lawyer 2004, 35, 35 ff.

B. Ausdehnung auf informelle Informationsanfragen

Wie oben dargestellt, bedient sich die Kommission regelmäßig auch informeller Anfragen von Informationen und Auskünften, die jedoch keinen (einheitlichen) Vorgaben unterliegen.[302] Gerichtliche Entscheidungen, die in die Untersuchung der Verhältnismäßigkeit kartellrechtlicher Auskunftsersuchen einbezogen werden könnten, existieren, soweit ersichtlich, nicht. Die in den nachfolgenden Teilen dieser Arbeit über den Grundsatz der Verhältnismäßigkeit herauszuarbeitenden Anforderungen an die materielle Rechtmäßigkeit müssen letztlich jedoch in gleichem Maße für die informellen Informationsanfragen gelten – auch wenn ihre Existenz und Zulässigkeit nicht ausdrücklich niedergeschrieben sind.

I. Die Regelungsbedürftigkeit informellen Verwaltungshandelns

1. Pränotifizierungsverfahren als Hauptanwendungsbereich mit besonderer Regelungsbedürftigkeit

Informelle Informationsanfragen sind inzwischen gängige Praxis im Rahmen von Ermittlungsverfahren der Kommission. Wie oben ausgeführt, kommt dabei insbesondere den informellen Vorgesprächen im Rahmen der Pränotifizierungsphase praktische Bedeutung zu. Auf diese sollen sich die folgenden Ausführungen aus drei Gründen vorrangig beziehen.

Erstens wird insoweit kritisiert, dass die informellen Gespräche sich zwischenzeitlich zu einer *„dritte[n] ‚vorgeschaltete[n]' Verfahrensphase"* und damit einer inoffiziellen und ungeregelten Verlängerung des Prüfverfahrens der FKVO entwickelt hätten.[303] Die Kritik richtet sich dabei nicht vorrangig gegen die Versendung der Fragebögen als solche. Es wird durchaus gesehen, dass die frühen Gespräche dazu beitragen können, die Untersuchung der Kommission zu fokussieren und so später eine Freigabeerklärung in Phase 1 statt gegebenenfalls die Eröffnung der

---

302 Siehe hierzu bereits oben Teil 1, Kapitel 1 sowie Kapitel 3, A.III.

303 Vgl. u.a. Soltész/Köckritz, Europäische Fusionskontrolle aus der Sicht betroffener „Dritter", BB 2009, 286, 288 sowie Wirtz/Schulz, Innovationswettbewerb in der Fusionskontrolle – Bayer/Monsanto und Dow/DuPont, NZKart 2019, 20, 28. Ausführlich zu den Vor- und Nachteilen der Pränotifizierungsphase Monopolkommission, Hauptgutachten XIX 2010/2011, Kapitel IV – Kartellrechtliche Entscheidungspraxis, Rn. 773 ff. Siehe zur Nutzung der frühen Informationen zur Vorbereitung von Auskunftsersuchen, die noch vor oder zeitlich mit der formellen Anmeldung in den Markt versandt werden Ohlhoff, in: MüKo, Wettbewerbsrecht, 2. Aufl. 2015, Art. 11 FKVO Rn. 17 sowie Soltész/Köckritz, Europäische Fusionskontrolle aus der Sicht betroffener „Dritter", BB 2009, 286, 288.

Phase 2 zu erreichen.[304] Oftmals sind es der Umfang und das Ausmaß der Ermittlungen, die Bedenken hervorrufen und die Verhältnismäßigkeit in Frage stellen.[305]

Des Weiteren sind die durch informelle Informationsanfragen innerhalb der Pränotifizierungsphase hervorgerufenen Belastungen der Unternehmen oftmals mit denen vergleichbar, die von formellen Auskunftsersuchen ausgehen. Die Vorgespräche der Fusionskontrolle können ohne Weiteres mehrere Wochen oder sogar Monate in Anspruch nehmen. So wurde das Zusammenschlussvorhaben *Schneider/Legrand* vor der offiziellen Anmeldung dreimal informell angemeldet.[306] Allein zwischen der letzten informellen Anmeldung und der schließlich folgenden formellen Anmeldung beantworteten die anmeldenden Unternehmen über 70 Fragen der Kommission.[307] Zudem können derartige informelle Informationsanfragen auch inhaltlich mit den (späteren) formellen Auskunftsersuchen verglichen werden.[308] So weist beispielsweise die Kommission in ihren Best Practices-Guidelines darauf hin, dass von den Parteien so früh wie möglich in der Pränotifizierungsphase (interne) Unterlagen und Informationen wie Vorstandspräsentationen, Marktstudien, die Transaktion betreffende Berichte und Analysen sowie ökonomische und wettbewerbsrechtliche Hintergründe des Zusammenschlussvorhabens zu übermitteln sind.[309]

Und schließlich führen informelle Informationsanfragen im Rahmen der Pränotifizierung stärker als andere informelle Anfragen zu einer faktischen Antwortpflicht. Allgemein folgt aus der grundsätzlichen Kooperationspflicht und zumeist auch -willigkeit der Auskunftsadressaten ein gewisser Beantwortungsdruck, auch

---

304 Saulnier/Mudrony, in: Berg/Mäsch, Kartellrecht, 3. Aufl. 2018, Art. 1 FK-DVO Rn. 4.

305 Anstelle sich auf die eindeutig betroffenen Märkte zu konzentrieren, werde ein umfassendes Spektrum an Informationen abgefragt. Dies betreffe kritisierterweise auch Informationen zu Märkten, die nicht oder allenfalls marginal betroffen sein können, vgl. Saulnier/Mudrony, in: Berg/Mäsch, Kartellrecht, 3. Aufl. 2018, Art. 1 FK-DVO Rn. 4. *Völker* geht soweit, dies als *„Zweckentfremdung des Fusionskontrollverfahrens als Mittel der kartellrechtlichen Schleppnetzfahndung"* zu bezeichnen, Völcker, Allmacht der Kommission?, in: Immenga/Körber (Hrsg.), Die Kommission zwischen Gestaltungsmacht und Rechtsbindung, 159 f.

306 EuG, Urt. v. 22.10.2002, T-310/01 (Rn. 15–18), ECLI:EU:T:2002:254 – Schneider Electric. Im Verfahren *Oracle/PeopleSoft* (COMP/M.3216) vergingen über zwölf Monate zwischen den ersten Anmeldungen und der Verfahrensbeendigung, vgl. hierzu Steinle/Schwartz, Schadensersatz wegen Fehlern im Fusionskontrollverfahren: das Urteil Schneider III, BB 2007, 1741, 1743.

307 Informelle Informationsanfrage vom 7. Februar 2001, vgl. EuG, Urt. v. 22.10.2002, T-310/01 (Rn. 15–18), ECLI:EU:T:2002:254 – Schneider Electric.

308 Siehe hierzu bereits oben Teil 1, Kapitel 3, A.III.

309 DG Competition, Best Practices on the conduct of EC merger proceedings v. 20. Januar 2004, Rn. 17.

wenn informellen Informationsanfragen keine Rechtsverbindlichkeit zukommt.[310] Der Druck bzw. die faktische Antwortpflicht ist dabei umso erheblicher, umso näher der Auskunftsadressat dem relevanten Verfahren steht. Gerade von informellen Informationsanfragen in der Pränotifizierungsphase einer Fusionskontrolle gehen indirekte Wirkungen aus, die einen schnellen Verfahrensabschluss negativ beeinflussen können. Werden derartige Informationsanfragen nicht beantwortet droht oftmals die Gefahr der Erklärung der Unvollständigkeit der Anmeldung durch die Kommission. Dies kann zu erheblichen Verzögerungen des Verfahrens führen, da die Prüfungsfrist nach Art. 10 Abs. 1 FKVO erst mit Einreichung der vollständigen Anmeldung zu laufen beginnt. Wird die Anmeldung hingegen auch ohne Durchführung einer umfassenden Pränotifizierung als vollständig angenommen, kann das Fehlen der informellen Informationsgewinnung durch die Kommission vermehrte Auskunftsverlangen – zum Teil mit fristhemmender Wirkung – innerhalb des Verfahrens und/oder die Einleitung einer zweiten Verfahrensphase verursachen.[311] Da die Pränotifizierungsphase zwar freiwillig ist, jedoch ausdrücklich von der Kommission empfohlen wird,[312] kann ein Verzicht hierauf oder die unzureichende Kooperation zudem bereits zu Beginn des Verfahrens zu ungewollten Verstimmungen zwischen Case Team und anmeldenden Parteien führen. Anders als in Verfahren nach der VO 1/2003 haben die beteiligten Unternehmen eines Fusionskontrollverfahrens in aller Regel zudem ein besonderes Interesse an einer zeitnahen Verfahrensbeendigung.[313] Um den Verlauf der Ermittlungen nicht zu

310 In Verfahren nach der VO 1/2003 sind die Unternehmen oftmals bereit, bei der Ermittlung mit der Kommission zu kooperieren – entweder im Rahmen eines Bonusprogramms oder zur Erlangung des mildernden Umstandes der aktiven Mitwirkung im Bereich der Bußgeldzumessung, vgl. Engelsing/Schneider, in: MüKo, Wettbewerbsrecht, 3. Aufl. 2020, Art. 23 VO 1/2003 Rn. 176. Diese Kooperation bezieht sich auf das Verfahren in Gänze. Um eine bußgeldreduzierende Würdigung in einer späteren verfahrensabschließenden Entscheidung nicht zu gefährden, umfasst die Kooperationsbereitschaft daher grundsätzlich auch die Beantwortung informeller Anfragen. Vgl. zur ernsthaften, vollständigen, kontinuierlichen und zügigen Zusammenarbeit des Unternehmens mit der Kommission während der gesamten Dauer des Verfahrens, Europäische Kommission, Mitteilung der Kommission über den Erlass und die Ermäßigung von Geldbußen in Kartellsachen v. 08.12.2006, Rn. 12 a.

311 Diese wird aus Sicht der Unternehmen teilweise als belastender als ein etwas längeres Vorverfahren empfunden, vgl. Monopolkommission, Hauptgutachten XIX 2010/2011, Kapitel IV – Kartellrechtliche Entscheidungspraxis, Rn. 775.

312 Vgl. DG Competition, Best Practices on the conduct of EC merger proceedings v. 20.10.2004, Rn. 5 ff.

313 Siehe hierzu bereits Teil 1, Kapitel 2, A.III.

behindern und deren Beendigung zu beschleunigen, besteht die Tendenz – wenn möglich – auch unverbindliche Anfragen zu beantworten.[314]

Vor diesem Hintergrund kann man sogar so weit gehen zu sagen, dass eine faktische Verbindlichkeit derartiger Anfragen besteht. Es entsteht ein Beantwortungsdruck, der den formellen Auskunftsersuchen, zumindest dem einfachen Auskunftsverlangen, weitestgehend vergleichbar ist. Mit dem ursprünglichen Hintergrund der gesetzlich ungeregelten Pränotifizierungsgespräche, den Verfahrensbeteiligten vor einer offiziellen Anmeldung des Zusammenschlussvorhabens und auf ihren eigenen Wunsch die Möglichkeit zu geben, mit der Kommission informell und vertraulich bestimmte Thematiken zu erörtern, lässt sich dies nur noch schwerlich vereinbaren. Auch mit sonstigem informellen Verwaltungshandeln können derartige Informationsanfragen nur bedingt gleichgesetzt werden. Informelles Verwaltungshandeln im klassischen Sinne wird definiert als Handlung, die lediglich im internen Bereich der Verwaltung Rechtswirkungen erzeugt.[315] Verlässt informelles Verwaltungshandeln den internen Bereich, ist es in aller Regel nicht dazu bestimmt, überhaupt rechtliche Wirkungen zu erzeugen.[316] Übliche informelle Verwaltungshandlungen sind unverbindliche Stellungnahmen. Vor diesem Hintergrund ist es nachvollziehbar, dass informelles Verwaltungshandeln regelmäßig keiner gesonderten Rechtmäßigkeitsvoraussetzungen bedarf. Für informelle Informationsanfragen in Pränotifizierungsverfahren kann dies nach oben Gesagtem hingegen nicht überzeugen. Auch derartige Anfragen müssen an bestimmten Anforderungen gemessen und einer unabhängigen Kontrolle zugänglich gemacht werden können.

---

314 Ähnlich Monopolkommission, Hauptgutachten XIX 2010/2011, Kapitel IV – Kartellrechtliche Entscheidungspraxis, Rn. 773. Nach der derzeitigen Praxis scheint die Kommission vielmehr nur dann eine Anmeldung ohne vorherige informelle Kontakte zu akzeptieren, wenn es sich um einen offenkundig wettbewerbsrechtlich unproblematischen Sachverhalt handelt. *„As a general rule, DG Competition finds it useful to have pre-notification contacts with notifying parties even in seemingly non-problematic cases*", DG Competition, Best Practices on the conduct of EC merger proceedings v. 20. Januar 2004, Rn. 5. Anmeldungen ohne Vorabkontakte werden als „nachteilig" bezeichnet, Wagemann, in: Wiedemann/Bronett, Handbuch des Kartellrechts, 4. Aufl. 2020, § 17 Rn. 11. So auch Monopolkommission, Hauptgutachten XIX 2010/2011, Kapitel IV – Kartellrechtliche Entscheidungspraxis, S. 299 f., die davon ausgeht, dass *„[d]er Hinweis darauf, dass der Eintritt in die Pränotifizierungsphase freiwillig und keineswegs verpflichten ist, […] zu kurz greif[t]*" und sodann die wesentlichen Nachteile darstellt, die ein Verzicht auf die Vorabkontakte hervorruft.

315 Danwitz, Europäisches Verwaltungsrecht, 2008, S. 378.

316 Danwitz, Europäisches Verwaltungsrecht, 2008, S. 378.

2. *Regelungsbedürftigkeit vs. Untersagung informeller Informationsanfragen*

Das Erfordernis der Regelungsbedürftigkeit informeller Informationsanfragen wird auch bei einem Vergleich zu einer jüngeren Entscheidung des Gerichtshofs zu den Befragungsbefugnissen der Kommission deutlich. Gegenstand des Verfahrens war u.a. die Frage, ob die Kommission Befragungen stets förmlich unter Beachtung der Voraussetzungen des Art. 19 VO 1/2003 sowie Art. 3 VO 773/2004 durchzuführen hat oder ob ihr auch die Möglichkeit informeller Gespräche offen steht.[317] Letzteres wurde noch durch das EuG unter Hinweis auf *„[p]raktische Erwägungen im Hinblick auf das gute Funktionieren der Verwaltung und das Interesse an einem wirksamen Schutz der Wettbewerbsregeln“* bejaht.[318] Als weitere Gründe für die Zulässigkeit informeller Befragungen nannte das EuG die Verfahrensökonomie, das der Kommission eingeräumte Ermittlungsermessen sowie das in Erwägungsgrund 25 VO 1/2003 genannte Ziel der Verbesserung ihrer Ermittlungsbefugnisse.[319] In der Rechtsmittelinstanz trat der Gerichtshof diesen Ausführungen entgegen. Aus dem Wortlaut der Ermächtigung ergebe sich deutlich, dass Art. 19 VO 1/2003 einschließlich seiner Rechtmäßigkeitsvoraussetzungen auf jedes Gespräch zur Einholung von Informationen anwendbar sein solle.[320] Es sei der Kommission nicht möglich, neben der förmlichen Befragung und unter Umgehung der diesbezüglichen Verfahrensregeln (insb. der schriftlichen Protokollierungspflicht) auf andere Art und Weise informelle Befragungen vorzunehmen.[321] Gespräche in Form von informellen Befragungen sind demnach nicht (mehr) zulässig.

Was dies für die Zulässigkeit der informellen Informationsanfragen bedeutet ist unklar. Grund für die Entscheidung des EuGH war neben dem ausdrücklichen Wortlaut der Ermächtigungsnorm in erster Linie das Erfordernis der schriftlichen Protokollierung der hauptsächlich (fern)mündlich durchgeführten Befragungen nach Art. 19 VO 1/2003.[322] Als Umsetzung der Wahrung der Verteidigungsrechte kommt der Niederschrift der Befragung eine besondere Bedeutung zu.[323]

---

317 EuG, Urt. v. 12.06.2014, T-286/09 (Rn. 612 ff.), ECLI:EU:T:2014:547 – Intel.

318 EuG, Urt. v. 12.06.2014, T-286/09 (Rn. 614), ECLI:EU:T:2014:547 – Intel.

319 EuG, Urt. v. 12.06.2014, T-286/09 (Rn. 615 f.), ECLI:EU:T:2014:547 – Intel.

320 EuGH, Urt. v. 06.09.2017, C-413/14 (Rn. 84), ECLI:EU:C:2017:632 – Intel.

321 EuGH, Urt. v. 06.09.2017, C-413/14 (Rn. 88 ff.), ECLI:EU:C:2017:632 – Intel.

322 *„Daraus folgt, dass für die Kommission eine Pflicht besteht, jede Befragung, die sie nach Art. 19 der Verordnung Nr. 1/2003 durchführt, um Informationen einzuholen, die sich auf den Gegenstand ihrer Untersuchung beziehen, in der von ihr gewählten Form aufzuzeichnen“*, EuGH, Urt. v. 06.09.2017, C-413/14 (Rn. 91), ECLI:EU:C:2017:632 – Intel.

323 Vgl. Hennig, in: Immenga/Mestmäcker/Körber, Wettbewerbsrecht, 6. Aufl. 2019, Art. 18 VO 1/2003 Rn. 20.

Deren Einhaltung könne nicht zur Disposition der Kommission gestellt werden.[324] Andernfalls läge es im Ermessen der Kommission, Ermittlungsmaßnahmen zur Akte zu nehmen oder sie informell und damit undokumentiert durchzuführen.[325] Eine Überprüfung der Ermittlungsmaßnahme durch die Unionsgerichte wäre dann mangels Nachvollziehbarkeit nicht möglich.[326]

Ein vergleichbares Problem stellt sich bei informellen Informationsanfragen jedoch nicht.[327] Durch die Versendung der Anfragen ist eine Schriftlichkeit und damit auch eine Präsenz in der Verfahrensakte gewährleistet. Weiter ist zu berücksichtigen, dass den durch das EuG vorgetragenen Kriterien der Effektivität der Ermittlungen sowie der Verfahrensökonomie im Rahmen von informellen Informationsanfragen gesteigerte Bedeutung zukommt.[328] Anders als bei informellen Gesprächen besteht mangels fehlender oder noch nicht eröffneter Ermittlungsbefugnisse oftmals nicht die Möglichkeit der Kommission über das formelle Pendant der gesetzlich normierten Auskunftsersuchen Informationen einzuholen. Eine Entziehung der informellen Informationsanfragen würde empfindlich in die Effektivität kommissionsrechtlicher Ermittlungen eingreifen.[329]

Die Absage des EuGH an nicht dokumentierte, informelle Befragungen verdeutlicht jedoch vor allem eines: unkontrollierte Ermittlungshandlungen, die für das Verfahren von Relevanz sind, sollen so weit wie möglich vermieden werden.[330] Eine Kontrolle informeller Informationsanfragen kann jedoch nur gewährleistet werden, wenn sie nicht nur formellen, sondern insbesondere inhaltlichen Voraussetzungen unterstellt werden. Auch wenn das Ermittlungsermessen der

---

324 Vgl. Hennig, in: Immenga/Mestmäcker/Körber, Wettbewerbsrecht, 6. Aufl. 2019, Art. 18 VO 1/2003 Rn. 20.

325 Siehe Sura, in: Langen/Bunte, Kartellrecht, 13. Aufl. 2018, Art. 19 VO 1/2003 Rn. 3.

326 Die Pflicht zur Protokollierung soll gerade gewährleisten, dass *„die Unionsgerichte im Nachhinein kontrollieren können, ob die Kommission ihre Ermittlungsbefugnisse innerhalb der rechtlichen Grenzen ausgeübt hat“*, vgl. Schlussanträge GA Wahl v. 20.10.2016 zu EuGH, Urt. v. 06.09.2017, C-413/14 (Rn. 241), ECLI:EU:C:2016:788 – Intel.

327 So auch Hennig, in: Immenga/Mestmäcker/Körber, Wettbewerbsrecht, 6. Aufl. 2019, Art. 18 VO 1/2003 Rn. 20.

328 Ähnlich Hennig, in: Immenga/Mestmäcker/Körber, Wettbewerbsrecht, 6. Aufl. 2019, Art. 18 VO 1/2003 Rn. 20.

329 Ähnlich Hennig, in: Immenga/Mestmäcker/Körber, Wettbewerbsrecht, 6. Aufl. 2019, Art. 18 VO 1/2003 Rn. 20.

330 So stellt Generalanwalt Wahl in Sachen Intel völlig zutreffend die folgende Frage: *„[W]ie sollen (...) die Unionsgerichte überprüfen, ob die Kommission die Bestimmungen der Verordnung Nr. 1/2003 eingehalten hat und ob ganz allgemein die Rechte der an den Ermittlungen beteiligten Unternehmen und natürlichen Personen in vollem Umfang gewahrt wurden?“*, vgl. Schlussanträge GA Wahl v. 20.10.2016 zu EuGH, Urt. v. 06.09.2017, C-413/14 (Rn. 240), ECLI:EU:C:2016:788 – Intel.

Kommission dem Grunde nach zu wahren ist, so ist es doch transparenter, nachvollziehbarer und überprüfbarer zu machen.

II. Die Anwendung der Bewertungsmaßstäbe der formellen Auskunftsersuchen

Für informelle Informationsanfragen existieren, anders als für formelle Auskunftsersuchen, weder formelle noch inhaltliche Vorgaben. Wie oben herausgearbeitet, stellt die Erforderlichkeit jedoch kein eigenständiges Korrektiv der Art. 18 Abs. 1 VO 1/2003 sowie Art. 11 FKVO auf Tatbestandsebene dar. Als Teil des allgemeinen Grundsatzes der Verhältnismäßigkeit handelt es sich um ein generell anwendbares Bewertungskriterium – jedenfalls für Akte mit rechtsverbindlicher Wirkung.[331] Ob hierunter ebenfalls die gesetzlich nicht niedergeschriebenen, lediglich faktisch verbindlichen informellen Informationsanfragen zu subsumieren sind, ist – soweit ersichtlich – (noch) nicht Gegenstand der Diskussionen in Wissenschaft und Praxis gewesen. Letztlich kann die Bewertung der Anwendbarkeit des Verhältnismäßigkeitsgrundsatzes jedoch auch insoweit nicht anders ausfallen.

Sinn des Verhältnismäßigkeitsprinzips ist es, der *„staatliche[n] Allmacht Grenzen [zu setzen]"*.[332] Dies muss umso stärker gelten, je weniger regulierenden Voraussetzungen eine Verwaltungstätigkeit unterworfen wird. Gerade gesetzlich nicht normierte, in der Praxis jedoch üblicherweise mit Belastungen für die Adressaten einhergehende Maßnahmen bedürfen einer strikten Kontrolle auf ihre Sachgerechtigkeit und Ausgewogenheit. Insoweit kommt den allgemeinen Rechtsgrundsätzen, wie dem Grundsatz der Verhältnismäßigkeit, in besonderem Maße die Funktion zu, das geschriebene Verwaltungsrecht zu vertreten bzw. zu ergänzen. So führte Generalanwalt Trabucchi in Sachen Watson und Belman mit Hinweis auf die insoweit ständige Rechtsprechung aus, dass der Grundsatz der Verhältnismäßigkeit *„allgemein als einer der Grundsätze [gilt], denen die Tätigkeit aller öffentlichen Behörden der Gemeinschaft und der Mitgliedstaaten im Geltungsbereich des Gemeinschaftsrecht genügen muss (...)"*.[333] Ebenso wenig differenzierte

331 Siehe zum Streitstand Trstenjak/Beysen, Das Prinzip der Verhältnismäßigkeit in der Unionsrechtsordnung, EuR 2012, 265, S. 266 f., wonach insbesondere bedeutende Stimmen aus dem englischen Recht eine derartige Ausweitung des Verhältnismäßigkeitsgrundsatzes ablehnen, während die deutschen Stimmen dies weit überwiegend bejahten. Vgl. u.a. auch Schwarze, Europäisches Verwaltungsrecht (Band II), 1988, S. 830 f.; Lienbacher, in: Schwarze/Becker/Hatje, EU-Kommentar, 4. Aufl. 2019, Artikel 5 EUV Rn. 43; Danwitz, Der Grundsatz der Verhältnismäßigkeit im Gemeinschaftsrecht, EWS 2003, 393,394.

332 Schwarze, Europäisches Verwaltungsrecht (Band II), 1988, S. 663.

333 Schlussanträge GA Trabucchi v. 02.06.1976 zu EuGH, Urt. v. 07.07.1976, C-118/75 (Rn. 5), ECLI:EU:C:1976:79 – Watsan und Belmann (Hervorhebung hinzugefügt).

der EuGH in Sachen Dow Benelux nach der Art der hoheitlichen Handlung, sondern sprach schlicht von der Wahrung der Verhältnismäßigkeit der *„Eingriffe der öffentlichen Gewalt in die Sphäre der privaten Betätigung"*.[334] Auch das in Art. 41 GRCh verankerte subjektive Recht auf eine gute Verwaltung verlangt die umso strengere Einhaltung des Grundsatzes der Verhältnismäßigkeit umso weiter der Beurteilungsspielraum des handelnden Organs ausgestaltet ist.[335] Erst recht muss dies – und zwar in gesteigertem Maße – gelten, wenn neben der Einräumung eines weiten Beurteilungsspielraums auf eine gesetzliche Regelung des Verwaltungshandelns gänzlich verzichtet wurde. So führte auch das EuG bereits im Jahr 1994 – jedoch ohne sich sodann hiermit weiter auseinanderzusetzen – aus, dass *„das Verfahren informeller Gespräche unter dem Gesichtspunkt des Grundsatzes der ordnungsgemässen Verwaltung von wesentlichem Interesse ist"*.[336]

III. Zwischenergebnis

Zumindest in materiell-rechtlicher Hinsicht sind daher die gleichen Grundmaßstäbe anzulegen, die der Gesetzgeber allgemein für Auskunftsersuchen der Kommission vorgesehen hat. Die im Laufe der Arbeit herauszuarbeitenden Standards der Verhältnismäßigkeit sind daher auch auf informelle Informationsanfragen anzuwenden. Sie ermöglichen, ggf. unter teilweise erforderlichen Adaptierungen, auch für informelles Kommissionshandelns zuverlässige Kontrollmöglichkeiten. Gründe, die informellen Informationsanfragen der Kommission materiell-rechtlich abweichend von den formellen Auskunftsersuchen zu bewerten, sind nicht ersichtlich. Für die Frage der Verhältnismäßigkeit muss es insoweit ohne Relevanz bleiben, ob sich die Verbindlichkeit einer hoheitlichen Maßnahme als rechtliche oder als faktische darstellt.

C. Verbreiterung der Bewertungsgrundlage

I. Heranziehung der Rechtsprechung zu Auskunftsersuchen nach den Vorgängervorschriften Art. 11 VO 17/62 und Art. 11 VO 4064/89

Wie oben dargelegt, wurden die Ermächtigungen der Auskunftseinholung in Art. 18 VO 1/2003 und Art. 11 FKVO im Rahmen der Novellierung der Kartellverfahrensverordnung sowie der Fusionskontrollverordnung Anfang der 2000er-Jahre in ihrer heutigen Form gesetzlich normiert. Ihr Regelungsgehalt entspricht inhaltlich, insbesondere in Bezug auf ihre materielle Rechtmäßigkeit, ihren

---

334 EuGH, Urt. v. 17.10.1989, C-85/87 (LS 4), Slg. 1989, 3137 – Dow Benelux.

335 Siehe oben Teil 1, Kapitel 3, B.III.

336 EuG, Urt. v. 24.03.1994, T-3/93 (Rn. 67), ECLI:EU:T:1994:36 – Air France.

Vorgängervorschriften Art. 11 VO 17/62 und Art. 11 VO 4064/89. So sprechen Vorgänger- und Nachfolgenormen gleichermaßen von der Erforderlichkeit der anzufordernden Auskünfte als Bewertungsmaßstab der materiellen Rechtmäßigkeit.

Zur Erweiterung der Bewertungsgrundlage und zur Stärkung der Belastbarkeit der Untersuchungsergebnisse wird daher auch die Kommissions- und Rechtsprechungspraxis aus frühen Verfahren, deren Grundlage die Vorgängerverordnungen 17/62 und 4064/89 waren, in die Untersuchung einbezogen.

II. Sekundäre Heranziehung der Rechtsprechung zur Verhältnismäßigkeit von Nachprüfungsmaßnahmen

Zur Verbreiterung der Bewertungsgrundlage und um ein umfassenderes Bild des praktischen Umgangs mit Fragen der Verhältnismäßigkeit zu erhalten, werden – sofern erforderlich und sachgerecht – im Rahmen der Untersuchung auch die ähnlichen Erwägungen der Verhältnismäßigkeit berücksichtigt, die sich bei der Bewertung von Nachprüfungsmaßnahmen stellen. Nachprüfungen sind das zweite wesentliche Ermittlungsinstrument der Kommission zur Aufklärung kartellrechtlicher Sachverhalte.[337] Die Nachprüfungsbefugnisse ermächtigen die Kommission, die Räumlichkeiten eines Unternehmens zu betreten und aktiv selbst nach bestimmten Informationen und (Geschäfts)Unterlagen zu suchen.[338]

Diese Befugnisse kommen der Kommission sowohl in Verfahren nach der VO 1/2003 als auch in Fusionskontrollverfahren zu.[339] Im Rahmen von Verfahren nach der FKVO finden Durchsuchungen aufgrund der verfahrensspezifischen Besonderheiten selten statt.[340] Im Rahmen von Verfahren nach der VO 1/2003 ist die Anwendung sowohl von Nachprüfungen als auch von Auskunftsverlangen jedoch gängige Praxis. Die diesbezügliche Ausgangssituation für den Erlass der beiden Ermittlungsmaßnahmen ist jedenfalls vergleichbar. Beide Ermittlungsinstrumente werden vornehmlich dem Verfahrensstadium der Voruntersuchungen zugeordnet.[341]

---

337 Vgl. Art. 20 f. VO 1/2003 sowie Art. 13FKVO.

338 Vgl. zum genauen Umfang der Nachprüfungsbefugnisse der Kommission Art. 20 Abs. 2 VO 1/2003 und Art. 13 Abs. 2FKVO.

339 Vgl. Art. 20 f. VO 1/2003 und Art. 13FKVO.

340 Fusionskontrollverfahren sind geprägt von der aktiven Mitwirkung der anmeldenden Parteien des beabsichtigten Zusammenschlussvorhabens, Bechtold/Bosch/Brinker (Hrsg.), EU-Kartellrecht, 3. Aufl. 2014, Art. 13 FKVO Rn. 2. Zu ersten Durchsuchungen nach der FKVO wegen Gun Jumpings Linsmeier/Balssen, Die Kommission macht Ernst: Erstmals Durchsuchungen wegen Gun Jumping, BB 2008, 741, 741. Siehe hierzu allgemein Körber, in: Immenga/Mestmäcker, EU-Wettbewerbsrecht, 5. Aufl. 2012, Art. 13 FKVO Rn. 1.

341 Ähnlich EuG, Urt. v. 14.03.2014, T-302/11 (Rn. 33), ECLI:EU:T:2014:128 – HeidelbergCement. Sowie ausdrücklich für Nachprüfungen EuGH, Urt. v. 10.03.2016, C-247/14 (Rn. 37), ECLI:EU:C:2016:149 – HeidelbergCement.

Es handelt sich um Maßnahmen der laufenden Ermittlung, die von den verfahrensabschließenden Entscheidungen, wie beispielsweise der Bußgeldentscheidung nach Art. 23 Abs. 1 und 2 VO 1/2003, abzugrenzen sind. Die Verteidigungsrechte der betroffenen Unternehmen gelten – anders als im späteren kontradiktorischen Verfahren und unabhängig von der Form der Ermittlungsmaßnahme – insoweit nur eingeschränkt.[342] Auch die inhaltlichen Grenzen beider Ermittlungsmaßnahmen sind vergleichbar. So sind den Art. 18 Abs. 1 und 3 sowie Art. 20 Abs. 1 und 4 VO 1/2003 ihre beiden zentralen Voraussetzungen gemein: Nachprüfung und Auskunftsersuchen setzen beide voraus, dass der Zweck der Maßnahme benannt wird und sich die Ermittlungen im Rahmen des hierfür Erforderlichen halten. So bestimmt Art. 20 Abs. 1 VO 1/2003, dass die Kommission *„zur Erfüllung der ihr durch diese Verordnung übertragenen Aufgaben bei Unternehmen und Unternehmensvereinigungen alle erforderlichen Nachprüfungen vornehmen"* kann.[343] Nach Art. 20 Abs. 3 VO 1/2003 üben *„[d]ie mit Nachprüfungen beauftragten Bediensteten der Kommission und die anderen von ihr ermächtigten Begleitpersonen (...) ihre Befugnisse unter Vorlage eines schriftlichen Auftrags aus, in dem der Gegenstand und der Zweck der Nachprüfung bezeichnet sind (...)"*.[344] Selbiges gilt für Nachprüfungen und Auskunftsersuchen nach der FVKO.[345]

Zudem dienen die einzelnen Ermittlungsmaßnahmen innerhalb eines Verfahrens in der Regel dem gleichen – aufgrund des Verfahrensfortgangs teils konkretisierten – Ermittlungsziel.[346] Auch die ungeschriebenen Grundsätze wie der Schutz

342 EuG, Urt. v. 14.03.2014, T-302/11 (Rn. 31 f.), ECLI:EU:T:2014:128 – HeidelbergCement.

343 Vergleichend nochmals der Wortlaut des Art. 18 Abs. 1 VO 1/2003: *„Die Kommission kann zur Erfüllung der ihr durch diese Verordnung übertragenen Aufgaben durch einfaches Auskunftsverlangen oder durch Entscheidung von Unternehmen und Unternehmensvereinigungen verlangen, dass sie alle erforderlichen Auskünfte erteilen."* (Hervorhebung hinzugefügt).

344 Vergleichend nochmals der Wortlaut des Art. Art. 18 Abs. Abs. 2 VO 1/2003: *„Bei der Versendung eines einfachen Auskunftsverlangens an ein Unternehmen oder eine Unternehmensvereinigung gibt die Kommission die Rechtsgrundlage, den Zweck des Auskunftsverlangens und die benötigten Auskünfte an (...)"* und Art. Art. 18 Abs. Abs. 3 VO 1/2003 *„Wenn die Kommission durch Entscheidung von Unternehmen und Unternehmensvereinigungen zur Erteilung von Auskünften verpflichtet, gibt sie die Rechtsgrundlage, den Zweck des Auskunftsverlangens und die geforderten Auskünfte an."* (Hervorhebungen hinzugefügt).

345 Vgl. den vergleichbaren Wortlaut der Art. 11 Abs. 1 und 3 sowie Art. 13 Abs. 1 und 3 FKVO.

346 Dieses ist in Verfahren nach der VO 1/2003 die Aufdeckung oder der Nachweis eines konkreten Tatverdachts. So bereits Schlussanträge GA Jacobs v. 15.12.1993 zu EuGH, Urt. v. 19.05.1994, C-36/92 (Rn. 30), ECLI:EU:C:1993:928 – SEP, übernommen durch EuGH, Urt. v. 19.05.1994, C-36/92 (Rn. 21), ECLI:EU:C:1994:205 – SEP. Siehe hierzu

vor Willkür und die Wahrung des Grundsatzes der Verhältnismäßigkeit müssen gleichermaßen für beide Formen der Ermittlung beachtet werden.[347] Entsprechend nahm auch das EuG in Sachen *HeidelbergCement* keine Differenzierung zwischen Nachprüfung und Auskunftsverlangen vor: Es fasste beide Maßnahmen im Rahmen seiner Bewertung gleichermaßen unter den Begriff der *„Untersuchungsbefugnisse"* oder der *„Ermittlungsmaßnahmen"*.[348]

Die übereinstimmenden inhaltlichen Voraussetzungen der beiden Ermittlungsmaßnahmen ermöglichen es daher, die dem Grunde nach vergleichbaren Wertungen der Rechtsprechung in Bezug auf Fragen der Verhältnismäßigkeit zu übertragen.[349] Wo dies aufgrund geringer oder nicht konsistenter Entscheidungspraxis erforderlich scheint, werden daher auch solche Nachprüfungs-Urteile in die Betrachtung einbezogen, um die Rechtsprechungsgrundlage der Untersuchung zu erweitern. Den spezifischen Ermittlungssituationen (Zeitdruck, räumliche Nähe, Kenntnisstand der Ermittlungsbehörde etc.) kann und wird dabei über Adaptierungen auf den konkreten Fall Rechnung getragen. Davon Nachprüfungen der Europäischen Kommission ebenfalls zum gleichberechtigten Gegenstand dieser Untersuchung zu machen wird hingegen abgesehen. Die vergleichende Bewertung unterschiedlicher kartellrechtlicher Ermittlungsbefugnisse war bereits Gegenstand monographischer Untersuchungen.[350] In Abgrenzung hiervon soll der Fokus dieser Arbeit auf den bisher wenig behandelten Standards der Verhältnismäßigkeit von kartellrechtlichen Auskunftsersuchen liegen.

---

auch Hennig, in: Immenga/Mestmäcker/Körber, Wettbewerbsrecht, 6. Aufl. 2019, Art. 18 VO 1/2003 Rn. 9.

347 So hat der EuGH in seiner richtungsweisenden Entscheidung *Hoechst* aus dem Jahr 1989 den Kern des Prinzips der Gesetzmäßigkeit der Verwaltung im Schutz gegen unverhältnismäßige Eingriffe der Unionsorgane gesehen, EuGH, Urt. v. 21.09.1989, C-46/87 (Rn. 19), ECLI:EU:C:1989:337 – Höchst.

348 Siehe EuG, Urt. v. 14.03.2014, T-302/11 (Rn. 31 und 33), ECLI:EU:T:2014:128 – HeidelbergCement. Entsprechend wendete das EuG seine Aussagen zur Begründung von Auskunftsersuchen ohne einen einzigen erläuternden Hinweis auf die Begründung von Nachprüfungsmaßnahmen an, vgl. EuG, Urt. v. 20.06.2018, T-325/16 (Rn. 40), ECLI:EU:T:2018:368 – České dráhy.

349 Siehe so bereits EuG, Urt. v. 08.03.1995, T-34/93 (Rn. 40), ECLI:EU:T:1995:46 – Société Générale. Vgl. auch Hempel, Mehr Sorgfalt bei Auskunftsbeschlüssen, EuZW 2016, 379, 380 f.

350 Vocke, Die Ermittlungsbefugnisse der EG-Kommission im kartellrechtlichen Voruntersuchungsverfahren, 2006, Hensmann, Die Ermittlungsrechte der Kommission im europäischen Kartellverfahren, 2009, Gillmeister, Ermittlungsrechte im deutschen und europäischen Kartellordnungswidrigkeitenverfahren, 1985.

Zwischenergebnis

Der Erlass von Auskunftsersuchen ist in kartellrechtlichen Verfahren ein Ermittlungsinstrument von enormer praktischer Relevanz. Die Voraussetzungen, die dabei von den jeweiligen gesetzlichen Regelungen an die konkrete Ausgestaltung eines Auskunftsersuchens gestellt werden, beziehen sich vorrangig auf formelle und verfahrensrechtliche Anforderungen. Die einzige tatsächliche Vorgabe mit materiell-rechtlichem Regelungsgehalt in Art. 18 Abs. 1 VO 1/2003 und Art. 11 Abs. 1 FKVO ist jedoch die dort genannte *Erforderlichkeit* der angefragten Auskünfte, die um die Prüfungsaspekte der Geeignetheit und Angemessenheit sowie der ordnungsgemäßen Begründung und Belegung des verfolgten Ermittlungszwecks zu ergänzen ist.

Der Grundsatz der Verhältnismäßigkeit ist damit der bestimmende Faktor beim Erlass von Auskunftsersuchen. Die Besonderheiten der Ermittlungsverfahren und zu ermittelnden Sachverhalte sowie die oftmals auf Prognosen basierenden Entscheidungen machen es erforderlich, auf enge gesetzliche Vorgaben im Rahmen der Ermächtigungsgrundlagen zu verzichten. Es muss der Kommission im Rahmen ihrer Ermittlungstätigkeiten möglich sein, Sachverhalte und deren Entwicklung frei einschätzen und bewerten zu können. Die fehlende detaillierte Regulierung des Verwaltungshandelns kann durch eine strikte Wahrung des Grundsatzes der Verhältnismäßigkeit ausgeglichen und kompensiert werden.

Zweiter Teil. Der Grundsatz der Verhältnismäßigkeit als materiell-rechtliche Grenze kartellrechtlicher Auskunftsrechte

Wie im vorherigen Teil aufgezeigt, handelt es sich bei dem Grundsatz der Verhältnismäßigkeit um das wesentliche Korrektiv bei der Bestimmung der inhaltlichen Reichweite der Auskunftsersuchen nach der VO 1/2003 sowie der FKVO. Seine Anwendung in der Praxis wird in diesem Teil der Arbeit vertieft untersucht.

Allgemein gesprochen sind bei jedem Auskunftsersuchen und der Frage seiner Verhältnismäßigkeit die Interessen der Kommission an einer schnellen und effektiven Ermittlung zu den Individualschutzinteressen der Auskunftsadressaten miteinander ins Verhältnis zu bringen. Unzweifelhaft besteht auch ein übergeordnetes Allgemeininteresse am freien und unverfälschten Wettbewerb im europäischen Binnenmarkt, dessen Hüterin die Kommission ist. In die konkrete Abwägung der Verhältnismäßigkeit einer einzelfallspezifischen Ermittlungsmaßnahme ist dieses Allgemeininteresse hingegen allenfalls zurückhaltend einzustellen.[351] Dem Schutz des unverfälschten Wettbewerbs kommt im Wertesystem der Europäischen Union eine herausragende Rolle zu.[352] Ihrem Zweck dienen die Ermittlungen der Kommission nach der VO 1/2003 und der FKVO. Wie oben herausgearbeitet, sind die Erwägungen der Grund dafür, dass der Kommission weitreichende Ermittlungsbefugnisse eingeräumt wurden. Es würde einem Zirkelschluss gleichkommen und die Verhältnismäßigkeitsprüfung in gewisser Weise leerlaufen lassen, wenn man die – aufgrund der wichtigen Allgemeininteressen – weiten Ermittlungsbefugnisse allein über Verhältnismäßigkeitserwägungen begrenzt und in diesem Rahmen zur Begründung der Verhältnismäßigkeit abermals auf den Schutz des freien Wettbewerbs als überragendes Gut der Union zurückgreift. Zudem ist das Allgemeininteresse als generelles Kriterium ohnehin Gegenstand der verfahrensspezifischen Abwägungsfaktoren und damit – beispielsweise über das Kriterium der Schwere der Zuwiderhandlung – letztlich jeder Abwägung im Einzelfall immanent.

Bei diesen verfahrensbezogenen Faktoren gibt es einen Strauß an Variationen. Die Faktoren reichen von der Art der untersuchten Verhaltensweise und des Umfangs der Auskunftsersuchens über die Belastungen des Betroffenen sowie dessen Nähe zu dem untersuchten Sachverhalt bis hin zur vermuteten Bedeutung der verlangten Auskünfte und Unterlagen für das Verfahren. Auch der zeitliche

---

351 So auch Barthelmeß/Rudolf, in: LMRKM, Kartellrecht, 4. Aufl. 2020, Art. 18 VO 1/2003 Rn. 39.

352 Barthelmeß/Rudolf, in: LMRKM, Kartellrecht, 4. Aufl. 2020, Art. 18 VO 1/2003 Rn. 39.

Fortgang des Verfahrens und die Intensität des Eingriffs spielen eine erhebliche Rolle.[353] Dabei sind an die Verhältnismäßigkeit einer Maßnahme umso höhere Anforderungen zu stellen, je intensiver und andauernder in geschützte Rechtspositionen eingegriffen wird.

Ausdrücklich diskutiert und festgestellt wurde dies für das Verhältnis von Nachprüfungsmaßnahmen zu Auskunftsverlangen, auch wenn ein zwingendes Stufenverhältnis zwischen den beiden Ermittlungsmaßnahmen nicht besteht.[354] Jedoch erfordern die stärker belastenden Nachprüfungen eine striktere Einhaltung des Grundsatzes der Verhältnismäßigkeit und eine dementsprechende Ermessensausübung durch die Kommission.[355] Ebenso ist anerkannt und gesetzlich normiert, dass der Kommission im Rahmen von Sektoruntersuchungen keine Befugnis zur Durchsuchung von Privaträumen zukommen kann.[356] Grund hierfür ist das Verhältnismäßigkeitsprinzip. Es verhindert, dass ein Eingriff mit derart hoher Intensität bei Ermittlungen mit relativ geringen Zulässigkeitsvoraussetzungen zum Einsatz kommt.[357] Aus demselben Grund sind auch Nachprüfungen im Rahmen von Sektoruntersuchungen generell zurückhaltend einzusetzen.[358] Ein ähnliches faktisches Stufenverhältnis ergibt sich auch für einfache Auskunftsverlangen und Auskunftsentscheidungen.[359]

Derartige Differenzierungen zwischen verschiedenen Ermittlungsinstrumenten der Kommission sollen auf die unterschiedlichen (inhaltlichen) Schweregrade eines spezifischen Ermittlungsinstruments übertragen werden. Dafür wird im Folgenden das derzeitige Prüfraster des Grundsatzes der Verhältnismäßigkeit im Rahmen kartellrechtlicher Auskunftsersuchen vertieft analysiert und Teilaspekte systematisiert. Die bestehende Einzelfallrechtsprechung wird auf ihre Verallgemeinerungsfähigkeit untersucht. Wo möglich, werden übergreifende Kriterien zur Anwendung der einzelnen Teilaspekte des Grundsatzes der Verhältnismäßigkeit auf den Einzelfall herausgearbeitet. Insoweit ist zu berücksichtigen, dass entsprechend den Charakteristika der spezifischen Sachverhalte und ausgerichtet

---

353 Ähnlich Kellerbauer, Limits on EU antitrust investigative measures under recent case-law: tiptoeing between proportionality and effectiveness, EuZW 2014, 407-410, 407 Siehe hierzu sogleich unter Teil 2, Kapitel 1, B.II.4.2.

354 Vocke, Die Ermittlungsbefugnisse der EG-Kommission im kartellrechtlichen Voruntersuchungsverfahren, 2006, S. 185.

355 Umkehrschluss aus Vocke, Die Ermittlungsbefugnisse der EG-Kommission im kartellrechtlichen Voruntersuchungsverfahren, 2006, S. 173.

356 Vgl. den fehlenden Verweis auf Art. 21 VO 1/2003 in Art. 17 Abs. 2 VO 1/2003.

357 Van der Hout/Lux, in: Berg/Mäsch, Kartellrecht, 3. Aufl. 2018, Art. 17 VO 1/2003 Rn. 14.

358 Barthelmeß/Rudolf, in: LMRKM, Kartellrecht, 4. Aufl. 2020, Art. 17 VO 1/2003 Rn. 10.

359 Siehe zum Wegfall des gesetzlichen Stufenverhältnisses und den daraus folgenden Konsequenzen ausführlich oben Teil 1, Kapitel 1.

am Klägervortrag die Prüfung des Kommissionshandelns, vor allem in älteren Urteilen, oftmals auf Teilaspekte des Verhältnismäßigkeitsgrundsatzes beschränkt gewesen ist.[360] So erfolgte die Prüfung der Geeignetheit vielfach mehr oder weniger offensichtlich im Rahmen der Erforderlichkeit.[361] Teilweise beschränkt sich die Prüfung – nach dem reinen Wortlaut – auch nur auf die Geeignetheit und die Angemessenheit, ohne dass auf die Erforderlichkeit überhaupt explizit eingegangen wird.[362] Entsprechend der gerichtlichen Prüfungsweise ist eine Vermengung von Prüfungsschritten in ihren Ansätzen auch auf der Ebene der Kommission erkennbar.[363] Die Untersuchung erschwerend ist insoweit der Umstand, dass die Kommission nicht verpflichtet ist, ihre Erwägungen zu Fragen der Verhältnismäßigkeit offenzulegen, so dass es teilweise bereits an dem Vorliegen diesbezüglicher Ausführungen fehlt.[364]

---

360 Siehe hierzu Kischel, Die Kontrolle der Verhältnismäßigkeit durch den EuGH, EuR 2000, 380, 383 m.w.N. auf die einschlägige Rspr.

361 Beispielsweise führte das EuG in einem seiner grundlegenden Urteile zur Überprüfung kartellrechtlicher Auskunftsersuchen aus, dass die Kommission lediglich Auskünfte einholen dürfe, die erforderlich seien. Hieraus folge, „*daß die Kommission nur solche Auskünfte verlangen kann, die ihr die Prüfung der vermuteten Zuwiderhandlungen, die die Durchführung der Untersuchung rechtfertigen und die im Auskunftsverlangen angegeben sind, ermöglichen können*“, vgl. EuG, Urt. v. 12.12.1991, T-39/90 (Rn. 25), ECLI:EU:T:1991:71 – SEP, so auch jüngst bestätigt u.a EuG, Urt. v. 14.03.2014, T-296/11 (Rn. 66), ECLI:EU:T:2014:121 – Cementos Portland. Im Hinblick auf das Ermittlungsinstrument der Nachprüfung i.E. auch EuG, Urt. v. 08.03.2007, T-339/04 (Rn. 117), ECLI:EU:T:2007:80 – France Télécom. Siehe statt vieler Bischke/Neideck, in: MüKo, Wettbewerbsrecht, 3. Aufl. 2020, Art. 18 VO 1/2003 Rn. 22 m.w.N.

362 EuGH, Urt. v. 22.10.2002, C-94/00 (Rn. 71, 76), ECLI:EU:C:2002:603 – Roquette Frères, wobei das Gericht an späterer Stelle im Urteil auf das weite Ermessen der Kommission bei der Beurteilung der Erforderlichkeit einer Auskunft hinweist, ohne diese vorher geprüft zu haben (Rn. 77 f.). So auch Sura, in: Langen/Bunte, Kartellrecht, 13. Aufl. 2018, Art. 20 VO 1/2003 Rn. 45, der ausführt, dass „*[b]ei der Verhältnismäßigkeitsprüfung (...) in einem ersten Schritt die Geeignetheit und in einem zweiten Schritt die Angemessenheit der Maßnahme geprüft*“ wird.

363 In ihrem Handbuch „Kontakte mit der Kommission“ führte sie jedoch beispielsweise aus, dass die von ihr verlangten Auskünfte „*erforderlich*“ sein müssen. Nach einer Definition dieser Erforderlichkeit folgt im nächsten Satz die vermeintliche Klarstellung: „*Anders gesagt: Ein Auskunftsverlangen ohne Bezug zu den Artikeln 85 und 86 wäre unangemessen*“, siehe Europäische Kommission, Kontakte mit der Kommission 1997, S. 28 (Hervorhebung hinzugefügt).

364 Siehe hierzu wiederholt im Verlauf dieses Kapitels, insbesondere unter Teil 2, Kapitel 3, A.I.

Erstes Kapitel: Der legitime Zweck als Grundlage der Verhältnismäßigkeitsprüfung – Anforderungen an die rechtmäßige Begründung eines Auskunftsersuchens

A. Einführung

Grundüberlegung einer jeden Verhältnismäßigkeitsprüfung ist die Frage, welcher Zweck mit einer Handlung verfolgt wird. Er ermöglicht und bestimmt die weitere Überprüfung der Rechtmäßigkeit der Handlung.[365] Dass eine hoheitliche Handlung einem legitimen Zweck dienen muss, ist – unabhängig vom konkreten Untersuchungsgegenstand – eine allgemeine unionsrechtliche Grundvoraussetzung belastender Handlungen durch die Organe der Union.[366] Bei kartellrechtlicher Ermittlungen muss sich der legitime Zweck im Rahmen des der Kommission durch Art. 17 EUV zugewiesenen und durch die VO 1/2003 und FKVO konkretisierten Aufgabenbereichs halten.[367]

Der Zweckangabe kommt dabei eine doppelte Bedeutung für die Rechtmäßigkeit eines Auskunftsersuchens der Kommission zu: Während die grundsätzliche Pflicht zur Nennung des Ermittlungszwecks ein formelles Erfordernis der Rechtmäßigkeit eines Auskunftsersuchens darstellt,[368] wird die Frage, wie ein solcher Zweck dargelegt und begründet werden muss, von materiell-rechtlichen Erwägungen geprägt. Fehlt es also an einer hinreichend konkreten Begründung, ist das Auskunftsersuchen formell rechtswidrig.[369] Wird in einem Auskunftsersuchen ein bestimmter Ermittlungszweck zwar angegeben, beruht er jedoch nicht auf einem hinreichenden Anfangsverdacht oder hinreichenden Indizien, so handelt es sich um einen Fall der materiellen Rechtswidrigkeit des Auskunftsersuchens. Dem Fehlen eines Anfangsverdachts bzw. ausreichender Indizien kann letztlich die

365 Vgl. u.a. EuGH, Urt. v. 02.10.2003, C-199/99 (Rn. 145), ECLI:EU:C:2003:531 – Corus UK und EuG, Urt. v. 09.11.1994, T-46/92 (LS 2), ECLI:EU:T:1994:267 – Scottish Football.

366 Siehe statt aller Danwitz, Europäisches Verwaltungsrecht, 2008, S. 23 und Zuleeg/Kadelbach, in: Schulze/Zuleeg/Kadelbach, Europarecht, 3. Aufl. 2015, § 8 Rn. 44.

367 Bischke/Neideck, in: MüKo, Wettbewerbsrecht, 3. Aufl. 2020, Vor Art. 17 ff. VO 1/2003 Rn. 1.

368 Siehe hierzu bereits oben Teil 1, Kapitel 3, A.

369 Siehe weitergehend Teil 1, Kapitel 3, D. I. 2.

Konstellation gleichgestellt werden, dass zwar ein konkreter Anfangsverdacht aufgrund hinreichender Indizien besteht, die Kommission aber darüber hinaus gehend zu vage Angaben hinsichtlich etwaiger daraus folgender wettbewerbsbeschränkender Verhaltensweisen macht.

In einer unmittelbaren Folge hat die Rechtmäßigkeit bzw. Rechtswidrigkeit der Begründung sodann direkte Konsequenzen für die Frage nach der Verhältnismäßigkeit eines Auskunftsersuchens. Nur solche Auskunftsersuchen können überhaupt verhältnismäßig sein, die der Erreichung eines legitimen Zwecks dienen. Im Rahmen der Verhältnismäßigkeitsprüfung ist nur der Zweck zu berücksichtigen, der formell und materiell rechtmäßig angegeben wurde. Die Überprüfung der inhaltlichen Rechtmäßigkeit der Zweckangabe ist daher auch nicht im Rahmen der formellen Rechtmäßigkeit, sondern als Vorstufe zur Prüfungstrias der Verhältnismäßigkeit vorzunehmen.

Wie diese Überprüfung zu erfolgen hat, ist bisher keiner vertieften Untersuchung unterzogen worden. Dies überrascht, wenn man sich die Folgen einer ungenügenden Begründung verdeutlicht: Die Bewertung der Geeignetheit, der Erforderlichkeit und der Angemessenheit haben auf der Grundlage des verfolgten – und formell und materiell rechtmäßig angegebenen – Zwecks zu erfolgen.[370] Aufgrund der Offenlegung und Begründung des verfolgten Zwecks wird den Unionsrichtern überhaupt erst ermöglicht, eine Verhältnismäßigkeitsprüfung vorzunehmen. Das betroffene Unternehmen wird erst so in die Lage versetzt, zu entscheiden, ob es seiner Mitwirkungspflicht nachkommen und das Auskunftsersuchen beantworten muss oder seine Verteidigungsrechte wahrnehmen will.[371] Es handelt sich zudem nicht nur um ein gleichberechtigtes Kriterium der materiellen Rechtmäßigkeit, dessen Fehlerhaftigkeit – also die Verfolgung eines unberechtigten Zwecks – die Verhältnismäßigkeit eines Auskunftsersuchens zu Fall bringen und damit die Nichtigerklärung des gesamten Auskunftsersuchens herbeiführen

370 So auch EuG, Urt. v. 08.07.2008, T-99/04 (Rn. 53), ECLI:EU:T:2008:256 – AC-Treuhand („*Die Erforderlichkeit der von der Kommission angeforderten Auskünfte im Sinne von Art. 11 Abs. 1 der Verordnung Nr. 17 ist demnach nach Maßgabe des Zwecks der Untersuchung zu beurteilen, so wie er in dem Auskunftsverlangen selbst zwingend angegeben ist.*“)

371 Allgemein für beschwerende Entscheidungen EuGH, Urt. v. 26.11.1981, C-195/80 (Rn. 22), ECLI:EU:C:1981:284 – Michel sowie EuGH, Urt. v. 19.05.1994, C-36/92 (Rn. 25), ECLI:EU:C:1994:205 – SEP; EuG, Urt. v. 08.03.1995, T-34/93 (LS 1), ECLI:EU:T:1995:46 – Société Générale; EuGH, Urt. v. 25.06.2014, C-37/13 (Rn. 34), ECLI:EU:C:2014:2030 – Nexans u.a. und EuGH, Urt. v. 18.06.2015, C-583/13 (Rn. 56), ECLI:EU:C:2015:404 – Deutsche Bahn AG sowie jüngst EuG, Urt. v. 09.04.2019, T-371/17 (Rn. 39), ECLI:EU:T:2019:232 – Qualcom u.a. Siehe hierzu auch Bischke, Welchen Anforderungen muss ein Auskunftsbeschluss der EU-Kommission gemäß Art. 18 Abs. 3 VO 1/2003 genügen?, NZKart 2014, 299, 300 m.w.N.

kann.[372] Die materiell-rechtliche Angabe des Zwecks – im Falle von Kartellverfahren also die Darlegung des Anfangsverdachts[373] – ist inhaltlich zudem mit der Begründung eines Auskunftsersuchens gleichzustellen.[374] Die Begründungspflicht ist in Art. 296 Abs. 2 AEUV primärrechtlich verankert und stellt ein Grundprinzip des Unionsrechts dar.[375] Anders als die Verhältnismäßigkeitserwägungen als solche, unterliegen der Umfang der Begründung sowie die ihr zugrunde liegenden Tatsachen der uneingeschränkten Überprüfung durch die Unionsgerichte.[376]

Schließlich bestimmt die Zweckangabe die Verwertungsmöglichkeiten durch die Kommission.[377] Nach Art. 28 Abs. 1 VO 1/2003 und Art. 17 Abs. 1 FKVO ist die rechtmäßige Nutzung der erlangten Informationen grundsätzlich auf den Zweck beschränkt, zu dem sie eingeholt wurde.[378] Für darüber hinausgehende Zwecke besteht ein Verwertungsverbot.[379] Somit besteht ein Gegenlauf, zwischen dem Interesse der Kommission durch eine möglichst weite Zweckumschreibung eine spätere Verwertung der angefragten Informationen auch bei Veränderungen des Untersuchungsgegenstandes zu ermöglichen und dem Interesse der Auskunftsadressaten an einer möglichst engen Umgrenzung der untersuchten Sachverhalte zum Schutz vor sog. *fishing expeditions* der Kommission. Über die Anforderungen an die Bestimmung und Darlegung des legitimen Zwecks sind diese gegenläufigen Interessen verfahrensspezifisch miteinander in Einklang zu bringen: Zusammengefasst sind die wesentlichen Überlegungen zur Kontrolle einer legitimen

---

372 Bereits oben Teil 1, Kapitel 3, D.I.2. Siehe hierzu auch EuG, Urt. v. 12.07.2007, T-266/03 (Rn. 35), ECLI:EU:T:2007:223 – Groupement des cartes bancaires.

373 Siehe hierzu sogleich unter B.

374 Vgl. i.E. EuGH, Urt. v. 21.09.1989, C-46/87 (Rn. 41), ECLI:EU:C:1989:337 – Höchst. So auch für das Ermittlungsinstrument der Nachprüfung Nowak, in: LMRKM, Kartellrecht, 4. Aufl. 2020, Art. 20 VO 1/2003 Rn. 57. Wie im Verlauf der folgenden Kapitel aufzuzeigen sein wird, ist stets betont worden, dass die Kommission über die Zweckangabe hinaus nicht verpflichtet werden kann, alle tatsächlich und rechtlich erheblichen Gesichtspunkte des konkreten Falles darzulegen, siehe m.w.N. insb. auf die einschlägige Rspr. Magiera, in: Meyer, Charta der Grundrechte der EU, 5. Aufl. 2019, Art. 41 Rn. 15.

375 Über Art. 41 Abs. 2 lit. c hat sie zudem Eingang in die Europäische Grundrechtecharta (im Folgenden „GRCh") gefunden.

376 EuGH, Urt. v. 28.06.2005, verb. Rs. C-189/02, C-202/02 u.a. (Rn. 453), ECLI:EU:C:2005:408 – Dansk Rørindustri u.a. Siehe zur beschränkten gerichtlichen Kontrolle des Grundsatzes der Verhältnismäßigkeit oben unter Teil 1, Kapitel 3, D.I.1.

377 Art. 28 Abs. 1 VO 1/2003 und Art. 17 Abs. 1 FKVO.

378 Lubig, Beweisverwertungsverbote im Kartellverfahrensrecht der Europäischen Gemeinschaft, 2008, S. 116 ff. sowie 193 ff.

379 Van der Hout/Seitz, in: Berg/Mäsch, Kartellrecht, 3. Aufl. 2018, Vor Art. 17 ff. VO 1/2003 Rn. 50.

Zweckverfolgung in materiell-rechtlicher Hinsicht, ob (1) die der Kommission vorliegenden Informationen einen Anfangsverdacht begründen und stützen können und (2) die Kommission diesen in ausreichendem Maße an die betroffenen Auskunftsadressaten kommuniziert hat.

Der Prüfungsmaßstab, der hierfür erforderlich ist, lässt sich nicht für jedes Auskunftsersuchen generell abstrakt bestimmen. Die inhaltlichen Anforderungen der Zweckangabe sind an die Art des Ersuchens sowie die besonderen Umstände des Einzelfalls, insbesondere der Art des geführten Kommissionsverfahrens, anzupassen und entsprechend zu konkretisieren.[380] Jedoch lassen sich die grundsätzlich verfolgbaren Ziele sowie die damit einhergehenden Anforderungen an den Begründungsumfang – wie im Folgenden vorgenommen – für die einzelnen Verfahren und Ermittlungsmaßnamen näher eingrenzen und präzisieren.

B. Auskunftsersuchen im Rahmen von Kartellverfahren

Kartellverfahren sind geprägt von Verdachtsmomenten. Erhält die Kommission Anhaltspunkte dafür, dass wettbewerbswidrige Verhaltensweisen im Unionsgebiet stattfinden oder stattgefunden haben und sich nach wie vor auswirken, so ist es im Rahmen ihrer Funktion zur Wahrung und zum Schutz des freien Wettbewerbs auf dem Binnenmarkt ihre ureigene Aufgabe diese Verdachtsmomente zu untersuchen und die vermuteten Verhaltensweisen aufzuklären und erforderlichenfalls in angemessenen Maße zu bebußen. Diese Ausrichtung des Verfahrens wirkt sich auch auf die Untersuchung der Zweckverfolgung aus. Im Falle von Kartellverfahren und entsprechend bei der Aufklärung von Verstößen gegen prozedurale Vorgaben der FKVO setzen die Ermittlungen der Kommission als legitimen Zweck einen hinreichenden Anfangsverdacht voraus, der seinerseits auf entsprechenden Indizien beruhen muss.[381] Der Anfangsverdacht ist den Auskunftsadressaten in mehr oder weniger konkreter Form als Begründung der Ermittlungsmaßnahme mitzuteilen.

Im Folgenden wird vertieft untersucht, welche Art von Verdachtsmomenten die Kommission und die Unionsgerichte in Kartellverfahren nach der VO 1/2003 bisher beschäftigt haben und welche Arten von Informationen überhaupt einen hinreichenden Anfangsverdacht begründen können.

---

380 EuG, Urt. v. 09.11.1994, T-46/92 (LS 2), ECLI:EU:T:1994:267 – Scottish Football.

381 Der legitime Zweck und der hinreichende Anfangsverdacht eines Auskunftsersuchens lassen sich in dieser Konstellation gleichsetzen. Aus Gründen der Übersichtlichkeit und Vereinheitlichung wird im Folgenden der Begriff Anfangsverdacht verwendet.

I. Der taugliche Anfangsverdacht

Nach Art. 105 Abs. 1 S. 1 AEUV achtet die Kommission auf die Einhaltung der in den Art. 101 und 102 AEUV niedergelegten Grundsätze. Sie sorgt für die Durchsetzung und den Schutz eines unverfälschten europäischen Wettbewerbs. Dieser Überwachung der Wettbewerbsregeln im Binnenmarkt sowie der Aufdeckung und Abstellung von vermuteten Zuwiderhandlungen gegen die wettbewerbsschützenden Regelungen der Art. 101 oder 102 AEUV dient die VO 1/2003.[382] Art. 4 VO 1/2003 greift diese Aufgabe auf und stellt der Kommission Befugnisse zur Aufklärung des Sachverhaltes und Gewinnung entsprechenden Beweismaterials zur Verfügung.

Dieser generelle Zweck der Ermittlung von Wettbewerbsverstößen muss sodann jedoch für die einzelnen Verfahren spezifiziert werden.[383] Die Ermittlungsbefugnisse der Art. 18 ff. VO 1/2003 dienen der Vorbereitung von Maßnahmen nach den Art. 7 bis 10, 23, 24 oder 29 Abs. 1 VO 1/2003.[384] Diese Entscheidungen betreffen einen Wettbewerbsverstoß in einem konkreten Einzelfall. Entsprechend müssen auch die Ermittlungsmaßnahmen auf die Untersuchung eines spezifischen (vermuteten) Lebenssachverhalts ausgerichtet sein.[385] Demnach ist es der Kommission lediglich möglich, *„(...) die Auskünfte einzuholen und sich die Unterlagen zu beschaffen, die erforderlich sind, um das Vorliegen und die Bedeutung einer bestimmten Sach- und Rechtslage prüfen zu können“.*[386] Die Begründung eines Auskunftsersuchens muss folglich die konkrete Bezeichnung einer vermuteten Zuwiderhandlung gegen die Art. 101 oder 102 AEUV enthalten, den sog. Anfangsverdacht.[387] Dies gilt für sämtliche Formen von

382 Siehe EuGH, Urt. v. 26.06.1980, C-136/79 (Rn. 20), ECLI:EU:C:1980:169 – National Panasonic So u.a. auch Van der Hout/Seitz, in: Berg/Mäsch, Kartellrecht, 3. Aufl. 2018, Vor Art. 17 ff. VO 1/2003 Rn. 9; Miersch, in: Dahlheimer/Feddersen/Miersch, EU-Kartellverfahrensverordnung, 2005, Art. 17 VO 1/2003 Rn. 2.

383 Vgl. Hennig, in: Immenga/Mestmäcker/Körber, Wettbewerbsrecht, 6. Aufl. 2019, Art. 18 VO 1/2003 Rn. 9 m.w.N.

384 Vgl. Miersch, in: Dahlheimer/Feddersen/Miersch, EU-Kartellverfahrensverordnung, 2005, Art. 17 VO 1/2003 Rn. 2.

385 Vgl. jüngst EuG, Urt. v. 09.04.2019, T-371/17 (Rn. 40), ECLI:EU:T:2019:232 – Qualcom u.a. So im Ergebnis auch Hennig, in: Immenga/Mestmäcker/Körber, Wettbewerbsrecht, 6. Aufl. 2019, Art. 18 VO 1/2003 Rn. 31 ff.

386 EuGH, Urt. v. 18.10.1989, C-374/87 (Rn. 21), ECLI:EU:C:1989:387 – Orkem (Hervorhebung hinzugefügt); EuGH, Urt. v. 26.06.1980, C-136/79 (LS 5), ECLI:EU:C:1980:169 – National Panasonic und EuGH, Urt. v. 16.07.1992, C-67/91 (Rn. 18), ECLI:EU:C:1992:330 – Asociación Española de Banca Privada u.a.

387 Vgl. EuG, Urt. v. 14.03.2014, T-302/11 (Rn. 35), ECLI:EU:T:2014:128 – HeidelbergCement sowie jüngst EuG, Urt. v. 09.04.2019, T-371/17 (Rn. 40), ECLI:EU:T:2019:232 – Qualcom u.a. sowie in Bestätigung der h.M. statt aller Hennig, in: Immenga/Mestmäcker/Körber, Wettbewerbsrecht, 6. Aufl. 2019, Art. 18 VO 1/2003 Rn. 31 ff.

Auskunftsersuchen.[388]

II. Inhalt und Ausgestaltung des Anfangsverdachts

Wie der Anfangsverdacht ausgestaltet sein muss, um einen legitimen Zweck im Sinne einer verhältnismäßigen Ermittlungsmaßnahme darzustellen, lässt sich weder den primärrechtlichen noch den sekundärrechtlichen Regelungen des Unionsrechts entnehmen. Der Gerichtshof spricht davon, dass der *„Zweck mit hinreichender Bestimmtheit angegeben"* werden muss.[389] Allgemein ist zu beachten, dass der Anfangsverdacht eine Identifikation und Qualifikation des vermeintlichen Kartellverstoßes zweifelsfrei zu ermöglichen hat.[390] Die Darlegung des Zwecks muss die kommissionsinterne Entscheidungsfindung nach außen verfestigen und nachvollziehbar machen.[391]

Die Kommission muss daher offenlegen, auf welche Tatsachen und sonstigen Erwägungen sie ihre Ermessensentscheidung gestützt hat, ein Auskunftsersuchen gegen ein bestimmtes Unternehmen zu erlassen.[392] Sie muss in sachlicher, zeitlicher und räumlicher Hinsicht so genau wie möglich umschreiben, welche Verdachtsmomente sie beabsichtigt, durch die Auskunftsersuchen zu erhärten.[393] So sind insbesondere die vermeintlich betroffenen Produkt- und Wirtschaftsbereiche bzw. Industriezweige konkret anzugeben.[394] Darüber hinaus wird gefordert werden können, dass die Kommission substantiiert, gegen wen und durch welches ihm zurechenbare Verhalten Anhaltspunkte für einen Verstoß gegen die europäischen Wettbewerbsvorschriften gegeben sind.

Letztlich bestimmen sich die Anforderungen, die konkret an die Begründung zu stellen sind, nach dem einzelfallspezifischen Sachverhalt. Unstreitig unzulässig sind jedenfalls Fragebögen ohne einen hinreichenden Verdacht der Zuwiderhandlung, in der (gerichtlichen) Praxis bezeichnet als sog. *fishing expeditions*.[395] Dem

---

388 Vgl. statt aller Barthelmeß/Rudolf, in: LMRKM, Kartellrecht, 4. Aufl. 2020, Art. 18 VO 1/2003 Rn. 5 m.w.N. insbesondere auf die diesbezügliche Rechtsprechung.

389 EuGH, Urt. v. 10.03.2016, C-247/14 (Rn, 24), ECLI:EU:C:2016:149 – HeidelbergCement.

390 Hennig, in: Immenga/Mestmäcker/Körber, Wettbewerbsrecht, 6. Aufl. 2019, Art. 18 VO 1/2003 Rn. 33.

391 Siehe zur Zweckbestimmung als Grundlage der schriftlichen Fixierung der Entscheidungsfindung und Ermessenbildung Vocke, Die Ermittlungsbefugnisse der EG-Kommission im kartellrechtlichen Voruntersuchungsverfahren, 2006, S. 97.

392 Vgl. u.a. EuGH, Urt. v. 13.07.1966, verb. Rs. C-56/64 und 58/64 (LS 12), ECLI:EU:C:1966:41 – Consten und Grundig; EuGH, Urt. v. 15.02.2005, C-12/03 (Rn. 39), ECLI:EU:C:2005:87 – Tetra Laval; EuGH, Urt. v. 10.07.2014, C-295/12 (Rn. 54), ECLI:EU:C:2014:2062 – Telefónica.

393 EuG, Urt. v. 08.03.2007, T-339/04 (Rn. 58), ECLI:EU:T:2007:80 – France Télécom.

394 EuG, Urt. v. 14.11.2012, T-135/09 (Rn. 45), ECLI:EU:T:2012:596 – Nexans u.a.

395 Vgl. EuG, Urt. v. 14.03.2014, T-302/11 (Rn. 36 ff.), ECLI:EU:T:2014:128 – HeidelbergCement. Siehe auch Jungermann, in: Frankfurter Kommentar Kartellrecht,

gleichgestellt werden können Konstellationen, in denen die Kommission zwar einen Verdacht hat, der angegebene Anfangsverdacht jedoch inhaltlich über diesen hinausgeht.[396] Andererseits wird man an die Darlegung der Verdachtsmomente zum Zeitpunkt der Ermittlungen im Rahmen des Vorverfahrens nicht die gleichen Anforderungen stellen können, wie an die Detailliertheit einer gegen Ende der Untersuchungen erlassenen Entscheidung, beispielsweise die Mitteilung der Beschwerdepunkte oder gar die verfahrensabschließende Entscheidung.[397] Wie die Bestimmung des Anfangsverdachts und die Frage seiner ausreichend detaillierten Darlegung und Begründung in der Praxis außerhalb dieser Extremfälle erfolgt und welche möglichen Ansätze zur Konkretisierung des Begründungserfordernisses in Betracht kommen, wird im Folgenden untersucht.

1. Konkretisierung der Pflicht zur Begründung des Anfangsverdachts durch die unionsgerichtliche Rechtsprechung

Der gerichtliche Maßstab zur Überprüfung der Verdachtsmomente und des diesbezüglichen Begründungsumfangs durch die Kommission wurde in den 1980er-Jahren aufgestellt. So führte der EuGH zur Begründungspflicht in Bezug auf eine Ermittlungsmaßnahme unter der VO 17/62 (als Vorgänger der heutigen VO 1/2003) aus:

> *„Zwar braucht die Kommission weder dem Adressaten einer Nachprüfungsentscheidung alle ihr vorliegenden Informationen über vermutete Zuwiderhandlungen zu übermitteln, noch muß sie eine strenge rechtliche Qualifizierung dieser Zuwiderhandlungen vornehmen; sie hat aber klar anzugeben, welchen Vermutungen sie nachzugehen beabsichtigt.“*[398]

Dieser Prüfungsansatz wurde über die Jahre hinweg beibehalten. Die Formulierung findet sich in identischer oder zumindest fast wortgleicher Form in nahezu allen einschlägigen Urteilen, so in *Dow Benelux* (1989)[399], *Dow Chemical Ibérica*

---

93. Aufl. 2020, Art. 18 VO 1/2003 Rn. 7 f.; Schwarze, Grenzen für die Ermittlungstätigkeit der Kommission als Wettbewerbsbehörde der EG, in: Schwarze/Glaesner (Hrsg.), Der Gemeinsame Markt, Bestand und Zukunft, S. 167.

396 EuG, Urt. v. 20.06.2018, T-325/16 (Rn. 55 ff.), ECLI:EU:T:2018:368 – České dráhy.

397 Zutreffend die Kommission im Verfahren HeidelbergCement, vgl. hierzu Schlussanträge GA Wahl v. 15.10.2015 zu EuGH, Urt. v. 10.03.2016, C-247/14 (Rn. 30), ECLI:EU:C:2015:694 – HeidelbergCement.

398 EuGH, Urt. v. 21.09.1989, C-46/87 (Rn. 41), ECLI:EU:C:1989:337 – Höchst (Hervorhebungen hinzugefügt) zu einer Nachprüfungsmaßnahme unter der VO 17/62. Siehe zur Übertragbarkeit der Erwägungen zu Nachprüfungsentscheidungen auf Auskunftsersuchen ausführlich oben Teil 1, Kapitel 4, C.II.

399 EuGH, Urt. v. 17.10.1989, C-85/87 (LS 1), ECLI:EU:C:1989:379 – Dow Benelux.

(1989)[400], *Société Générale* (1995)[401], *France Télécom* (2007)[402], *Groupement des cartes bancaires* (2007)[403], *Slovak Telekom* (2012)[404], *Nexans* (2012)[405], *Prysmian* (2012)[406], *Deutsche Post* (2013)[407], *Nexans* (2014)[408], *Orange* (2014)[409], *Schwenk* (2016)[410], *HeidelbergCement* (2016)[411] sowie jüngst nochmals in *Qualcom u.a.* (2019)[412].

In der ständigen Rechtsprechung ist unzweifelhaft anerkannt, dass die Begründung des Anfangsverdachts klar und eindeutig abgefasst sein muss.[413] Die Entscheidungsbegründung darf auch keinesfalls aufgrund von Erwägungen der Effektivität und Wirksamkeit der Ermittlungshandlung eingeschränkt oder gar ausgehebelt werden.[414] Nach ständiger Rechtsprechung bedeutet dies aber nicht, dass die Kommission ihren Kenntnisstand in allen tatsächlich und rechtlich einschlägigen Gesichtspunkten offenlegen müsste.[415] Weder ist es notwendig, die

---

400 EuGH, Urt. v. 17.10.1989, verb. Rs. C-97/87–99/87 (Rn. 45), ECLI:EU:C:1989:380 – Dow Chemical Ibérica u.a.

401 EuG, Urt. v. 08.03.1995, T-34/93 (Rn. 63), ECLI:EU:T:1995:46 – Société Générale.

402 EuG, Urt. v. 08.03.2007, T-339/04 (Rn. 58), ECLI:EU:T:2007:80 – France Télécom.

403 EuG, Urt. v. 12.07.2007, T-266/03 (Rn. 36), ECLI:EU:T:2007:223 – Groupement des cartes bancaires.

404 EuG, Urt. v. 22.03.2012, T-458/09 u.a. (Rn. 77), ECLI:EU:T:2012:145 – Slovak Telekom.

405 EuG, Urt. v. 14.11.2012, T-135/09 (Rn. 42), ECLI:EU:T:2012:596 – Nexans u.a.

406 EuG, Urt. v. 14.11.2012, T-140/09 (Rn. 37), ECLI:EU:T:2012:597 – Prysmian u.a.

407 EuG, Urt. v. 12.11.2013, T-570/08 RENV (Rn. 99), ECLI:EU:T:2013:589 – Deutsche Post.

408 EuGH, Urt. v. 25.06.2014, C-37/13 (Rn. 35), ECLI:EU:C:2014:2030 – Nexans u.a.

409 EuG, Urt. v. 25.11.2014, T-402/13 (Rn. 80), ECLI:EU:T:2014:991 – Orange.

410 EuGH, Urt. v. 10.03.2016, C-248/14 (Rn. 25), ECLI:EU:C:2016:150 – Schwenk Zement.

411 EuGH, Urt. v. 10.03.2016, C-247/14 (Rn. 21), ECLI:EU:C:2016:149 – HeidelbergCement.

412 *„(...) [T]he Commission is not obliged to communicate to the addressee of a decision requesting information all the information at its disposal concerning the presumed infringements, or to make a precise legal analysis of those infringements, provided that it clearly indicates the suspicions which it intends to investigate (...)"*, EuG, Urt. v. 09.04.2019, T-371/17 (Rn. 41), ECLI:EU:T:2019:232 – Qualcom u.a. (Hervorhebungen hinzugefügt), bestätigt durch EuGH, Urt. v. 28.01.2021, C-466/19, ECLI:EU:C:2021:76 – Qualcom.

413 EuG, Urt. v. 09.04.2019, T-371/17 (Rn. 37 m.w.N.), ECLI:EU:T:2019:232 – Qualcom u.a.

414 EuG, Urt. v. 14.11.2012, T-135/09 (Rn. 41 f.), ECLI:EU:T:2012:596 – Nexans u.a. So bereits und seitdem in ständiger Rspr. u.a. EuGH, Urt. v. 17.10.1989, C-85/87 (LS 1, Rn. 8 ff.), ECLI:EU:C:1989:379 – Dow Benelux; EuG, Urt. v. 12.07.2007, T-266/03 (Rn. 36), ECLI:EU:T:2007:223 – Groupement des cartes bancaires.

415 EuG, Urt. v. 14.11.2012, T-135/09 (Rn. 42), ECLI:EU:T:2012:596 – Nexans u.a. sowie in nächster Instanz EuGH, Urt. v. 25.06.2014, C-37/13 (Rn. 32), ECLI:EU:C:2014:2030 – Nexans u.a. sowie auch EuG, Urt. v. 27.09.2012, T-343/06 (Rn. 108), ECLI:EU:T:2012:478 – Shell Petroleum; EuGH, Urt. v. 10.03.2016, C-248/

vermeintlich betroffenen Märkte präzise bis ins Detail abzugrenzen, noch den Zeitraum der angeblichen Zuwiderhandlung genau zu bezeichnen.[416] Ebenso wenig muss die Kommission eine rechtlich akkurate Einordnung der Verdachtsmomente vornehmen oder eine ausgefeilte Marktdefinition bereithalten.[417] Die Beschreibung der wesentlichen Merkmale der vermuteten Zuwiderhandlung muss dennoch enthalten sein.[418] Denn die Pflicht, auf den Zweck des Auskunftsersuchens hinzuweisen bedeute *„natürlich, dass [die Kommission] die vermutete Verletzung der Wettbewerbsregeln konkret nennen muss"*.[419] So wird teilweise vertreten, dass die Kommission klar angeben müsse, welchen konkreten Vermutungen sie nachgeht.[420] Teilweise wird die Darlegung gefordert, welche Hypothesen sie mit der Ermittlungsmaßnahme zu überprüfen beabsichtigt.[421]

Dieser Maßstab zum Umfang der Begründungspflicht ist recht allgemein gefasst und teilweise sehr abstrakt. Eine konkrete Bewertung und eine klare Trennung zwischen wesentlichen Merkmalen und nicht mehr erforderlichen Inhalten einer Begründung lässt er kaum zu. Zur weiteren Einordnung und Bewertung

---

14 (Rn. 20), ECLI:EU:C:2016:150 – Schwenk Zement sowie bereits früher EuG, Urt. v. 08.03.2007, T-339/04 (Rn. 57 ff.), ECLI:EU:T:2007:80 – France Télécom.

416 Vgl. EuGH, Urt. v. 17.10.1989, C-85/87 (Rn. 10), ECLI:EU:C:1989:379 – Dow Benelux. Nach EuG, Urt. v. 14.11.2012, T-135/09 (Rn. 44 f.), ECLI:EU:T:2012:596 – Nexans u.a. müssen jedoch zumindest *„die Industriezweige, die von der behaupteten Zuwiderhandlung erfasst werden, hinreichend genau bezeichne[t]"* werden.

417 EuG, Urt. v. 14.11.2012, T-135/09 (Rn. 42 ff.), ECLI:EU:T:2012:596 – Nexans u.a. Vgl. u.a. auch EuGH, Urt. v. 17.10.1989, C-85/87 (Rn. 9 f.), ECLI:EU:C:1989:379 – Dow Benelux; EuG, Urt. v. 08.03.1995, T-34/93 (Rn. 63), ECLI:EU:T:1995:46 – Société Générale; EuG, Urt. v. 08.07.2008, T-99/04 (Rn. 54 f.), ECLI:EU:T:2008:256 – AC-Treuhand; EuG, Urt. v. 22.03.2012, T-458/09 u.a. (Rn. 77), ECLI:EU:T:2012:145 – Slovak Telekom; EuG, Urt. v. 25.11.2014, T-402/13 (Rn. 80), ECLI:EU:T:2014:991 – Orange.

418 Vgl. EuG, Urt. v. 08.03.2007, T-339/04 (Rn. 38 f.), ECLI:EU:T:2007:80 – France Télécom wonach, eine Nachprüfungsentscheidung aus Gründen der Garantie der Verteidigungsrechte eines Unternehmens *„eine Beschreibung der wesentlichen Merkmale der behaupteten Zuwiderhandlung geben, in-dem sie den ihrer Ansicht nach relevanten Markt und die Natur der behaupteten Wettbewerbsbeschränkungen bezeichnet, sie muss erläutern, wie das von der Nachprüfung betroffene Unternehmen in die Zuwiderhandlung verwickelt sein soll, wonach gesucht wird und auf welche Punkte sich die Nachprüfung beziehen soll."* So auch EuG, Urt. v. 14.11.2012, T-135/09 (Rn. 44), ECLI:EU:T:2012:596 – Nexans u.a.

419 EuG, Urt. v. 14.03.2014, T-302/11 (Rn. 35), ECLI:EU:T:2014:128 – HeidelbergCement.

420 EuG, Urt. v. 08.07.2008, T-99/04 (Rn. 54), ECLI:EU:T:2008:256 – AC-Treuhand. Ebenso bereits EuGH, Urt. v. 21.09.1989, C-46/87 (Rn. 41), ECLI:EU:C:1989:337 – Höchst.

421 EuG, Urt. v. 12.07.2007, T-266/03 (Rn. 36), ECLI:EU:T:2007:223 – Groupement des cartes bancaires.

der gerichtlichen Praxis wird daher im Folgenden der Hintergrund der Urteile untersucht – also um welche Art von Verdachtsmomenten nach der VO 1/2003 es sich handelte, welche die Unionsgerichte und vorgelagert die Kommission beschäftigt haben, und wie der diesbezügliche Anfangsverdacht im konkreten Fall begründet wurde.

2. Der Anfangsverdacht und die Begründungen durch die Kommission

Die Pflicht zur Begründung von Ermittlungsmaßnahmen trifft Auskunftsersuchen und Nachprüfungen gleichermaßen. Unabhängig davon, um welche Art von Ermittlungsmaßnahme es sich handelt, muss *„[d]ie Begründung (...) das Unternehmen jedoch in die Lage versetzen, den Zweck und den Gegenstand der Ermittlungen nachzuvollziehen (...)"*.[422] Entsprechend besteht auch das Recht des Betroffenen, über den Gegenstand und den Umfang des gegen ihn erhobenen Vorwurfs unterrichtet zu werden, unabhängig von der einzelfallspezifischen Durchführung der Ermittlungen. Die nachfolgende Untersuchung richtet sich daher nicht nur auf Auskunftsersuchen. Sie orientiert sich im Wesentlichen an der unter Abschnitt 1. aufgezeigten Rechtsprechung. Es werden – unter expliziter Kennzeichnung der Art der Ermittlungshandlung – auch die Tatvorwürfe dargestellt, die der Begründung einer Nachprüfungsmaßnahme dienten. Zusätzlich werden auch solche Tatvorwürfe dargestellt, die zwar Gegenstand der gerichtlichen Kontrolle waren, bei denen sich die Kritik jedoch nicht vorrangig auf deren Begründung bezog.[423] Für die Untersuchung der Begründungen von Tatvorwürfen in der Kommissionspraxis ist die Darstellung auch dieser Verfahren essentiell. Sie verbreitern den Gegenstand der Untersuchung auch auf unstreitige Darstellungen des Anfangsverdachts und können insbesondere Aufschluss darüber geben, inwiefern die Art der Fragestellung Einfluss auf den Umfang der zu fordernden Begründung eines Auskunftsersuchens haben kann.

2.1. Höchst

Beginnend mit dem Verfahren *Höchst* ging es um den Angriff einer Nachprüfungsentscheidung noch nach Art. 14 Abs. 3 VO 17/62, dem Vorgänger des heutigen Art. 20 VO 1/2003.[424] Die Kommission hatte einen Anfangsverdacht für kartellrechtswidrige Verhaltensweisen im Bereich der PVC- und Polyäthylen-Branche.

---

422 EuG, Urt. v. 08.07.2008, T-99/04 (Rn. 55 f.), ECLI:EU:T:2008:256 – AC-Treuhand zu nach Art. 11 oder Art. 14 VO 17/62 (als nahezu wortgleiche Vorgänger der Art. 18 und Art. 20 VO 1/2003).

423 Diese Urteile finden sich daher auch nicht in der Aufzählung unter 1. Konkretisierung der Pflicht zur Begründung des Tatverdachts durch die unionsgerichtliche Rechtsprechung.

424 Die Klägerin verweigerte bereits die Duldung der Nachprüfung und griff die Entscheidung ebenso wie die späteren Zwangsmaßnahmen der Kommission

Sie nahm die Ermittlungen in Form einer ersten Nachprüfung auf, da ihr Informationen vorlagen, „*die sie zu dem Verdacht berechtigten, daß in der Gemeinschaft zwischen bestimmten Herstellern und Händlern von PVC und von Polyäthylen Vereinbarungen oder abgestimmte Verhaltensweisen bezueglich der Festsetzung von Preisen und Lieferquoten für diese Erzeugnisse bestanden*".[425] Gegenstand der Nachprüfung waren nach der ersten Begründungserwägung sowie Art. 1 der angefochtenen Entscheidung „*Vereinbarungen oder aufeinander abgestimmte Verhaltensweisen*" in Bezug auf „*feste (...) oder anzustrebende (...) Verkaufspreise (...) und Lieferquote (...)*" in „*der EG*" zwischen „*gewissen Herstellern und Händlern von PVC und Polyäthylen (einschließlich, aber nicht nur LdPE)*".[426] Weitere Konkretisierungen dieses recht weit gefassten Tatverdachts wurden ausweislich der Gerichtsunterlagen nicht vorgenommen. Da es sich um eine Nachprüfung und nicht um ein Auskunftsersuchen handelt, können weitere Rückschlüsse auf den Gegenstand der Untersuchung auch nicht aus der Art der Fragestellung oder dem Umfang bestimmter Fragen zu einzelnen Bereichen gezogen werden. Entsprechende Anhaltspunkte sind der Art der Durchführung einer Durchsuchung nicht zu entnehmen.

2.2. Dow Benelux und Dow Chemical Iberica

In den oben ebenfalls zitierten Verfahren *Dow Benelux* und *Dow Chemical Iberica* handelte es sich um denselben Tatverdacht wie in Sachen *Höchst*.[427] Die identischen Nachprüfungsentscheidungen wurden letztlich von insgesamt fünf der betroffenen Unternehmen u.a. aufgrund fehlender Bestimmtheit der Begründung und einer ungenügenden Umschreibung des Tatverdachts im Wesentlichen in räumlicher und zeitlicher Hinsicht angegriffen.[428]

---

gerichtlich an. Unter anderem rügte sie die hinreichende Umschreibung und fehlende Bestimmtheit des Gegenstands und des Zwecks der Nachprüfung, vgl. EuGH, Urt. v. 21.09.1989, C-46/87 (Rn. 39), ECLI:EU:C:1989:337 – Höchst; Schlussanträge GA Mischo v. 21.02.1989 zu EuGH, Urt. v. 21.09.1989, C-46/87 (Rn. 164), ECLI:EU:C:1989:73 – Hoechst.

425 EuGH, Urt. v. 21.09.1989, C-46/87 (Rn. 2), ECLI:EU:C:1989:337 – Höchst.

426 Schlussanträge GA Mischo v. 21.02.1989 zu EuGH, Urt. v. 21.09.1989, C-46/87 (Rn. 173, 177), ECLI:EU:C:1989:73 – Hoechst.

427 Vgl. EuGH, Urt. v. 17.10.1989, C-85/87 (Rn. 2, 11), ECLI:EU:C:1989:379 – Dow Benelux sowie EuGH, Urt. v. 17.10.1989, verb. Rs. C-97/87–99/87 (Rn. 2, 47), ECLI:EU:C:1989:380 – Dow Chemical Ibérica u.a.

428 Hoechst AG (Rs. 46/87), Dow Benelux NV (Rs. 85/87), Dow Chemical Ibérica SA (Rs. 97/87), Alcudia SA (Rs. 98/87) und Empresa Nacional del Petroleo SA (Rs. 99/87), vgl. Schlussanträge GA Mischo v. 21.02.1989 zu EuGH, Urt. v. 21.09.1989, C-46/87 (Rn. 4 ff.), ECLI:EU:C:1989:73 – Hoechst.

2.3. *SEP*

In Sachen *SEP* befasste sich die Kommission mit einer bilateralen Verhaltensweise in Bezug auf die Belieferung von Erdgas in den Niederlanden. Gegenstand der Untersuchung war ein konkretes bilaterales Vertragsverhältnis zwischen der Gasunie sowie der SEP.[429] Konkret bezog sich die Untersuchung der Kommission auf die Vereinbarung von Verhaltensregeln über die *„Art und Weise, in der sich (diese beiden Unternehmen) über mögliche zukünftige Gaslieferungen abstimmen werden"*.[430] Hierzu forderte die Kommission in drei Fragen die Vorlage von Unterlagen sowie die Erteilung von Auskünften ein:

> *„Mit Schreiben vom 6. März 1990 forderte die Kommission die Klägerin (...) auf, ihr folgendes zu übersenden:*
> *a) den ursprünglichen Gaslieferungsvertrag zwischen der SEP und der Statoil und den damit verbundenen Schriftwechsel;*
> *b) den neuen Vertrag zwischen der SEP und der Gasunie und die Dokumente über die vorangegangenen Verhandlungen;*
> *c) Angaben über die Rolle des niederländischen Staates beim Zustandekommen der Vereinbarung zwischen der SEP und der Gasunie und einen etwaigen Schriftwechsel zwischen dem niederländischen Staat und der SEP in Verbindung mit dieser Vereinbarung".*[431]

Die Fragen konkretisieren bzw. bestätigen den eng umgrenzten Tatvorwurf. Anhand dieser Ausführungen wurde den betroffenen Adressaten durch die Ermittlungshandlungen selbst, spätestens unter Hinzuziehung der Fragestellung oder über die sonstige Korrespondenz, der Umfang der gegen sie gerichteten Vorwürfe in ihrer konkreten Ausgestaltung deutlich aufgezeigt.

2.4. *Scottish Football*

Selbiges gilt auch für die Verfahren *Scottish Football* und *National Panasonic*. In *Scottish Football* wurde die Begründung der Auskunftsentscheidung vertieft untersucht, ohne dass jedoch der Fokus auf der Angabe des Tatverdachts lag. Den Ermittlungen lag ein klar dargestellter Tatverdacht als verfolgter legitimer Zweck zugrunde. Die Kommission hatte im Rahmen des Erlasses der Auskunftsentscheidung deutlich auf die Beschwerde, den Beschwerdeführer sowie die enthaltenen

---

429 EuG, Urt. v. 12.12.1991, T-39/90 (Rn. 3 f.), ECLI:EU:T:1991:71 – SEP.

430 Auf der Grundlage von Artikel 11 der Verordnung Nr. 17 leitet die Kommission eine Untersuchung über die Vereinbarkeit der Vereinbarungen oder aufeinander abgestimmten Verhaltensweisen zwischen der Klägerin und der Gasunie bezueglich der Lieferung von Erdgas mit den Wettbewerbsregeln des EWG-Vertrags und insbesondere mit Artikel 85 EWG-Vertrag ein, siehe EuG, Urt. v. 12.12.1991, T-39/90 (Rn. 6), ECLI:EU:T:1991:71 – SEP.

431 EuG, Urt. v. 12.12.1991, T-39/90 (Rn. 7), ECLI:EU:T:1991:71 – SEP.

Beschwerdepunkte hingewiesen. Auf dieser Grundlage umschrieb sie einen konkreten, auf folgende Konstellation umgrenzten Sachverhalt: Sie hatte Sorge, dass die Klägerin die Absicht habe, das European Sports Network an der Übertragung von argentinischen Fußballspielen in Schottland zu hindern.[432] Dieser Tatvorwurf wurde bestätigt durch eine knappe, auf den Vorwurf heruntergebrochene Auskunftseinholung:

> *„1) Auf welcher Rechtsgrundlage erfolgte Ihre Anfrage beim Argentinischen Fußballverband?*
> *2) Gibt es bis zur Schaffung einer neuen Regelung durch den Exekutivausschuß gemäß Artikel 47 der Satzung der FIFA zwischen den nationalen Verbänden, die Mitglieder der FIFA sind, Vereinbarungen über die Übertragung von Fußballspielen von einem Land in ein anderes?*
> *3) Gibt es Weisungen der FIFA, ihres Exekutivausschusses oder eines anderen juristischen oder ausführenden Organs für die Anwendung des Artikels 47 oder des früheren Artikels 37 in bezug auf diese Übertragungen bis zur Schaffung einer neuen Regelung?*
> *4) Legen Sie bitte Kopien Ihres Schriftwechsels mit dem Argentinischen Fußballverband über die Fernsehübertragung von argentinischen Fußballspielen durch das TESN vor.“*[433]

2.5. National Panasonic

Ähnlich eng war der Tatvorwurf, der in *National Panasonic (UK) Limited* als Begründung der gegen das gleichnamige Unternehmen gerichteten Ermittlungsmaßnahmen genannt wurde. Hierbei handelt es sich abermals um ein Verfahren,

---

432 Siehe zum Tatvorwurf bzw. Anfangsverdacht EuG, Urt. v. 09.11.1994, T-46/92 (Rn. 2), ECLI:EU:T:1994:267 – Scottish Football (*„Am 5. Dezember 1991 sandte die Kommission der Klägerin ein Schreiben, das auf Artikel 11 der Verordnung Nr. 17 des Rates vom 6. Februar 1962, Erste Durchführungsverordnung zu den Artikeln 85 und 86 des Vertrages (ABl. 1962, 13, S. 204, im folgenden: Verordnung Nr. 17) gestützt war. In diesem Schreiben, in dem die einschlägigen Passagen dieses Artikels sowie Auszuege aus Artikel 15 der Verordnung Nr. 17 wiedergegeben waren, verwies die Kommission auf eine von 'The European Sports Network' (im folgenden: TESN) eingereichte Beschwerde und gab ihrer Besorgnis darüber Ausdruck, daß die Klägerin anscheinend die Absicht habe, das TESN daran zu hindern, argentinische Fußballspiele in Schottland zu übertragen. Die Klägerin habe in dieser Sache offenbar mit dem Argentinischen Fußballverband gemäß Artikel 47 der Satzung der Federation of International Football Associations (im folgenden: FIFA) Verbindung aufgenommen, durch den der Exekutivausschuß der FIFA dazu ermächtigt werde, ein neues Regelwerk für die internationale Fernsehübertragung von Fußballspielen zu schaffen. Nach den Informationen, über die die Kommission verfüge, sei eine solche neue Regelung noch nicht geschaffen worden. Die Rechtsgrundlage der Anfrage der Klägerin beim Argentinischen Fußballverband sei daher nicht klar.“*).

433 EuG, Urt. v. 09.11.1994, T-46/92 (Rn. Rn. 2), ECLI:EU:T:1994:267 – Scottish Football.

dessen Begründung vertieft Gegenstand der gerichtlichen Diskussionen war, die Prüfung sich jedoch nicht auf die Angabe des Tatverdachts fokussierte, weswegen auch dieses Verfahren über die obige Aufstellung in B.II.1 der Rechtsprechung hinausgeht. Die Kommission sah Anhaltspunkte dafür, dass die National Panasonic *„von Handelspartnern verlangt hat, National Panasonic- und Technics Geräte nicht in andere Mitgliedstaaten zu reexportieren"*.[434] Auslöser der Ermittlung war u.a. die Anmeldung einer Vertriebsvereinbarung durch die National Panasonic Vertriebsgesellschaft mbH in Deutschland in Verbindung mit der Beantragung eines Negativtests, obwohl dieser selbst keinen Hinweis auf Ausfuhrverbote in einen anderen Mitgliedstaat enthielt.[435] In Verbindung mit anderen Unterlagen ergab sich für die Kommission jedoch die Gefahr, dass die National Panasonic (UK) Limited *„an Vereinbarungen und aufeinander abgestimmten Verhaltensweisen beteiligt ist, die die nationalen Märkte innerhalb der EWG vom Wettbewerb durch Paralleleinfuhren aus anderen Mitgliedstaaten freihalten sollen und freihalten"*.[436] Bei dieser gerichtlich überprüften Ermittlungsmaßnahme handelte es sich um eine Nachprüfung, sodass es – anders als bei den beiden vorherigen Verfahren – keine Fragen gibt, anhand derer der Untersuchungsgegenstand weiter konkretisiert oder eingegrenzt werden konnte. Auch ohne dies wird der beschränkte Gegenstand der Ermittlungen jedoch deutlich. Die Kommission legte nicht nur die wettbewerbsrechtliche Umschreibung bzw. Einordnung der vermuteten Zuwiderhandlung dar. Sie konkretisierte ihren Tatverdacht durch ins Blickfeld geratene konkrete Verhaltensweisen.

2.6. Société Générale

Ein weiteres interessantes Verfahren in diesem Zusammenhang ist *Société Générale*. Gegenstand der Untersuchung der Kommission war die Ungleichbehandlung von Euro-Scheck-Einlösungen in Abhängigkeit zur einlösenden Stelle und unter Berücksichtigung und Bewertung zweier spezieller bankrechtlicher Vereinbarungen.[437] Die Ermittlungen wurden durch eine Beschwerde einer französischen Staatsbürgerin initiiert. Den Umfang der Beschwerde und die erhobenen Rügen wurden den betroffenen Unternehmen mitgeteilt. Konkret beanstandete die Kommission die vermutlich ungerechtfertigte unterschiedliche Behandlung von

434 Vgl. Schlussanträge GA Warner v. 30. April 1980 zu EuGH, Urt. v. 26.06.1980, C-136/79 (S. 2063), ECLI:EU:C:1980:119 – National Panasonic.

435 EuGH, Urt. v. 26.06.1980, C-136/79 (Rn. 4 f.), ECLI:EU:C:1980:169 – National Panasonic.

436 Siehe zur vollständigen Fassung der wesentlichen Erwägungen zur Begründung des Tatverdachts durch die Kommission, Schlussanträge GA Warner v. 30. April 1980 zu EuGH, Urt. v. 26.06.1980, C-136/79 (S. 2063), ECLI:EU:C:1980:119 – National Panasonic.

437 Helsinki-Vereinbarung und Package-Deal-Vereinbarung, vgl. EuG, Urt. v. 08.03.1995, T-34/93 (Rn. 42), ECLI:EU:T:1995:46 – Société Générale.

ausländischen Euro-Schecks bei der Erhebung von Einlösungsgebühren, die davon abhänge, ob der Scheck an einem Bankschalter, bei einem Gewerbetreibenden oder bei einer Privatperson in Zahlung gegeben wird.[438] So bat die Kommission die *Société Générale* zunächst in einem einfachen Auskunftsverlangen, später mittels Auskunftsentscheidung *„ihre von der Beschwerdeführerin erhaltenen Informationen zu vervollständigen, um die Vereinbarkeit der fraglichen Absprachen oder Handlungen mit den Wettbewerbsregeln der EWG in voller Kenntnis der Tatsachen und in ihrem tatsächlichen wirtschaftlichen Zusammenhang prüfen zu können“.*[439] Ihr hinter den Auskunftsersuchen stehender Verdacht bezog sich dabei auf konkrete Verträge und Vereinbarungen mit bankenrechtlichem Hintergrund. Sie wies darauf hin, dass grundsätzlich zwischen drei Arten von in Frankreich ausgestellten ausländischen Euro-Schecks unterschieden werde, nämlich denen, die an Schaltern französischer Banken bar eingelöst werden könne, denen, die bei dem französischen Einzahlhandel als Zahlungsmittel verwendet würden, der sich dem Groupement „CB“ angeschlossenen habe, und schließlich solchen ausländischen Euro-Schecks, die bei Einzelhändlern oder Privaten in Zahlung gegeben würden, die sich in Frankreich nicht dem Groupement „CB“ angeschlossen hätten. Diese Unterscheidung lasse sich der sog. Helsinki-Vereinbarung entnehmen. Sie wurde am 25. März 1992 untersagt und bebußt.[440] Hingegen habe die von der Freistellungsentscheidung der Kommission vom 10. Dezember 1984 erfasste Package-Deal-Vereinbarung eine derartige unterschiedliche Behandlung (noch) nicht vorgesehen.[441] Die Kommission schlussfolgerte hieraus, dass sämtliche in Frankreich ausgestellten Euro-Schecks nach wie vor allein nach der Package-Deal-Vereinbarung zu bewerten seien und diese eine Unterscheidung in verschiedene Kategorien gerade nicht vorsehe. Dennoch lagen ihr deutliche Anhaltspunkte dafür vor, dass der Umgang mit ausländischen Euro-Schecks – trotz deren Untersagung – der späteren Helsinki-Vereinbarung folge.

> *„Die französische Empfängerin eines auf eine deutsche Bank gezogenen Eurocheques habe sich aber bei ihr darüber beschwert, daß ihr die Société Générale eine gemäß der Package-Deal-Vereinbarung nicht zulässige Gebühr von 92,50 FF berechnet habe.“*[442]

Diese Anhaltspunkte aus den Hinweisen der französischen Empfängerin eines Eurochecks waren die Grundlage der neuerlichen Ermittlungen der Kommission.

---

438 Siehe EuG, Urt. v. 08.03.1995, T-34/93 (Rn. 42), ECLI:EU:T:1995:46 – Société Générale.

439 EuG, Urt. v. 08.03.1995, T-34/93 (Rn. 42 i.V.m. 11 u. 16), ECLI:EU:T:1995:46 – Société Générale.

440 EuG, Urt. v. 08.03.1995, T-34/93 (Rn. 11), ECLI:EU:T:1995:46 – Société Générale.

441 EuG, Urt. v. 08.03.1995, T-34/93 (Rn. 11), ECLI:EU:T:1995:46 – Société Générale.

442 EuG, Urt. v. 08.03.1995, T-34/93 (Rn. 11), ECLI:EU:T:1995:46 – Société Générale.

2.7. France Telekom

In *France Telekom* ging es um die Aufklärung eines potentiellen Falles einer marktbeherrschenden Stellung der Wanadoo Interactive, einer Tochtergesellschaft der France Telekom. Nachdem die Kommission bereits im Jahr zuvor einen Missbrauch einer marktbeherrschenden Stellung der Wanadoo Interactive auf dem Markt für Breitband-Internetzugänge für Privatkunden durch die Festlegung von Verdrängungspreisen festgestellt hatte, wurde die France Telekom einschließlich des Tochterunternehmens Wanadoo Interactive kurze Zeit später zur Duldung weiterer Nachprüfungen verpflichtet. Ausgelöst wurde der erneute Verdacht gegen die Wanadoo Interactive neben einer Beschwerde konkurrierender Unternehmen u.a. über die in der vorherigen Entscheidung festgesetzten Auflagen zur Meldung von Ergebnisrechnungen am Ende jedes Geschäftsjahres.[443] Im Fokus der Untersuchung standen abermals Praktiken der Wanadoo Interactive im Bereich der ADSL-Internetzugänge. Konkret wurde der Gegenstand der neuen Untersuchung wie folgt beschrieben:

> *„Die Kommission ... hat Informationen dahin gehend erhalten, dass Wanadoo in Frankreich Tarife für den ADSL-Internetzugang für die breite Öffentlichkeit praktiziert, von denen einige nicht die variablen Kosten decken und andere unterhalb der Vollkosten liegen. Nach den vorliegenden Informationen sind diese Tarife Teil eines Plans, der die Absicht erkennen lässt, die Konkurrenten zu verdrängen. Zudem ergibt sich aus den erhaltenen Informationen, dass der geringe wirtschaftliche Spielraum zwischen den fraglichen Endverbraucherpreisen und den Großhandelsangeboten (Option 5) von France Télécom eine Tarifschere zuungunsten der konkurrierenden Betreiber schafft, die auf der Grundlage der Option 5 von France Télécom den Breitband-Internetzugang für Privatkunden anbieten wollen. (...)*
> *Nach den der Kommission vorliegenden Informationen ergibt sich aus einer Analyse auf der Grundlage von Vorausschätzungen, dass mindestens drei [der zehn in der angefochtenen Entscheidung genannten, oben in den Randnrn. 7 und 10 bezeichneten] Angebote (die beiden Angebote ‚à la carte' von 128kbit/s und das Angebot ‚à la carte' von 512 kbit/s/24 Monate) nicht ihre variablen Kosten decken. Mindestens zwei weitere Angebote von 512 kbit/s (das Angebot ‚à la carte' 12 Monate und das unbegrenzte Angebot 24 Monate) decken nicht ihre Vollkosten."*[444]

Im hierauf folgenden Teil der Begründung der Nachprüfungsentscheidung diskutierte die Kommission detailliert die besonderen Anforderungen im Zusammenhang mit der Aufklärung von Missbrauchsfällen, wie beispielsweise die marktbeherrschende Stellung der Wanadoo Interactive, eine Strategie zur Abschottung und zur Verdrängung der Konkurrenten oder die Wahrscheinlichkeit, dass das Eindringen der – französischen oder in anderen Mitgliedstaaten ansässigen – Konkurrenten in

---

443 EuG, Urt. v. 08.03.2007, T-339/04 (Rn. 8 f.), ECLI:EU:T:2007:80 – France Télécom.
444 EuG, Urt. v. 08.03.2007, T-339/04 (Rn. 15), ECLI:EU:T:2007:80 – France Télécom.

den Markt behindert und die bereits auf diesem Markt tätigen Anbieter gefährdet wurden.[445]

2.8. Groupement des Cartes Bancaires

Eine ähnliche inhaltliche Ausrichtung hatte auch das Verfahren *Groupement des Cartes Bancaires* (CB). Die Kommission untersuchte das Verhalten bestimmter französischer Großbanken innerhalb der CB in Bezug auf den Austausch vertraulicher Geschäftsinformationen und die Ergreifung von Maßnahmen zur Verdrängung bzw. dem Ausschluss potentieller Marktteilnehmer – insbesondere ausländische Banken oder Banken im Einzelhandel – vom Markt für die Ausgabe von Bankzahlungskarten. Sie führte aus, dass der Zweck der Untersuchung darin bestand, Beweise zu suchen für die Absicht der betroffenen Banken, den Wettbewerb auf dem Markt für Zahlungskarten einzuschränken sowie Informationen über den wirtschaftlichen Kontext zu sammeln.[446] Die angefochtene Nachprüfungsentscheidung wurde wie folgt begründet:

> *„Die Kommission hat erhärtete Informationen (vor allem in Form von vertraulichen Zeugenaussagen) erhalten, wonach bestimmte große französische Banken den Einzelhandel über ihre eigenen Banken und andere, vor allem ausländische Akteure daran hindern wollen, in den französischen Markt für die Ausgabe von Bankzahlungskarten einzutreten.*
> *Diesen Informationen zufolge haben sich diese Großbanken, einschließlich des Adressaten dieser Entscheidung, mindestens zwei Jahre lang heimlich beraten, um: (i) vertrauliche Geschäftsinformationen wie die Anzahl der ausgegebenen Karten und den Umfang ihrer Akquisitionstätigkeit auszutauschen und (ii) Formeln und Parameter festzulegen, die sie dann von der gesamten [Gruppierung] gebilligt hätten. Diese Formeln und Parameter wurden der Kommission mitgeteilt.*
> *Die Anwendung dieser Formeln führt prima facie zu einer sehr starken Abschreckung für jede Bank, die ein CB-Zahlungskartenausgabeprogramm einführen möchte. Dies gilt insbesondere für Banken, die bestimmten Einzelhandelsgruppen gehören. Dies gilt auch für ausländische Banken, die in den französischen Markt eintreten wollen.“*[447]

Die hervorgehobene Bezugnahme auf die der Kommission vorliegenden Formeln und Parameter lässt sich mit dem Verlauf des vorangegangenen Verfahrens erklären. So hatte die CB im Dezember 2002 mehrere Maßnahmen verabschiedet, mit denen u.a. neue Gebühren für neue und inaktive Unternehmen sowie neue

---

445 EuG, Urt. v. 08.03.2007, T-339/04 (Rn. 15), ECLI:EU:T:2007:80 – France Télécom.

446 EuG, Urt. v. 12.07.2007, T-266/03 (Rn. 39), ECLI:EU:T:2007:223 – Groupement des cartes bancaires.

447 EuG, Urt. v. 12.07.2007, T-266/03 (Rn. 13), ECLI:EU:T:2007:223 – Groupement des cartes bancaires (Hervorhebung hinzugefügt).

Abstimmungs- und Vermögensaufteilungsregelungen festgesetzt wurden.[448] Diese Maßnahmen waren der Kommission im Rahmen eines Antrags auf Negativprüfung nach Art. 2 VO 17/62 zur Verfügung gestellt worden. Im Rahmen dieses Negativtests war es bereits zu Auskunftsersuchen an mehrere Kredit- und Finanzinstitute und schließlich zu den nunmehr in Rede stehenden Nachprüfungsmaßnahmen im kartellrechtlichen Ermittlungsverfahren gekommen.[449]

2.9. Slovak Telekom

In Sachen *Slovak Telekom* erließ die Kommission gegenüber der Betroffenen mehrere Nachprüfungs- und Auskunftsmaßnahmen, letztere u.a. vom 17. April 2009, 17. Juli 2009, 3. September 2009 und 8. Februar 2010. Die Nachprüfungen fanden am 13. bis 16. Januar 2009 sowie am 13. und 14. Juli 2009 statt. Die Ermittlungsmaßnahmen im Rahmen des Verfahrens erfolgten unter der Begründung einer *„möglicherweise praktizierte[n] Lieferverweigerung der Klägerin und von ihr beherrschter Gesellschaften in der Slowakischen Republik in Bezug auf den entbündelten Teilnehmeranschlusszugang und den sonstigen Breitbandzugang auf der Vorleistungsebene, eine etwaige Beschneidung der Margen betreffend den entbündelten Teilnehmeranschlusszugang und den sonstigen Breitbandzugang auf der Vorleistungsebene sowie das mögliche Bestehen weiterer Ausschluss- und Diskriminierungspraktiken wie Paketabschlüsse mit Mischbündelung und Kopplungsverkäufe bei*

---

448 Nach EuG, Urt. v. 12.07.2007, T-266/03 (Rn. 4), ECLI:EU:T:2007:223 – Groupement des cartes bancaires enthielten diese Maßnahmen, die am 1. Januar 2003 in Kraft treten sollten, vier verschiedene Komponenten:
„– [E]in als MERFA (Mechanismus zur Regulierung der Acquirer-Funktion) bekannter Mechanismus, dessen Zweck darin besteht, Gruppenmitglieder, die mehr CB-Karten ausgeben, als sie den Akzeptanzbereich dieser Karten entwickeln, durch den Anschluss neuer Händler oder die Erschließung neuer Vertriebshändler (die so genannte „Acquirer"-Funktion) zu ermutigen, ihre Acquirer-Funktion durch eine Abgabe zu entwickeln, die von Mitgliedern, die mehr Emittenten als Acquirer sind, zu entrichten ist und die an Mitglieder weitergegeben wird, die mehr Acquirer als Emittenten sind;
– eine Änderung des Mitgliedsbeitrags, der nun aus einer festen Gebühr von 50.000 EUR und einer Gebühr von 12 EUR pro CB-Karte besteht, die in den Jahren nach dem Beitritt des neuen Mitglieds ausgestellt wird;
– eine Gebühr von zwölf Euro pro ausgegebene CB-Karte, die für Mitglieder der Gruppierung gilt, die vor dem Inkrafttreten der neuen Maßnahmen inaktiv oder nicht sehr aktiv waren und die ab diesem Zeitpunkt eine größere Ausgabetätigkeit ausüben (das so genannte „ruhende Erwachen");
– eine Neuordnung der Methode zur Berechnung der Stimmrechte der Mitglieder innerhalb der Gruppierung und ihrer Rechte an ihrem Vermögen."

449 EuG, Urt. v. 12.07.2007, T-266/03 (Rn. 5 ff.), ECLI:EU:T:2007:223 – Groupement des cartes bancaires.

Breitbandzugangsdiensten für Groß- und für Einzelkunden".[450] Die im Rahmen der Auskunftsersuchen angefragten Auskünfte umfassten Daten und Informationen aus der Zeit vor dem 1. Mai 2004 und damit vor dem Beitritt der Slowakei zur Europäischen Union. Slovak Telekom verweigerte eine Auskunftserteilung für Informationen und Daten vor dem Beitritt unter Hinweis darauf, dass die Kommission nicht berechtigt sei behauptete Zuwiderhandlungen in diesem Zeitraum zu bebußen und folglich auch nicht zu untersuchen.[451] In der Folge mehrfacher informeller Diskussionen und Gespräche über diese Punkte fügte die Kommission ihren späteren Entscheidungen die Begründung bei, dass die Einholung der Information erforderlich sei. Sie sei zur Einholung auch solcher Informationen und Dokumente befugt, anhand derer sie Feststellungen über Ereignisse vor dem Beitritt der Slowakischen Republik zur Union erlangen könne, die Auswirkungen auf die Entscheidung über die Verhängung der Geldbuße hätten.[452]

2.10. Stromkabelkartell

Im *Stromkabelkartell*[453] wurden mehrere Unternehmen Adressaten von Nachprüfungsmaßnahmen, die später durch einige der betroffenen Unternehmen gerichtlich angegriffen wurden.[454] Gegenstand der Untersuchung waren vermutete kartellrechtswidrige Verhaltensweisen, die im Zusammenhang mit der Lieferung von Stromkabeln und damit zusammenhängendem Material standen. Konkret

---

450 EuG, Urt. v. 22.03.2012, T-458/09 u.a. (Rn. 3), ECLI:EU:T:2012:145 – Slovak Telekom, wobei diese breit gefasste Vermutung einer Wettbewerbsverschränkung von der ersten angefochtenen Entscheidung vom 3. September 2009 bis zur zweiten angefochtenen Entscheidung vom 8. Februar 2010 unverändert bleibt (vgl. Rn. 11, 19).

451 EuG, Urt. v. 22.03.2012, T-458/09 u.a. (Rn. 5, 7), ECLI:EU:T:2012:145 – Slovak Telekom.

452 Siehe zur diesbezüglichen Begründung des Auskunftsersuchens vom 3. September 2009 EuG, Urt. v. 22.03.2012, T-458/09 u.a. (Rn. 12 ff.), ECLI:EU:T:2012:145 – Slovak Telekom.

453 Die Kommission erließ am 2. April 2014 eine Bußgeldentscheidung gegen führende (Strom)Kabelhersteller. Im Rahmen des Verfahren erging am 9. Januar 2009 eine Nachprüfungsentscheidung nach Art. 20 Abs. 4 VO 1/2003, die u.a. von Nexans S.A. und Nexans SAS (T-135/09) sowie Prysmian S.p.A. (T-140/09) gerichtlich angegriffen wurde. Zusammengefasst wird hierauf im Folgenden als „Stromkabelkartell" oder „Stromkabelverfahren" Bezug genommen.

454 Siehe EuG, Urt. v. 14.11.2012, T-135/09 (Rn. 15 ff.), ECLI:EU:T:2012:596 – Nexans u.a. und EuG, Urt. v. 14.11.2012, T-140/09 (Rn. 1 ff.), ECLI:EU:T:2012:597 – Prysmian u.a. Da die Entscheidungen weitgehend gleich laufen, wird im Nachfolgenden stellvertretend für das Stromkabelverfahren auf die in deutscher Sprache vorliegende Entscheidung Nexans eingegangen.

wurden die Unternehmen im Rahmen der Begründung der Ermittlungshandlung mit folgendem Vorwurf konfrontiert:

> *„Der Kommission liegen Informationen vor, denen zufolge die Lieferanten von Stromkabeln, einschließlich der Unternehmen, an die diese Entscheidung gerichtet ist, an Vereinbarungen und/oder abgestimmten Verhaltensweisen teilnehmen oder teilgenommen haben, die mit der Lieferung von Stromkabeln und dazugehörigem Material einschließlich u. a. unterseeischer Hochspannungskabel und in bestimmten Fällen unterirdischer Hochspannungskabel zusammenhängen und das Einreichen abgestimmter Angebote für öffentliche Ausschreibungen, die Zuteilung von Abnehmern sowie den unzulässigen Austausch sensibler Geschäftsinformationen zur Lieferung dieser Produkte umfassen.“*[455]

In räumlicher und zeitlicher Hinsicht fügte die Kommission folgende Ergänzung hinzu:

> *„Aus den der Kommission vorliegenden Informationen geht hervor, dass diese Vereinbarungen und/oder abgestimmten Verhaltensweisen ..., die spätestens seit 2001 bestehen, bis zum jetzigen Zeitpunkt andauern. ... [Sie] gelten wahrscheinlich weltweit.“*[456]

Durch Verwendung von Alternativvorwürfen und Zusätzen wie „unter anderem“ konnte die Kommission nahezu das gesamte Tätigkeitsfeld der betroffenen Unternehmen abdecken. Die ohnehin schon weite Formulierung des Tatvorwurfs wurde hierdurch nochmals aufgefächert.

2.11. Orange

Im ebenfalls bereits oben zitierten Verfahren *Orange* erließ die Kommission zunächst Anfang Januar 2012 ein einfaches Auskunftsverlangen nach Art. 18 Abs. 2 VO 1/2003, das auf *„mögliche wettbewerbswidrige Verhaltensweisen in Bezug auf die Erbringung von Internetverbindungsdienstleistungen und auf den Zugang für mit den Telekommunikationsnetzen verbundene Endnutzer im Europäischen Wirtschaftsraum (EWR)“* gerichtet war.[457] Im Juni 2013 erging sodann eine Entscheidung nach Art. 20 Abs. 4 VO 1/2003, wonach *Orange* die Duldung einer Nachprüfung auferlegt wurde. Der umschriebene Tatverdacht entspricht inhaltlich dem des Auskunftsersuchens. Er ist jedoch konkretisiert und ausführlicher begründet. In den Erwägungsgründen findet sich folgende Begründung der Ermittlungsmaßnahme:

---

455 EuG, Urt. v. 14.11.2012, T-135/09 (Rn. 5), ECLI:EU:T:2012:596 – Nexans u.a. und EuGH, Urt. v. 25.06.2014, C-37/13 (Rn. 5), ECLI:EU:C:2014:2030 – Nexans u.a. Nahezu identische Formulierungen finden sich in EuG, Urt. v. 14.11.2012, T-140/09 (Rn. 3), ECLI:EU:T:2012:597 – Prysmian u.a.

456 EuG, Urt. v. 14.11.2012, T-135/09 (Rn. 5), ECLI:EU:T:2012:596 – Nexans u.a.

457 EuG, Urt. v. 25.11.2014, T-402/13 (Rn. 4), ECLI:EU:T:2014:991 – Orange.

„(3) Die Kommission verfügt über Indizien, dass [die Klägerin] auf einem oder mehreren relevanten Märkten eine beherrschende Stellung haben kann, soweit die Bereitstellung von Verbindungsdiensten für das Internet betroffen ist.
(4) Die Kommission verfügt über Indizien, dass [die Klägerin] Praktiken anwenden könnte, die die Qualität von Verbindungsdiensten für das Internet im EWR beschränken und/oder verschlechtern. Solche Praktiken könnten umfassen:
a) ‚Tromboning' (...)[458]*; und/oder*
b) Engpass bei Anschlüssen (...)[459]*; und/oder*
c) Beschränkung bei der Verbreitung von Knoten (...)[460]*; und/oder*
d) restriktive Verkehrsquoten (...)[461]*; und/oder*
e) Margenbeschneidung (...)[462]*.“*[463]

Eine zeitliche Eingrenzung wurde dahingehend vorgenommen, dass die *„beschriebenen Praktiken zumindest seit 2005 bestehen und womöglich noch andauern“.*[464] Es

458 In der Begründung enthaltene Definition: *„[Die Klägerin] könnte bestimmten Durchleitungsgesellschaften erlauben, sich nur in entfernten Regionen mit einer angemessenen Kapazität mit dem Netz [der Klägerin] zu verbinden, auch wenn [die Klägerin] und die betreffende(n) Durchleitungsgesellschaft(en) vor Ort sind und sich in nähergelegenen Regionen im EWR einschließlich auf dem Hoheitsgebiet des Staates oder des Mitgliedstaats/der Mitgliedstaaten verbinden könnten, in dem [die Klägerin selbst] Breitbandinternetzugangsdienste anbietet.“*

459 In der Begründung enthaltene Definition: *„[Die Klägerin] kann die Modernisierung der Netzkapazität mit bestimmten Durchleitungsgesellschaften verweigern und/oder verzögern, was zum Engpass bei bestehenden Anschlüssen führt.“*

460 In der Begründung enthaltene Definition: *„Durch die Anwendung von Beschränkungen bei der Verbreitung von Knoten im Rahmen ihrer Durchleitungstätigkeiten könnte [die Klägerin] die Durchleitungsgesellschaften und die [Verteilernetze] zwingen, sich direkt mit dem Netz [der Klägerin] zu verbinden, um die Endnutzer [der Klägerin] zu erreichen oder denselben Endnutzern ein angemessenes Qualitätsniveau zu liefern.“*

461 In der Begründung enthaltene Definition: *„[Die Klägerin] könnte restriktive Verkehrsquoten im Datenverkehr in beiden Richtungen anwenden, die eine Begrenzung des bei den Durchleitungsgesellschaften für ihre Endnutzer bestimmten eingehenden Verkehrs zur Folge hätten, und/oder könnte verlangen, dass die Durchleitungsgesellschaften eine Zahlung für den diese Quote übersteigenden eingehenden Verkehr entrichten.“*

462 In der Begründung enthaltene Definition: *„Die Diskrepanz zwischen dem von [der Klägerin] von den Durchleitungsgesellschaften verlangten Preis für den Zugang zu ihrem Netz und dem von [der Klägerin] für ihre eigenen Durchleitungsdienste abgerechneten Preis könnte so sein, dass die Durchleitungsgesellschaften, die genauso effizient wie [die Klägerin] sind, bei der Lieferung von bestimmten Durchleitungsdienstleistungen nicht konkurrieren können.“*

463 EuG, Urt. v. v. 25.11.2014, T-402/13 (Rn. Rn. 6), ECLI:EU:T:2014:991 – Orange.

464 EuG, Urt. v. 25.11.2014, T-402/13 (Rn. 6), ECLI:EU:T:2014:991 – Orange.

könne zudem „*nicht ausgeschlossen werden, dass diese Praktiken während eines längeren Zeitraums bestanden haben*“.[465]

2.12. Zementverfahren

Eines der wichtigsten und am meisten beachteten Verfahren mit Bezug zum Begründungserfordernis von Auskunftsersuchen durch die Kommission waren die Ende der 2000er Jahre eingeleiteten und mehrere Jahre andauernden *Zementverfahren*.[466] HeidelbergCement war eine der Betroffenen dieses Verfahrens, in dessen Rahmen bei den wesentlichen in der Zementbranche tätigen europäischen Unternehmen in den Jahren 2008 und 2009 zunächst Nachprüfungen durchgeführt wurden. Im Anschluss erhielten die Unternehmen Auskunftsersuchen am 30. September 2009 (57 Fragen), am 9. Februar 2010 (39 Fragen) sowie am 27. April 2010 (19 Fragen).[467] Nach vorheriger Ankündigung erließ die Kommission am 30. März 2011 – und damit knapp drei Jahre nach Beginn der Ermittlungen – zudem eine 94-seitige verbindliche Auskunftsentscheidung, die von mehreren der Zementhersteller gerichtlich angegriffen wurde.[468] Gegenstand der Untersuchung war Zement, hierauf basierende Produkte sowie das entsprechende Vormaterial. Hinsichtlich der vermuteten Zuwiderhandlung erscheint der Anfangsverdacht weniger als Umschreibung des sachlichen, zeitlichen und räumlichen Umfangs des konkreten Vorwurfs, als mehr als eine Aufzählung der Tatbestandsmerkmale des Art. 101 AEUV.

Wie auch bei den vorherigen Ermittlungsmaßnahmen führte die Kommission zur Begründung der Auskunftsentscheidung folgende Vermutung einer Zuwiderhandlung an:

> *„Die Kommission untersucht derzeit mutmaßlich wettbewerbsbeschränkende Verhaltensweisen im Zusammenhang mit Zement, auf Zement basierenden Produkten und anderen Materialien, die der Erzeugung von Zement [und] auf Zement basierenden Produkten dienen (...). Bei den mutmaßlichen Zuwiderhandlungen handelt es sich um Einschränkungen des Handelsverkehrs im Europäischen Wirtschaftsraum (EWR), einschließlich der Einschränkung von Einfuhren in den EWR aus Ländern außerhalb des EWR, um Marktaufteilung, um Preisabsprachen und [um] andere verbundene wettbewerbswidrige Praktiken in den Märkten für Zement und verwandte Produkte.“*[469]

---

465 EuG, Urt. v. 25.11.2014, T-402/13 (Rn. 6), ECLI:EU:T:2014:991 – Orange.

466 Das Verfahren war Teil des Zementkartells. In diesem Rahmen wurde sieben Verfahren vor dem EuG anhängig gemacht, deren Rügen in weiten Teilen übereinstimmten (Cemex u.a., T-292/11; Holcim, T-293/11; Cementos Portland Valderrivas, T-296/11; Buzzi Unicem, T-297/11; Italmobiliare, T-305/11; Schwenk Zement, T-306/11). Die gerügte Begründung der Auskunftsentscheidung war in allen Verfahren identisch.

467 EuG, Urt. v. 14.03.2014, T-302/11 (Rn. 1, 66), ECLI:EU:T:2014:128 – HeidelbergCement.

468 EuG, Urt. v. 14.03.2014, T-302/11 (Rn. 2, 6), ECLI:EU:T:2014:128 – HeidelbergCement.

469 EuGH, Urt. v. 10.03.2016, C-248/14 (Rn. 33), ECLI:EU:C:2016:150 – Schwenk Zement.

Aus der Art der Fragestellung ließen sich keine weiteren Konkretisierungen des verfolgten Tatverdachts entnehmen. Unabhängig davon, dass einige Fragen im Widerspruch mit dem Aussagegehalt vorheriger Auskunftsersuchen standen, waren die angeforderten Auskünfte des knapp 100-seitigen Fragebogens zahlreich und umfassten ein breites Spektrum an Informationen.[470] Die Fragen reichten inhaltlich u.a. von „*von Menge und Kosten von CO2-Emissionen der Fertigungsanlagen bis zu Transportmitteln und zurückgelegten Entfernungen bei Lieferungen verkaufter Ware, von der Art der für Lieferungen verwendeten Verpackung bis zu Transport- und Versicherungskosten für diese Lieferungen, von Statistiken zu Baugenehmigungen bis zu Umsatzsteuernummern ihrer Kunden und von Technik und Treibstoff, die in Fertigungsanlagen verwendet werden, bis zu den Reparatur- und Unterhaltungskosten für diese Anlagen*".[471]

2.13. České dráhy

Gegenstand der Untersuchungen in Sachen *České dráhy* war das Verhalten des gleichnamigen Unternehmens im Bereich der Bereitstellung von Diensten für den Schienenpersonenverkehr in der Tschechischen Republik. So gab die Kommission in Erwägungsgrund 3 der angefochtenen Nachprüfungsentscheidung an, dass die ihr vorliegenden Informationen darauf schließen lassen würden, dass České dráhy „*für bestimmte Eisenbahnstrecken, **insbesondere (aber nicht nur)** für die Strecke Prag-Ostrava, Preise unter den Gestehungskosten anbieten kann (predatory pricing [Verdrängungspreise])*".[472] In Art. 1 Abs. 1 der Entscheidung weitete die Kommission die vermuteten Verhaltensweisen dahingehend aus, dass „*[d]ie Zuwiderhandlung **insbesondere** die Praxis von Preisen unter den Gestehungskosten [umfasst], die geeignet sind, den Zugang von Dritten zum Markt oder ihre Entwicklung auf dem Markt der Beförderungsdienste für den Schienenpersonenverkehr zu beschränken **sowie alle Strategien mit gleicher Wirkung***".[473] Auffällig ist, dass die Kommission sowohl in Bezug auf den sachlichen Gegenstand als auch die Charakterisierung der vermuteten Kartellverstöße eine im Grundsatz konkrete Vermutung umschreibt, diese sodann jedoch über den Zusatz „insbesondere" auch auf sonstige Tätigkeitsbereiche des Adressaten sowie sämtliche Möglichkeiten eines Verstoßes gegen Art. 102 AEUV ausweitet.

---

470 Siehe Schlussanträge GA Wahl v. 15.10.2015 zu EuGH, Urt. v. 10.03.2016, C-247/14 (Rn. 46), ECLI:EU:C:2015:694 – HeidelbergCement, dem es „*ausgesprochen schwer [fiel], eine innere Verbindung zwischen Fragen auszumachen*".

471 Schlussanträge GA Wahl v. 15.10.2015 zu EuGH, Urt. v. 10.03.2016, C-247/14 (Rn. 46), ECLI:EU:C:2015:694 – HeidelbergCement.

472 EuG, Urt. v. 20.06.2018, T-325/16 (Rn. 11), ECLI:EU:T:2018:368 – České dráhy (Hervorhebung hinzugefügt).

473 EuG, Urt. v. 20.06.2018, T-325/16 (Rn. 12), ECLI:EU:T:2018:368 – České dráhy (Hervorhebung hinzugefügt).

2.14. Qualcom

In Sachen *Qualcom* wurde schließlich eine Auskunftsentscheidung angegriffen, die rund sieben Jahre nach Aufnahme der Untersuchungen, jedoch auch ca. 1,5 Jahre nach dem Erlass der Beschwerdepunkte erlassen wurde. Gegenstand der gerichtlichen Prüfung war u.a. die Begründung der Auskunftsentscheidung – jedoch weniger in Bezug auf den vorliegend relevanten, einer Untersuchung zugrundeliegenden Tatvorwurf.[474] Die Diskussionen richteten sich im Wesentlichen auf die Frage, ob und in welchem Umfang die Kommission zu einem derart späten Zeitpunkt im Verfahren ein weiteres Auskunftsersuchen erlassen kann und inwiefern sie die diesbezüglichen Erwägungen im Rahmen der Begründung des Auskunftsersuchens offenlegen muss.[475]

3. Die Urteilsbegründungen der stattgebenden Urteile

Betrachtet man die Verfahren vom Ergebnis her, so hatten die Anträge der Klägerseite lediglich in wenige Fällen Erfolg: in *Nexans*, *České dráhy* und *HeidelbergCement* wurde die angegriffene Ermittlungsmaßnahme aufgrund eines unzureichenden Tatverdachts oder einer ungenügenden Offenlegung bzw. Begründung des Tatverdachts für rechtswidrig und damit nichtig erklärt. Die Nichtigerklärung der Ermittlungsmaßnahmen bzw. Teilen hiervon erfolgte aus unterschiedlichen Gründen. Vor diesem Hintergrund soll die Argumentation der Gerichte für diese Verfahren zusammenfassend dargestellt werden. Die klageabweisenden Urteile hingegen sind meist wenig umfassend abgefasst und beschränken sich auf die Darstellung des abstrakten Prüfungsmaßstabs. Aus den sodann nachfolgenden sachverhaltsspezifischen Ausführungen der gerichtlichen Urteile lassen sich – sofern diese überhaupt vorhanden sind – kaum Rückschlüsse ziehen.[476]

---

474 Dieser war mit einem angeblichen Missbrauch einer beherrschenden Stellung in Form von Verdrängungspreisen auf dem Markt für UMTS-konforme Basisband-Chipsätze angegeben, vgl. EuG, Urt. v. 09.04.2019, T-371/17 (Rn. 2), ECLI:EU:T:2019:232 – Qualcom u.a. („*proceedins against Qualcom concerning an alleged abuse of its dominant position in the form of predatory pricing in the market for Universal Mobile Telecommunications System-compliant (UMTS) baseband chipsets ('UMTS-compliant baseband chipsets').*").

475 EuG, Urt. v. 09.04.2019, T-371/17 (Rn. 35 ff.), ECLI:EU:T:2019:232 – Qualcom u.a.

476 So finden sich teilweise selbst in Urteilen, in denen das Gericht feststellt, dass die Begründung „*in sehr allgemeinen Wendungen abgefasst ist, die durchaus hätten präzisiert werden können, und insofern kritisiert werden kann*" keine tiefergehender einzelfallspezifischer Analysen; unter nahezu wortgleicher Wiederholung der zu kritisierenden Begründung der Kommission stellte das Gericht fest, dass die Begründung trotz der allgemeinen und generischen Ausführungen letztlich „*doch die in Artikel 14 Absatz 3 der Verordnung Nr. 17 vorgeschriebenen wesentlichen Angaben*" enthalt, vgl. EuGH, Urt. v. 17.10.1989, C-85/87 (Rn. 11, 42), ECLI:EU:C:1989:379 – Dow

3.1. *Nexans*

In Sachen *Nexans* bestätigte das EuG die oben dargelegte Begründung der Kommission. Unter Vornahme einer weiten Auslegung kam es zu dem Schluss, dass der Tatverdacht hinreichend präzise bezeichnet sei.[477] Es sei anzunehmen, dass er sich, wie von der Kommission angegeben, auf alle Arten von Stromkabeln bezogen habe. Auch eine Präzisierung des geografischen Umfangs des Tatverdachts, insbesondere auch in Bezug auf Dokumente, die Verhaltensweisen außerhalb der EU betreffen, sei nicht erforderlich gewesen.[478] Vielmehr leitete das EuG diesen aus dem rechtlichen und sachlichen Kontext der Ermittlungen ab. Inhaltlich befindet sich das Gericht mit seiner Auffassung damit weitgehend auf einer Linie mit der oben dargestellten Rechtsprechungspraxis. Dennoch betonte es ausdrücklich, dass das Fehlen einer genauen rechtlichen Definition der betroffenen Märkte keineswegs bedeuten dürfe, dass die Kommission nicht dennoch verpflichtet sei, den als relevant vermuteten Markt zu konkretisieren.[479] Insoweit müssten zumindest *„die Industriezweige, die von der behaupteten Zuwiderhandlung erfasst werden,*

Benelux (nahezu wortgleich auch rund 25 Jahre später EuG, Urt. v. 14.03.2014, T-302/11 (Rn. 42), ECLI:EU:T:2014:128 – HeidelbergCement *„Das Gericht stellt fest, dass die Begründung des angefochtenen Beschlusses aus einer sehr allgemein gehaltenen Formulierung besteht, deren Präzisierung angebracht gewesen wäre, so dass sie insoweit zu beanstanden ist*"). Auf die von der Klägerseite vorgebrachten Kritikpunkt der fehlenden Bestimmtheit, der ungenügenden sachlichen sowie gänzlich fehlenden zeitlichen und räumlichen Eingrenzung, der Art der Zuwiderhandlung sowie des Umstands, dass das Dow Benelux in die Herstellung von wesentlichen Teilen der vermeintlich betroffenen Produkte nicht involviert ist, geht die Entscheidung nicht ein, vgl. hierzu Schlussanträge GA Mischo v. 21.02.1989 zu EuGH, Urt. v. 21.09.1989, C-46/87 (Rn. 164 ff.), ECLI:EU:C:1989:73 – Hoechst. Mit weitgehend identischer Formulierung jüngst EuG, Urt. v. 14.03.2014, T-297/11 (Rn. 36), ECLI:EU:T:2014:122 – Buzzi Unicem (*„Das Gericht stellt fest, dass die Begründung des angefochtenen Beschlusses aus einer sehr allgemein gehaltenen Formulierung besteht, deren Präzisierung angebracht gewesen wäre, so dass sie insoweit zu beanstanden ist. Gleichwohl (…) [ist] die Einhaltung der Vorschriften von Art. 18 Abs. 3 der Verordnung Nr. 1/2003 zu bejahen.*"). Andererseits gibt es auch positive Urteile, die sich trotz relativ enger inhaltlicher Prüfung der Begründung jedoch vertieft mit Folgefragen auseinandersetzen, beispielsweise ob das betroffenen Unternehmen *„in der Lage, die Gründe für die Durchführung einer Überprüfung in seinen Räumlichkeiten zu verstehen*", vgl. EuG, Urt. v. 12.07.2007, T-266/03 (Rn. 40), ECLI:EU:T:2007:223 – Groupement des cartes bancaires.

477 EuG, Urt. v. 14.11.2012, T-135/09 (Rn. 39 ff.), ECLI:EU:T:2012:596 – Nexans u.a.

478 EuG, Urt. v. 14.11.2012, T-135/09 (Rn. 97 f.), ECLI:EU:T:2012:596 – Nexans u.a.

479 Siehe EuG, Urt. v. 14.11.2012, T-135/09 (Rn. 44 f.), ECLI:EU:T:2012:596 – Nexans u.a.

hinreichend genau bezeichne[t]" werden.[480] Im Übrigen zeigte das EuG sich mit der Duldung der Wahl eines *„Gattungsbegriffs"* für die betroffenen Produkte ebenso wie mit der räumlichen Umgrenzung *„wahrscheinlich weltweit"* recht großzügig.

Der EuGH bestätigte dies im Ergebnis. Die Ausführungen zur weltweiten Begründung hielt er jedoch lediglich unter Heranziehung einer – in der Nachprüfungsentscheidung erwähnten – Besonderheit des konkreten Sachverhalts für gangbar, auf die das EuG nicht abgestellt hatte.[481] Weil die lokalen Projekte durch die weltweite Zuteilung miteinander verknüpft waren, billigte er der Kommission die Befugnis zu, ihren Tatverdacht räumlich auch auf Unterlagen zu außereuropäischen Projekten auszuweiten.[482] Hiermit zeigte der Gerichtshof erste Ansätze einer strengeren Kontrolle der Begründungen von Tatvorwürfen durch die Kommission. Die tatsächliche Unwirksamkeitserklärung erfolgte jedoch erst an späterer Stelle im Rahmen der Überprüfung der dem Tatvorwurf zugrundeliegenden Indizien.[483] Auf die Frage des erforderlichen Umfangs der den Anfangsverdacht stützenden Indizien wird im nachfolgenden Kapitel (III. Der Nachweis des Anfangsverdachts) vertieft eingegangen.

3.2. České dráhy

Ähnlich positionierte sich das EuG auch im Urteil *České dráhy.* Sofern die Entscheidung über die Formulierung „insbesondere" auch andere Formen von Zuwiderhandlungen gegen Art. 102 AEUV einbeziehe als das Anbieten von Verdrängungspreisen und andere Strecken in der Tschechischen Republik als die Strecke Prag – Ostrava,[484] liefere die Begründung keine Anhaltspunkte dafür, dass dies nicht dem tatsächlichen Tatverdacht entsprechen würde.[485] Dies ist kritikwürdig. Die Begründung liefert einen deutlichen Anhaltspunkt für einen nur begrenzten Anfangsverdacht. So führte die Kommission in Erwägungsgrund 4 der Entscheidung aus, dass die Zuwiderhandlung vermutlich begann, als ein privater Wettbewerber anfing, konkurrierende Dienstleistungen auf der Strecke Prag-Ostrava anzubieten.[486] In der Tat ist es möglich, dass dieser doch sehr konkrete Hintergrund der Vermutung sich auch auf andere Bereiche auswirkte, in denen diese Mitbewerberin nicht tätig war. Dies lässt sich jedoch der angegebenen Begründung nicht entnehmen. Letztlich erklärte das EuG den diesbezüglichen Teil der Nachprüfungsentscheidung zwar nicht deshalb für nichtig, weil der Tatverdacht nicht hinreichend begründet war. Jedoch folgte die Nichtigerklärung – wie auch in

---

480 Siehe EuG, Urt. v. 14.11.2012, T-135/09 (Rn. 44 f.), ECLI:EU:T:2012:596 – Nexans u.a.
481 EuGH, Urt. v. 25.06.2014, C-37/13 (Rn. 38), ECLI:EU:C:2014:2030 – Nexans u.a.
482 EuGH, Urt. v. 25.06.2014, C-37/13 (Rn. 39 ff.), ECLI:EU:C:2014:2030 – Nexans u.a.
483 EuGH, Urt. v. 25.06.2014, C-37/13 (Rn. 44 ff.), ECLI:EU:C:2014:2030 – Nexans u.a.
484 Siehe hierzu bereits ausführlich an früherer Stelle dieses Unterkapitels.
485 EuG, Urt. v. 20.06.2018, T-325/16 (Rn. 54), ECLI:EU:T:2018:368 – České dráhy.
486 EuG, Urt. v. 20.06.2018, T-325/16 (Rn. 11), ECLI:EU:T:2018:368 – České dráhy.

Sachen *Nexans* – an späterer Stelle mangels hinreichender Tatsachengrundlage für den in der Begründung angegebenen weiten Tatverdacht.[487] Das Gericht ging nach ausführlicher Prüfung davon aus, dass der Kommission lediglich für den mit dem Zusatz „insbesondere" gekennzeichneten Teil des Anfangsverdachts tatsächlich Indizien vorlagen und die darüberhinausgehende allgemeine Umschreibung nicht vom Tatverdacht gedeckt war.[488] Auf die hinreichende Bestimmtheit der Begründung ging das EuG insofern nicht mehr ein.

3.3. Zementverfahren

Bei dem Verfahren *HeidelbergCement* und identisch *Schwenk Zement* handelt es sich sodann um die erste Auskunftsentscheidung und – soweit ersichtlich – auch um die erste kartellrechtliche Ermittlungsmaßnahme generell, welcher der EuGH ihre Rechtmäßigkeit (allein) aufgrund einer mangelhaften Begründung umfassend absprach. Das erstinstanzliche Gericht wiederholte im Rahmen einer einführenden Zusammenfassung zunächst die ständige, oben dargelegte unionsgerichtliche Rechtsprechung zu Sinn und Zweck sowie dem erforderlichen Umfang der Begründungspflicht. Auf dieser Grundlage kam das EuG für den konkreten Fall zu dem Schluss, dass die Ausführungen der Kommission hinreichend klar und bestimmt gewesen seien.[489] Zwar stellte das Gericht – in Übereinstimmung mit den Ausführungen der Klägerseite – fest, die Kommission habe eine sehr allgemeine Formulierung der vermuteten Zuwiderhandlung gewählt „*deren Präzisierung angebracht gewesen wäre, so dass sie insoweit zu beanstanden ist*".[490] Gleichwohl könne davon ausgegangen werden, dass die Begründung noch einem Mindestmaß an Klarheit entspreche und die Einhaltung der Vorgaben des Art. 18 Abs. 3 VO 1/2003 daher zu bejahen sei.[491]

Dieser Schlussfolgerung konnte GA Wahl in seinen Schlussanträgen nicht zustimmen. Er beanstandete – ebenso wie zuvor das EuG – die Begründung sowohl hinsichtlich der Bezeichnung der mutmaßlichen Zuwiderhandlungen als auch hinsichtlich deren räumlichen Umfangs sowie der von den Zuwiderhandlungen betroffenen Produkte.[492] Anders als das EuG kam er daher zu dem Ergebnis, dass die Begründung den rechtsstaatlichen Erfordernissen nicht gerecht werde. Er hielt es „*für unentschuldbar, dass HeidelbergCement trotz aller Auskünfte, die der Kommission in den vorangegangenen Jahren bereits erteilt worden waren, und*

---

487 Siehe zum Umfang der zu fordernden Indizien ausführlich im nächsten Kapitel.

488 Vgl. zusammenfassendes Ergebnis in EuG, Urt. v. 20.06.2018, T-325/16 (Rn. 98), ECLI:EU:T:2018:368 – České dráhy.

489 EuG, Urt. v. 14.03.2014, T-302/11 (Rn.36), ECLI:EU:T:2014:128 – HeidelbergCement.

490 EuG, Urt. v. 14.03.2014, T-302/11 (Rn. 42), ECLI:EU:T:2014:128 – HeidelbergCement.

491 EuG, Urt. v. 14.03.2014, T-302/11 (Rn. 42 f.), ECLI:EU:T:2014:128 – HeidelbergCement.

492 Schlussanträge GA Wahl v. 15.10.2015 zu EuGH, Urt. v. 10.03.2016, C-247/14 (Rn. 36 ff.), ECLI:EU:C:2015:694 – HeidelbergCement.

des zusätzlichen Aufwands, den der angefochtene Beschluss nach sich zog, weiterhin über den genauen Umfang der Ermittlungen der Kommission ‚im Dunkeln' gelassen wurde."[493]

Der Gerichtshof bestätigte diese Sichtweise. Insbesondere in Anbetracht des erheblichen Umfangs des Fragebogens seien die begründenden Ausführungen der Kommission (zu) knapp, (zu) vage und (zu) allgemein gehalten.[494] Die gewählte Begründung lasse weder die von der Untersuchung betroffenen Produkte, noch die den Erlass der streitigen Entscheidung rechtfertigenden Verdachtsmomente für eine Zuwiderhandlung mit hinreichender Bestimmtheit erkennen.[495] Sie ermögliche es nicht, die Erforderlichkeit der angeforderten Auskünfte zu prüfen. Auch konnte die Bestimmtheit der Begründung nach Ansicht des Gerichtshofs nicht über eine Auslegung der vorliegenden Informationen und Verfahrensabläufe herbeigeführt werden.[496] Unter Aufhebung des erstinstanzlichen Urteils erklärte der Gerichtshof die angefochtene Auskunftsentscheidung für nichtig.[497] Das Verfahren vor der Kommission war bereits kurz nach der mündlichen Verhandlung am 3. Juni 2015 eingestellt worden.[498]

4. *Schlussfolgerungen*

Anhand der dargelegten Rechtsprechung sowie der hinter den angegriffenen Entscheidungen stehenden Arten an Ermittlungsgegenständen zeigen sich der enorme Umfang und die Vielschichtigkeit der von der Kommission untersuchten Tatverdachte. Hinsichtlich der Darstellung ist zu beachten, dass die Begründung einer Ermittlungsmaßnahme nur dann zum Gegenstand der unionsrichterlichen Überprüfung wird, wenn sie ausdrücklich gerügt wurde oder sonst für die Prüfung von Relevanz ist. Es ist insoweit zu berücksichtigen, dass es sich bei den gerichtlich angegriffenen Begründungen der Ermittlungsmaßnahmen teilweise um besondere Ausnahmefälle handeln dürfte. Andererseits darf jedoch auch nicht außer Acht gelassen werden, dass die Unionsgerichte die dargestellten Begründungspraktiken der Kommission bis in die jüngste Vergangenheit weitgehend bestätigt haben. Erstmals deutlich strengere Ansätze im Umgang mit der Begründungspflicht fanden sich in den Urteilen *Nexans* (2014) sowie *HeidelbergCement*

---

493 Schlussanträge GA Wahl v. 15.10.2015 zu EuGH, Urt. v. 10.03.2016, C-247/14 (Rn. 51), ECLI:EU:C:2015:694 – HeidelbergCement.

494 EuGH, Urt. v. 10.03.2016, C-247/14 (Rn. 28), ECLI:EU:C:2016:149 – HeidelbergCement.

495 EuGH, Urt. v. 10.03.2016, C-247/14 (Rn. 31), ECLI:EU:C:2016:149 – HeidelbergCement.

496 EuGH, Urt. v. 10.03.2016, C-247/14 (Rn. 36ff.), ECLI:EU:C:2016:149 – HeidelbergCement.

497 EuGH, Urt. v. 10.03.2016, C-247/14 (Rn. 47), ECLI:EU:C:2016:149 – HeidelbergCement.

498 Siehe die am 14. August 2015 veröffentlichte Pressemitteilung der Kommission über die am 31. Juli 2015 erfolgte Einstellung des Verfahrens COMP AT.39520 (https://ec.europa.eu/competition/antitrust/cases/dec_docs/39520/39520_12342_6.pdf).

und *Schwenk Zement* (2016) sowie *České dráhy* (2018).[499] So lässt sich vermuten, dass die Begründungen auch in anderen Fällen, die aufgrund der bisher ständigen Rechtsprechung mangels hinreichender Erfolgsaussichten nicht zum Gegenstand der gerichtlichen Kontrolle gemacht wurden oder im Falle einfacher Auskunftsverlangen bereits keine gerichtliche Kontrollmöglichkeit besteht, mit den bisher angegriffenen Begründungen vergleichbar sind. Auch wenn möglicherweise keine vollständige Belastbarkeit der Darstellung möglich ist, so lassen sich doch Tendenzen erkennen.

Die obige Darstellung zeigt recht deutlich, dass es bis in die jüngere Vergangenheit vorrangig Nachprüfungen waren, deren Begründung und Darlegung des Anfangs- bzw. Tatverdachts problematisch gewesen sind und deshalb zum Gegenstand gerichtlicher Überprüfungen gemacht wurden. Die wenigen Auskunftsersuchen, deren Begründung in den frühen Jahren einer gerichtlichen Kontrolle unterzogen wurden, standen weniger in Bezug auf die Begründung des Anfangsverdachts als solchen in der Kritik; denn sie bezogen sich auf ein konkretes Produkt oder eine bestimmte Art von Vereinbarung.[500] Erst in zwei jüngeren Verfahren, *Slovak Telekom* und *HeidelbergCement u.a.*, rückte auch beim Erlass von Auskunftsersuchen der Umfang des Anfangsverdachts als Grundlage einer verhältnismäßigen Auskunftseinholung in den Fokus. Anders als beispielsweise noch in *SEP* oder *Scottish Football* richtet sich die Untersuchung der Kommission insoweit nicht mehr auf konkrete, einzelfallspezifische Rechtsverhältnisse. Vielmehr wurde ein weit aufgefächerter Tatverdacht unter Einholung eines breit gestreuten Spektrums an Informationen und Daten untersucht.

So hatte die Auskunftsentscheidung in *Slovak Telekom* eine vermutete Zuwiderhandlung zum Gegenstand, die sich auf eine Vielzahl verschiedener Praktiken und einen weiten Kreis potentiell betroffener Produkte oder Produktgruppen bezog. Über zusätzliche Formulierungen wie „unter anderem" oder „beispielsweise" deckte die Kommission einen Großteil der wirtschaftlichen Tätigkeit der Auskunftsadressaten ab.[501] Auch in Sachen *HeidelbergCement* nutzte die Kommission zur Begründung der Auskunftsentscheidung einen Tatverdacht, der in der generischen Aufzählung möglicher Kartellverstöße, betroffener Produkte und Wirtschaftsbereiche bestand.[502] Von einer Charakterisierung des untersuchten

---

499 EuGH, Urt. v. 25.06.2014, C-37/13 (Rn. 17 ff.), ECLI:EU:C:2014:2030 – Nexans u.a.; EuGH, Urt. v. 10.03.2016, C-247/14 (Rn. 15 ff.), ECLI:EU:C:2016:149 – HeidelbergCement; EuGH, Urt. v. 10.03.2016, C-248/14 (Rn. 16 ff.), ECLI:EU:C:2016:150 – Schwenk Zement; EuG, Urt. v. 20.06.2018, T-325/16 (Rn. 20 ff.), ECLI:EU:T:2018:368 – České dráhy.

500 Siehe oben SEP, Scottish Football und Société Générale.

501 EuG, Urt. v. 22.03.2012, T-458/09 u.a. (Rn. 3 ff.), ECLI:EU:T:2012:145 – Slovak Telekom.

502 Generalanwalt Wahl stellte zu dieser Art der Beschreibung eines Tatverdachts im Rahmen seiner Schlussanträge fest, dass die Aufzählung bei Austausch der Produktgruppen auf eine Vielzahl, wenn nicht sogar die allermeisten kartellrechtswidrigen

Sachverhalts kann insoweit nur noch schwerlich die Rede sein.[503] Die Frage der Rechtmäßigkeit eines derartigen Vorgehens wirft in mehrfacher Hinsicht Bedenken auf. Nicht nur macht die Verwendung von Formulierungen wie „unter anderem", „insbesondere" oder „zumindest" den Anwendungsbereich der Ermittlungen deutlich weiter und unkalkulierbarer. Es wird in die Zuständigkeit der Auskunftsadressaten gelegt, eine Abgrenzung vorzunehmen, wodurch auch das Risiko einer möglicherweise falschen oder unvollständigen Auskunft steigt.

Jedenfalls ermöglichen weite Begründungen und Fragestellungen die Einholung großer Mengen an Informationen, Unterlagen und sonstigen Daten. Verstärkt wird dies durch den technischen Fortschritt, die daraus resultierende gesteigerte Datenverfügbarkeit und die leichtere Sammlung und Übermittlung auch großer Datenmengen. So geht auch die Kommission davon aus, dass die zunehmende Menge an verfügbaren Informationen und damit die steigende Möglichkeit zur Einbeziehung potentiell relevanter Daten nicht nur eine Herausforderungen ist, sondern erheblich zu einer fundierten und verlässlichen Untersuchung beitragen kann.[504] Gerade diese sich wandelnden technischen Möglichkeiten ermöglichen der Kommission, inzwischen über Auskunftsersuchen vermutlich ein weiteres Spektrum an Informationen zu erlangen als im Rahmen einer Nachprüfung. Ebenfalls entsprechend der Vorgehensweise bei Nachprüfungen werden die Informationen eingeholt und konkret erst im Nachgang der Ermittlungsmaßnahme auf die Relevanz für das Verfahren im Detail gesichtet. Mit einer einzigen Anfrage zur Lieferung von Auskünften und internen Daten kann sich die Kommission so ein aufschlussreiches Bild über das gesamte Innenleben des betroffenen Unternehmens schaffen. Hiermit hat sich die Auskunftseinholung in ihrer Wirkungsweise und in ihrem Umfang tendenziell an die Reichweite von Nachprüfungen angenähert.[505] Diese Annäherung wird auch Auswirkungen auf die Begründungserfordernisse entfalten.

Bisher war es so, dass sich die erforderliche Bestimmtheit einer Begründung neben dem konkreten Wortlaut – mittelbar oder implizit – auch aus dem Kontext des Erlasses der Auskunftsersuchen sowie der Art und Formulierung der

---

Sachverhalte zutreffen würde, vgl. Schlussanträge GA Wahl v. 15.10.2015 zu EuGH, Urt. v. 10.03.2016, C-247/14 (Rn. 37), ECLI:EU:C:2015:694 – HeidelbergCement.

503 Die Kommission schafft über solche Umschreibungen des Tatverdachts eine Art „Catch all"-Klausel für sämtlicher Ermittlung von Zuwiderhandlungen gegen Art. 101 AEUV. So im Ergebnis auch Deselaers, EuGH stärkt Verteidigungsrechte, WuW 2016, 355, 356.

504 OECD, Investigative Powers in Practice – Contribution from the European Commission 30.11.2018, Rn. 44.

505 So für den Fall sehr ausführlicher Data Requests, EuG, Beschl. v. 29.10.20, T-451/20, ECLI:EU:T:2020:515 (Rn. 47) – Facebook I.

Fragestellung ergeben konnte.[506] Die Europäischen Gerichte haben bereits mehrfach entschieden, dass für die Begründung eines Rechtsaktes nicht allein der Wortlaut entscheidend sei.[507] So spricht beispielsweise der EuGH in Sachen *Nexans* davon, dass in der Begründung „*nicht alle tatsächlich oder rechtlich einschlägigen Gesichtspunkte genannt*" werden müssen.[508] Vielmehr sei die Frage des Begründungserfordernisses anhand der Umstände des Einzelfalls zu beurteilen.[509] So könne es ausreichen, wenn die Entscheidungsgründe der Erlassbehörde und daraus folgend die Verhältnismäßigkeit eines Rechtsaktes auch anhand des Kontextes und den im konkreten Fall einschlägigen Vorschriften nachvollziehbar sind.[510] Im Fall kartellrechtlicher Auskunftsersuchen werden insoweit der Inhalt und Umfang der Auskünfte, die Art der von der Kommission vorgebrachten Gründe sowie die Interessen der Adressaten und sonstigen Parteien an der Darlegung der kommissionsinternen Abwägungsprozesse relevant.

Während man bei einem eng umrissenen Gegenstand aus den Fragen auf den Tatverdacht schließen konnte, erscheint dies schwierig, wenn es sich beispielsweise um ein Verfahren wie *HeidelbergCement* handelt, dessen Ermittlungen über Jahre andauern und die Beantwortung über hunderte von Fragen sowie die Übermittlung einer Vielzahl an Dokumenten umfasst.[511] Entsprechend lässt sich in der obigen Rechtsprechungsübersicht beobachten, dass bei früheren Ermittlungshandlungen mit einem präzise abgegrenzten Anfangsverdacht – wie in *SEP* und *Scottish Football* – die Art der Fragestellung in die Bewertung der Begründung durch die Gerichte eingeflossen ist.[512] In *HeidelbergCement* hingegen wurde die Rechtswidrigkeit und Nichtigkeit der Auskunftsentscheidung festgestellt, ohne auf die gestellten Fragen überhaupt einzugehen oder den knapp 100seitigen Fragebogen im Urteil abzudrucken. Auch dies zeigt eine Annäherung an die Begründungspflichten im Rahmen von Nachprüfungen, die ebenfalls aus sich heraus eindeutig den Tatvorwurf darlegen müssen.

Sollte sich diese Art der Ermittlung unter den heutigen technischen Möglichkeiten in der Praxis auf Dauer verfestigen, wird dies folgerichtig auch Auswirkungen auf die Art der Begründung eines Auskunftsersuchens durch die Kommission

---

506 Vgl. u.a. EuG, Urt. v. 12.07.2007, T-266/03 (Rn. 35 m.w.N.), ECLI:EU:T:2007:223 – Groupement des cartes bancaires sowie Schlussanträge GA Wahl v. 15.10.2015 zu EuGH, Urt. v. 10.03.2016, C-247/14 (Rn. 45), ECLI:EU:C:2015:694 – HeidelbergCement.

507 EuGH, Urt. v. 05.12.2013, C-455/11 P (Rn. 91), ECLI:EU:C:2013:796 – Solvay S.A.

508 EuGH, Urt. v. 25.06.2014, C-37/13 (Rn. 32), ECLI:EU:C:2014:2030 – Nexans u.a. (Hervorhebung hinzugefügt.

509 EuGH, Urt. v. 25.06.2014, C-37/13 (Rn. 32), ECLI:EU:C:2014:2030 – Nexans u.a.

510 EuGH, Urt. v. 25.06.2014, C-37/13 (Rn. 32), ECLI:EU:C:2014:2030 – Nexans u.a.

511 Vgl. so im Ergebnis auch Schlussanträge GA Wahl v. 15.10.2015 zu EuGH, Urt. v. 10.03.2016, C-247/14 (Rn. 45 ff.), ECLI:EU:C:2015:694 – HeidelbergCement.

512 Siehe die Darstellung unter der vorangegangenen Überschrift II.2.

sowie den Umfang der Überprüfung durch die Unionsgerichte haben müssen. Der Rückgriff auf die Art der Fragestellung zur Konkretisierung des Anfangsverdachts wird nur (noch) in Ausnahmefälle möglich sein.

Dies wäre aus Gründen der Rechtssicherheit durchaus zu begrüßen. Die weite Fassung des Untersuchungsgegenstands bzw. Tatverdachts in Verbindung mit einer umfassenden und breit gefächerten Informationseinholung und Datenabfrage führt zu nicht unerheblichen Unsicherheiten – und zwar für Unternehmen und Kommission in gleichem Maße. Die Fragestellung durch die Kommission wird in den wenigsten Fällen nur eine Auslegung zulassen. Vielmehr ist es gerade so, dass aufgrund der Geltung des nemo tenetur-Grundsatzes eine sehr präzise Fragestellung nach der Beteiligung oder Vorgehensweise eines kartellrechtswidrigen Verhaltens unzulässig ist. So müsste beispielsweise eine sehr konkrete Frage wie „Wurde bei dem Treffen der Wettbewerber X, Y, Z am (...) darüber gesprochen, welche Kunden von welchem exklusiv beliefert werden und die anderen Unternehmen dies akzeptieren werden" von den betroffenen Unternehmen nicht beantwortet werden. Auch aus der Anfrage von Daten und Unterlagen wird selten präzise geschlussfolgert werden können, welche Verhaltensweisen die Kommission konkret untersucht. Dass derartige Unsicherheiten der eigenen Auslegung durch die Auskunftsadressaten selbst bei Ermittlungsmaßnahmen mit konkretem Tatvorwurf vorkommen können, zeigte das Verfahren *Slovak Telekom*. Insoweit war für die Auskunftsadressatin anhand der Fragestellung und vorzulegenden Informationen und Unterlagen anzunehmen, dass die Kommission auch Verhaltensweisen untersuchen wollte, die vor dem Beitritt der Slowakei zu Union lagen und daher bereits nicht dem Zuständigkeitsbereich der Kommission unterfielen.[513] Dass die Kommission dies gerade nicht beabsichtigte und derartige Informationen lediglich zur Konkretisierung einforderte, musste erst über Gespräche aufgeklärt und durch eine spätere dahingehende Ergänzung der Begründung verschriftlicht werden.[514]

5. *Stärkung der Nachvollziehbarkeit und Möglichkeiten der Kontrolle durch eine Dynamisierung des Beurteilungsmaßstabs*

Letztlich können Veränderungen in der Ermittlungspraxis mit den ebenfalls geänderten Verhaltensweisen der Unternehmen, der Art der zu untersuchenden Sachverhalte und den technischen Möglichkeiten der Sachverhaltsaufbereitung erklärt und möglicherweise auch gerechtfertigt werden. Die Grundzüge der Rechtsprechung, auf der die Zulässigkeit einer knappen Begründungspflicht der Kommission beruht, gehen jedoch – wie oben dargelegt weitgehend unverändert – auf die

513 EuG, Urt. v. 22.03.2012, T-458/09 u.a. (Rn. 5 ff.), ECLI:EU:T:2012:145 – Slovak Telekom.

514 EuG, Urt. v. 22.03.2012, T-458/09 u.a. (Rn. 6, 12 ff.), ECLI:EU:T:2012:145 – Slovak Telekom.

1980er/frühen 1990er Jahre zurück. Es stellt sich vor diesem Hintergrund die Frage, ob der aufgestellte Begründungsumfang entsprechend der dynamischen, sich an zeitliche Gegebenheiten anpassenden Ermittlungstätigkeit der Kommission ebenfalls zu adaptieren ist.[515] Vor dem Hintergrund der obigen Ausführungen sollte der Willensbildungsprozess der Kommission jedenfalls in seinen tragenden Erwägungen nachvollziehbar ausgestaltet sein, u.a. ohne dass auf die Entwicklungen des Verfahrens oder die Art der Fragestellung zurückgegriffen werden muss.[516]

5.1. Konkretisierung der vorgeworfenen Verhaltensweisen

Wie oben herausgearbeitet, muss die Kommission konkret darlegen welche Art von Verstoß gegen die Wettbewerbsvorschriften vermutet wird. Zwar muss ein Auskunftsersuchen nach der ständigen Rechtsprechung grundsätzlich keine präzise Abgrenzung des endgültig relevanten Marktes umfassen.[517] Dies befreit die Kommission jedoch nicht von der Pflicht, die Vermutung der Zuwiderhandlung so genau wie möglich zu beschreiben.[518] Der dargelegte Anfangsverdacht bedarf sowohl für den räumlichen Umfang des vermuteten Wettbewerbsverstoßes als auch für den Kreis der betroffenen Produkte oder Produktgruppen eines hinreichenden Grades an Detailliertheit.

Die Kommission sollte zudem gehalten sein, neben der Art des Verstoßes auch die vermeintlichen Handlungen zu präzisieren, die eine Schlussfolgerung auf die in Art. 101 f. AEUV genannten Wettbewerbsbeschränkungen zulassen. Denn je konkreter der Vorwurf ist, desto leichter lässt sich beurteilen, ob die angeforderten Auskünfte hiermit in Zusammenhang stehen. Nicht ausreichen kann hierfür die generische Angabe der Beeinträchtigung des Handels, der Behinderung des Wettbewerbs oder des Vorliegens von Preisabsprachen, Marktaufteilungen oder sonstiger Verhaltensweisen.[519] Die Begründung eines Auskunftsersuchens soll es ermöglichen, den in Rede stehenden Verdacht zu konkretisieren und zu präzisieren. Die Begründung soll die Tatsachen liefern, welche die Subsumtion einer vermuteten Verhaltensweise unter den Tatbestand der Art. 101 oder 102 AEUV

---

515 Eine andere Frage ist, ob die Kommission ihre Ermittlungen inhaltlich derart weit fassen darf. Dies ist letztlich anhand der ihr vorliegenden Indizien zu beurteilen, siehe hierzu Abschnitt C dieses Kapitels.

516 Vgl. Lübking/Koppenfels, Effektive Durchsetzung des EU-Wettbewerbsrechts und Verfahrensgarantien, in: Immenga/Körber (Hrsg.), Die Kommission zwischen Gestaltungsmacht und Rechtsbindung, S. 66.

517 Vgl. EuG, Urt. v. 14.11.2012, T-135/09 (Rn. 44 f.), ECLI:EU:T:2012:596 – Nexans u.a. und EuG, Urt. v. 14.11.2012, T-140/09 (Rn. 39), ECLI:EU:T:2012:597 – Prysmian u.a.

518 So u.a. auch Sura, in: Langen/Bunte, Kartellrecht, 13. Aufl. 2018, Art. 20 VO 1/2003 Rn. 6.

519 Schlussanträge GA Wahl v. 15.10.2015 zu EuGH, Urt. v. 10.03.2016, C-267/14 (Rn. 32), ECLI:EU:C:2015:696 – Buzzi Unicem.

ermöglichen. Nicht Sinn und Zweck ist es hingegen, die gesetzliche Formulierung des vermeintlich verwirklichten Verbotstatbestandes zu umschreiben. Die schlichte Wiedergabe des Gesetzeswortlauts stellt daher keine hinreichend präzise Eingrenzung eines vermuteten Kartellverstoßes dar.[520]

5.2. Die Auswirkungen des Verfahrensfortgangs auf die Begründungspflicht

Der Maßstab zur Bewertung muss ein in zeitlicher Hinsicht dynamischer sein. Was zu Beginn eines Kartellverfahrens als Begründung noch ausreichen kann, wird sich mit fortlaufender Dauer des Verfahrens konkretisieren lassen müssen.[521]

Im Laufe des Verfahrens hat die Kommission die Möglichkeit und die Pflicht, den ihr vorliegenden Sachverhalt vertieft zu analysieren und die in ihrem Besitz befindlichen Anhaltspunkte des vermeintlichen Verstoßes zu konkretisieren. Das Erfordernis steigender Bestimmtheit muss daher umso strenger angewandt werden, je länger ein Verfahren andauert.[522] Entscheidend für die zeitliche Konkretisierung der Begründungspflicht ist dabei insbesondere, ob bereits Nachprüfung(en) vorgenommen wurden, ob und wenn ja wie viele Auskunftsersuchen bereits erlassen wurden, in welchem Zusammenhang das zu beurteilende Auskunftsersuchen mit den bisherigen Ermittlungsmaßnahmen steht, welchen Umfang die bisher durch die Kommission eingeholten Auskünfte und Informationen hatten und wie weit der Erlass des vorherigen Fragebogens zurückliegt.[523] Insbesondere ist relevant, ob der Kommission – aus ihrer Sicht – bereits genügend Anhaltspunkte für einen Wettbewerbsverstoß vorliegen, um offiziell eine Verfahrenseinleitung vorzunehmen. Meilensteine in diesem Rahmen sind der Beschluss zur Eröffnung des Verfahrens sowie die Mitteilung der Beschwerdepunkte, mit der das Vorverfahren endet.[524]

Besonders zu Beginn der Untersuchungen können die Erkenntnisse aus bereits erlangten Informationen Erweiterungen oder Beschränkungen des Umfangs des

---

520 So auch Deselaers, EuGH stärkt Verteidigungsrechte, WuW 2016, 355, 356.

521 Vgl. Schlussanträge GA Wahl v. 15.10.2015 zu EuGH, Urt. v. 10.03.2016, C-267/14 (Rn. 46), ECLI:EU:C:2015:696 – Buzzi Unicem. So im Ergebnis auch Schlussanträge GA Kokott v. 03.04.2014 zu EuGH, Urt. v. 25.06.2014, C-37/13 (Rn. 48), ECLI:EU:C:2014:223 – Nexans u.a. (*„in jenem Verfahrensstadium"*). Siehe auch Hempel, Mehr Sorgfalt bei Auskunftsbeschlüssen, EuZW 2016, 379, 381.

522 EuGH, Urt. v. 10.03.2016, C-247/14 (Rn. 39), ECLI:EU:C:2016:149 – HeidelbergCement. Siehe hierzu auch Deselaers, EuGH stärkt Verteidigungsrechte, WuW 2016, 355, 356.

523 Vgl. EuGH, Urt. v. 10.03.2016, C-248/14 (Rn. 43), ECLI:EU:C:2016:150 – Schwenk Zement.

524 Vgl. Art. 2 Abs. 1 und Art. 10 Abs. 1 Verordnung (EG) Nr. 773/2004 der Kommission vom 7. April 2004 über die Durchführung von Verfahren auf der Grundlage der Artikel 81 und 82 EG-Vertrag durch die Kommission, im Folgenden VO 773/04.

Ermittlungsgegenstandes erforderlich machen.[525] Es muss der Kommission – bei entsprechenden Anhaltspunkten – möglich sein, weitreichende Ermittlungen durchzuführen oder zunächst begrenzte Ermittlungstätigkeiten auf eine Vielzahl an Produkten, unter anderem auch in unterschiedlichen Sektoren, Industriezweigen oder Märkten auszuweiten.[526] Sie sind jedoch entsprechend offenzulegen und zu begründen. Werden Konkretisierungen der Begründung vorgenommen, müssen sie allerdings eindeutig und in sich sowie mit dem sonstigen Verfahrensablauf konsistent sein.[527]

5.3. Das Verhältnis zwischen Begründung und Umfang der Ermittlungen

Der Maßstab zur Bewertung des Anfangsverdachts muss schließlich auch in sachlicher Hinsicht dynamisch sein. Je größer der Umfang der angeforderten Auskünfte ist, desto detaillierter müssen auch die Verdachtsmomente dargelegt werden.[528] Hintergrund ist folgender: Stellt die Kommission sehr gezielte und detaillierte Fragen, so können diese, wie oben bereits ausführlich dargestellt, die dahinterstehenden Ermittlungsabsichten in gewissen Maße und ohne weitere begründende Ausführungen offenlegen.[529] Handelt es sich jedoch um außerordentlich zahlreiche und in ihrer Art nicht vergleichbare Auskünfte, lassen sich derartige Schlussfolgerungen nur schwer ziehen.[530] Oftmals wird es bereits daran scheitern, dass es an einer nach außen erkennbaren Verbindung zwischen den Fragen fehlt. Eine Schlussfolgerung auf den vermuteten Kartellverstoß ist dann nicht möglich. Folglich muss die Präzisierung des Anfangsverdachts äquivalent mit dem Umfang der angefragten Informationen ansteigen.

Der Umfang ist dabei nicht nur nach seiner schlichten Quantität, also der Anzahl an Fragen und der verlangten Auskünfte, sondern auch qualitativ zu bewerten. Es ist zu untersuchen wie weit gefächert die geforderten Informationen und Daten inhaltlich sind. Relevant ist hierfür v.a. die Art der Informationen, die

---

525 Schlussanträge GA Wahl v. 15.10.2015 zu EuGH, Urt. v. 10.03.2016, C-267/14 (Rn. 41), ECLI:EU:C:2015:696 – Buzzi Unicem.

526 Allein die Tatsache, dass mit einer Ermittlungshandlung alle Tätigkeitsfelder eines der betroffenen Unternehmen umfasst sein können, kann dabei nicht zur Unzulässigkeit einer breit gefächerten Ermittlung führen, vgl. EuG, Urt. v. 14.11.2012, T-140/09 (Rn. 45 f.), ECLI:EU:T:2012:597 – Prysmian u.a. sowie ausdrücklich Bischke/Schirra, in: MüKo, Wettbewerbsrecht, 2. Aufl. 2015, Art. 18 VO 1/2003 Rn. 16.

527 Anders bspw. zum räumlichen Bereich der Ermittlungen EuGH, Urt. v. 10.03.2016, C-247/14 (Rn. 36), ECLI:EU:C:2016:149 – HeidelbergCement.

528 Im Ergebnis Hempel, Mehr Sorgfalt bei Auskunftsbeschlüssen, EuZW 2016, 379, 381.

529 Schlussanträge GA Wahl v. 15.10.2015 zu EuGH, Urt. v. 10.03.2016, C-267/14 (Rn. 41), ECLI:EU:C:2015:696 – Buzzi Unicem.

530 Vgl. Schlussanträge GA Wahl v. 15.10.2015 zu EuGH, Urt. v. 10.03.2016, C-267/14 (Rn. 42), ECLI:EU:C:2015:696 – Buzzi Unicem.

Zahl der betroffenen Geschäftsabschlüsse, die Menge der betroffenen Mitgliedstaaten und der Zeitraum, über den Informationen angefragt werden. Insoweit zeigen sich Ähnlichkeiten mit den Kriterien, die in die Interessensabwägung im Rahmen der Angemessenheit eines Auskunftsersuchens einzustellen sind. Diese Ähnlichkeiten erklären auch, warum ein in sachlicher Hinsicht dynamischer Maßstab für die Bewertung der Begründung des Auskunftsersuchens erforderlich ist. Die Angemessenheit einer Maßnahme bestimmt sich insbesondere nach dem Umfang der hierdurch hervorgerufenen Belastungen des Unternehmens. Diese ergeben sich – wie noch darzulegen sein wird[531] – im Wesentlichen aus dem Umfang der angefragten Informationen. Im Rahmen der Interessensabwägung werden diese Belastungen sodann mit dem Ziel der Ermittlungsmaßnahme ins Verhältnis gesetzt. Fehlt es bereits an einer präzisen Begründung des Ermittlungszwecks, so kann auch auf späterer Ebene die Frage der Angemessenheit nicht mit hinreichender Genauigkeit bewertet werden.

5.4. Zwischenergebnis

Zusammengefasst sollte die Begründung eines Auskunftsersuchens – und letztlich auch einer Nachprüfungsentscheidung – unter folgenden Prämissen erfolgen: Je konkreter der Vorwurf ist, desto leichter ist zu beurteilen, ob die angeforderten Auskünfte hiermit im Zusammenhang stehen. Mit zeitlichem Fortschritt des Verfahrens muss sich auch eine Konkretisierung des Vorwurfs und der entsprechenden Begründung von Ermittlungshandlungen einstellen. Je umfassender und breiter gefächert zudem die angeforderten Informationen werden, desto umfassender muss auch die Begründung der Auskunftseinholung werden.[532]

III. Der Nachweis des Anfangsverdachts

Zum Schutz vor willkürlichen Ermittlungstätigkeiten, muss der Anfangsverdacht, dessen Richtigkeit und Tragweite überprüft werden soll, auf Informationen und Hinweisen beruhen, die eine gewisse Belastbarkeit aufweisen, den Indizien.[533] Ein Auskunftsersuchen muss nach ständiger Rechtsprechung auf die Verfestigung

---

531 Siehe unten Teil 2, Kapitel 4, D.

532 EuGH, Urt. v. 10.03.2016, C-248/14 (Rn. 43), ECLI:EU:C:2016:150 – Schwenk Zement. So u.a. auch Sura, in: Langen/Bunte, Kartellrecht, 13. Aufl. 2018, Art. 18 VO 1/2003 Rn. 6.

533 Siehe u.a. EuG, Urt. v. 08.03.2007, T-339/04 (Rn. 60), ECLI:EU:T:2007:80 – France Télécom und EuG, Urt. v. 14.11.2012, T-140/09 (Rn. 65), ECLI:EU:T:2012:597 – Prysmian u.a. Die Stichhaltigkeit, die diese Anhaltspunkte aufweisen müssen, wird u.a. durch die englische Bezeichnung „*firm evidence of unlawful practices*" deutlich, vgl. Van der Hout/Konrads, in: Berg/Mäsch, Kartellrecht, 3. Aufl. 2018, Art. 18 VO 1/2003 Rn. 3.

solcher Sachverhalte gerichtet sein, hinsichtlich derer der Kommission bereits Erkenntnisse vorliegen.[534] Der Besitz hinreichend ernsthafter Indizien für den Verdacht eines Wettbewerbsverstoßes wird in der Rechtsprechung als *conditio sine qua non* für die Anordnung einer Ermittlungshandlung bezeichnet.[535] Derartige Anhaltspunkte können sich beispielsweise aus formellen Beschwerden oder Kronzeugenanträgen ergeben, wobei allerdings – sofern hinreichend gewichtig – auch informelle Hinweise ausreichen können.[536]

In der Entscheidung selbst muss die Kommission substantiiert darlegen, dass sie über hinreichend ernsthafte und belastbare Informationen und Hinweise verfügt, auf die sie den Anfangsverdacht stützt, also aufgrund derer sie das betroffene Unternehmen der vermuteten Zuwiderhandlung verdächtigt.[537] Es wird jedoch nicht verlangt, dass sie auf deren konkrete Existenz sowie die Inhalte der Hinweise eingeht.[538] Offenlegen muss die Kommission diese Indizien nicht.[539]

Die Offenlegung der zur Begründung eines Anfangsverdachts erforderlichen Indizien ist abzugrenzen von dem Recht auf Akteneinsicht der Parteien des Verfahrens. Das Recht auf Akteneinsicht bildet einen wichtigen prozessualen Eckpfeiler der Verteidigungsrechte und ist Teil der Gewährung rechtlichen Gehörs.[540] Es ist neben Art. 27 Abs. 2 S. 2 VO 1/2003 ebenfalls in Art. 41 Abs. 2 lit. b GRCh verankert

---

534 Vgl. u.a. EuG, Urt. v. 14.03.2014, T-296/11 (Rn. 38 ff. m.w.N.), ECLI:EU:T:2014:121 – Cementos Portland; EuG, Urt. v. 25.11.2014, T-402/13 (Rn. 83 f.), ECLI:EU:T:2014:991 – Orange; EuG, Urt. v. 08.03.2007, T-339/04 (Rn. 60), ECLI:EU:T:2007:80 – France Télécom und im Umkehrschluss auch bereits EuGH, Urt. v. 21.09.1989, C-46/87 (Rn. 182), ECLI:EU:C:1989:337 – Höchst, wo davon ausgegangen wurde, dass „*die Kommission in ihrer Entscheidung die Indizien und Beweise, über die sie verfügt, konkretisier[en]*“ muss (Hervorhebung hinzugefügt) sowie Sura, in: Langen/Bunte, Kartellrecht, 13. Aufl. 2018, Art. 20 VO 1/2003 Rn. 6. Siehe insoweit auch bereits zum Erfordernis eines Anfangsverdachts als Grundlage der verhältnismäßigen Auskunftseinholung Teil 2, Kapitel 1, A.

535 EuG, Urt. v. 20.06.2018, T-325/16 (Rn. 36), ECLI:EU:T:2018:368 – České dráhy.

536 Siehe zu den Unsicherheiten bei der Bestimmung der an einen tauglichen Anfangsverdacht zu stellenden Anforderungen in der Praxis Seitz/Berg/Lohrberg, „Dawn Raids“ im europäischen Kartellverfahren, WuW 2007, 716, 718 ff.

537 EuG, Urt. v. 08.03.2007, T-339/04 (Rn. 60), ECLI:EU:T:2007:80 – France Télécom.

538 Es ist grundsätzlich „*Sache der Kommission, selbst zu beurteilen, ob die ihr vorliegenden Informationen eine Ermittlungsmaßnahme (...) rechtfertigen*“, Schlussanträge GA Mischo v. 21.02.1989 zu EuGH, Urt. v. 21.09.1989, C-46/87 (Rn. 182), ECLI:EU:C:1989:73 – Hoechst.

539 EuG, Urt. v. 20.06.2018, T-325/16 (Rn. 45), ECLI:EU:T:2018:368 – České dráhy.

540 Gey/Schwedler, in: Kamann/Ohlhoff/Völcker, Kartellverfahren und Kartellprozess, 2017, § 10 Rn. 100 f.

und wird in Art. 15 VO 773/2004 konkretisiert.[541] Das Recht auf Einsicht in die Akten wird nach Zustellung der Mitteilung der Beschwerdepunkte und vor Erlass einer endgültigen, verfahrensabschließenden Entscheidung gewährt.[542]

1. Die inhaltliche Reichweite und das Maß an Belastbarkeit der Indizien

Die inhaltliche Reichweite der Indizien ist für die Eingrenzung der Ermittlungstätigkeit von erheblicher Bedeutung. Denn die Kommission hat ihre Ermittlungen auf die Bereiche auszurichten, für die ihr hinreichenden Indizien eines vermeintlichen Kartellverstoßes vorliegen. So kann sie beispielsweise mit einem Auskunftsersuchen nicht Informationen zu einer gesamten Produktgruppe abfragen, wenn ihr lediglich Anhaltspunkte für mögliche Zuwiderhandlungen in einem Teilbereich dieser Produktgruppe vorliegen.[543] Ebenso kann die Kommission nicht in mehreren Arten von Industriezweigen ermitteln, wenn die ihr vorliegenden Indizien lediglich für kartellrechtwidrige Verhaltensweisen in einem dieser Industriezweige sprechen.[544]

1.1. Einschlägige Entscheidungen zu Nachprüfungen

Dies bestätigte das EuG in zwei der bereits oben ausführlich diskutierten Entscheidungen zu Nachprüfungen. In Sachen *Nexans* hatte die Kommission – unter Verweis auf entsprechende Indizien – die betroffenen Unternehmen in Bezug auf Wettbewerbsbeschränkungen im gesamten Bereich von Stromkabeln durchsucht.[545] Nach eingehender Prüfung konnte das EuG nur eine ausreichende Beweis- und Indizienlage im Bereich der Hochspannungserd- und -seekabel feststellen.[546] Den darüber hinausgehenden Teil der Ermittlungsmaßnahme hinsichtlich sämtlicher

541 Die aktuelle Verwaltungspraxis der Kommission im Umgang mit dem Akteneinsichtsrecht ist in der Europäische Kommission, Mitteilung der Kommission über die Regeln für die Einsicht in Kommissionsakten v. 22.12.2005, S. 1 ff. niedergelegt.

542 Vgl. Art. 15 Abs. 1 S. 2 VO 773/2004.

543 EuG, Urt. v. 20.06.2018, T-325/16 (Rn. 57 ff.), ECLI:EU:T:2018:368 – České dráhy.

544 Vgl. EuG, Urt. v. 14.11.2012, T-135/09 (Rn. 64 ff.), ECLI:EU:T:2012:596 – Nexans u.a., wo eine Nachprüfung zur Erlangung von Informationen bzgl. der Gesamtheit an Stromkabeln und verwandten Produkten für teilweise nichtig erklärt wurde, da der Kommission bei Erlass der Maßnahme lediglich Indizien für Zuwiderhandlungen in Bezug auf Hochspannungssee- und -erdkabel und das dazugehörige Material vorlagen.

545 EuG, Urt. v. 14.11.2012, T-135/09 (Rn. 60 ff.), ECLI:EU:T:2012:596 – Nexans u.a.

546 EuG, Urt. v. 14.11.2012, T-135/09 (Rn. 73 ff.), ECLI:EU:T:2012:596 – Nexans u.a. Siehe zum Nachweis der fehlenden Indizien nochmals im nächsten Abschnitt dieses Kapitels.

anderer Arten von Stromkabeln erklärte es konsequenter Weise für rechtswidrig. Zwar bestätigte das EuG die Ansicht der Kommission, dass ihr Ermittlungsrecht nicht auf die Bestätigung der bereits konkret vorliegenden Indizien beschränkt sei, sondern auch die Suche nach neuen Informationsquellen umfasse.[547] Andernfalls wäre es ihr nicht möglich, Sachverhalte überhaupt aufzuklären.[548] Auch stellte das Gericht weiter fest, dass es der Kommission zustehe, Dokumente zu prüfen, um festzustellen, ob sie sich auf die Tätigkeiten des Unternehmens beziehen, die Gegenstand der Ermittlungen sind.[549] Anders als die Kommission konnte das EuG hieraus jedoch nicht schlussfolgern, dass der Adressat einer Nachprüfungsentscheidung *„nicht nur im Hinblick auf den Gegenstand der Nachprüfung, d.h. die von der Entscheidung erfassten Waren oder Dienstleistungen, sondern auch im Hinblick auf die Gesamtheit seiner Tätigkeiten zur Mitwirkung verpflichtet sei"*.[550] Vielmehr ist die Kommission verpflichtet, ihre Nachforschungen auf die Unternehmenstätigkeiten zu beschränken, die mit den in der Nachprüfungsentscheidung angeführten Industriezweigen verbunden sind.[551] Denn durch das Vorliegen von Indizien werde gerade nicht nur das betroffene Unternehmen geschützt.[552] Die Forderung nach den die Ermittlungshandlungen rechtfertigenden Indizien habe auch den Zweck, eine Fokussierung und Effizienz der Ermittlungstätigkeiten zu gewährleisten.[553]

Ähnliche Ausführungen finden sich in der Entscheidung *České dráhy*.[554] Die Nachprüfung betraf die Untersuchung im Rahmen von Beförderungsdiensten im Schienennahverkehr.[555] Auf die Rüge der Adressaten der Ermittlungsmaßnahme erklärte das EuG die Nachprüfungsentscheidung insoweit für nichtig, als sich diese nicht nur räumlich auf die konkrete Strecke Prag – Ostrava und sachlich auf andere Verhaltensweisen als das Anbieten von Verdrängungspreisen bezog.[556] Nach Ansicht des Gerichts beschränkten sich die der Kommission vorliegenden Indizien auf diese Bereiche.[557] Es stellte nochmals klar, dass die Nachprüfungsmaßnahme inhaltlich nicht über den Umfang einer Zuwiderhandlung hinausgehen dürfe, die sich aufgrund der Indizien vermuten lasse.[558] So stehe der Grundsatz der

547 EuG, Urt. v. 14.11.2012, T-135/09 (Rn. 62), ECLI:EU:T:2012:596 – Nexans u.a.
548 EuG, Urt. v. 14.11.2012, T-135/09 (Rn. 62), ECLI:EU:T:2012:596 – Nexans u.a.
549 EuG, Urt. v. 14.11.2012, T-135/09 (Rn. 63), ECLI:EU:T:2012:596 – Nexans u.a.
550 EuG, Urt. v. 14.11.2012, T-135/09 (Rn. 61, 64), ECLI:EU:T:2012:596 – Nexans u.a.
551 EuG, Urt. v. 14.11.2012, T-135/09 (Rn. 64), ECLI:EU:T:2012:596 – Nexans u.a.
552 Vgl. EuG, Urt. v. 14.11.2012, T-135/09 (Rn. 58), ECLI:EU:T:2012:596 – Nexans u.a.
553 Vocke, Die Ermittlungsbefugnisse der EG-Kommission im kartellrechtlichen Voruntersuchungsverfahren, 2006, S. 182.
554 EuG, Urt. v. 20.06.2018, T-325/16 (Rn. 20 ff.), ECLI:EU:T:2018:368 – České dráhy; das hiergegen eingelegte Rechtsmittel ist unter dem Az. C-538/13 beim EuGH anhängig.
555 Siehe ausführlich bereits oben unter Teil 2, Kapitel 1, B.II.2
556 EuG, Urt. v. 20.06.2018, T-325/16 (Rn. 57 ff.), ECLI:EU:T:2018:368 – České dráhy.
557 EuG, Urt. v. 20.06.2018, T-325/16 (Rn. 57 ff.), ECLI:EU:T:2018:368 – České dráhy.
558 EuG, Urt. v. 20.06.2018, T-325/16 (Rn. 37), ECLI:EU:T:2018:368 – České dráhy.

Verhältnismäßigkeit sowie das Willkürverbot solchen „*Formulierungen in einem Nachprüfungsbeschluss entgegen, die diese Befugnisse über das hinaus erweitern, was sich aus den hinreichend ernsthaften Indizien ergibt, über die die Kommission zum Zeitpunkt des Erlasses eines solchen Beschlusses verfügt*“.[559]

1.2. Übertragbarkeit auf Auskunftsersuchen

Bei beiden Entscheidungen handelte es sich um Nachprüfungsmaßnahmen. Jedoch kann das Erfordernis der inhaltlichen Abdeckung des Tatvorwurfs durch die Indizien bei dem Erlass einer Auskunftsentscheidung sowie eines einfachen Auskunftsverlangens letztlich nicht anders bewertet werden. Ebenso wie die Ermächtigungen in Art. 20 VO 1/2003 sehen auch die Art. 18 Abs. 2 und 3 VO 1/2003 vor, dass die Angabe des Zwecks eine verpflichtende Voraussetzung im Rahmen des Erlasses eines Auskunftsersuchens ist. Wäre die Kommission bei der Abfassung dieses Zwecks, also dem Tatvorwurf oder Gegenstand der Ermittlungen, nicht an die ihr vorliegenden Indizien gebunden, würde das Erfordernis der Zweckangabe letztlich leer laufen oder zu einer rein formellen Voraussetzung verkümmern.[560] Zudem greift das gleiche Argument, dass das EuG für die Bewertung einer Nachprüfung herangezogen hat. Wäre die Kommission im Rahmen ihrer Ermittlungen inhaltlich nicht daran gebunden, wofür ihr hinreichend ernsthafte Indizien einer kartellrechtswidrigen Verhaltensweise vorlägen, stände es ihr offen, „*immer dann, wenn ihr ein Indiz vorliegt, das sie vermuten lässt, dass ein Unternehmen in einem bestimmten Bereich seiner Tätigkeiten eine Zuwiderhandlung gegen die Wettbewerbsregeln begangen hat, eine Nachprüfung durchzuführen, die die Gesamtheit der Tätigkeiten erfasst und letztlich darauf abzielt, jegliche von diesem Unternehmen möglicherweise begangenen Zuwiderhandlungen gegen die Wettbewerbsregeln aufzudecken*“.[561] Zutreffend wies das EuG darauf hin, dass dies mit dem grundrechtlich garantierten Schutz der Sphäre der privaten Tätigkeit juristischer Personen unvereinbar ist.[562]

Die unterschiedlichen Ermittlungsformen und deren variierenden Eingriffsintensitäten sind jedoch bei der Bewertung der an die Indizien zu stellenden Anforderungen zu berücksichtigen. Insoweit kann durchaus diskutiert werden, dass Auskunftsersuchen weniger eingriffsintensiv und mit geringeren Belastungen verbunden sind als Nachprüfungen und demnach für den Erlass eines Auskunftsersuchens zunächst auch nicht in gleichem Maße belastende Indizien vorliegen müssen, wie für den Erlass einer Nachprüfungsentscheidung. Diese Differenzierungen können jedoch nur die inhaltliche Konkretisierung und Belastbarkeit der Vermutungen als solche betreffen. Dass überhaupt Anhaltspunkte für eine Ermittlung in die eine oder die andere Richtung vorliegen müssen, ist unabhängig von

---

559 EuG, Urt. v. 20.06.2018, T-325/16 (Rn. 41), ECLI:EU:T:2018:368 – České dráhy.

560 Ähnlich EuG, Urt. v. 14.11.2012, T-135/09 (Rn. 66), ECLI:EU:T:2012:596 – Nexans u.a.

561 EuG, Urt. v. 14.11.2012, T-135/09 (Rn. 65), ECLI:EU:T:2012:596 – Nexans u.a.

562 EuG, Urt. v. 14.11.2012, T-135/09 (Rn. 65), ECLI:EU:T:2012:596 – Nexans u.a.

der Ermittlungsmaßnahme und der Schwere der vermuteten Zuwiderhandlung zu bewerten und kann hiervon nicht berührt werden. Unabhängig von derartigen Erwägungen kann die Kommission aufgrund der geltenden Unschuldsvermutung ohne entsprechende Anhaltspunkte für einen Tatvorwurf, also einen legitimen Zweck der Ermittlung in gerade diesem Bereich und gegen dieses Unternehmen, nicht ermitteln.

Vielmehr ist derartigen Erwägungen auf der Stufe des Umfangs und der Belastbarkeit der Indizien Rechnung zu tragen. Diese Unterscheidung lässt sich am besten an einem fiktiven Beispiel auf der Grundlage des *Nexans*-Sachverhaltes verdeutlichen: Reifenhersteller A zeigt sich selbst bei der Kommission an. A produziert Allwetterreifen für PKW. Diese Reifen werden ebenfalls von den Werken X, Y und Z hergestellt. A kooperiert mit der Kommission und legt in diesem Rahmen verschiedene Kontakte der Wettbewerber in den Sitzungen der Arbeitsgruppe für Allwetterreifen eines allgemeinen Verbandes der PKW-Reifenhersteller dar. Dies liefert der Kommission ausreichende Indizien für eine Ermittlung gegen die Reifenhersteller X, Y und Z. Die Indizien sind derart stark, dass die Kommission nach ihrem Ermessen sowohl eine Nachprüfung durchführen als auch Auskunftsersuchen erlassen kann. Später teilt A der Kommission in einem kurzen Einschub am Rande eines Telefonates zudem mit, dass es unter demselben Dachverband auch andere Arbeitsgruppen gebe. Er wisse nicht mehr warum, aber besonders im Gedächtnis geblieben sei ihm die Arbeitsgruppe für Winterreifen. Da die Unternehmen X, Y und Z auch Winterreifen herstellen, sei es möglich, dass sie auch an dieser Arbeitsgruppe beteiligt seien. Unternehmen A könne sich vorstellen, dass es dort ähnliche Sitzungen mit vergleichbaren Gesprächen gegeben habe. Unternehmen A habe hieran jedoch weder teilgenommen noch habe eines der teilnehmenden Unternehmen mit ihm hierüber jemals gesprochen. Anders als die Indizien in Bezug auf die Arbeitsgruppe für Allwetterreifen sind diese Indizien wenig(er) belastbar. Zur Sicherung des wirksamen Wettbewerbsschutzes muss es der Kommission dennoch möglich sein, auch solchen Anhaltspunkten nachzugehen, sofern sie die Aussagen von Unternehmen A für plausibel und glaubhaft hält. Der offensichtlich geringeren Belastbarkeit der Anhaltspunkte kann dadurch Rechnung getragen werden, dass sie im konkreten Fall zunächst den Erlass eines Auskunftsersuchens im Rahmen der bestehenden Ermittlungen, nicht jedoch direkt eine Ermittlung in Form einer Nachprüfung rechtfertigen können. Es wird weiterhin zu diskutieren sein, ob je nach Belastbarkeit der Indizien auch Abstriche im Umfang eines solchen Auskunftsersuchens erforderlich sind (siehe hierzu weiter unten). Nun produzieren die Unternehmen X, Y und Z zusätzlich auch Reifen für den Rennsport. Diese sind sowohl in ihren Herstellungsprozessen als auch bezüglich des Absatzmarktes von den normalen PKW-Reifen zu unterscheiden. Aus den obigen Überlieferungen von Unternehmen A lassen sich, bis auf die Tatsache, dass das Produkt u.a. von den Unternehmen X, Y und Z hergestellt wird, keine Gemeinsamkeiten mit dem obigen Sachverhalt finden. Es liegen keine Indizien dafür vor, die es rechtfertigen könnten die Ermittlungen auf diesen Bereich auszudehnen – weder in Form einer Nachprüfung noch in Form eines Auskunftsverlangens.

1.3. Differenzierung nach Art der Auskunftsersuchen erforderlich?

Sofern teilweise vertreten wird, dass für das Vorliegen von Indizien für eine konkrete Zuwiderhandlung nach der Art und dem Umfang des in Rede stehenden Auskunftsersuchens zu differenzieren sei, ist dies nach dem oben Gesagten abzulehnen. So führte beispielsweise *Kellerbauer* aus, dass konkrete Indizien eines Anfangsverdachts nur für solche Auskunftsersuchen zu fordern seien, die einen sehr weiten Umfang haben und zu erheblichen Belastungen führen; für weniger einschneidende Auskunftsersuchen könne hingegen das Vorliegen genereller Anhaltspunkte dafür ausreichen, dass der Wettbewerb auf dem relevanten Markt möglicherweise eingeschränkt oder verzerrt sei.[563] Eine solche Abschwächung des Erfordernisses nach belastbaren Indizien für einen Wettbewerbsverstoß führt nicht nur zu einer Verwischung der Grenzen zwischen den Ermittlungsinstrumenten der Sektoruntersuchung und des Kartellverfahrens. Der Vorschlag geht auch mit Unsicherheiten in der praktischen Handhabung einher.

Abermals in den Zementverfahren äußerte sich auch das EuG zu einer ähnlichen Frage.[564] Es ließ entsprechend dem Ermittlungsstand Abstufungen dahingehend zu, wie die Indizien ausgestaltet sein müssen, um noch als hinreichend belastbar zu gelten.[565] So müssen zu Beginn eines Kartellverfahrens zwar noch keine Beweismittel zum definitiven Nachweis der konkreten Zuwiderhandlung vorliegen.[566] Im Laufe des Verfahrens müssen sich die Anhaltspunkte sodann zu konkreten Beweisen wandeln. Dass die Kommission überhaupt im Besitz von Informationen sein muss, die hinreichende Anhaltspunkte für einen Kartellverstoß in diesem bestimmten sachlichen und geographischen Bereich durch die betroffenen Unternehmen liefern, stand außer Frage.[567]

Einen Mechanismus zum Schutz der behördlichen Ermittlungsbefugnisse – insbesondere in frühen Verfahrensstadien – hat die Rechtsprechung über eine

---

563 Kellerbauer, Limits on EU antitrust investigative measures under recent case-law: tiptoeing between proportionality and effectiveness, EuZW 2014, 407–410, 410 (*"(...) it would appear appropriate to require concrete indications of an infringement only where a Commission decision requesting information has a very wide scope and imposes particularly burdensome obligations."* / *"By contrast, where a decision requesting information amounts to an insignificant burden for the addressee, the requirement of initial indicia should be limited to general indications suggesting that competition may have been restricted or distorted on the market in question"*).

564 Siehe die Darstellung der Rechtssache *HeidelbergCement* im selben Kapitel unter B.II.2 und 3.

565 EuG, Urt. v. 14.03.2014, T-296/11 (Rn. 43), ECLI:EU:T:2014:121 – Cementos Portland.

566 Die ihr vorliegenden Indizien müssen jedoch geeignet sein, *„einen begründeten Verdacht des Vorhandenseins mutmaßlicher Zuwiderhandlungen zu wecken"*, vgl. EuG, Urt. v. 14.03.2014, T-296/11 (Rn. 43), ECLI:EU:T:2014:121 – Cementos Portland.

567 EuG, Urt. v. 14.03.2014, T-296/11 (Rn. 43), ECLI:EU:T:2014:121 – Cementos Portland.

weitgehende Befugnis der Kommission geschaffen, die ihr vorliegenden Indizien ggf. inhaltlich auszulegen und deren Beweiswert selbst zu bewerten. Lassen die herangezogenen Indizien unterschiedliche Auslegungen zu, so kann die Heranziehung als Indiz solange nicht verhindert werden, solange die von der Kommission ausgeübte Auslegung plausibel und nachvollziehbar erscheint.[568]

2. *Das Problem des Nachweises fehlender bzw. mangelhafter Indizien in der Praxis*

Ob die Kommission bei Erlass des Auskunftsersuchens tatsächlich im Besitz hinreichender Indizien war, unterliegt der Kontrolle durch die Unionsgerichte. Der Adressat kann im Wege eines gerichtlichen Verfahrens die Rechtmäßigkeit eines Auskunftsersuchens unmittelbar oder mittelbar überprüfen lassen und so den Ausspruch der Nichtigkeit des Auskunftsersuchens erreichen.[569] Bei entsprechender Rüge und auf Antrag der Klägerseite muss die Kommission in diesem Rahmen grundsätzlich das ihr vorliegende – je nach Verfahrensstand – Indiz- oder Beweismaterial offenlegen.[570]

Kritisierbar sind die zu dieser Thematik ergangenen Ausführungen des EuG in Sachen *Orange*.[571] Obwohl die Klägerseite das Fehlen ausreichender Indizien rügte und Anhaltspunkte für eine unzureichende Beweislage der Kommission benennen konnte, argumentierte das EuG, dass es die Indizienlage nicht prüfen müsse. Es stehe dem Gericht offen, sich anhand anderer Informationen zu überzeugen, dass die Kommission über ausreichend Indizien verfüge.[572] Im konkreten Fall verwies das Gericht auf die Begründung der Nachprüfungsentscheidung. Da

568 EuG, Urt. v. 14.03.2014, T-296/11 (Rn. 59), ECLI:EU:T:2014:121 – Cementos Portland.

569 Siehe hierzu bereits oben Teil 1, Kapitel 3, D.

570 EuG, Urt. v. 14.03.2014, T-296/11 (Rn. 41 ff.), ECLI:EU:T:2014:121 – Cementos Portland. Siehe hierzu auch Schlussanträge GA Wahl v. 15.10.2015 zu EuGH, Urt. v. 10.03.2016, C-247/14 (Rn. 76), ECLI:EU:C:2015:694 – HeidelbergCement sowie später EuG, Urt. v. 20.06.2018, T-325/16 (Rn. 49), ECLI:EU:T:2018:368 – České dráhy. So bspw. auch Deselaers, EuGH stärkt Verteidigungsrechte, WuW 2016, 355, 356.

571 EuG, Urt. v. 25.11.2014, T-402/13 (Rn. 75 ff., insb. Rn. 87 f.), ECLI:EU:T:2014:991 – Orange. Sowie unter mehrfachem Verweis auf *Orange* EuG, Urt. v. 20.06.2018, T-325/16 (Rn. 51 ff.), ECLI:EU:T:2018:368 – České dráhy, obwohl im konkreten Fall *„[d]ie Begründung des angefochtenen Beschlusses (...) als solche keinen Grund für die Annahme [lieferte], dass die Kommission zum Zeitpunkt des Erlasses dieses Beschlusses tatsächlich über hinreichend ernsthafte Indizien für den Verdacht einer Zuwiderhandlung (...) verfügte“* und das Gericht sich unter diesen Umständen verpflichtet sah konkret *„zu prüfen, ob die Kommission zum Zeitpunkt des Erlasses des angefochtenen Beschlusses über hinreichend ernsthafte Indizien verfügte“*.).

572 EuG, Urt. v. 25.11.2014, T-402/13 (Rn. 75 ff., insb. Rn. 87 f.), ECLI:EU:T:2014:991 – Orange.

diese Begründung es ermögliche, die Berechtigung einer Maßnahme aufzuzeigen, könne das Gericht bei Kontrolle der Begründung über den Schutz von willkürlichen und unverhältnismäßigen Maßnahmen wachen.[573] Wie das Gericht der Begründung rein praktisch Anhaltspunkte dafür entnehmen will, dass die Kommission zum Zeitpunkt des Erlasses dieser Entscheidung tatsächlich über hinreichend ernsthafte Indizien für den Verdacht einer Zuwiderhandlung verfügte, ist unklar.[574] Sie müsste aus den eigenen Aussagen der Kommission zum Umfang eines Tatverdachts auf das – von der Klägerseite gerügte – tatsächliche Vorliegen entsprechender Indizien schließen.[575] Eine solche Vorgehensweise steht im deutlichen Widerspruch zur Rechtsprechung des EuGH. Der Gerichtshof betonte ausdrücklich, dass sich das Gericht vergewissern muss, *„dass ernsthafte Indizien vorliegen, die für den Verdacht eines Verstoßes gegen die Wettbewerbsregeln durch das betroffene Unternehmen ausreichen"*.[576] Eine lediglich schlüssige Behauptung der Kommission – auch im Rahmen der Entscheidungsbegründung – kann hierfür nicht genügen.[577]

---

573 EuG, Urt. v. 25.11.2014, T-402/13 (Rn. 88 f.), ECLI:EU:T:2014:991 – Orange (*„Zum einen kann es das Gericht nur dann, wenn ein Antrag in diesem Sinne gestellt worden ist und wenn die Unternehmen, an die eine Entscheidung nach Art. 20 Abs. 4 der Verordnung Nr. 1/2003 ergeht, bestimmte Umstände darlegen, die geeignet sind, die hinreichende Ernsthaftigkeit der Indizien, die der Kommission für den Erlass der Entscheidung vorlagen, in Frage zu stellen, für erforderlich halten, eine solche Überprüfung vorzunehmen (...). Zum anderen ist darauf hinzuweisen, dass die Kontrolle der Begründung eines Beschlusses es dem Richter ebenfalls erlaubt, über die Beachtung des Grundsatzes des Schutzes vor willkürlichen und unverhältnismäßigen Maßnahmen zu wachen, indem sie es ermöglicht, die Berechtigung des beabsichtigten Eingriffs in den betroffenen Unternehmen aufzuzeigen."*).

574 EuG, Urt. v. 20.06.2018, T-325/16 (Rn. 54), ECLI:EU:T:2018:368 – České dráhy.

575 So EuG, Urt. v. 25.11.2014, T-402/13 (Rn. 89 f.), ECLI:EU:T:2014:991 – Orange.

576 EuGH, Urt. v. 22.10.2002, C-94/00 (Rn. 54 f.), ECLI:EU:C:2002:603 – Roquette Frères, worin sich der Gerichtshof mit den inhaltlichen Vorgaben befasst, die Voraussetzungen der richterlichen Kontrolle von Tatverdacht und Verhältnismäßigkeit der Ermittlungsmaßnahme sind.

577 Die strenge gerichtliche Überprüfung bestätigend Schlussanträge GA Kokott v. 03.04.2014 zu EuGH, Urt. v. 25.06.2014, C-37/13 (Rn. 85 f.), ECLI:EU:C:2014:223 – Nexans u.a. Eine Offenlegung der Anhaltspunkte im Rahmen des gerichtlichen Verfahrens und die hiermit einhergehende ex-post Kontrolle durch die Gerichte sei zum Schutz der Grundrechte der Betroffenen erforderlich, aber auch grundsätzlich ausreichend.

2.1. Anforderungen an den Nachweis

Zur erforderlichen Substanz des Vortrags der Auskunftsadressaten stellte das EuG in der Entscheidung *Nexans* aus dem Jahr 2012 fest, dass die Anforderungen jedenfalls nicht überspannt werden dürften. Notwendig, aber auch ausreichend sei, dass die Klägerseite Anhaltspunkte vorträgt, die Zweifel an den der Kommission vorliegenden Indizien begründen.[578] Andernfalls könnte dies zur Folge haben,

> *„dass ein Unternehmen (...) nicht in der Lage wäre, die hinreichende Ernsthaftigkeit der Indizien, die der Kommission für den Erlass der Entscheidung vorlagen, in Frage zu stellen, und infolgedessen (...) das Gericht nicht prüfen [könnte], ob es sich um eine willkürliche Entscheidung handelt.“*[579]

Dementsprechend hatte der Gerichtshof in einer seiner frühen Entscheidungen der Kommission eine diesbezügliche Darlegungspflicht zugewiesen.

> *„Damit sich das zuständige nationale Gericht davon überzeugen kann, dass die beantragten Zwangsmaßnahmen nicht willkürlich sind, hat die Kommission diesem Gericht folglich Erläuterungen zu geben, in denen substanziiert dargelegt wird, dass sie in ihren Akten über ernsthafte Informationen und Hinweise verfügt, die den Verdacht von Verstößen gegen die Wettbewerbsregeln durch das betroffene Unternehmen begründen.*[580]

Dennoch setzte das EuG die Voraussetzungen, die ein betroffenes Unternehmen erfüllen muss, um mit Gewissheit eine gerichtliche Überprüfung der Indizienlage der Kommission zu erreichen, in den folgenden Zementverfahren hoch an.[581] In drei der Verfahren sah sich das EuG bereits nicht zu einer Überprüfung der Indizienlage verpflichtet.[582] Lediglich im Fall *Cementos Portland* erachtete das EuG

578 EuG, Urt. v. 14.11.2012, T-135/09 (Rn. 68 ff.), ECLI:EU:T:2012:596 – Nexans u.a. So auch EuG, Urt. v. 14.03.2014, T-296/11 (Rn. 41 f.), ECLI:EU:T:2014:121 – Cementos Portland.

579 EuG, Urt. v. 14.11.2012, T-135/09 (Rn. 71 f.), ECLI:EU:T:2012:596 – Nexans u.a. sowie EuG, Urt. v. 14.11.2012, T-140/09 (Rn. 38), ECLI:EU:T:2012:597 – Prysmian u.a. Eine Herabsetzung der Darlegungs- und Beweislast durch die Urteile begrüßend Röhrig, Zum Stand des Grundrechtsschutzes bei kartellrechtlichen Ermittlungen der Kommission, WuW 2014, 814, 826.

580 EuGH, Urt. v. 22.10.2002, C-94/00 (Rn. 61), ECLI:EU:C:2002:603 – Roquette Frères (Hervorhebung hinzugefügt).

581 EuG, Urt. v. 14.03.2014, T-296/11 (Rn. 40 ff.), ECLI:EU:T:2014:121 – Cementos Portland.

582 *Italmobiliare* stützte ihr Vorbringen auf die unpräzise Formulierung und die große Menge der abgefragten Informationen. Dies erachtete das EuG als nicht ausreichend für eine hinreichende Substantiierung, vgl. EuG, Urt. v. 14.03.2014, T-305/11 (Rn. 73, 78), ECLI:EU:T:2014:126 – Italmobiliare. *Schwenk Zement* blieb mit der Rüge des Ausforschungscharakters des Auskunftsverlangens ebenso erfolglos, vgl. EuG, Urt.

die vorgebrachten Argumente für ausreichend, um Zweifel an der Belastbarkeit der Indizien zu begründen.[583] Anders als in den anderen Zementverfahren konnte *Cementos Portland* nicht nur die trotz jahrelanger Ermittlungen ihres Erachtens sehr unpräzise Formulierung der Auskunftsentscheidung anführen.[584] Sie stützte ihr Vorbringen zudem auf verfahrensrechtliche Besonderheiten. Im Unterschied zu den anderen Herstellern war Cementos Portland nicht aktiv an dem bereits mehrere Jahre laufenden Ermittlungsverfahren beteiligt gewesen.[585] Vor dem Erlass der Auskunftsentscheidung sei sie weder Adressat von Nachprüfungen im Sinne des Art. 20 Abs. 4 VO 1/2003 noch vorheriger Auskunftsverlangen nach Art. 18 Abs. 2 VO1/2003 gewesen.[586] Dies sah das Gericht als geeignet an, Zweifel an der hinreichenden Ernsthaftigkeit der Indizien zu wecken und hielt es für erforderlich, die Indizien zu überprüfen und näher zu untersuchen.[587] Der durch das Gericht geäußerten Aufforderung, die Indizien vorzulegen, aufgrund derer sie eine Auskunftsentscheidung nach Art. 18 Abs. 3 VO 1/2003 gegen die Klägerin erlassen hatte, kam die Kommission dann jedoch auch im gerichtlichen Verfahren erst nach, nachdem das Gericht die Offenlegung verbindlich anordnete.[588] Auf die einfache prozessleitende Maßnahme des EuG hatte die Kommission eine Vorlage der Indizien selbst an das Gericht verweigert.[589]

2.2. Umsetzung in der Praxis

Wie die obigen Ausführungen zeigen, stellt die Darlegung von begründeten Zweifeln an der bestehenden Indizien- bzw. Beweislage die Auskunftsadressaten vor praktische Schwierigkeiten. Nicht selten werden sie im Zeitpunkt eines Auskunftsersuchens und auch in der Folgezeit nur schwer absehen können, wie weit der Anfangsverdacht der Kommission tatsächlich reicht. Konkrete Anhaltspunkte für

---

v. 14.03.2014, T-306/11 (Rn. 63 ff.), ECLI:EU:T:2014:123 – Schwenk Zement. Das in Sachen *HeidelbergCement* erlassene Urteil geht auf die entsprechende Rüge überhaupt nicht ein.

583 EuG, Urt. v. 14.03.2014, T-296/11 (Rn. 41 f.), ECLI:EU:T:2014:121 – Cementos Portland. Die Klägerseite hatte eine solche Überprüfung ausdrücklich beantragt und warf der Kommission vor, über den Erlass der Ermittlungsmaßnahmen erst nach Indizien für einen Kartellrechtsverstoß gesucht zu haben.

584 EuG, Urt. v. 14.03.2014, T-296/11 (Rn. 41), ECLI:EU:T:2014:121 – Cementos Portland.

585 EuG, Urt. v. 14.03.2014, T-296/11 (Rn. 41), ECLI:EU:T:2014:121 – Cementos Portland

586 EuG, Urt. v. 14.03.2014, T-296/11 (Rn. 41), ECLI:EU:T:2014:121 – Cementos Portland.

587 EuG, Urt. v. 14.03.2014, T-296/11 (Rn. 42), ECLI:EU:T:2014:121 – Cementos Portland. Im Ergebnis blieb die Rüge jedoch ohne Erfolg, siehe Rn. 43 ff.

588 Vgl. EuG, Urt. v. 14.03.2014, T-296/11 (Rn. 23 f.), ECLI:EU:T:2014:121 – Cementos Portland.

589 Vgl. EuG, Urt. v. 14.03.2014, T-296/11 (Rn. 23 f.), ECLI:EU:T:2014:121 – Cementos Portland.

ein tatsächliches Überschreiten der Ermittlungsbefugnisse sind selten verfügbar. Auch wenn diesbezügliche Forderungen gelegentlich geäußert werden,[590] ist die Kommission nach der ständigen Rechtsprechung der Unionsgerichte nicht verpflichtet, den Adressaten die ihren Auskunftsersuchen zugrundliegenden Indizien und Anhaltspunkte des vermeintlichen Wettbewerbsverstoßes offenzulegen oder gar zu übermitteln.[591] Die Indizien müssen nicht einmal als solche benannt werden.[592] Die Auskunftsadressaten müssen also Zweifel an etwas begründen, von dessen Existenz und Inhalt sie keine Kenntnis haben.

Hinzu kommt, dass die von der Kommission herangezogenen Indizien oftmals der Auslegung zugänglich sind. Dass die Art der Auslegung durch die Parteien nicht immer deckungsgleich ist, hat beispielsweise das Stromkabelverfahren *Nexans* gezeigt.[593] Über die Dauer des behördlichen wie gerichtlichen Verfahrens vertrat die Kommission die Ansicht, dass ihr ausreichend Indizien vorlagen, die eine Untersuchung in sämtliche Arten von Stromkabeln gerechtfertigt hätten.[594] Die Klägerseite bezweifelte hingegen, dass die Anhaltspunkte sich auf potentielle kartellrechtswidrige Verhaltensweisen in Bezug auf andere Kabel als Hochspannungserd- und -seekabel bezogen hätten: Sie machte hierfür zunächst geltend, dass die Kommission bei Beginn der Nachprüfung nur um Gespräche mit bestimmten, in diesem Industriezweig beschäftigten Mitarbeitern von Nexans France gebeten habe.[595] Zudem habe sich auch die Pressemitteilung der Kommission im Nachgang zur Durchsuchung auf diesen Industriezweig beschränkt.[596] Ihre Zweifel durch

590 Hennig, in: Immenga/Mestmäcker/Körber, Wettbewerbsrecht, 6. Aufl. 2019, Art. 18 VO 1/2003 Rn. 31 ff.

591 Vgl. u.a. EuG, Urt. v. 14.03.2014, T-302/11 (Rn. 37), ECLI:EU:T:2014:128 – HeidelbergCement; EuG, Urt. v. 25.11.2014, T-402/13 (Rn. 81), ECLI:EU:T:2014:991 – Orange; EuG, Urt. v. 14.11.2012, T-135/09 (Rn. 69), ECLI:EU:T:2012:596 – Nexans u.a.; EuGH, Urt. v. 17.10.1989, verb. Rs. C-97/87–99/87 (Rn. 45 u. 51), ECLI:EU:C:1989:380 – Dow Chemical Ibérica u.a.

592 Schlussanträge GA Wahl v. 15.10.2015 zu EuGH, Urt. v. 10.03.2016, C-247/14 (Rn. 75), ECLI:EU:C:2015:694 – HeidelbergCement. Nach Ansicht der Unionsgerichte würde eine Verpflichtung zur Offenlegung der Indizien das *„durch die Rechtsprechung geschaffene Gleichgewicht zwischen dem Schutz der Wirksamkeit der Untersuchung und dem Schutz der Verteidigungsrechte des betroffenen Unternehmens in Frage stellen"*, vgl. EuG, Urt. v. 14.03.2014, T-302/11 (Rn. 37), ECLI:EU:T:2014:128 – HeidelbergCement sowie wortgleich EuG, Urt. v. 25.11.2014, T-402/13 (Rn. 81), ECLI:EU:T:2014:991 – Orange.

593 Siehe zu den Nexansentscheidungen ausführlich oben Teil 2, Kapitel 1, B.II. und B. III.

594 Vgl. u.a. EuG, Urt. v. 14.11.2012, T-135/09 (Rn. 61), ECLI:EU:T:2012:596 – Nexans u.a.

595 EuG, Urt. v. 14.11.2012, T-135/09 (Rn. 60), ECLI:EU:T:2012:596 – Nexans u.a.

596 EuG, Urt. v. 14.11.2012, T-135/09 (Rn. 60), ECLI:EU:T:2012:596 – Nexans u.a.

konkrete Argumente stärken konnte sie jedoch erst, nachdem ihr – bereits während des laufenden Gerichtsverfahrens – Akteneinsicht in die in Rede stehende Verwaltungsakte der Kommission gewährt wurde.[597] So führte die Klägerin auf dieser Grundlage in der mündlichen Verhandlung ergänzend aus, dass sich der von der Kommission als Indiz herangezogene Kronzeugenantrag eines Wettbewerbers in Bezug auf Stromkabel außerhalb der Hochspannungserd- und -seekabel lediglich auf Dokumente bezogen hätte, die nicht nur sehr alt gewesen seien, sondern auch Vereinbarungen betroffen hätten, die einer nationalen Wettbewerbsbehörde angezeigt und von dieser genehmigt worden seien.[598] Dies sei kein ausreichendes Indiz für eine Zuwiderhandlung. Ihre Auslegung wurde zudem dadurch bestätigt, dass der Kronzeuge mitgeteilt habe, dass ihm für keine anderen Kabel als Hochspannungserd- und -seekabel eine Zuwiderhandlung gegen das Wettbewerbsrecht bekannt sei.[599]

Dennoch hielt die Kommission in der mündlichen Verhandlung sowie im Nachgang hierzu an der von ihr gewählten Auslegung der Indizienlage fest, dass die Indizien ihren Anfangsverdacht für sämtliche Arten von Stromkabeln stützen.[600] Auf die prozessleitende Verfügung des Gerichts kennzeichnete die Kommission die Stellen in den in Rede stehenden Unterlagen, die *„vor Erlass der Nachprüfungsentscheidung ihren Vermutungen im Hinblick auf die Gesamtheit der Stromkabel zugrunde lagen“*.[601] Anders als die Kommission, konnte das Gericht den gekennzeichneten Stellen jedoch weder hinreichend ernsthafte Indizien dafür entnehmen, dass für die gleichen Produkte *„später mit anderen Herstellern geheime Vereinbarungen getroffen“* sein sollen, noch dafür dass es sich um eine Verlängerung einer solchen Vereinbarung handele.[602] Es sei nach Ansicht des Gerichts daher davon auszugehen, dass die Kommission nicht nachgewiesen habe, dass sie über hinreichend ernsthafte Indizien verfügte, um eine Nachprüfung über die Gesamtheit der Stromkabel und das dazugehörige Material anzuordnen“.[603] Das EuG erklärte die Nachprüfung insoweit für nichtig.[604]

Der Verfahrensablauf zeigt, dass die Klägerin erst durch die tatsächliche Einsicht in die Indizien in der Lage war, die Auslegungsweise der Kommission final zu widerlegen. Erst durch die Dokumente selbst hatte sie ausreichend Informationen, um ihre Zweifel am Vorliegen hinreichenden Indizien tatsächlich mit der ausreichend fundierten Kritik zu untermauern.[605]

---

597 EuG, Urt. v. 14.11.2012, T-135/09 (Rn. 78), ECLI:EU:T:2012:596 – Nexans u.a.
598 Vgl. EuG, Urt. v. 14.11.2012, T-135/09 (Rn. 78), ECLI:EU:T:2012:596 – Nexans u.a.
599 Vgl. EuG, Urt. v. 14.11.2012, T-135/09 (Rn. 78), ECLI:EU:T:2012:596 – Nexans u.a.
600 EuG, Urt. v. 14.11.2012, T-135/09 (Rn. 73 ff.), ECLI:EU:T:2012:596 – Nexans u.a.
601 EuG, Urt. v. 14.11.2012, T-135/09 (Rn. 80, 81), ECLI:EU:T:2012:596 – Nexans u.a.
602 EuG, Urt. v. 14.11.2012, T-135/09 (Rn. 84 f.), ECLI:EU:T:2012:596 – Nexans u.a.
603 EuG, Urt. v. 14.11.2012, T-135/09 (Rn. 91), ECLI:EU:T:2012:596 – Nexans u.a.
604 EuG, Urt. v. 14.11.2012, T-135/09 (Rn. 139), ECLI:EU:T:2012:596 – Nexans u.a.
605 EuG, Urt. v. 14.11.2012, T-135/09 (Rn. 79), ECLI:EU:T:2012:596 – Nexans u.a.

2.3. *Zwischenfazit*

Solche Fälle, die sich intensiv mit dem Vorliegen hinreichender Indizien befassen, gibt es selten. Dies wird einmal daran liegen, dass es sich bei *Nexans* und *České dráhy* wohl um besonders schwerwiegende Fälle gehandelt haben dürfte, die nicht der typischen Kommissionspraxis entsprechen. Andererseits verdeutlichen Fälle wie *Nexans* oder die Zementverfahren, im Besonderen *Cementos Portland*[606], jedoch auch, wie schwierig es für die Adressaten einer Ermittlungsmaßnahme ist, Zweifel am Vorliegen hinreichend belastbarer Indizien zu erheben. Dies gilt in Bezug auf Auskunftsersuchen in stärkerem Maße als bei Nachprüfungsentscheidungen, da bei ersteren in der Regel kein direkter Kontakt zu Mitarbeitern der Kommission besteht, der analysiert werden könnte. Auch ist der Erlass einzelner Auskunftsersuchen eher selten mit Pressemitteilungen verbunden, aus denen Anhaltspunkte gezogen werden könnten.

3. *Lösungsansatz: Die Pflicht zur beschränkten Offenlegung*

Es handelt sich um ein grundlegendes Verteidigungsrecht eines Auskunftsadressaten über den ihm konkret gemachten Vorwurf einer Zuwiderhandlung informiert zu werden. Dies setzt jedoch nicht nur die Information als solche voraus, also die Mitteilung des Tatverdachts durch die Kommission. Im Sinne einer effektiven Verteidigung sollte es dem Betroffenen möglich sein, die Hintergründe des Tatverdachts zu hinterfragen und sich – bei Darlegung begründeter Zweifel – die den Tatverdacht stützenden Indizien und sonstigen Anhaltspunkte offenlegen zu lassen.

Nach den derzeitigen Gesetzes- und Rechtsprechungsstandards wird dieses Recht, wie oben ausgeführt, faktisch erst vor den Unionsgerichten oder ab dem Übergang des Verfahrens in die kontradiktorische Phase gewährt. Für die Dauer der Untersuchungsphase kann die Kommission die ihr vorliegenden Indizien aus Gründen der Effektivität der Ermittlungen vor einer Einsichtnahme durch die betroffenen Unternehmen schützen.[607] An der Recht- und Zweckmäßigkeit dieser Vorgehensweise bestehen Zweifel.

---

606 Zur Wiederholung: Die Kommission verweigerte eine Offenlegung nicht nur gegenüber den Adressaten der Ermittlungsmaßnahme, sondern auf die prozessleitende Verfügung, eine Liste und Zusammenfassung der Indizien vorzulegen, auch gegenüber dem Gericht, vgl. EuG, Urt. v. 14.03.2014, T-296/11 (Rn. 23 ff.), ECLI:EU:T:2014:121 – Cementos Portland.

607 Vgl. EuG, Urt. v. 20.06.2018, T-325/16 (Rn. 45), ECLI:EU:T:2018:368 – České dráhy unter Hinweis darauf, dass eine Pflicht zur Angabe von Indizien „*das durch die Rechtsprechung geschaffene Gleichgewicht zwischen dem Schutz der Wirksamkeit der Untersuchung und dem Schutz der Verteidigungsrechte des betroffenen Unternehmens in Frage stellen*“ würde. Ähnlich EuG, Urt. v. 25.11.2014, T-402/13 (Rn. 81), ECLI:EU:T:2014:991 – Orange.

3.1. Grundlage: Kategorisierung der Verteidigungsrechte

Die Verteidigungsrechte werden von den Unionsgerichten selbst als fundamentaler Grundsatz des Unionsrechts bezeichnet und von der Kommission als solche anerkannt.[608] Zwar ist von der Rechtsprechung gebilligt worden, dass zumindest Teile der Verteidigungsrechte erst nach dem Übergang vom Vorverfahren in das kontradiktorische Verfahren – also mit dem Erlass der Beschwerdepunkte – zu ihrer vollen Geltung gelangen (Kategorie 1 der Verteidigungsrechte), beispielsweise der Anspruch auf rechtliches Gehör.[609] Auch insoweit ist jedoch zu verhindern, dass *„die Verteidigungsrechte in diesem Abschnitt des Verwaltungsverfahrens in nicht wiedergutzumachender Weise beeinträchtigt werden"*.[610] Bestimmte Verteidigungsrechte hingegen haben ein solches Gewicht, dass sie bereits von Beginn des Ermittlungsverfahrens an gewährt und gewahrt werden müssen (Kategorie 2 der Verteidigungsrechte). Dies gilt beispielsweise für die Hinzuziehung juristischen Beistandes und die Vertraulichkeit von Anwaltskorrespondenz.[611]

Bei der Einordnung des Rechts auf Einsicht in oder auf Vorlage von Indizien in die erste oder die zweite Kategorie der Verteidigungsrechte sind die Spezifika der Kartellverfahren zu beachten. Die Untersuchungsverfahren bis zum Übergang in den kontradiktorischen Abschnitt haben sich fortwährend verlängert. Hierbei ist nicht von mehreren Monaten, sondern vielfach von mehreren Jahren die Rede.[612] Das Recht auf Akteneinsicht, und damit die Möglichkeit sich erstmals vollständig Klarheit über die Begründetheit des Anfangsverdachts zu verschaffen, erhalten die betroffenen Unternehmen, wie oben dargelegt, jedoch erst nach Erlass der Beschwerdepunkte. Es besteht die Gefahr, dass die Kommission sich zu diesem späten Zeitpunkt im Verfahren bereits eine (abschließende) Meinung gebildet hat. Ein Einwirken auf das Kommissionsverfahren kann dann faktisch bereits nur noch schwer möglich sein. Auch gibt es Fälle, in denen trotz langjähriger Ermittlungen keine hinreichenden Beweise für einen Verstoß gefunden werden und das Verfahren daher noch vor Erlass der Beschwerdepunkte eingestellt wird.[613] Eine

608 Siehe u.a. EuG, Urt. v. 27.09.2012, T-343/06 (Rn. 82 m.w.N.), ECLI:EU:T:2012:478 – Shell Petroleum.

609 EuGH, Urt. v. 21.09.1989, C-46/87 (Rn. 16), ECLI:EU:C:1989:337 – Höchst.

610 In ständiger Rechtsprechung EuG, Urt. v. 14.03.2014, T-296/11 (Rn. 35), ECLI:EU:T:2014:121 – Cementos Portland. Siehe u.a. bereits EuGH, Urt. v. 19.05.1994, C-36/92 (Rn. 73), ECLI:EU:C:1994:205 – SEP.

611 EuGH, Urt. v. 21.09.1989, C-46/87 (Rn. 16), ECLI:EU:C:1989:337 – Höchst.

612 Oftmals fallen die offizielle Verfahrenseinleitung und der Erlass der Beschwerdepunkte zusammen oder folgen unmittelbar aufeinander.

613 Vgl. bspw. Komm., Verfahrenseinstellung vom 31.07.2015 (COMP/39520) – HeidelbergCement. Weitere Beispiele dafür, dass die Kommission auch langandauernde Verfahren ohne Bußgeldentscheidung beendet, sind *Deep-sea maritime transport of bulk liquids* (Pressebericht zur Einstellung abrufbar unter https://ec.europa.eu/

Einsichtnahme in die Indizien wäre damit gänzlich verwehrt. Die Nachteile und Belastungen, die hierdurch bei den Auskunftsadressaten entstehen (können), sind mit dem Gleichgewicht zwischen Effizienz der Ermittlungen und Schutz der Verteidigungsrechte in Einklang zu bringen.[614] Um der Bedeutung des Verteidigungsrechts gerecht zu werden, muss daher bereits im Abschnitt der Voruntersuchung ein Recht auf Vorlage von bzw. eine Einsicht in die Indizien gewährt werden. Die Kommission sollte auf ein entsprechendes Verlangen verpflichtet werden können, zumindest die wesentlichen Indizien offenzulegen.

Die Regelungen zur Akteneinsicht stehen hierzu nicht im Widerspruch. Nach Art. 27 Abs. 1 S. 1 VO 1/2003 erhalten die betroffenen Unternehmen im Wege der Akteneinsicht Gelegenheit, zu den in den Beschwerdepunkten gemachten Vorwürfen sowie der vorläufigen Bewertung durch die Kommission Stellung zu nehmen.[615] Sinn und Zweck der Akteneinsicht ist es daher, den betroffenen Unternehmen eine solche sinnvolle Stellungnahme durch Einsicht in die tatsächlich vorhandenen Informationen und Beweismittel zu ermöglichen.[616] Ihnen wird nach der ständigen Rechtsprechung die Möglichkeit gegeben, alle in der Ermittlungsakte befindlichen Dokumente und Informationen zu überprüfen und selbst zu bewerten.[617] Aussagen dazu, ob die Kommission bereits zu einem früheren Zeitpunkt zur Offenlegung einzelner Informationen verpflichtet werden kann, haben der europäische Gesetzgeber und auch die Unionsgerichte insoweit nicht getroffen.

3.2. Frühe Offenlegung von key documents

Andererseits ist der Kommission die frühe Offenlegung von Schlüsseldokumenten nicht unbekannt. So hat sie mit der – jedoch freiwilligen – Offenlegung sog. *key documents* in der FKVO bereits eine ähnliche Vorgehensweise eingeführt.[618] Denn auch in Fusionskontrollverfahren besteht das Recht auf Akteneinsicht und Anhörung erst nach Erlass der Mitteilung der Beschwerdepunkte.[619] Die Kommission

---

commission/presscorner/detail/en/MEMO_08_297) und *Qualcom* (Pressebericht zur Einstellung abrufbar unter https://ec.europa.eu/commission/presscorner/detail/en/MEMO_09_516).

614 Zur entgegenstehenden Meinung der Rechtsprechung siehe Nachweise in Fn. 607.

615 Gey/Schwedler, in: Kamann/Ohlhoff/Völcker, Kartellverfahren und Kartellprozess, 2017, § 10 Rn. 85 f.

616 EuG, Urt. v. 27.09.2012, T-343/06 (Rn. 83), ECLI:EU:T:2012:478 – Shell Petroleum.

617 EuG, Urt. v. 12.07.2018, T-441/14 (Rn. 67 m.w.N.), ECLI:EU:T:2018:453 – Brugg Kabel EuG, Urt. v. 27.09.2012, T-343/06 (Rn. 82 f.), ECLI:EU:T:2012:478 – Shell Petroleum.

618 Vgl hierzu DG Competition, Best Practices on the conduct of EC merger proceedings v. 20.10.2004, Rn. 45 ff.

619 Vgl. Art. 18 Abs. 3 S. 2 FKVO; Art. 17 DVO-FKVO. Siehe zur rechtlichen Bewertung und Zulässigkeit der Beschränkung dieser Rechte in den frühen Verfahrensabschnitten u.a. Kellerbauer, in: Berg/Mäsch, Kartellrecht, 3. Aufl. 2018, Art. 18 FKVO Rn. 9

hat insoweit jedoch das Informationsbedürfnis anerkannt, dass die Parteien bereits in früheren Phasen der Verfahren haben. So weist sie in ihren Leitlinien über bewährte Praktiken ausdrücklich auf die Vorteile eines (frühen) offenen Meinungsaustausches hin.[620] Hierzu verpflichtet sich die Kommission selbst, den anmeldenden Parteien die Möglichkeit zu geben, die sog. Schlüsseldokumente des Verfahrens zu sichten und zu kommentieren.[621] Unter Schlüsseldokumenten sind dabei die Dokumente zu verstehen, die für das Verfahren von ausschlaggebender Bedeutung sind oder sein können.[622]

In der Praxis identisch kann – wie oben dargelegt – auch bei Ermittlungen unter der VO 1/2003 bereits in frühen Stadien des Verfahrens ein Interesse am Zugang zu bestimmten Dokumenten bestehen. Es ist zuzugestehen, dass sich die Kommission von der Offenlegung ihrer *key documents* im Rahmen des Fusionskontrollverfahrens wohl schwerpunktmäßig eine verbesserte und damit beschleunigte Aufklärung des zu beurteilenden Sachverhalts verspricht.[623] Die zeitliche Vorverlegung der Beurteilungsmöglichkeit wichtiger Dokumente dient neben der Ermittlungseffizienz allerdings auch der Erhöhung der Transparenz des Verfahrens sowie der Stärkung der Verteidigungsrechte der Beteiligten.[624] Dieser Wunsch nach offenem Austausch sowie die Verhinderung willkürlicher oder zumindest den Eindruck von Willkür erweckender Entscheidungen besteht in Kartellverfahren jedoch in gleicher Weise wie in Fusionskontrollverfahren.

3.3. Einführung von Vertraulichkeiten

Bestehen Bedenken an der Offenlegung besonders „heikler" oder vertraulicher Informationen und Dokumente, so könnte die Wirkung der Offenlegung über die Eingrenzung des berechtigten Personenkreises und die Abgabe von Geheimhaltungserklärungen abgeschwächt werden.

Auch derartige Vorgehensweisen sind in der Praxis der Kommission nicht unbekannt. So wird zur Einsicht in vertrauliche Informationen regelmäßig ein

---

sowie Ablasser-Neuhuber, in: LMRKM, Kartellrecht, 4. Aufl. 2020, Art. 18 FKVO Rn. 14 f., 26.

620 DG Competition, Best Practices on the conduct of EC merger proceedings v. 20.01.2004, Rn. 45 („*DG Competition believes in the merits of an open exchange of views with ample opportunities for the notifying parties and third parties to make their points of view known throughout the procedure.*").

621 DG Competition, Best Practices on the conduct of EC merger proceedings v. 20.01.2004, Rn. 45.

622 Vgl. Kellerbauer, in: Berg/Mäsch, Kartellrecht, 3. Aufl. 2018, Art. 18 FKVO Rn. 9

623 DG Competition, Best Practices on the conduct of EC merger proceedings v. 20.10.2004, Rn. 45.

624 Dittert, in: Groeben/Schwarze/Hatje, Europäisches Unionsrecht, 7. Aufl. 2015, VO (EG) 139/2004 Art. 18 Rn. 25.

sog. Datenraum-Verfahren genutzt.[625] Hiernach können vertrauliche Informationen in einem in den Diensträumen der Kommission eingerichteten physischen Datenraum unter der Aufsicht eines Kommissionsbediensteten eingesehen werden. Berechtigt zur Einsichtnahme sind regelmäßig die externen juristischen und/oder ökonomischen Berater eines betroffenen Unternehmens. Sie werden zur Verschwiegenheit verpflichtet.

Während der Einsichtnahme ist eine Kommunikation nach außen strengstens untersagt. Ebenso ist die Erstellung von Kopien, Aufzeichnungen oder Zusammenfassungen der eingesehenen Dokumente unzulässig. Es wird den Einsichtnehmenden in der Regel erlaubt, einen Abschlussbericht zu erstellen. Dessen Inhalt wird vor Verlassen des Raumes von den Kommissionsmitarbeitern kontrolliert.[626] Die eingesehenen Informationen dürfen nur dann zur Verteidigung des Mandanten genutzt werden, wenn sichergestellt wird, dass keine vertraulichen Informationen offengelegt werden.[627] In diesem Sinne richtete die Kommission im Fusionskontrollverfahren *UPS/TNT-Express* aus Gründen der Vertraulichkeit Datenräume zugunsten externer Anwälte ein.[628] In Sachen *GE/Instrumentarium* wurde den von den anmeldenden Parteien beauftragten ökonomischen Gutachtern die Berechtigung zur Einsichtnahme erteilt.[629] Auch in gerichtlichen Verfahren vor dem EuG wurde die Offenlegung von Indizien zur Begründung eines Anfangsverdachts bereits über sog. in-camera Verfahren ermöglicht.[630]

---

625 Siehe für die nachfolgende Darstellung des Verfahrens beispielhaft Europäische Kommission, Bekanntmachung der Kommission über bewährte Vorgehensweisen in Verfahren nach Artikel 101 und 102 des AEUV v. 20.10.2011, Rn. 97.

626 Vgl. für die VO 1/2003 Europäische Kommission, Bekanntmachung der Kommission über bewährte Vorgehensweisen in Verfahren nach Artikel 101 und 102 des AEUV v. 20.10.2011, Rn. 97. Siehe zur Umsetzung Komm., E. v. 27.03.2017 (COMP/M.7932, Rn. 30 f.) – Dow/DuPont.

627 Kellerbauer, Das neue Mandat des Anhörungsbeauftragten für EU-Wettbewerbsverfahren, EuZW 2013, 10, 12.

628 Vgl. Abschlussbericht des Anhörungsbeauftragten v. 24.01.2013, COMP/M.6570 (Rn. 3 ff.) – UPS/TNT Express.

629 Komm., E. v. 02.09.2003 (COMP/M.3083) GE/Instrumentarium. Siehe hierzu auch Völcker, in: Frankfurter Kommentar Kartellrecht, 93. Aufl. 2020, Art. 11 FKVO Rn. 12 und Ablasser-Neuhuber, in: LMRKM, Kartellrecht, 4. Aufl. 2020, Art. 18 FKVO Rn. 29.

630 So jüngst in einem Verfahren vor dem EuG, in dem über das Vorhandensein ausreichender Indizien zum Nachweis bzw. der Ermittlung eines vermuteten Kartellverstoßes gestritten wurde. Insoweit wurde den externen Anwälten der Klägerseite – ebenfalls nach Unterzeichnung eine Vertraulichkeitsverpflichtung – gestattet die in Frage stehenden Informationen in einem „in camera“-Verfahren bei EuG zu begutachten, vgl. hierzu EuG, Urt. v. 14.03.2014, T-296/11 (Rn. 41 f.), ECLI:EU:T:2014:121 – Cementos Portland.

Derartige Mechanismen zum Schutz der Ermittlungstätigkeit der Kommission lassen sich ohne Weiteres auch auf die hier in Rede stehende Offenlegung sog. Schlüsselindizien im Voruntersuchungsverfahren nach der VO 1/2003 übertragen. Die juristischen und ökonomischen Berater der Auskunftsadressaten können so in die Lage versetzt werden, die vorliegenden Indizien sowie die von der Kommission hieraus gezogenen Schlussfolgerungen während des laufenden Kommissionsverfahrens vertraulich zu überprüfen.

Einer Offenlegung kann auch nicht die besondere Schutzbedürftigkeit der Informationen entgegengehalten werden. Zwar sind die Ermittlungsabsichten und Vorgehensweisen der Kommission unwidersprochen von besonderer Bedeutung für die Effektivität der Ermittlungen und ihre Geheimhaltung schützenswert. Anders, aber nicht weniger schützenswert sind jedoch auch die Informationen, die in der bisherigen Übung zum Gegenstand der Datenraumverfahren gemacht wurden.[631] Hierbei handelt es sich regelmäßig um Geschäftsgeheimnisse oder sonstige wettbewerbsrechtlich hoch sensiblen Informationen der Ermittlungsadressaten.[632] Dies können Daten und Informationen von Kunden oder Lieferanten, regelmäßig aber auch von direkten Wettbewerbern sein. Deren Weitergabe oder auch nur Offenlegung kann die Unternehmen empfindlich schädigen.[633] Nutzen Wettbewerber die Geschäftsgeheimnisse, droht der Verlust eines möglichen Wettbewerbsvorteils. Gerade bei einer weitreichenden Informationsoffenlegung oder bei kleineren Unternehmen kann dies eine Existenzbedrohung darstellen.[634] Es ist daher anerkannt, dass dem Schutz von Geschäftsgeheimnissen ein besonders hoher Stellenwert zukommt.[635] So ist die Pflicht zur Wahrung von Geschäftsgeheimnissen nicht

---

631 Siehe in den vorangegangenen Absätzen unter dieser Überschrift.

632 Siehe zum Datenraum-Verfahren Kellerbauer, in: Groeben/Schwarze/Hatje, Europäisches Unionsrecht, 7. Aufl. 2015, VO (EG) 1/2003 Art. 27 Rn. 24.

633 Die verursachten Schäden zeichnen sich nicht nur dadurch aus, dass sie nur schwer zu identifizieren und quantifizieren sind, sondern auch durch ein hohes Maß an Irreparabilität, vgl. Wirtz, in: Immenga/Mestmäcker/Körber, Wettbewerbsrecht, 6. Aufl. 2019, Art. 28 VO 1/2003 Rn. 19.

634 Göttlinger, Auskunftsrechte der Kommission im Recht der EU, 2013, S. 323.

635 Vgl. EuG, Urt. v. 30.05.2006, T-198/03 (Rn. 29 f.), ECLI:EU:T:2006:136 – Bank Austria und EuGH, Urt. v. 24.06.1986, C-53/85 (Rn. 28), ECLI:EU:C:1986:256 – Akzo Chemie u.a. Hierzu auch Kellerbauer, in: Groeben/Schwarze/Hatje, Europäisches Unionsrecht, 7. Aufl. 2015, VO (EG) 1/2003 Art. 27 Rn. 23 Der Vertraulichkeitsschutz hat dabei auch eine öffentlich-rechtliche Komponente. Nicht nur kann sich die Offenlegung derartiger Informationen direkt auf das Wettbewerbsgefüge des konkreten Marktes auswirken. Allein ein potentiell ungenügender Schutz vertraulicher Informationen kann auch die Bereitschaft zur Mitwirkung in künftigen Wettbewerbsverfahren (durch die zeitnahe und vollständige Auskunftserteilung und letztlich auch die Effektivität der Bonusregelungen) verringern. Siehe hierzu Kellerbauer, Das

nur mit Art. 28 VO 1/2003 und Art. 17 FKVO sekundärrechtlich, sondern auch über Art. 339 AEVU primärrechtlich verankert. Und trotz dieser hohen Schutzwürdigkeit und Schutzbedürftigkeit kann die Kommission beschränkte Einsichtsrechte in derartige Informationen gewähren.

Wird den juristischen und ökonomischen Beratern eines Unternehmens insoweit Vertrauen entgegengebracht, lässt sich kaum argumentieren, dass diese Vertrauenswürdigkeit in Bezug auf die Interessen der Kommission – trotz ähnlicher Schutzwürdigkeit – abweichend beurteilt werden sollte. Mit anderen Worten, stuft die Kommission die juristischen und ökonomischen Berater eines Unternehmens insoweit als vertrauenswürdig ein, dass ihnen gegenüber unter besonderen Voraussetzungen hochsensible Informationen offengelegt werden können, so muss dies unabhängig davon gelten, ob es sich um hochsensible Geschäftsgeheimnisse der Wettbewerber oder eben um Ermittlungsinteressen der Kommission handelt.

3.4. Beeinträchtigung der Ermittlungserfolge nicht zu befürchten

Schließlich muss die Offenlegung von Indizien auch nicht zwangsläufig zu der Befürchtung von Kommission und Unionsgerichten führen, dass die Unternehmen veranlasst werden könnten, über den der Kommission bereits vorliegenden Sachverhalt hinaus, Informationen zurückzuhalten oder gar zu vernichten.[636] Diese Möglichkeit besteht in der Tat. Dass die Offenlegung von Indizien eine solche Gefahr jedoch verstärkt, erscheint aus zwei Gründen eher theoretischer Natur.

Erstens kann und sollte die Kommission die Offenlegung von Indizien in Kartellverfahren auf die sog. Schlüsselindizien beschränken. Es ist nicht erforderlich, Einblick in sämtliche Unterlagen mit Verfahrensrelevanz zu gewähren. Die Indizien sind lediglich in einem solchen Umfang offenzulegen, dass sie den dargestellten Ermittlungsgegenstand stützen. Wird dies entsprechend an die Unternehmen kommuniziert, so besteht kein Grund zu der Annahme, dass der Tatverdacht der Kommission auf genau diese Anhaltspunkte oder Unterlagen beschränkt ist.

Zweitens hat die Offenlegung von Indizien die Aufgabe, die Hintergründe des Anfangs- bzw. Tatverdachts zu offenbaren. Es ist durchaus davon auszugehen, dass die betroffenen Unternehmen sich im Rahmen interner Ermittlungen selbst vom Vorliegen etwaiger Verstöße und sonstiger kartellrechtlich relevanter Verhaltensweisen in diesem und möglicherweise angrenzenden Bereichen überzeugen werden. Dies ist vor dem grundsätzlichen Interesse der Kommission an einer Kooperation der betroffenen Unternehmen auch wünschenswert. Regelmäßig

---

neue Mandat des Anhörungsbeauftragten für EU-Wettbewerbsverfahren, EuZW 2013, 10, 14.

636 Vgl. hierzu m.w.N. u.a. EuG, Urt. v. 08.07.2008, T-99/04 (Rn. 48 m.w.N.), ECLI:EU:T:2008:256 – AC-Treuhand, EuG, Urt. v. 25.11.2014, T-402/13 (Rn. 78), ECLI:EU:T:2014:991 – Orange sowie jüngst EuG, Urt. v. 20.06.2018, T-325/16 (Rn. 46), ECLI:EU:T:2018:368 – České dráhy.

beginnen derartige Aufarbeitungen von Sachverhalten innerhalb eines betroffenen Unternehmens jedoch nicht erst mit der Offenlegung der Indizien, sondern (spätestens) mit dem Erhalt der ersten Ermittlungsmaßnahme.[637] Zu dem Zeitpunkt, zu dem sich die Frage stellt, ob ausreichend Indizien für die Stützung der Verdachtsmomente vorliegen, sollte den Unternehmen der Tatverdacht bereits beschrieben und damit das grundsätzliche Ausmaß der gegen sie erhobenen Vorwürfe mitgeteilt worden sein. Würde eine Gefahr der Vernichtung von Unterlagen bestehen, so würde sie also mit der Mitteilung des Tatverdachts als solchem geschaffen, nicht durch den späteren Schritt der reinen Offenlegung der den Verdacht stützenden Indizien.

Es scheinen zwei Fälle denkbar, die eine abweichende Bewertung erforderlich machen könnten. Dies ist einmal die Situation, in der die Kommission den Tatverdacht bewusst auf einen Teilbereich dessen beschränkt, was ihr an Indizien vorliegt und die verbleibenden Verdachtsmomente quasi im Geheimen „mit"-ermittelt. Ob eine solche Untersuchungspraktik wirklich praxisrelevant ist, ist zweifelhaft. Wie oben dargelegt, beschränkt sich die Verwertungsbefugnis auf den Zweck der Ermittlungen. Sollten Informationen zu anderen Verdachtsmomenten mitermittelt werden, dürfte eine spätere Entscheidung hierauf – wenn überhaupt – nur unter erheblichem Argumentationsaufwand gestützt werden können. Eine zweite potentielle Situation wären Ermittlungsverfahren, in denen bewusst ein wenig umgrenzter Anfangsverdacht angegeben wird, anhand dessen es den betroffenen Unternehmen nicht möglich ist, den genauen Vorwurf abzuleiten. Erhält ein Unternehmen in solchen Situationen Zugang zu den vorliegenden Indizien, wäre es ihm möglich den Tatverdacht selbst zu konkretisieren und – falls vorhanden – darüberhinausgehende Beweismittel einzubehalten. Einer derartigen Vorgehensweise ist der Gerichtshof in seiner jüngeren Rechtsprechung jedoch unabhängig vom Vorliegen hinreichender Indizien deutlich entgegengetreten.[638]

Im Gegensatz hierzu kann in der Offenlegung von Schlüsselindizien auch eine Chance gesehen werden. Sie können die Kooperationsbereitschaft steigern, indem den betroffenen Unternehmen ersichtlich gemacht wird, dass die Ermittlungen begründet sind und die Kommission – anders als von manchen Unternehmen vielleicht vermutet – sich nicht auf einem „Streifzug" durch das Unternehmen befindet.

---

637 So geht auch GA Kokott davon aus, dass „in Kartellfällen stets mit der Beseitigung von Belastungsmaterial durch die beteiligten Unternehmen zu rechnen ist, <u>sobald</u> das Überraschungsmoment der <u>ersten</u> unangemeldeten Nachprüfung verpufft ist", vgl. Schlussanträge GA Kokott v. 03.04.2014 zu EuGH, Urt. v. 25.06.2014, C-37/13 (Rn. 61), ECLI:EU:C:2014:223 – Nexans u.a. (Hervorhebung hinzugefügt).

638 Siehe hierzu bereits ausführlich oben Teil 2, Kapitel 1, B.II.2.

C. Auskunftsersuchen im Rahmen von Sektoruntersuchungen

Auch Sektoruntersuchungen dienen im Allgemeinen der Wahrung und Einhaltung der Wettbewerbsvorschriften der Art. 101, 102 AEUV. Anders als im Rahmen von Kartellverfahren, bereitet die konkrete Zweckbestimmung von Auskunftsersuchen nach den Art. 17, 18 VO 1/2003 geringere Probleme. So stellt der Zweck der Sektoruntersuchung regelmäßig zugleich den Zweck der konkreten Ermittlungsmaßnahme dar.[639] Die inhaltliche Begründung der Auskunftsersuchen im konkreten Fall hängt sodann von der Definition des Wirtschaftszweiges oder der untersuchten Art der Vereinbarung ab. Konkreter Verdachtsmomente in Bezug auf einzelne Marktteilnehmer und spezifische Wettbewerbsverstöße bedarf es insoweit nicht.[640] Ausreichend ist eine begründete Annahme, dass die Adressaten Teil des zu untersuchenden Sektors sind. Zudem müssen hinreichende Anhaltspunkte dafür bestehen, dass die Auskunftsadressaten überhaupt im Besitz der angeforderten Auskünfte und diese geeignet sind, Informationen über mögliche Wettbewerbsbeschränkungen in diesem Sektor zu liefern.[641]

Die Kommission ist im Rahmen der Einleitung einer Sektoruntersuchung verpflichtet, den Untersuchungsgegenstand präzise zu beschreiben. Neben rechtlichen Merkmalen (Alleinvertrieb, Wettbewerbsverbote etc.) müssen marktbezogene Kriterien genannt werden (Produkte, Unternehmensgröße, räumliche Abgrenzungen der Märkte etc.).[642] Ist die Abgrenzung nicht eindeutig, so bedarf die Zuordnung eines Unternehmens zu diesem Sektor gegebenenfalls einer näheren Erläuterung. Selbiges muss gelten, sofern Zweifel daran bestehen, dass die geforderten Auskünfte den betroffenen Sektor oder die untersuchten Vereinbarungsarten betreffen.

Im Übrigen sind die Ausführungen zur zeitlichen und sachlichen Dynamik der Begründungspflicht auch im Rahmen der Sektoruntersuchungen anwendbar.[643] Je weiter der Umfang des Auskunftsersuchens wird und je weiter fortgeschritten die Untersuchung ist, umso präziser müssen auch die an die Begründung eines Auskunftsersuchens zu stellenden Anforderungen werden.

---

639 Vgl. Miersch, in: Dahlheimer/Feddersen/Miersch, EU-Kartellverfahrensverordnung, 2005, Art. 17 VO 1/2003 Rn. 9. So u.a. auch Barthelmeß/Rudolf, in: LMRKM, Kartellrecht, 4. Aufl. 2020, Art. 17 VO 1/2003 Rn. 10.

640 Statt aller Burrichter/Hennig, in: Immenga/Mestmäcker, EU-Wettbewerbsrecht, 5. Aufl. 2012, Art. 17 VO 1/2003 Rn. 33 m.w.N.

641 Sule, in: Groeben/Schwarze/Hatje, Europäisches Unionsrecht, 7. Aufl. 2015, VO (EG) 1/2003 Art. 17 Rn. 24; Bechtold/Bosch/Brinker (Hrsg.), EU-Kartellrecht, 3. Aufl. 2014, Art. Art. 17 VO 1/2003.

642 Statt aller Miersch, in: Dahlheimer/Feddersen/Miersch, EU-Kartellverfahrensverordnung, 2005, Art. 17 VO 1/2003 Rn. 6.

643 Siehe hierzu ausführlich Teil 2, Kapitel 1, B.II.4.

D. Auskunftsersuchen im Rahmen von Fusionskontrollverfahren

I. Die Zweckbestimmung der Auskunftsrechte

Die FKVO dient vorrangig dem Schutz des Europäischen Wettbewerbs vor negativen Folgen, die durch Zusammenschlüsse von Marktteilnehmern hervorgerufen werden können.[644] Über die Reglementierungen des zusammenschlussbedingten Unternehmenswachstums sollen kompetitive Marktstrukturen und damit das Bestehen von Innovation, Vielfalt und Preiswettbewerb erhalten werden.[645]

Hinsichtlich des Zwecks eines Auskunftsersuchens im konkreten Fall ist nach dem Zweck der Ermittlung zu spezifizieren. Hauptzweck der Ermittlungshandlungen unter der FKVO ist die materielle Prüfung eines angemeldeten Zusammenschlussvorhabens sowie die diesbezügliche Erlangung von Tatsachen und Informationen. Aber auch die Prüfung von Verweisungen, die Untersuchung potentieller Verstöße gegen das Vollzugsverbot oder die Einhaltung und Beachtung von Verpflichtungszusagen fallen in das Aufgabenspektrum der Kommission, zu deren Wahrnehmung sie auf die Auskunftserteilung durch die Parteien des Zusammenschlussvorhabens oder Dritte zurückgreifen kann.

II. Anforderungen an die Substantiierung der Zweckangabe

Das erforderliche Maß der Begründung eines Auskunftsersuchens muss sich an der Art des hiermit verfolgten Zwecks ausrichten. Grundsätzlich ist insoweit zwischen der Überprüfung eines Zusammenschlusses auf seine Vereinbarkeit mit dem Binnenmarkt und einem (potentiellen) Verstoß gegen eine sanktionsbewährte Pflicht zu unterscheiden. Während die Untersuchung der Vereinbarkeit eines Vorhabens mit dem gemeinsamen Markt, also seine Freigabefähigkeit, für die Verfahrensbeteiligten und in deren Interesse erfolgt, richten sich Ermittlungen von etwaigen Verstößen gegen die verfahrensrechtlichen Vorschriften der FKVO gegen die Verfahrensbeteiligten.

Der Situation bei Kartellverfahren entsprechend zielen derartige Untersuchungen auf die Aufdeckung und ggf. Bebußung von Fehlverhalten ab. Das Unternehmen rückt von der Rolle des Antragsstellers zum Beschuldigten. Es besteht bei der Verfolgung derartiger Zwecke eine erhebliche Nähe und Vergleichbarkeit zur Zweckverfolgung bei Kartellverfahren. Will die Kommission außerhalb der Untersuchung des Zusammenschlusses die Einhaltung der Vorgaben der FKVO prüfen und die entsprechenden Tatsachen per Auskunftsersuchen einholen, so darf sie dies – den Voraussetzungen kartellverfahrensrechtlicher Ermittlungen entsprechend – nur bei Vorliegen diesbezüglicher Anhaltspunkte. Die für Kartellverfahren

---

644 Mäger, Europäisches Kartellrecht, 2. Aufl. 2011, 8. Kapitel: Fusionskontrolle Rn. 1 f.

645 Kellerbauer, in: Berg/Mäsch, Kartellrecht, 3. Aufl. 2018, Vorbemerkung FKVO Rn. 1.

dargelegten Kriterien für die Erforderlichkeit eines Anfangsverdachts und dessen Darstellung in den Auskunftsersuchen greifen in gleichem Maße.[646] Insoweit sind auch die obigen Aussagen zur Präzisierung dieses Verdachts übertragbar. So müssen der Kommission im Anwendungsbereich des Art. 14 FKVO konkrete Anhaltspunkte dafür vorliegen, dass die Parteien beispielsweise gegen das Vollzugsverbot nach Art. 7 Abs. 1 FKVO verstoßen oder innerhalb des Prüfverfahrens falsche Angaben gemacht haben.[647] Diese sind in dem Auskunftsersuchen konkret zu nennen und erforderlichenfalls über die Offenlegung von Indizien zu stützen.

Ermittelt die Kommission hingegen im Zusammenhang mit der Freigabefähigkeit eines Zusammenschlussvorhabens, so ist üblicherweise der Verweis auf die Prüfung des Zusammenschlusses nach Maßgabe der Kriterien des Art. 2 Abs. 1 FKVO als Begründung eines Auskunftsersuchens ausreichend.[648] Die Kommission beschränkt sich regelmäßig auf äußerste knappe, meist lediglich den Wortlaut der Ermächtigungsgrundlage wiedergebende Ausführungen. Vor dem Hintergrund der jüngst ergangenen Entscheidung des EuGH in *HeidelbergCement* und den hierdurch gestrafften Anforderungen an die Begründungspflicht der Kommission erscheint es fraglich, ob diese Praxis in dieser Form aufrechterhalten werden kann. Zwar erging die Entscheidung zu einer Auskunftsentscheidung nach Art. 18 Abs. 3 VO 1/2003 im Rahmen der Ermittlung vermeintlich materiell-rechtlicher Wettbewerbsverstöße. Aus Gründen der Rechtssicherheit und zur Verhinderung willkürlicher Entscheidungen sind die vom EuGH herausgearbeiteten Grundsätze jedoch auf Auskunftsersuchen nach Art. 11 FKVO innerhalb der laufenden Prüfung des Zusammenschlussvorhabens übertragbar.[649] Für die fusionskontrollrechtliche Praxis der Kommission muss dies bedeuten, dass sie den Zweck eines Auskunftsersuchens präzisieren und an den Einzelfall anpassen muss. Die Begründung der Auskunftsersuchen nach Art. 11 FKVO müssen sich – zumindest mit zeitlichem Fortschritt des Verfahrens und steigendem Umfang der bereits eingeholten Informationen – stetig konkretisieren.[650]

646 Siehe Kellerbauer, in: Berg/Mäsch, Kartellrecht, 3. Aufl. 2018, Art. 11 FKVO Rn. 22 oder Göttlinger, Auskunftsrechte der Kommission im Recht der EU, 2013, S. 263.

647 York von Wartenburg, in: LMRKM, Kartellrecht, 4. Aufl. 2020, Art. 13 FKVO Rn. 12 f.

648 Vgl. Kellerbauer, in Berg/Mäsch, Deutsches und Europäisches Kartellrecht, 3. Aufl. 2018, Art. 2 FKVO, Rn. 1.

649 So ist nicht nur der Wortlaut der beiden Normen identisch. Auch die hinter der genannten Pflicht der Kommission zur Angabe des verfolgten Zwecks entsprechen sich. Siehe hierzu Wilson, Document requests in complex EU merger cases, ZWeR 2017, 146, 151.

650 Siehe hierzu oben Teil 2, Kapitel 1, B.II.4.

Zwischenergebnis

Die Frage nach der Begründung des Anfangsverdachts und der diesem Verdacht zugrundeliegenden Indizien hat bisher wenig Beachtung gefunden. Aufgrund ihrer überragenden Bedeutung als Grundlage für die Bewertung der Verhältnismäßigkeit ist es jedoch besonders wichtig, bereits an dieser Stelle eine präzise (Über) Prüfung vorzunehmen. Insbesondere ist es erforderlich, die Frage des Anfangsverdachts und seiner Begründung anhand von dynamischen Maßstäben zu bewerten. Aus den obigen Erwägungen lässt sich ein Dreischritt ableiten, an dem sich die inhaltliche Kontrolle des verfolgten Anfangsverdachts – und letztlich auch vorgelagert die Bewertung durch die Kommission – ausrichten sollte: Stellt der zu untersuchende Anfangsverdacht (1) einen tauglichen und hinreichend bestimmten legitimen Zweck dar, ist er (2) in dem Auskunftsersuchen ausreichend deutlich dargelegt und liegen (3) ernsthafte Indizien vor, die die Annahme seines Vorliegens rechtfertigen können.

Die hinter dem Anfangsverdacht stehenden Indizien sollten, wenn auch nur für einen begrenzten Personenkreis, auch bereits im laufenden Ermittlungsverfahren kontrolliert werden können. Eine Einsichtnahme im Rahmen der Akteneinsicht oder sogar erst im Rahmen einer späteren gerichtlichen Kontrolle ist aufgrund ihrer besonderen Bedeutung und zur Wahrung der Verteidigungsrechte nicht ausreichend.

Über eine verstärkte Kontrolle des Anfangsverdachts und der zugrundeliegenden Indizien kann – wie dies momentan im Bereich der unionsgerichtlichen Rechtsprechung zu beobachten ist – eine strengere Kontrolle der Ermittlungen der Kommission vorgenommen werden, ohne dass dies zu einer zu starken Beschränkung ihres weiten Ermittlungsermessens führt. Die hieraus resultierende nur beschränkte gerichtliche Kontrolle der Erwägungen der Verhältnismäßigkeit wird hierdurch nicht berührt. Es steht nach wie vor im Ermessen der Kommission zu beurteilen, welche Informationen für die Durchführung der Ermittlungen und Bewertung des untersuchten Verhaltens erforderlich sind.

Zweites Kapitel: Die Geeignetheit des Kommissionshandels

Die Geeignetheit betrifft das Verhältnis zwischen dem eingesetzten Mittel und dem verfolgten Ziel. Ein Auskunftsersuchen ist geeignet, wenn der mit ihm verfolgte legitime Zweck erreicht, gewährleistet oder zumindest erleichtert werden kann.[651] Anders ausgedrückt ist eine angeforderte Auskunft geeignet, wenn ohne sie der Nachweis der Zuwiderhandlung oder die Prüfung des geplanten Zusammenschlussvorhabens *„nicht möglich oder erheblich erschwert"* wäre.[652] Dies gilt unabhängig davon, in welchem kartellrechtlichen Rahmen das Auskunftsersuchen erlassen wird.

Sollte eine Maßnahme nicht als geeignetes Mittel in Betracht kommen, so darf sie auf zweiter Stufe auch nicht im Rahmen der Erforderlichkeit in die Bewertung der „gleich geeigneten" Mittel eingestellt werden. Die Geeignetheit ist der erste Teilaspekt der Verhältnismäßigkeit und in gewisser Weise eine Vorstufe der Erforderlichkeit. Dementsprechend wird sie im Rahmen der Untersuchung vorab und unabhängig von der Erforderlichkeit erörtert, auch wenn beide Aspekte in der Praxis oftmals zu einem Prüfungsschritt zusammengezogen werden.

A. Das Erfordernis eines Zusammenhangs

Die Geeignetheit eines Auskunftsersuchens bestimmt sich nach dem Zweck der jeweiligen Maßnahme, also der Aufklärung des konkreten Verdachts eines Gesetzesverstoßes, der Durchleuchtung eines Sektors bzw. Wirtschaftszweigs oder der Bewertung eines beabsichtigten Zusammenschlussvorhabens auf seine Vereinbarkeit mit dem Binnenmarkt.[653] Zwischen dem Zweck und den angeforderten Auskünften muss ein Zusammenhang bestehen.[654] Dieser ist offensichtlich im Falle eines unmittelbaren Kausalzusammenhangs zwischen Auskunft und Zweck zu

651 Vgl. EuGH, Urt. v. 21.12.2011, C-28/09 (Rn. 125), ECLI:EU:C:2011:854 – Kommission/Österreich. In EuG, Urt. v. 25.11.2014, T-402/13 (Rn. 25), ECLI:EU:T:2014:991 – Orange wurde die Geeignetheit als *„Fähigkeit, die verfolgten Ziele zu verwirklichen"* definiert. Siehe auch Schwarze, Dimensionen des Rechtsgrundsatzes der Verhältnismäßigkeit, in: Ipsen (Hrsg.), Europa im Wandel – Festschrift für Hans-Werner Rengeling, S. 637.

652 Vgl. EuGH, Urt. v. 22.10.2002, C-94/00 (Rn. 75), ECLI:EU:C:2002:603 – Roquette Frères.

653 Siehe hierzu oben Teil 2, Kapitel 1 B.I. sowie C. und D.

654 Vgl. statt vieler Miersch, in: Grabitz/Hilf, Das Recht der Europäischen Union, 40. Aufl. 2010, Vorb. Art. 17 VO 1/2003 Rn. 14.

bejahen.[655] Für die weit überwiegenden Fälle wird sich die Relevanz der angeforderten Auskünfte für eine Untersuchung jedoch nicht mit einer derartigen Deutlichkeit ergeben. Bereits früh war daher die Frage, welchen Anforderungen der Zusammenhang in diesen sonstigen Fallkonstellationen genügen muss, Gegenstand der unionsgerichtlichen Rechtsprechung.

Während das EuG in Sachen *SEP* noch davon ausging, dass der Zusammenhang dann ausreichend eng sei, wenn *„hinreichende Gründe für die Annahme einer Beziehung"* zwischen den beiden sprechen,[656] sah die zweite Instanz den Rechtfertigungsdruck der Kommission höher: Generalanwalt Jacobs erklärte die vom EuG gewählte Definition des Zusammenhangs in seinen Schlussanträgen für deutlich zu weit. Eine bloße Beziehung, wie vom EuG gefordert, reiche nicht aus, um die Anforderung der Auskünfte zu rechtfertigen.[657] Vielmehr verlangte er einen qualifizierten Zusammenhang. Den angeforderten Auskünften müsse für die Verfolgung des Zwecks bei vernünftiger Betrachtung ein Nutzen zukommen.[658] Der EuGH folgte dieser Argumentation.[659] In ständiger Rechtsprechung wird einem kartellrechtlichen Auskunftsersuchen seitdem ein hinreichend enger Zusammenhang zum verfolgten Zweck zugesprochen, wenn

> *„Grund zu der Annahme besteht, dass das Verlangen eine Beziehung zu der vermuteten Zuwiderhandlung in dem Sinne aufweist, dass die Kommission vernünftigerweise davon ausgehen kann, dass ihr das Dokument bei der Feststellung, ob die behauptete Zuwiderhandlung vorliegt, nützen wird."*[660]

655 Jungermann, in: Frankfurter Kommentar Kartellrecht, 93. Aufl. 2020, Art. 18 VO 1/2003 Rn. 9. So auch bereits Schlussanträge GA Jacobs v. 15.12.1993 zu EuGH, Urt. v. 19.05.1994, C-36/92 (Rn. 23), ECLI:EU:C:1993:928 – SEP.

656 EuG, Urt. v. 12.12.1991, T-39/90 (LS 1, Rn. 29), ECLI:EU:T:1991:71 – SEP.

657 Schlussanträge GA Jacobs v. 15.12.1993 zu EuGH, Urt. v. 19.05.1994, C-36/92 (Rn. 21), ECLI:EU:C:1993:928 – SEP.

658 Schlussanträge GA Jacobs v. 15.12.1993 zu EuGH, Urt. v. 19.05.1994, C-36/92 (Rn. 21), ECLI:EU:C:1993:928 – SEP.

659 EuGH, Urt. v. 19.05.1994, C-36/92 (Rn. 21), ECLI:EU:C:1994:205 – SEP.

660 EuG, Urt. v. 22.03.2012, T-458/09 u.a. (Rn. 42), ECLI:EU:T:2012:145 – Slovak Telekom (Hervorhebung hinzugefügt). Nahezu wortgleich EuG, Urt. v. 14.03.2014, T-302/11 (Rn. 52), ECLI:EU:T:2014:128 – HeidelbergCement.

Indizien für eine solche Nützlichkeit können sich insbesondere aus der Nähe zwischen der angeforderten Information und dem Untersuchungsgegenstand ergeben.[661] Die Indizwirkung muss dabei umso größer sein, umso näher Auskunft und Zweck inhaltlich und zeitlich zusammenliegen.[662]

B. Die Grenze der offensichtlichen Ungeeignetheit

Die Überprüfung der Geeignetheit einer Maßnahme durch die Unionsgerichte wird im Allgemeinen sehr zurückhaltend vorgenommen. So sind Auskünfte in der Regel erst dann ungeeignet, wenn sie offensichtlich weder unmittelbar noch mittelbar dazu beitragen können, den verfahrensgegenständlichen Ermittlungszweck zu ermöglichen.[663]

I. Allgemeine Bestimmungen

Die Kommission entscheidet – mit entsprechender Billigung durch die Unionsgerichte – zunächst selbst, welche Auskünfte und Informationen sie für die Untersuchung des jeweiligen Zwecks als geeignet erachtet.[664] Wie oben bereits ausgeführt, kommt ihr insoweit ein weites Ermessen zu. Um der größeren Sachnähe der Kommission gerecht zu werden, beschränken die Unionsgerichte ihre Überprüfung des erforderlichen Zusammenhangs sodann in aller Regel auf eine Evidenzkontrolle.[665] Ausreichend für die Geeignetheit eines Auskunftsersuchens sei danach *„die Feststellung, daß die Maßnahme bei ihrem Erlaß nicht als offensichtlich ungeeignet zur Verwirklichung des angestrebten Ziels“* erscheint.[666]

Maßgebliche Sichtweise für die Bewertung ist die Einschätzungsmöglichkeit der Kommission zum Zeitpunkt des Erlasses des Auskunftsersuchens. Es kommt

---

661 So im Ergebnis wohl auch Miersch, in: Dahlheimer/Feddersen/Miersch, EU-Kartellverfahrensverordnung, 2005, Art. 18 VO 1/2003 Rn. 6 unter Verweis auf Schlussanträge GA Jacobs v. 15.12.1993 zu EuGH, Urt. v. 19.05.1994, C-36/92 (Rn. 22), ECLI:EU:C:1993:928 – SEP.

662 Vgl. EuG, Urt. v. 12.12.1991, T-39/90 (Rn. 32), ECLI:EU:T:1991:71 – SEP, in welcher der Zusammenhang zwischen der untersuchten Zuwiderhandlung und dem angefragten Dokument u.a. mit der zeitlichen Nähe zueinander begründet wurde.

663 Vgl. u.a. EuG, Urt. v. 12.12.1991, T-39/90 (LS 1, Rn. 25), ECLI:EU:T:1991:71 – SEP und EuG, Urt. v. 08.03.1995, T-34/93 (LS 1, Rn. 40), ECLI:EU:T:1995:46 – Société Générale.

664 EuGH, Urt. v. 18.05.1982, C-155/79 (Rn. 17), ECLI:EU:C:1982:157 – AM & S Europe.

665 Ähnlich EuGH, Urt. v. 11.03.1987, verb. Rs. C-279/84, 280/84, 285/84 und 286/84. (Rn. 34), ECLI:EU:C:1987:119 – Rau Lebensmittelwerke u.a. sowie EuGH, Urt. v. 11.07.1989, Rs. 265/87 (Rn. 22), Slg. 1989, 2237 – Schräder/Hauptzollamt Gronau.

666 Kischel, Die Kontrolle der Verhältnismäßigkeit durch den EuGH, EuR 2000, 380, 386 (Hervorhebung hinzugefügt).

nicht darauf an, wie sich die Ungeeignetheit nach Abschluss des Verfahrens bzw. zum Zeitpunkt der gerichtlichen Entscheidung darstellt.[667] So wurde ein hinreichender Zusammenhang und damit die Geeignetheit sogar solcher Informationen bejaht, die weit vor dem Zeitpunkt der Untersuchung lagen.[668] Eine ausreichende Nähe der angefragten Informationen könne sich daraus ergeben, dass die zeitlich, sachlich oder räumlich außerhalb des Zuständigkeitsbereichs der Kommission liegenden Informationen für ein späteres, in den Zuständigkeitsbereich der Kommission fallendes Verhalten Rückschlüsse geben könnten.[669] Die Kommission kann einem Auskunftsersuchen selbst dann noch die Geeignetheit zusprechen, wenn die nationalen Behörden bereits identische Ermittlungen durchgeführt und eine (möglicherweise sogar widersprüchliche) Entscheidung getroffen haben.[670] Bei der Ausübung ihres weiten Ermessens, ob und in welcher Weise eine Ermittlung durchgeführt wird, ist die Kommission nach ständiger Rechtsprechung nicht an die Bewertung der nationalen Behörden gebunden.[671]

Ein solch weites Ermessen ist nicht ungewöhnlich. Es ist in den meisten Bereichen wirtschaftlich komplexer Materien vorgesehen, die einen Spielraum für den Einzelfall erfordern und gerade keiner umfassenden Regelungsdichte unterworfen sind.[672] Aufgabe der offensichtlichen Ungeeignetheit

667 EuGH, Urt. v. 21.02.1990, C-267/88 (Rn. 14), ECLI:EU:C:1990:79 – Wuidart u.a. So auch Kischel, Die Kontrolle der Verhältnismäßigkeit durch den EuGH, EuR 2000, 380, 386.

668 Ohne Relevanz war sogar, dass der Kommission für diesen frühen Zeitpunkt nicht einmal die Zuständigkeit zur Verurteilung etwaiger Verstöße gegen Art. 101, 102 AEUV zukam, vgl. EuG, Urt. v. 22.03.2012, T-458/09 u.a. (Rn. 46), ECLI:EU:T:2012:145 – Slovak Telekom.

669 Auch insoweit sei es für die Geeignetheit ausreichend, dass die Auskünfte Rückschlüsse auf das Funktionieren des Kartells im Gesamten und seine Wirkungen auf den bzw. im Europäischen Markt ermöglichen können, vgl. Schlussanträge GA Kokott v. 03.04.2014 zu EuGH, Urt. v. 25.06.2014, C-37/13 (Rn. 65 f.), ECLI:EU:C:2014:223 – Nexans u.a.

670 EuGH, Urt. v. 14.12.2000, C-344/98 (Rn. 48), ECLI:EU:C:2000:689 – Masterfoods und HB.

671 Zur Durchführung eines Auskunftsersuchens EuG, Urt. v. 25.11.2014, T-402/13 (Rn. 27), ECLI:EU:T:2014:991 – Orange sowie allgemein EuG, Urt. v. 10.04.2008, T-271/03 (Rn. 120), ECLI:EU:T:2008:101 – Deutsche Telekom.

672 Vgl. Schwarze, Europäisches Verwaltungsrecht (Band II), 1988, S. 833. Beispielhaft genannt werden kann insoweit die unionsrechtliche Agrarpolitik. Auch hier wird den Unionsorganen im Allgemeinen und gerade in Bezug auf Fragen der Geeignetheit der Ausübung ihrer Zuständigkeiten ein erhebliches Maß an Entscheidungsspielraum zugestanden, siehe beispielhaft EuGH, Urt. v. 21.02.1990, C-267/88 (Rn. 14), ECLI:EU:C:1990:79 – Wuidart u.a.

ist es letztlich auch nur, Extremfälle bereits auf der ersten Prüfungsebene auszusortieren.[673]

II. Der Maßstab der Offensichtlichkeit

Wie sich der Maßstab der Offensichtlichkeit im Rahmen der Bewertung der (Un) Geeignetheit bestimmt, wird innerhalb der unionsgerichtlichen Rechtsprechung nicht weiter konkretisiert. Eine Differenzierung zwischen den einzelnen kartellrechtlichen Auskunftsbefugnissen nach Art. 17, 18 VO 1/2003 und Art. 11 FKVO erscheint nicht zwingend. Es handelt sich unterschiedslos um die Beurteilung komplexer Sachverhalte unter Einbeziehung anspruchsvoller prognostischer Bewertungen. Korrektiv und wesentliches Merkmal zur Begrenzung des Ermittlungsermessens stellen in all diesen Fällen die Prüfungspunkte der Erforderlichkeit und Angemessenheit dar.[674]

Bei einer sorgfältigen Umschreibung des verfolgten Zwecks und der konkret angeforderten Informationen, dürfte es der Kommission daher keine großen Schwierigkeiten bereiten, den von den Unionsgerichten geforderten Nützlichkeitszusammenhang darzulegen. Es ist jedoch darauf zu achten, dass die Offensichtlichkeit als äußerste Grenze der Geeignetheit behandelt und streng eingehalten wird. Zwar ist die Kommission bei ihren Wertungen innerhalb der Geeignetheit weitgehend frei. Hinsichtlich der Offensichtlichkeit und der Überschreitung der diesbezüglichen Grenzen, sollte sie jedoch objektivierbaren und kontrollierbaren Maßstäben zur Vereinheitlichung ihrer diesbezüglichen Abwägungsprozesse unterworfen werden.

Jedenfalls sollte im Rahmen des Maßstabs der Offensichtlichkeit, ebenso wie bei der Bestimmung und Begründung des legitimen Zwecks, eine Differenzierung nach dem zeitlichen Fortgang des Verfahrens erfolgen. Diese Pflicht zur Differenzierung bestätigten die Unionsgerichte, wenn auch nicht in dieser Deutlichkeit, schon früh. Im Jahr 1991 führte das EuG in Sachen SEP – trotz der im Übrigen zu weiten Definition der Geeignetheit[675] – zutreffend aus, dass *„das Erfordernis eines Zusammenhangs zwischen dem Auskunftsverlangen und der vermuteten Zuwiderhandlung (...) erfüllt [ist], wenn in diesem Stadium des Verfahrens hinreichende Gründe für die Annahme einer Beziehung zwischen dem Verlangen und der vermuteten Zuwiderhandlung sprechen.“*[676] Denn der Zusammenhang muss nicht nur umso deutlicher werden, umso weiter das Verfahren fortschreitet. Mit zeitlichem

673 Vgl. Kischel, Die Kontrolle der Verhältnismäßigkeit durch den EuGH, EuR 2000, 380, 386 m.w.N.

674 Siehe hierzu ausführlich sogleich in Kapitel 3 und 4.

675 Vgl. in diesem Kapitel unter A.

676 EuG, Urt. v. 12.12.1991, T-39/90 (Rn. 29), ECLI:EU:T:1991:71 – SEP (Hervorhebung hinzugefügt). Bestätigend u.a. EuG, Urt. v. 22.03.2012, T-458/09 u.a. (Rn. 42), ECLI:EU:T:2012:145 – Slovak Telekom.

Fortgang des Verfahrens muss sich auch die Systematik der Zweckerreichung und damit die Umgrenzung der untersuchten Sachverhalte sichtbar und nachvollziehbar konkretisieren. Dies muss sich auf die Frage der Geeignetheit auswirken.

Dieser zeitliche Aspekt wird durch quantitative Gesichtspunkte verstärkt. Folglich muss die Feststellung der offensichtlichen Ungeeignetheit umso strenger gehandhabt werden, umso mehr Informationen der Kommission bereits vorliegen. Entsprechend ist bei der Frage, ob ein Auskunftsersuchen offensichtlich ungeeignet zur Erreichung des hiermit verfolgten Ziels ist, das jeweilige Ermittlungsverfahren in seinem Zusammenhang im Blick zu behalten.

Drittes Kapitel: Die Erforderlichkeit als zentrales Korrektiv der Verhältnismäßigkeit kartellrechtlicher Auskunftsersuchen

In den nachfolgenden Abschnitten wird die Erforderlichkeit eines Auskunftsersuchens sowie der einzuholenden Auskünfte untersucht. Sofern die Auslegung bzw. Anwendung des in Art. 18 VO 1/2003 und Art. 11 FKVO identisch formulierten Kriteriums an die hinter den unterschiedlichen Verfahrensarten stehenden Wertungen anzupassen ist, wird hierauf gesondert hingewiesen.[677] Graduelle Fragen der Erforderlichkeit in spezifischen Sondersituationen und konkrete Beispielsfälle finden sich neben diesem Kapitel auch an späterer Stelle im Rahmen der im dritten Teil dargelegten Lösungsvorschläge.

Das Kriterium der Erforderlichkeit wird in der Rechtsprechung und Literatur nicht einheitlich definiert und behandelt.[678] Wie im Rahmen der Geeignetheit bereits dargelegt, werden die Prüfungsschritte der Geeignetheit und Erforderlichkeit oftmals einheitlich unter dem Aspekt der „Nützlichkeit" der angeforderten Auskünfte geprüft.[679]

Die Prüfung der Erforderlichkeit setzt dem Grunde nach stets voraus, dass die Kommission unter mehreren gleich geeigneten Maßnahmen diejenige wählt, die die geringsten Belastungen bei den Adressaten hervorruft.[680] Hiernach ist

> *„eine Maßnahme nur dann zulässig (...), wenn es keine milderen Mittel gibt, um das angestrebte Ziel zu erreichen. Unter mehreren möglichen (geeigneten) Instrumenten darf also nur dasjenige gewählt werden, dass die am wenigsten einschneidenden Folgen hervorruft".*[681]

---

677 So im Ergebnis auch Göttlinger, Auskunftsrechte der Kommission im Recht der EU, 2013, u.a. S. 206 und 250 f.

678 Auch in Bezug auf die Erforderlichkeit wird zur Verbreiterung der Rechtsprechungsgrundlage entsprechend der obigen Ausführungen (Teil 1, Kapitel 4, C.II.) erforderlichenfalls ergänzend auf Entscheidungen zu Nachprüfungen zurückgegriffen.

679 Siehe hierzu Teil 2, Kapitel 2.

680 Schwarze, Dimensionen des Rechtsgrundsatzes der Verhältnismäßigkeit, in: Ipsen (Hrsg.), Europa im Wandel – Festschrift für Hans-Werner Rengeling, S. 637. So auch Trstenjak/Beysen, Das Prinzip der Verhältnismäßigkeit in der Unionsrechtsordnung, EuR 2012, 265, 271.

681 Schwarze, Europäisches Verwaltungsrecht (Band II), 1988, S. 835. Im Ergebnis auch EuG, Urt. v. 25.11.2014, T-402/13 (Rn. 25), ECLI:EU:T:2014:991 – Orange.

Die Kommission muss sich folglich zur Erfüllung der Erforderlichkeit mit der Suche nach möglicherweise gleich geeigneten, aber weniger einschränkenden Mitteln auseinandersetzen.[682] Hierzu ist sie auch aus grundrechtlichen Erwägungen angehalten. Zur Wahrung des in Art. 41 GRCh grundrechtlich verankerten Rechts der guten Verwaltung, ist die Kommission verpflichtet, *„sorgfältig und unparteiisch alle relevanten Gesichtspunkte des Einzelfalls zu untersuchen"*.[683] Die Beachtung dieser Sorgfaltspflicht ist umso strenger zu handhaben, je größer der Spielraum der Kommission bei der Entscheidungsfindung ist.[684]

Ein Auskunftsersuchen in seiner konkreten Form ist im klassischen Sinne also erforderlich, wenn sowohl die Art des Erlasses – also die Wahl zwischen einfachem Auskunftsverlangen und Auskunftsentscheidung – als auch sein inhaltlicher Umfang nicht über das zur Erreichung des Zwecks erforderliche Maß hinausgehen.[685] Dieser Prüfungsschritt wird als sog. Interventionsminimismus bezeichnet.[686] Dabei ist es *„Sache der Kommission, zu beurteilen, ob eine Auskunft erforderlich ist, um ermitteln zu können, ob eine Zuwiderhandlung gegen die Wettbewerbsregeln vorliegt"*.[687]

---

682 Anders noch Weiß, Die Verteidigungsrechte im EG-Kartellverfahren, 1996, S. 128, der vertritt, dass letztlich alles, *„was der Kommission zur Aufklärung dient"* unter den Begriff der Erforderlichkeit falle.

683 Vgl. Art. 41 GRCh. Siehe hierzu EuG, Urt. v. 25.11.2014, T-402/13 (Rn. 49), ECLI:EU:T:2014:991 – Orange und EuG, Urt. v. 30.09.2003, T-191/98 u.a. (Rn. 404 m.w.N.), ECLI:EU:T:2003:245, – Atlantic Container Line u.a. sowie wortgleich bereits in der nicht kartellrechtlichen Entscheidung EuGH, Urt. v. 21.11.1991, C-269/90 (Rn. 14), ECLI:EU:C:1991:438 – Technische Universität München.

684 EuG, Urt. v. 25.11.2014, T-402/13 (Rn. 53), ECLI:EU:T:2014:991 – Orange. So auch EuG, Urt. v. 16.09.2013, T-333/10 (Rn. 84), ECLI:EU:T:2013:451 – Animal Trading Company (ATC).

685 Trstenjak/Beysen, Das Prinzip der Verhältnismäßigkeit in der Unionsrechtsordnung, EuR 2012, 265, 269.

686 Siehe bspw. Danwitz, Rechtliche Optimierungsgebote oder Rahmensetzungen für das Verwaltungshandeln?, DVBl 1998, 928, 939.

687 EuGH, Urt. v. 18.10.1989, C-374/87 (Rn. 15), ECLI:EU:C:1989:387 – Orkem sowie dies zuletzt sehr deutlich und unter Hinweis auf die weiten Ermittlungsbefugnisse nochmals bestätigend EuG, Urt. v. 09.04.2019, T-371/17 (Rn. 62), ECLI:EU:T:2019:232 – Qualcom u.a. (*„Given the Commission's broad powers of investigation and assessment, it falls to it to assess whether the information which it requests from the undertakings concerned is necessary."*). So im Hinblick auf eine Nachprüfungsentscheidung bereits EuGH, Urt. v. 18.05.1982, C-155/79 (Rn. 17), ECLI:EU:C:1982:157 – AM & S Europe sowie jüngst EuG, Urt. v. 20.06.2018, T-325/16 (Rn. 115), ECLI:EU:T:2018:368 – České dráhy.

A. Die Erforderlichkeit der angefragten Auskünfte

In den jüngeren Entscheidungen wird zunehmend deutlicher überprüft, ob die angeforderten Auskünfte nicht offensichtlich auf andere Weise hätten beschafft werden können.[688] So definierte das EuG die Erforderlichkeit in Sachen *Orange* im Jahr 2014 nicht mehr ausschließlich als Nützlichkeitszusammenhang,[689] sondern wies explizit auf das *„Fehlen einer weniger belastenden Alternative"* hin.[690] Verglichen mit dem bisher umfassend angenommenen Prüfungsmaßstab der „Nützlichkeit" haben diese Entwicklungen in der Rechtsprechungspraxis eine faktische Verschärfung der rechtlichen Anforderungen an Auskunftsersuchen zur Folge. Unter den bisherigen Prüfungsmaßstab der „Nützlichkeit" einer Auskunft ließen sich derartige vergleichende Prüfungen von Alternativmaßnahmen streng genommen nicht subsumieren. Denn eine Maßnahme ist – sofern einmal festgestellt – unabhängig davon nützlich, ob eine weniger einschneidende Variante zur Verfügung steht.

I. Rein kommissionsinterne Bewertung der Erforderlichkeit

Wie im Rahmen der Untersuchung des legitimen Zwecks bereits angesprochen, beschränkt sich die Begründungspflicht der Kommission auf die Darlegung des Zwecks eines Auskunftsersuchens. Sie ist weder verpflichtet, die Wahl ihres Ermittlungsinstruments zu begründen, noch generell erläuternde Angaben zu dessen Inhalt und Umfang zu machen.[691]

Eine Pflicht zur Offenlegung der Erwägungen, aus denen die Verhältnismäßigkeit der Anfrage resultiert, wurde bisher stets abgelehnt; so jüngst nochmals durch das EuG in Sachen *Qualcom*.[692] Das Gericht folgte der Kommission und bestätigte, dass die Pflicht zur Begründung auf die Zweckangabe eines Auskunftsersuchens beschränkt sei.[693] Auf mögliche Differenzierungen nach unterschiedliche Arten

688 Vgl. Van der Hout/Konrads, in: Berg/Mäsch, Kartellrecht, 3. Aufl. 2018, Art. 18 VO 1/2003 Rn. 4.

689 Siehe zur Definition der Nützlichkeit oben Teil 2, Kapitel 2, A.

690 EuG, Urt. v. 25.11.2014, T-402/13 (Rn. 25), ECLI:EU:T:2014:991 – Orange. Diese Ausführungen beziehen sich auf die Überprüfung der Rechtmäßigkeit einer Nachprüfungsentscheidung. Sie ist jedoch als Trend der Rechtsprechung zu einer verschärfteren Kontrolle der Verhältnismäßigkeit im Allgemeinen positiv zu bewerten.

691 EuG, Urt. v. 14.03.2014, T-302/11 (Rn. 23 ff. insb. Rn. 29), ECLI:EU:T:2014:128 – HeidelbergCement.

692 EuG, Urt. v. 09.04.2019, T-371/17 (Rn. 54), ECLI:EU:T:2019:232 – Qualcom u.a. bestätigt durch EuGH, Urt. v. 28.01.2021, C-466/19, ECLI:EU:C:2021:76 – Qualcom.

693 EuG, Urt. v. 09.04.2019, T-371/17 (Rn. 54), ECLI:EU:T:2019:232 – Qualcom u.a. bestätigt durch EuGH, Urt. v. 28.01.2021, C-466/19, ECLI:EU:C:2021:76 – Qualcom.

von Informationen oder verschiedene Stadien des Verfahrens ging das Gericht nicht ein.[694] Auch Generalanwalt Wahl führte in einem anderen Verfahren aus, dass sich aus den gesetzlichen Anforderungen an den Erlass eines Auskunftsersuchens keine Pflicht der Kommission ergebe, die Verhältnismäßigkeit ihrer Maßnahmen zu begründen.[695] Es sei vielmehr davon auszugehen, dass sich die Gründe für die Wahl in der Regel implizit aus der Bezeichnung des Zwecks und dem Verlauf des bisherigen Verfahrens ergeben würden.[696]

Als Grund für die Nichtoffenlegung wird im Wesentlichen die Erforderlichkeit der Wahrung effizienter und effektiver Ermittlungen durch die Kommission genannt. Denn die Angabe der Recht- und Zweckmäßigkeitserwägungen offenbare zu tiefe Einblicke in ihre Ermittlungstätigkeit.[697] Sie führe zu der unerwünschten Tatsache, dass die Kommission ihr Ermittlungsverhalten, insbesondere die beabsichtigte Nutzung der angefragten Informationen, offenbaren müsse.[698] Die betroffenen Unternehmen könnten erkennen, an welchen Erwägungen die Kommission arbeite und welche Punkte noch vor ihr verborgen werden können, was eine Gefährdung der Ermittlungserfolge zur Folge haben könnte.[699]

Die Effizienz und Effektivität der Ermittlung sind in der Tat von besonderer Bedeutung und entsprechend schützenswert. Jedoch sprechen auch Gründe gegen diese Praxis. Es scheint weder mit der Verfahrenseffektivität zu rechtfertigen noch mit einer verfahrensrechtlichen Waffengleichheit zu vereinbaren, dass die betroffenen Unternehmen generell und ohne die Möglichkeit der Geltendmachung von Ausnahmen erst innerhalb eines gerichtlichen Verfahrens über die Hintergründe

---

694 Das Gericht prüfte jedoch im Verlauf des Urteils, ob die angegriffene Entscheidung deutlich angebe, wie die Kommission die Informationen auszuwerten beabsichtige, um die Auswirkungen der von der Klägerin vorgebrachten Argumente auf die bisherigen Standpunkte der Kommission beurteilen zu können, vgl. EuG, Urt. v. 09.04.2019, T-371/17 (Rn. 52 f.), ECLI:EU:T:2019:232 – Qualcom u.a. („*Contrary to what is argued by the applicants, the Commission, in recitals 9 to 19 of the contested decision, clearly indicates (...) the arguments put forward by the applicants following the issue of the statement of objections, to which it intends to respond and explains how it proposes to evaluate, with the help of the information requested, their possible impact on its preliminary conclusions*“).

695 Schlussanträge GA Wahl v. 15.10.2015 zu EuGH, Urt. v. 10.03.2016, C-247/14 (Rn. 59), ECLI:EU:C:2015:694 – HeidelbergCement. Bestätigt durch EuG, Urt. v. 14.03.2014, T-302/11 (Rn. 44), ECLI:EU:T:2014:128 – HeidelbergCement, wonach die Kommission nicht verpflichtet ist, die Wahl ihrer Ermittlungsinstrumente zu begründen.

696 Schlussanträge GA Wahl v. 15.10.2015 zu EuGH, Urt. v. 10.03.2016, C-247/14 (Rn. 60), ECLI:EU:C:2015:694 – HeidelbergCement.

697 Vgl. EuG, Urt. v. 14.03.2014, T-302/11 (Rn. 32), ECLI:EU:T:2014:128 – HeidelbergCement.

698 EuG, Urt. v. 09.04.2019, T-371/17 (Rn. 54), ECLI:EU:T:2019:232 – Qualcom u.a.

699 EuG, Urt. v. 14.03.2014, T-302/11 (Rn. 32), ECLI:EU:T:2014:128 – HeidelbergCement.

der Erforderlichkeit der Auskunftseinholung durch die Kommission unterrichtet werden müssen. Zudem würde eine frühzeitige Offenlegung nicht nur zu einer höheren Transparenz des Verfahrens, sondern potentiell auch zu einer Entlastung der Unionsgerichte führen. Detaillierte Begründungen seitens der Kommission können Missverständnisse und Unklarheiten vermeiden bzw. zumindest reduzieren. Dass die Kommission hingegen verpflichtet wäre, bei einer Begründung der Erforderlichkeit sämtliche Ermittlungsstrategien zu offenbaren, ist in der Tat nicht gewollt, jedoch auch nicht notwendig. Insoweit kann den in Teil 3 dieser Arbeit entwickelten Lösungsansätzen bereits vorweggegriffen werden. Sie haben eine differenzierte Erweiterung der Begründungspflicht der Kommission beim Erlass von Auskunftsersuchen zum Gegenstand und bemühen sich so um eine stärkere Nachvollziehbarkeit, Akzeptanz und folglich auch Effektivität der kartellrechtlichen Ermittlungshandlungen ohne zu tief in die Kompetenzen der Kommission und die erforderliche Vertraulichkeit der Ermittlungen einzugreifen.

II. Schwere Nachvollziehbarkeit der Suche nach milderen Mitteln

Als Konsequenz des im vorherigen Abschnitt Gesagten – und im Unterschied zu den angedeuteten Lösungsansätzen in Teil 3 der Arbeit – erfolgen sämtliche wertenden und vergleichenden Betrachtungen von Alternativmaßnahmen bisher rein kommissionsintern. Die Erwägungen lassen sich allenfalls dann nachvollziehen, wenn die Kommission im Rahmen von Gerichtsverfahren zur Offenlegung ihrer Abwägungsprozesse verpflichtet wird. Die Gerichtsbarkeit jedoch beschränkt ihre Ausführungen im Ergebnis oftmals darauf, dass angesichts des weiten Ermittlungsermessens der Kommission an der Erforderlichkeit keine Zweifel bestehen könnten.[700] Detaillierte Überprüfungen der Erforderlichkeit allgemein und abwägender Entscheidungen zwischen mehreren gleich geeigneten Mitteln im Besonderen finden sich – zumindest in den ausformulierten Entscheidungen – selten, in den älteren Rechtsprechungen zumeist gar nicht.

Dennoch lassen sich anhand der zur Verfügung stehenden Informationen verschiedene Grundüberlegungen zur Suche von milderen Mitteln anstellen. Die Qualifizierung einer gleich geeigneten, jedoch weniger einschneidenden Alternative eines Auskunftsersuchens kann sich aus den unterschiedlichsten Erwägungen ergeben. Einige hiervon werden nachfolgend beispielhaft dargestellt.

---

700 Siehe u.a. Schlussanträge GA Jacobs v. 15.12.1993 zu EuGH, Urt. v. 19.05.1994, C-36/92 (Rn. 21), ECLI:EU:C:1993:928 – SEP, bestätigt durch EuGH, Urt. v. 19.05.1994, C-36/92 (Rn. 21), ECLI:EU:C:1994:205 – SEP sowie jüngst durch EuG, Urt. v. 09.04.2019, T-371/17 (Rn. 62), ECLI:EU:T:2019:232 – Qualcom u.a. Danwitz, Der Grundsatz der Verhältnismäßigkeit im Gemeinschaftsrecht, EWS 2003, 393, 399.

- Sicherlich von erheblicher Relevanz ist der Umfang der Belastungen, die bei den Auskunftsadressaten entstehen. So lässt sich als milderes Mittel die Einholung von Informationen und Daten in der Form, wie sie ursprünglich beim Unternehmen vorliegen, in die Abwägung der gleich geeigneten, aber möglicherweise weniger belastenden Alternativen einstellen. Es ist im Rahmen der Erforderlichkeit insoweit genau zu untersuchen und zu bewerten, inwiefern und inwieweit die Vorgabe von Form- und Formatvorlagen zur gesteigerten inhaltlichen Nutzbarkeit der Informationen beitragen.
- Ebenso wird nicht in Abrede zu stellen sein, dass eine Konkretisierung eines weitreichenden Auskunftsersuchens auf Kategorien von Informationen, bestimmte Dokumente oder spezifizierte Personen, Zeiträume und Suchbegriffe – im Vergleich zur Anfrage sämtlicher Dokumente zu einem Sachverhalt – ein weniger einschneidendes, jedoch gleich geeignetes Mittel darstellt.
- Ein weiteres Beispiel für mildere Mittel und damit potentielle Alternativmaßnahmen stellen eigene Informationsbeschaffungsmöglichkeiten durch die Kommission dar. Handelt es sich um öffentlich zugängliche Informationen ist nach der Quelle bzw. dem Ursprung der Informationen zu unterscheiden. Die Abwägung zwischen der (noch) zulässigen Mitwirkung und der (nicht mehr) zulässigen Aufgabenabwälzung wird zu Gunsten der Adressaten ausfallen müssen, wenn es sich um allgemeine und in der Regel von öffentlichen Stellen zur Verfügung gestellte Informationen handelt. Im Verfahren *Cementos Portland* fragte die Kommission beispielsweise die Übermittlung von Postleitzahlen im Zusammenhang mit der Anschrift der zu benennenden Kunden an.[701] Derartige Informationen beruhen auf objektiven Kriterien und können von der Europäischen Kommission selbst eingesehen werden. Ihre eigenständige Beschaffung durch die Kommission ist als Alternative zu der Einholung über die Unternehmen in die Abwägung gleich geeigneter Mittel einzustellen.
- Ebenso ist bei der Einholung währungsfremder Umsatzzahlen die Umrechnung in Euro durch die Kommission selbst eine Alternativmaßnahme. Gibt die Kommission also dem Auskunftsadressaten auf, währungsfremde Umsätze in Euro umzurechnen, scheint das mildere Mittel der eigenständigen Umrechnung entweder nicht in die Abwägung eingestellt oder die Balance zwischen Mitwirkung und eigener Aufgabenerfüllung nicht gefunden worden zu sein.[702] Dies

701 Vgl. EuG, Urt. v. 14.03.2014, T-296/11 (Rn. 74 f.), ECLI:EU:T:2014:121 – Cementos Portland.

702 So in den Zementverfahren, in denen Generalanwalt Wahl in seinen Schlussanträgen die Frage stellte, „*warum diese Berechnungen nicht von eigenen Mitarbeitern der Kommission vorgenommen werden konnten*“. Sie stellt ein milderes Mittel mit gleicher Eignung dar, vgl. m.w.N. Schlussanträge GA Wahl v. 15.10.2015 zu EuGH, Urt. v. 10.03.2016, C-267/14 (Rn. 116 f.), ECLI:EU:C:2015:696 – Buzzi Unicem.

gilt umso mehr, wenn die Kommission sogar einen bestimmten, zu verwendenden Wechselkurs vorgibt.

- Ebenfalls weniger einschneidend, aber möglicherweise gleich geeignet, kann die Beschaffung und vorrangige Verwertung von Unterlagen über nationale Wettbewerbsbehörden sein. Wie oben bereits diskutiert, kann einer Ermittlungsmaßnahme nicht allein deshalb die Geeignetheit abgesprochen werden, weil es sich um einen Sachverhalt handelt, der bereits auf nationaler Ebene untersucht wurde.[703] Es steht außer Frage, dass die Kommission auch solche Sachverhalte aufgreifen darf und ermitteln können muss. Im Rahmen der Erforderlichkeit darf sodann jedoch nicht unberücksichtigt bleiben, dass die Sichtung nationaler Verfahrensakten vor der Inanspruchnahme der Auskunftsadressaten unnötige Belastungen potentiell vermeiden kann.

Eine vertiefte Auseinandersetzung mit diesen Beispielen milderer Mittel in typischen Ermittlungssituationen findet sich in Lösungsvorschlag 1 im Rahmen des dritten Teils dieser Arbeit zur Durchsetzung des Verhältnismäßigkeitsgrundsatzes in der Praxis.

III. Weite Auslegung im Rahmen von Sektoruntersuchungen

Ermittlungshandlungen im Rahmen von Sektoruntersuchungen unterliegen weniger strengen Eingriffsvoraussetzungen als in Kartellverfahren oder Fusionskontrollverfahren. Ist die niedrig angesetzte Schwelle zur Eröffnung der Sektoruntersuchung genommen, stehen der Kommission grundsätzlich sämtliche der in Art. 18 ff. VO 1/2003 genannten Ermittlungsbefugnisse zur Verfügung. Eines Anfangsverdachts wie bei der direkten Anwendbarkeit der Ermittlungsbefugnisse bedarf es insoweit nicht.[704] Diese Unterschiede müssen sich in der Anwendung der Eingriffsermächtigungen auf den speziellen Einzelfall niederschlagen.

Nach inzwischen vermehrt vertretener Meinung beansprucht der Grundsatz der Verhältnismäßigkeit zum Ausgleich der geringen Eingriffsschwellen bei Sektoruntersuchungen daher eine strenge Geltung.[705] Die Spielräume und Grenzen des Kommissionsermessens sind enger zu ziehen, als bei einer direkten Anwendbarkeit der Art. 18 ff. VO 1/2003. Wie oben bereits erwähnt, ist die Durchsuchung einer Privatwohnung mangels Verweises in Art. 17 Abs. 2 VO 1/2003 im Rahmen einer Sektoruntersuchung nicht möglich. Auch für Auskunftsersuchen im Rahmen von Sektoruntersuchungen gibt es Hinweise im Gesetz, die auf eine einschränkende

703 Siehe hierzu nochmals statt aller Van der Hout/Wiemer, in: Berg/Mäsch, Kartellrecht, 3. Aufl. 2018, Art. 20 VO 1/2003 Rn. 11.

704 Siehe oben Teil 2, Kapitel 1, B.

705 Ruben Friedmann, Die Geltung rechtsstaatlicher Grundsätze im kartellrechtlichen Bußgeldverfahren der Europäischen Gemeinschaft, 2005, S. 20.

Auslegung der Verhältnismäßigkeit hindeuten. Art. 17 Abs. 2 VO 1/2003 sieht für die Sektoruntersuchung im Grundsatz eine entsprechende Anwendbarkeit der Ermittlungsbefugnisse nach Art. 18 ff. VO 1/2003 vor. In Bezug auf die Auskunftsrechte enthält Art. 17 Abs. 1 S. 2 VO 1/2003 jedoch eine im Vergleich zu Art. 18 Abs. 1 VO 1/2003 abweichende Formulierung. Danach müssen die angeforderten Auskünfte zur Durchsetzung der Art. 101 und Art. 102 AEUV nicht „erforderlich", sondern „notwendig" sein. Ob es sich hierbei tatsächlich um einen unterschiedlichen Bewertungsmaßstab handelt, kann im Ergebnis dahinstehen.[706] Jedenfalls unterscheidet sich auch der Bezugspunkt der Notwendigkeit in Art. 17 Abs. 1 S. 2 VO 1/2003 von dem in Art. 18 Abs. 1 VO 1/2003. So spricht Art. 17 Abs. 1 S. 2 VO 1/2003 ausdrücklich von der Notwendigkeit *„zur Durchsetzung von Art. 81 und 82 des Vertrages"*. Die Notwendigkeit einer Auskunft muss sich demnach auf die Frage der Wahrung der Art. 101 und 102 AEUV und damit die Abstellung und Ahndung eines (vermuteten) Wettbewerbsverstoßes durch die Kommission beziehen. Hingegen sieht Art. 18 Abs. 1 VO 1/2003 die Erforderlichkeit *„zur Erfüllung der [der Kommission] durch diese Verordnung übertragenen Aufgaben"* vor. Dies ist zwar letztlich auch die Wahrung der primärrechtlich geschützten Wettbewerbsordnung des Binnenmarktes. Art. 18 Abs. 1 VO 1/2003 setzt im Vergleich zu Art. 17 Abs. 1 S. 2 VO 1/2003 jedoch bereits eine Stufe früher an. Bei direkter Anwendung des Art. 18 Abs. 1 VO 1/2003 im Rahmen der Sektoruntersuchung wäre Anknüpfungspunkt

706 Tatsächlich scheinen die Begrifflichkeiten der Erforderlichkeit und Notwendigkeit in Rechtsprechung und Schrifttum zu Weilen parallel und mit gleicher Bedeutung verwendet zu werden, siehe hierzu beispielsweise bereits EuGH, Urt. v. 18.10.1989, C-374/87 (LS 2 und Rn. 15), ECLI:EU:C:1989:387 – Orkem und EuGH, Urt. v. 18.10.1989, C-27/88 (Rn. 15), ECLI:EU:C:1989:388 – Solvay, der im selben Kontext einmal von erforderlichen und einmal von notwendigen Auskünften spricht. So auch EuGH, Urt. v. 10.03.2016, C-247/14 (Rn. 24), ECLI:EU:C:2016:149 – HeidelbergCement (*„Da die* ***Erforderlichkeit*** *der Auskünfte jedoch anhand des im Auskunftsverlangen angegebenen Zwecks zu beurteilen ist, muss dieser Zweck mit hinreichender Bestimmtheit angegeben werden, denn sonst ließe sich nicht feststellen, ob die Auskünfte* ***notwendig*** *sind (...)."*, (Hervorhebung hinzugefügt) sowie Schlussanträge GA Roemer v. 11.02.1960 zu EuGH, Urt. v. 14.04.1960, C-31/59 (S: 206), ECLI:EU:C:1960:3 – Acciaieria e Tubificio di Brescia (Hervorhebung hinzugefügt). Ähnlich beispielsweise Hirsbrunner, in: Schröter/Jakob/Klotz/Mederer, Europäisches Wettbewerbsrecht, 2. Aufl. 2014, Kapitel V – Ermittlungsbefugnisse, Art. 18 VO 1/2003 Rn. 2. Zudem findet sich die differenzierende Formulierung lediglich in der deutschen Fassung der Verordnungstext. So legen beispielsweise der englische, französische, spanische, italienische und portugiesische Verordnungstext für Sektoruntersuchungen nach Art. 17 Abs. 1 S. 2 und Kartellverfahren nach Art. 18 Abs. 1 VO 1/2003 den gleichen Bewertungsmaßstab an: In beiden Artikeln findet sich dort die identische Formulierung *„necessary"*, *„nécessaires"*, *„necesaria"*, *„necessarie"* sowie *„necessárias"*.

der Notwendigkeit der Auskünfte nicht erst der Nachweis des Verstoßes, sondern vorgelagert bereits die Durchführung des Ermittlungsverfahrens.

Diesen verfahrensspezifischen Besonderheiten kann im Rahmen der Erforderlichkeit, also der Suche des mildesten unter mehreren gleich geeigneten Mitteln, Rechnung getragen werden. Die Definition der gleichen Eignung ist unbestimmt und lässt weitere und engere Auslegungen zu. Während in Kartellverfahren eine enge Auslegung der gleichen Eignung möglich und üblich ist, sollte das Merkmal der gleichen Eignung im Zusammenhang mit Sektoruntersuchungen potentiell weiter ausgelegt werden. Die Kommission ist angehalten, bei der Durchführung der Ermittlungen im Rahmen von Sektoruntersuchungen *„sehr genau auf die Verhältnismäßigkeit ihrer Ermittlungsmaßnahmen zu achten"*.[707]

IV. Besonderheiten bei der Bewertung der Erforderlichkeit im Rahmen von Fusionskontrollverfahren

Ebenso wie Art. 18 Abs. 1 VO 1/2003 betont auch Art. 11 Abs. 1 FKVO ausdrücklich, dass die Kommission sämtliche Auskünfte verlangen darf, sofern sie zur Untersuchung des geplanten Zusammenschlusses „erforderlich" sind. Auch im Rahmen der Fusionskontrollverfahren kommt der Kommission dabei ein weites Ermessen zu.[708] Die Beurteilung erfolgt in Übereinstimmung mit Art. 18 VO 1/2003 ebenfalls zum Zeitpunkt des Erlasses des Auskunftsersuchens.[709]

1. Die Prüfung des Zusammenschlussvorhabens auf seine Vereinbarkeit mit dem Gemeinsamen Markt

Die Ausführungen zur Erforderlichkeit im Rahmen des Kartellverfahrens lassen sich dem Grunde nach auf Ermittlungshandlungen nach der Fusionskontrollverordnung übertragen.[710] Im Rahmen der tatsächlichen Bewertung ist jedoch den Besonderheiten der Fusionskontrollverfahren Rechnung zu tragen.

---

707 Bronett, Sektoruntersuchungen, WuW 2010, 258, 262.

708 EuG, Urt. v. 04.02.2009, T-145/06 (LS 3), ECLI:EU:T:2009:27 – Omya.

709 EuG, Urt. v. 04.02.2009, T-145/06 (Rn. 30, 41), ECLI:EU:T:2009:27 – Omya. Ist die Kommission zu diesem Zeitpunkt zum Ergebnis gelangt, dass die Auskünfte erforderlich sind, ist es ohne Relevanz wie sich der Beweiswert der Information im Laufe des Verfahrens tatsächlich entwickelt, Ohlhoff, in: MüKo, Wettbewerbsrecht, 3. Aufl. 2020, Art. 11 FKVO Rn. 27. Siehe auch EuG, Urt. v. 04.02.2009, T-145/06 (LS 2), ECLI:EU:T:2009:27 – Omya.

710 So im Ergebnis auch Göttlinger, Auskunftsrechte der Kommission im Recht der EU, 2013, S. 262 f.

1.1. Berücksichtigung des gesetzlich vorgesehenen Fristenregimes

Fusionskontrollverfahren unterscheiden sich – abgesehen von einer anderen Zielrichtung der Ermittlungen – u.a. durch ihr striktes Fristenregime von Kartellverfahren und Sektoruntersuchungen. Mit der FKVO und den dazugehörigen Leitlinien wurde ein reglementiertes Verfahren zur Erlangung von Informationen geschaffen. Hiernach erhält die Kommission einen großen Teil der für die Prognoseentscheidung erforderlichen Faktoren mit der Anmeldung eines Zusammenschlussvorhabens. Sie können über Art. 11 FKVO ergänzt werden.[711] Jedoch ist die Erlangung und Aktualisierung von Wissen durch die Kommission durch die in Art. 10 FKVO enthaltenen Prüfungsfristen und die Fiktion der Freigabe nach deren Ablauf begrenzt.[712] Dass insoweit Unsicherheiten verbleiben, liegt in der Natur des Fusionskontrollverfahrens und ist bei der Prüfung der Verhältnismäßigkeit eines Auskunftsersuchens zu berücksichtigen.[713]

Im Bereich der Fusionskontrollverfahren existieren noch weniger Anhaltspunkte für die Bewertung der Erforderlichkeit eines konkreten Auskunftsersuchens als für solche nach der VO 1/2003. In dem soweit ersichtlich einzigen Urteil, das die Rechtmäßigkeit eines Auskunftsersuchens betraf, legte das Gericht strengere Maßstäbe als bei Kartellverfahren an. Danach darf die Kommission Auskünfte nur dann einholen, wenn und soweit *„sie der Ansicht ist, nicht über alle für die Entscheidung über die Vereinbarkeit des betreffenden Zusammenschlusses mit dem Gemeinsamen Markt erforderlichen Informationen zu verfügen*“.[714] Liegen der Kommission folglich bereits ausreichend belastbare Indizien für die Bewertung einer bestimmten Frage vor, kann es daher nicht mehr als erforderlich angesehen werden, wenn weitere Informationen eingeholt werden, um die bereits vorliegenden Indizien lediglich inhaltlich zu bestätigen oder zu konkretisieren.[715]

1.2. Besondere Berücksichtigung der bereits vorgelegten Informationen

Auch darüber hinaus sind gewisse Anpassungen der durch die Unionsgerichte zur VO 1/2003 aufgestellten Grundsätze an die Besonderheiten des Fusionskontrollverfahrens nötig.[716] Insoweit ist insbesondere der Inhalt und Umfang, jedoch

---

711 EuG, Urt. v. 04.02.2009, T-145/06 (Rn. 28), ECLI:EU:T:2009:27 – Omya.

712 Vgl. Leber, Dynamische Effizienzen in der EU-Fusionskontrolle, 2018 S. 145.

713 Vgl. Leber, Dynamische Effizienzen in der EU-Fusionskontrolle, 2018, S. 142 f.

714 EuG, Urt. v. 04.02.2009, T-145/06 (LS 2), ECLI:EU:T:2009:27 – Omya.

715 Vgl. Van der Hout/Konrads, in: Berg/Mäsch, Kartellrecht, 3. Aufl. 2018, Art. 18 VO 1/2003 Rn. 5; Barthelmeß/Rudolf, in: LMRKM, Kartellrecht, 4. Aufl. 2020, Art. 18 VO 1/2003 Rn. 37; a.A. Ohlhoff, in: MüKo, Wettbewerbsrecht, 3. Aufl. 2020, Art. 11 FKVO Rn. 27.

716 Siehe auch Wilson, Document requests in complex EU merger cases, ZWeR 2017, 146, 151.

auch die Belastbarkeit des bereits mit Anmeldung des Zusammenschlussvorhabens übermittelten Bestands an Informationen und Daten zu berücksichtigen. Die Anmeldung in Gestalt der sog. Form CO (sog. official form for standard merger notification) umfasst nicht selten eine dreistellige Anzahl an Seiten.[717] Nach Abschnitt 5.4 der Form CO sind den Anmeldungen Kopien der nachfolgenden Unterlagen beizufügen, die von oder für die oberen Führungs-, Leitungs- und Aufsichtspersonen erstellt wurden oder bei ihnen sonst eingegangen sind (sog. 5.4. Dokumente):

„i) Protokolle der Sitzungen der Leitungs- und Aufsichtsorgane und der Anteilseignerversammlung, in denen die Transaktion erörtert wurde, oder Auszüge aus diesen Protokollen über die Erörterung der Transaktion;
ii) Analysen, Berichte, Studien, Erhebungen, Präsentationen und vergleichbare Unterlagen, in denen der Zusammenschluss mit Blick auf die Beweggründe (einschließlich Unterlagen, in denen die Transaktion unter dem Gesichtspunkt möglicher alternativer Übernahmen erörtert wird), die Marktanteile, die Wettbewerbsbedingungen, die (vorhandenen und potenziellen) Wettbewerber, die Möglichkeiten für Umsatzwachstum oder Expansion in andere sachlich oder räumlich relevante Märkte und/oder die allgemeinen Marktbedingungen bewertet oder analysiert werden;
iii) Analysen, Berichte, Studien, Erhebungen und vergleichbare Unterlagen der letzten zwei Jahre, die dazu dienen, betroffene Märkte mit Blick auf die Marktanteile, Wettbewerbsbedingungen, (vorhandene und potenzielle) Wettbewerber und/oder Möglichkeiten für Umsatzwachstum oder Expansion in andere sachlich oder räumlich relevante Märkte zu bewerten.“

Dieser Grundstock an Informationen hat in die Frage der Bewertung der Erforderlichkeit einzuspielen. So sollte im Rahmen der weiteren Einholung von Informationen sichergestellt werden, dass sich diese nicht bereits in dem Grundstock befinden oder hieraus abgeleitet werden können.[718] Es stellt grundsätzlich ein

717 Die hierin enthaltenen unternehmens- und marktbezogenen Informationen sind, anders als in anderen Jurisdiktionen, äußerst detailliert und sowohl inhaltlich als auch hinsichtlich deren formellen Erscheinungsbildes von der Kommission präzise vorgegeben. Siehe zu den erforderlichen Angaben im Rahmen der Anmeldung den Anhang I „Formblatt CO zur Anmeldung eines Zusammenschlusses“ zur VO (EG) Nr. 802/2004 der Kommission vom 7. April 2004 zur Durchführung der Verordnung (EG) Nr. 139/2004 des Rates über die Kontrolle von Unternehmenszusammenschlüssen, im Folgenden kurz VO 802/2004 oder FK-DVO. Siehe hierzu u.a. Wilson, Document requests in complex EU merger cases, ZWeR 2017, 146, 147.

718 In der Literatur wird sogar die Frage aufgeworfen, warum diese Informationen zur Bewertung des Zusammenschlussvorhabens nicht ohnehin ausreichen. So Berg, Praktische Probleme bei Auskunftsersuchen in der EU-Fusionskontrolle, WuW 2019, 230, 232. Siehe auch Kellerbauer, Limits on EU antitrust investigative measures under recent case-law: tiptoeing between proportionality and effectiveness, EuZW 2014, 407–410, 407.

milderes Mittel dar, die über die Anmeldung erlangten Dokumente vorerst zu sichten oder sich diese – in Fällen der Pränotifizierungsphase – überhaupt erstmals einreichen zu lassen, bevor weitere Informationen eingeholt werden.

1.3. Besondere Würdigung umfassender data requests erforderlich

Die Erforderlichkeit ist jedenfalls auch dann einer besonders strengen Überprüfung zu unterziehen, wenn die Kommission zusätzlich zu den Informationen aus der Form CO umfangreiche Anfragen zur Datenübermittlung stellt, sog. Document oder Data Requests.[719] Derartige Auskunftsersuchen zielen darauf ab, die Hintergründe des Zusammenschlussvorhabens akkurat zu durchleuchten und die Dynamik der betroffenen Märkte zu analysieren.[720] Die Daten solcher Anfragen können sich u.a. auf Kosten, Produktionsmengen, Verkaufszahlen, Preise, Produkteigenschaften, Lieferketten, Kundeneigenschaften, Angebots- und Vergabedetails, Eintrittsschranken in den Markt, Marktanteile oder Geschäftsstrategien beziehen.[721] Die Praxis der Datenabfrage durch die Kommission hat sich seit den frühen 2000er-Jahren stark entwickelt.[722] Von einigen hundert angefragten Dokumenten hat sich die Zahl auf nicht unübliche 200.000 bis 300.000 Dokumente pro Beteiligten in Phase 2 Verfahren gesteigert.[723] In *Bayer/Monsanto* versandte die Kommission, neben ca. 2000 Auskunftsersuchen an unbeteiligte Marktteilnehmer, 160 Auskunftsersuchen an die Parteien. In diesem Rahmen wurden von den Beteiligten des Zusammenschlussvorhabens rund 2,7 Mio. interne Dokumente abgefragt.[724] In *Hutchison 3G Italy/Wind JV* umfassten die Auskunftsersuchen ebenfalls mehr

719 Derartige Ersuchen auf Datenvorlage kommen auch in Verfahren nach der VO 1/2003 vor. Die Frage ihrer Zulässigkeit und Ausgestaltung haben insbesondere vor dem Hintergrund des engen Fristenregimes der FKVO jedoch v.a. im Bereich der Fusionskontrollverfahren an Relevanz gewonnen.

720 DG Competition, Best Practices for the submission of economic evidence and data collection in cases concerning the application of articles 101 and 102 TFEU and in merger cases, Rn. 51.

721 DG Competition, Best Practices for the submission of economic evidence and data collection in cases concerning the application of articles 101 and 102 TFEU and in merger cases, Rn. 55.

722 Zum Hintergrund auch der frühen Entwicklungen der Datenbeschaffung durch die Kommission Levy/Karadakova, The EC's increasing reliance on internal documents under the EU Merger Regulation, ECLR 2018, 12–23, 15 ff.

723 Wilson, Document requests in complex EU merger cases, ZWeR 2017, 146, 154.

724 Komm., E. v. 21.03.2018 (COMP/M.8084) – Bayer/Monsanto., für die konkreten Zahlen vgl. Bertuzzi et al., Bayer/Monsanto, Competition merger brief 02/2018, 6, 6. Interessant ist insoweit auch, dass sich das Pränotifizierungsverfahren sich über mehr als ein Jahr zog.

als 1 Mio. interne Dokumente.[725] Auch wenn es hierbei derzeit um Ausreißer nach oben handeln dürfte und die angefragten Dokumente in einer Vielzahl an Verfahren weiterhin unter diesen Werten liegt, ist eine Tendenz doch erkennbar und für die Erforderlichkeit solcher Anfragen nicht unberücksichtigt zu lassen.[726]

Der Erlass und Umfang von Datenanfragen unterliegen keinen klaren Vorgaben oder einheitlichen Handlungsanweisungen.[727] Eine Obergrenze gibt es nicht.[728]

---

725 Komm., E. v. 01.09.2016 (COMP/M.7758) – Hutchison 3G Italy/Wind/JV., für die konkreten Zahlen vgl. Levy/Karadakova, The EC's increasing reliance on internal documents under the EU Merger Regulation, ECLR 2018, 12–23, 17.

726 Berg, Praktische Probleme bei Auskunftsersuchen in der EU-Fusionskontrolle, WuW 2019, 230, 230.

727 Durch die Kommission wurde die Übermittlung von „Auskünften" bereits früh dahingehend ausgelegt, dass ebenfalls Dokumente und sonstige Unterlagen angefordert werden können, vgl. die diesbezüglichen Aussagen in EuGH, Urt. v. 29.06.2006, C-301/04 (Rn. 44), ECLI:EU:C:2006:432 – SGL Carbon und EuG, Urt. v. 20.02.2001, T-112/98 (Rn. 28), ECLI:EU:T:2001:61 – Mannesmannröhren-Werke. Die allgemeine Zulässigkeit derartiger Vorgehensweisen ist im Schrifttum vielfach angezweifelt worden. Siehe jüngst abermals Soltész, Discovery-Befugnisse für die EU-Kommission?, EuZW 2019, 353, 353 f. sowie Wilson, Document requests in complex EU merger cases, ZWeR 2017, 146, 152. Insbesondere ist das Recht der Einholung von Dokumenten über Auskunftsersuchen im Rahmen der FKVO – anders als der VO 1/2003 – durch die Unionsgerichte nicht explizit bestätigt worden. Vielmehr wurden die diesbezüglichen gerichtlichen Ausführungen zur VO 1/2003 auf Auskunftsersuchen unter der FKVO übertragen. Diese Vorgehensweise begegnet gewissen Bedenken. Während es für Kartellverfahren ausreichend sein kann, über Suchbegriffe und Schlagwörter nach sog. „smoking guns" zu suchen, erscheint diese auf Einzelwissen ausgerichtete Suchweise für die Systematik von Fusionskontrollverfahren weniger passend. Denn bei Fusionskontrollen steht die Erlangung einer umfassenderen Markt- und Sachverhaltskenntnis im Vordergrund, um zukünftige Auswirkungen des Zusammenschlussvorhabens auf diese Märkte prognostizieren zu können, vgl. hierzu Vgl. Kuhn, EC focus on internal documents v. 08.03.2019 abrufbar unter https://www.whitecase.com/publications/article/ec-focus-internal-documents-time-rethink-architecture-eu-merger-control-process, S. 4. Eine ausführliche Darstellung des Sach- und Streitstandes sowie der rechtlichen Begründung derartiger Anforderungen findet sich bei Gillmeister, Ermittlungsrechte im deutschen und europäischen Kartellordnungswidrigkeitenverfahren, 1985, S. 135 ff. m.w.N. sowie Göttlinger, Auskunftsrechte der Kommission im Recht der EU, 2013, S. 225 ff. m.w.N.

728 Die Kommission sieht sich berechtigt, jede Anfrage an die besondere Situation des Falls und die Gesamtumstände anzupassen, vgl. DG Competition, Best Practices for the submission of economic evidence and data collection in cases concerning the application of articles 101 and 102 TFEU and in merger cases, Rn. 59 f.

Die diesbezüglichen Best Practices der Kommission regeln lediglich allgemein, wie Auskunftsersuchen ausgestaltet sein können. Andere Richtlinien zum Umgang mit dem Sonderfall der Document bzw. Data Requests existieren (noch) nicht.[729]

In der Konsequenz muss dies heißen, dass mildere Mittel umso deutlicher unter- bzw. gesucht werden müssen, umso weiter gefasst die Suchbegriffe der Kommission sind. Über die Festlegung der Suchbegriffe, die Eingrenzung der relevanten Personen (sog. Custodians) und die Umgrenzung der relevanten Zeiträume legt die Kommission den Umfang der Datenanfragen fest. Alle Daten innerhalb des festgesetzten Zeitraums auf die Suchbegriffe anspringen, sind in die Übermittlung aufzunehmen. Umso häufiger die Begrifflichkeiten sind und insbesondere, wenn sie im gewöhnlichen Sprachgebrauch genutzt werden, umso schwerer muss es sein, die Erforderlichkeit der hierauf anspringenden Dokumente zu begründen.

Im Rahmen eines vorläufigen Rechtsschutzverfahrens gegen eine Auskunftsentscheidung nach Art. 18 Abs. 3 VO 1/2003 äußerte das EuG jüngst erhebliche Bedenken an der Erforderlichkeit der Einholung solcher Dokumente, die auf die Suchbegriffe *big question, for free, shut down* und *not good for us* anschlagen.[730] Selbiges gilt für Suchbegriffe wie Qualität, Werbung, Wachstum oder Vorteil.[731] Es sei „*hardly surprising that the application of those search terms would lead to the obligation to produce documents unrelated to the subject matter of the request for information*".[732] Nichts anderes kann für die strenger zu beurteilende Erforderlichkeit im Rahmen eines Fusionskontrollverfahrens gelten.

2. Die Untersuchung von Verstößen gegen prozessuale Vorgaben der FKVO

Wie bereits im Rahmen der Begründung von Auskunftsersuchen ist auch bei der Frage von deren Erforderlichkeit die Untersuchung von potentiellen Verstößen gegen verfahrensrechtliche Vorschriften der FKVO von der präventiven Prüfung eines Zusammenschlussvorhabens auf seine Vereinbarkeit mit dem Binnenmarkt

729 Die Kommission hat erstmals Anfang 2018 eine „Best Practices on requests for internal documents under the EU Merger Regulation" angekündigt, vgl. Rede von Margrethe Vestager „Fairness and competition", 25. Januar 2018, abrufbar unter https://ec.europa.eu/commission/commissioners/2014-2019/vestager/announcements/fairness-and-competition_en. Soweit ersichtlich ist ein offizieller Erlass (noch) nicht erfolgt.

730 EuG, Beschl. v. 29.10.20, T-451/20, ECLI:EU:T:2020:515 (Rn. 39) – Facebook I. Eine abschließende Entscheidung steht jedoch noch aus. Zur Verhinderung einer Vorwegnahme im vorläufigen Rechtsschutz beschränkte sich der EuG auf – wenn auch sehr deutliche – rügende bzw. warnende Worte.

731 EuG, Beschl. v. 29.10.2020, T-452/20, ECLI:EU:T:2020:516 (Rn. 39) – Facebook II.

732 EuG, Beschl. v. 29.10.20, T-451/20, ECLI:EU:T:2020:515 (Rn. 39) – Facebook I.

ist zu unterscheiden. Dies kann beispielsweise ein Verstoß eines Unternehmens gegen das Vollzugsverbot oder die Pflichten im Rahmen der Auskunftserteilung sowie die Missachtung von auferlegten Auflagen und/oder Bedingungen sein. Derartige Anfragen können aufgrund ihrer repressiven Ausrichtung des Verfahrens den Ermittlungsverfahren nach der VO 1/2003 gleichgestellt werden.[733] Die an die Erforderlichkeit von Auskunftsersuchen zu stellenden Anforderungen sind insoweit unmittelbar und umfassend auf die diesbezüglichen Auskunftsbefugnisse der Kommission nach Art. 11 FKVO anwendbar. Differenzierungen, wie sie oben für die präventiven Fusionskontrollverfahren dargelegt wurden, sind nicht erforderlich.

B. Die Erforderlichkeit der Wahl des Mittels

Seit der Abschaffung des förmlichen Stufenverhältnisses ist die Kommission nicht mehr verpflichtet, vor einer Auskunftsentscheidung zunächst ein einfaches Auskunftsverlangen zu erlassen – weder nach der VO 1/2003 noch nach der FKVO.[734] Auch die Wahl zwischen einfachem Auskunftsverlangen und verbindlicher Auskunftsentscheidung fällt daher in ihr Ermessen.[735]

Nach nahezu einheitlicher Meinung ist die Kommission in ihrer Formenwahl dennoch nicht vollständig frei: Sie hat die Wahl ihrer Ermittlungshandlungen an den Grundsätzen der Verhältnismäßigkeit auszurichten.[736] Die sofortige Wahl

---

733 Siehe zu dieser Differenzierung bereits oben Teil 2, Kapitel 1, D.II.

734 Siehe zur Abschaffung des förmlichen Stufenverhältnisses mit der Einführung der VO 1/2003 und der FKVO Teil 1, Kapitel 1.

735 Vgl. hierzu EuG, Urt. v. 14.03.2014, T-306/11 (Rn. 49 ff.), ECLI:EU:T:2014:123 – Schwenk Zement; EuG, Urt. v. 14.03.2014, T-293/11 (Rn. 83 ff.), ECLI:EU:T:2014:127 – Holcim, EuGH, Urt. v. 26.06.1980, C-136/79 (Rn. 28 ff.), ECLI:EU:C:1980:169 – National Panasonic, für die gleiche Frage der Wahl zwischen einfachem Nachprüfungsauftrag und Nachprüfungsentscheidung. Siehe zur alten Rechtslage u.a. EuG, Urt. v. 09.11.1994, T-46/92 (Rn. 30), ECLI:EU:T:1994:267 – Scottish Football und EuG, Urt. v. 08.03.1995, T-34/93 (Rn. 38), ECLI:EU:T:1995:46 – Société Générale. Siehe auch Bischke, Welchen Anforderungen muss ein Auskunftsbeschluss der EU-Kommission gemäß Art. 18 Abs. 3 VO 1/2003 genügen?, NZKart 2014, 299, 300; York von Wartenburg, in: LMRKM, Kartellrecht, 4. Aufl. 2020, Art. 11 FKVO Rn. 4; Hirsbrunner, in: Groeben/Schwarze/Hatje, Europäisches Unionsrecht, 7. Aufl. 2015, VO (EG) 1/2003 Art. 18 Rn. 7 sowie Ohlhoff, in: MüKo, Wettbewerbsrecht, 3. Aufl. 2020, Art. 11 FKVO Rn. 21.

736 EuG, Urt. v. 14.03.2014, T-306/11 (Rn. 49), ECLI:EU:T:2014:123 – Schwenk Zement, („*Diese Wahl unterliegt jedoch der vom Unionsrichter vorzunehmenden Kontrolle anhand des Grundsatzes der Verhältnismäßigkeit*"). Statt aller York von Wartenburg, in: LMRKM, Kartellrecht, 4. Aufl. 2020, Art. 11 FKVO Rn. 4. Daneben u.a. Bischke, Welchen Anforderungen muss ein Auskunftsbeschluss der EU-Kommission gemäß Art. 18 Abs. 3 VO 1/2003 genügen?, NZKart 2014, 299, 300; Jungermann,

einer Auskunftsentscheidung muss daher nicht nur geeignet sein, den verfolgten Zweck zu erreichen, sondern unter mehreren gleich geeigneten Mitteln auch das am wenigsten belastende darstellen. Dies führt – besonders in Fusionskontrollverfahren – grundsätzlich zu einem Vorrang der einfachen Auskunftsverlangen vor den Auskunftsentscheidungen.[737] Der sofortige Erlass einer Auskunftsentscheidung ist damit nicht per se ausgeschlossen; er darf jedoch nicht grundlos erfolgen.[738] Mit diesem System wurde die Wahl zwischen einfachem Auskunftsverlangen und Auskunftsentscheidung an die Wahl zwischen einer Nachprüfung durch schlichten Auftrag oder auf der Grundlage einer Entscheidung angepasst.[739] Auch insoweit hängt die Wahl der konkreten Form der Maßnahme von den *„Erfordernissen einer den Besonderheiten des Einzelfalls angemessenen Untersuchung"* und ist damit am Grundsatz der Verhältnismäßigkeit zu messen.[740]

Ein einfaches Auskunftsverlangen ist damit als milderes Mittel einzustufen.[741] Im Rahmen der Bewertung der Erforderlichkeit ist der Erlass eines einfachen Auskunftsverlangens daher stets zu erwägen. Dies gilt umso mehr, also die Zweistufigkeit – ob nun verbindliche oder unverbindliche – eine Ausprägung der Gewährung rechtlichen Gehörs ist.[742] Hierbei handelt es sich um einen fundamentalen Grundsatz des Europäischen (Verfahrens)Rechts.[743] Verweigert ein Adressat die Erteilung von Auskünften unter Angabe von Gründen, so hat sich die Kommission beim nachfolgenden Erlass einer Auskunftsentscheidung hiermit auseinanderzusetzen.[744] Der grundlose sofortige Erlass einer Auskunftsentscheidung schneidet dem

---

in: Frankfurter Kommentar Kartellrecht, 93. Aufl. 2020, Art. 18 VO 1/2003 Rn. 20. Siehe hierzu bereits ausführlich oben Teil 1, Kapitel 1.

737 So scheint auch die Kommission nach wie vor in aller Regel zunächst einfache Auskunftsverlangen an die Auskunftsadressaten zu versenden, vgl. Völcker, in: Frankfurter Kommentar Kartellrecht, 93. Aufl. 2020, Art. 11 FKVO Rn. 23.

738 So ohne weitere Begründung beispielsweise Bechtold/Bosch/Brinker (Hrsg.), EU-Kartellrecht, 3. Aufl. 2014, Art. 11 FKVO Rn. 12.

739 Vgl. Art. 20 Abs. 3 und 4 VO 1/2003 sowie Art. 13 Abs. 3 und 4FKVO.

740 Vgl. u.a. EuGH, Urt. v. 22.10.2002, C-94/00 (Rn. 77), ECLI:EU:C:2002:603 – Roquette Frères sowie EuG, Urt. v. 08.03.2007, T-339/04 (Rn. 117 f.), ECLI:EU:T:2007:80 – France Télécom.

741 So auch Göttlinger, Auskunftsrechte der Kommission im Recht der EU, 2013, S. 273 f. m.w.N. insb. zur Herleitung.

742 Siehe Sura, in: Langen/Bunte, Kartellrecht, 13. Aufl. 2018, Art. 18 VO 1/2003 Rn. 2 m.w.N.

743 So ausdrücklich bereits EuGH, Urt. v. 09.11.1983, C-322/81 (LS 1, Rn. 7), ECLI:EU:C:1983:313 – Michelin.

744 Vgl. Gillmeister, Ermittlungsrechte im deutschen und europäischen Kartellordnungswidrigkeitenverfahren, 1985, S. 135 sowie aus jüngerer Zeit Hensmann, Die Ermittlungsrechte der Kommission im europäischen Kartellverfahren, 2009, S. 70.

Auskunftsadressaten diese Möglichkeit, auf den Verfahrensfortgang einzuwirken, ab. Ein unverbindliches einfaches Auskunftsverlangen ist damit grundsätzlich als milderes Mittel einzustufen.

Eine Auskunftsentscheidung ist nach Verhältnismäßigkeitserwägungen erst dann zulässig, wenn sie zwar mit höheren Belastungen einhergeht, jedoch eine in Abwägung mit den verfolgten Zielen höhere Eignung aufweist. Mit welchen Gründen die Kommission den sofortigen Erlasses einer Auskunftsentscheidung rechtfertigen kann, wird an späterer Stelle dieser Arbeit vertieft untersucht.[745]

C. Die Erforderlichkeit der Wahl des Auskunftsadressaten

Die Kommission hat bei Erlass ihrer Auskunftsersuchen die Wahl zwischen einer Vielzahl an Auskunftsadressaten. Sie ist grundsätzlich nicht auf die potentiell Kartellbeteiligten oder die an einem Zusammenschlussvorhaben beteiligten Unternehmen beschränkt.[746] Jedoch gilt dieses Auswahlermessen auch hier nicht uneingeschränkt.

Wie bei sämtlichem belastenden Verwaltungshandeln ist die Kommission hinsichtlich der Wahl des Auskunftsadressaten an den Grundsatz der Verhältnismäßigkeit gebunden.[747] Ein starres Stufenverhältnis zwischen Verfahrensbeteiligten und Dritten besteht grundsätzlich nicht. Andererseits nennt der EuGH in seinem Urteil *Roquette Frères* mit der *„Natur der Verwicklung des betroffenen Unternehmens“* in den zu untersuchenden Sachverhalt die Stellung des Auskunftsadressaten im Verfahren als wesentliches Kriterium zur Prüfung der Verhältnismäßigkeit.[748]

Die Wahl des Auskunftsadressaten hat sich daher an folgenden Grundsätzen zu orientieren: Die Auskunftseinholung bei einem an dem Verfahren völlig unbeteiligten Dritten ist nur dann erforderlich, wenn die Informationen nicht, nicht

---

745 Siehe hierzu unten Teil 3, Kapitel 2, B.II. und B.III.2.1., wo im Rahmen des eigenen Lösungsansatzes eine erweiterte Begründungspflicht eingeführt wird.

746 Miersch, in: Grabitz/Hilf, Das Recht der Europäischen Union, 40. Aufl. 2010, Art. 18 VO 1/2003 Rn. 8. So auch Gillmeister, Ermittlungsrechte im deutschen und europäischen Kartellordnungswidrigkeitenverfahren, 1985, S. 128 f.

747 Vgl. u.a. Schlussanträge GA Wahl v. 15.10.2015 zu EuGH, Urt. v. 10.03.2016, C-268/14 (Rn. 30), ECLI:EU:C:2015:697 – Italmobiliare. Zum Meinungsstand und m.w.N. Hennig, in: Immenga/Mestmäcker/Körber, Wettbewerbsrecht, 6. Aufl. 2019, Art. 18 VO 1/2003 Rn. 17 Zustimmend u.a. Ohlhoff, in: MüKo, Wettbewerbsrecht, 3. Aufl. 2020, Art. 11 FKVO Rn. 4 sowie grds. Jungermann, in: Frankfurter Kommentar Kartellrecht, 93. Aufl. 2020, Art. 18 VO 1/2003 Rn. 13. Siehe zur allgemeinen Entwicklung der diesbezüglichen Diskussion Vocke, Die Ermittlungsbefugnisse der EG-Kommission im kartellrechtlichen Voruntersuchungsverfahren, 2006, S. 193 f.

748 EuGH, Urt. v. 22.10.2002, C-94/00 (Rn. 79), ECLI:EU:C:2002:603 – Roquette Frères.

vollständig, nicht mit gleicher Genauigkeit und Glaubwürdigkeit oder nur unter erheblich höheren Belastungen bei einem Unternehmen erlangt werden können, das an dem Verfahren bereits beteiligt ist.[749] Ausnahmen von diesem Grundsatz sind zuzulassen. Es muss der Kommission in sämtlichen Konstellationen des Verfahrens möglich sein, sich durch den Vergleich verschiedener Auskünfte ein objektives Bild über den Sachverhalt zu verschaffen. Hierfür sind jedoch sachliche Gründe zu fordern, aufgrund derer die Kommission zu dem Schluss gelangt, dass ein unmittelbarer Rückgriff auf einen unbeteiligten Dritten erforderlich ist. So können u.a. Zweifel an der Richtigkeit der – insbesondere von den beteiligten Unternehmen – bereits erhaltenen Informationen den Zugriff auf ein unbeteiligtes Unternehmen rechtfertigen.

Werden Auskunftsersuchen bereits in einem sehr frühen Stadium des Verfahrens an unbeteiligte Dritte erlassen, bedarf dies einer differenzierten Bewertung. Es ist zwischen Auskunftsersuchen nach der FKVO und der VO 1/2003 zu unterscheiden.

I. Frühe Beteiligung Dritter in Verfahren der VO 1/2003

In Kartellverfahren erfordern frühe Auskunftsersuchen an unbeteiligte Dritte sachliche Gründe von einigem Gewicht. Ein derartiger Grund kann beispielsweise die unbemerkte Vorbereitung einer unangekündigten Nachprüfung sein.[750] Die Kommission muss zur Wahrung des oben dargelegten Grundsatzes (Beteiligte vor unbeteiligten Dritten) vorab in besonderem Maße sicherstellen, dass die unbeteiligten Dritten überhaupt über ausreichende Informationen in Bezug auf die vermeintlichen Wettbewerbsbeschränkungen der verdächtigen Unternehmen verfügen und diese auch zur Verfügung stellen können.

Im Rahmen von Sektoruntersuchungen erfolgt der zurückhaltende Einsatz von Auskunftsersuchen gegenüber unbeteiligten Dritten bereits aufgrund der Natur des Verfahrens, da sich die Untersuchung als solche bereits auf den gesamten Sektor bzw. Wirtschaftszweig erstreckt und unbeteiligte Dritten damit selten sind.

II. Frühe Beteiligung Dritter in Verfahren der FKVO

In Fusionskontrollverfahren hingegen ist die Beteiligung von Nicht-Verfahrensbeteiligten, insbesondere Kunden, Lieferanten und Wettbewerbern, auch bereits in frühen Stadien der Verfahren üblich.[751] Die erteilten Auskünfte und Informationen

749 I.E. auch Ohlhoff, in: MüKo, Wettbewerbsrecht, 3. Aufl. 2020, Art. 11 FKVO Rn. 7; Barthelmeß/Rudolf, in: LMRKM, Kartellrecht, 4. Aufl. 2020, Art. 18 VO 1/2003 Rn. 40.

750 Vocke, Die Ermittlungsbefugnisse der EG-Kommission im kartellrechtlichen Voruntersuchungsverfahren, 2006, S. 194.

751 Siehe zur regelmäßig Versendung von Auskunftsersuchen an Kunden, Wettbewerber oder sonstige eigentlich unbeteiligte Unternehmen

werden durch die Kommission ausgewertet und können sodann zur weiteren Auskunftserfragung bei den Zusammenschlussbeteiligten führen. In der Regel versendet die Kommission Auskunftsersuchen an die in der Form CO für die potentiell betroffenen Märkte genannten Kunden und Wettbewerber.[752] In schwierigen Fällen und wenn die Kommission Annahme zu Unstimmigkeiten der erhaltenen Angaben hat, greift sie auf eine flächendeckende Befragung von Kunden zurück.[753]

Zusammenschlüsse können sich (teils empfindlich) auf die Wettbewerber und Kunden auswirken. Es ist daher oftmals im Interesse der Dritten, dass ihren diesbezüglichen Bedenken Gehör verschafft wird. Über die Versendung und Beantwortung wird ihnen eine Möglichkeit der Stellungnahme eröffnet.[754] Diese subjektiven Interessen an der Verfahrensbeteiligung und der Beantwortung von Fragebögen kann die Bewertung der durch das Auskunftsersuchen hervorgerufenen Belastungen positiv beeinflussen. Die Inanspruchnahme eines unbeteiligten Dritten kann daher „weniger einschneidend" sein, als dies beispielsweise in vergleichbaren Konstellationen in Kartellverfahren der Fall ist. So kann es für die Erforderlichkeit ausreichend sein, wenn sich die Kommission aus den Auskünften der unbeteiligten Dritten Anhaltspunkte für mögliche Auswirkungen des Zusammenschlussvorhabens auf die betroffenen Märkte erhofft. Ein komplettes Absehen von sachlichen Gründen für die Wahl zwischen den Parteien eines Zusammenschlussvorhabens sowie Hauptwettbewerbern und Kunden, weiter entfernten Dritten und einer flächendeckenden Marktbefragung ist jedoch auch innerhalb der FKVO nicht möglich.

Zwischenergebnis

Die Erforderlichkeit ist geprägt von Einzelfällen. Die Frage des Umgangs mit diesen Einzelfällen kann nicht allgemeingültig beantwortet werden. Hinzu kommt, dass eine Pflicht der Kommission zur Begründung der Erforderlichkeit der Auskunftseinholung nach dem derzeitigen Stand nicht besteht. Vielmehr wird den Ermittlungsinteressen der Kommission insoweit weitgehend der Vorrang eingeräumt.

Den Einzelfällen gemein ist vor diesem Hintergrund die Tatsache, dass sie – wird kein hinreichend offensichtlicher Zusammenhang mit dem untersuchten Gegenstand des Verfahrens hergestellt – tendenziell ein hohes Potential für

---

innerhalb von Fusionskontrollverfahren, vgl. Körber, in: Immenga/Mestmäcker, EU-Wettbewerbsrecht, 5. Aufl. 2012, FKVO Art. 11 Rn. 9.

752 Völcker, in: Frankfurter Kommentar Kartellrecht, 93. Aufl. 2020, Art. 11 FKVO Rn. 3.

753 Siehe hierzu m.w.N Völcker, in: Frankfurter Kommentar Kartellrecht, 93. Aufl. 2020, Art. 11 FKVO Rn. 3, der u.a auf hinweist auf das Verfahren Komm., E. v. 20.01.2013 (COMP/M.6570) – UPS/TNT Express.

754 Siehe hierzu Göttlinger, Auskunftsrechte der Kommission im Recht der EU, 2013, S. 273.

Meinungsverschiedenheiten und Unstimmigkeiten zwischen den Auskunftsadressaten und der Kommission aufweisen. Aufgrund der derzeitigen Schutzmöglichkeiten der Unternehmen in laufenden Verwaltungsverfahren,[755] bleiben derartige Meinungsverschiedenheiten oftmals ungeklärt oder enden in Gerichtsverfahren. Diese Situation wird im dritten Teil der Arbeit die Grundlage für die zu entwickelnden Lösungsansätze bilden, die eine Stärkung des Grundsatzes der Verhältnismäßigkeit und insbesondere des Teilaspektes der Erforderlichkeit bereits auf Ebene des Kommissionsverfahrens zur Folge haben werden.

755 Siehe ausführlich Teil 3, Kapitel 1.

Viertes Kapitel: Die Angemessenheit (Verhältnismäßigkeit im engeren Sinne) als Abwägungskorrektiv

Die letzte Grenze der Ausübung des Ermittlungsermessens durch die Kommission bildet die Angemessenheit. Sie stellt den dritten Teilaspekt und damit den Schlussstein der Verhältnismäßigkeitsprüfung dar.[756]

Die Angemessenheit ist eine von normativen Erwägungen geprägte Abwägung der divergierenden Interessen im Zusammenhang mit hoheitlichen Tätigkeiten – ein sog. Übermaßverbot.[757] Konkret für den Fall der Auskunftsersuchen heißt dies, dass nach allgemeiner Ansicht

> *„das Interesse der Kommission an der Aufklärung des Sachverhalts dem Arbeitsaufwand des Befragten Unternehmens gegenüberzustellen [ist].“*[758]

Hieraus folgt zunächst, dass eine Unangemessenheit nicht automatisch aus einer hohen Belastung der Auskunftsadressaten folgen darf.[759] Andererseits darf die Erteilung der Auskünfte bei den Auskunftsadressaten nicht zu (wirtschaftlichen) Belastungen führen, die sich im Vergleich zu den mit dem Auskunftsersuchen verfolgten Erfordernissen und Zielen der Untersuchung sowie der Wahrscheinlichkeit ihres Erfolges als übermäßig und untragbar darstellen.[760]

---

756 Statt aller Lienbacher, in: Schwarze/Becker/Hatje, EU-Kommentar, 4. Aufl. 2019, Artikel 5 EUV Rn. 38 m.w.N.

757 Konkret zu beurteilen ist, ob die *„verursachten Nachteile in angemessenem Verhältnis zu den angestrebten Zielen stehen“*, EuGH, Urt. v. 13.11.1990, C-331/88 (Rn. 13), ECLI:EU:C:1990:391 – Fedesa u.a. Vgl. hierzu auch EuG, Urt. v. 25.11.2014, T-402/13 (Rn. 72), ECLI:EU:T:2014:991 – Orange sowie grundlegend bereits EuGH, Urt. v. 13.12.1979, C-44/79 (Rn. 23), ECLI:EU:C:1979:290 – Hauer.

758 Schwarze, Europäisches Verwaltungsrecht (Band II), 1988 S. 812.

759 So ausdrücklich nochmals EuG, Urt. v. 09.04.2019, T-371/17 (Rn. 121), ECLI:EU:T:2019:232 – Qualcom u.a. (*„[T]he mere fact that a request for information involves a significant workload for an undertaking is not sufficient per se to establish that it is disproportionate in relation to the needs of the investigation relating to, inter alia, the presumed infringements which the Commission intends to investigate and the circumstances of the procedure in question.“*).

760 In ständiger Rechtsprechung EuG, Urt. v. 14.03.2014, T-296/11 (Rn. 86), ECLI:EU:T:2014:121 – Cementos Portland; EuG, Urt. v. 12.11.2013, T-570/08 RENV (Rn. 145), ECLI:EU:T:2013:589 – Deutsche Post; EuG, Urt. v. 22.03.2012, T-458/09 u.a. (Rn. 81), ECLI:EU:T:2012:145 – Slovak Telekom sowie bereits EuG, Urt. v. 12.12.1991, T-39/90 (Rn. 51), ECLI:EU:T:1991:71 – SEP; EuGH, Urt. v. 22.10.2002,

Was sich hinter dem Begriff der Angemessenheit für Auskunftsersuchen im Rahmen von Kartellverfahren, Sektoruntersuchungen und Fusionskontrollverfahren konkret verbirgt, lässt sich diesen allgemeinen Erwägungen nicht entnehmen. Ebenso wenig ist erkennbar, welche Grenzen der Ermessenausübung der Kommission im Einzelfall hierdurch gesetzt werden. Die diesbezüglichen Ausführungen in den Urteilen sind in der Regel kurz und lassen kaum Rückschlüsse auf die Erwägungen der Unionsrichter oder der Kommission zu. Auch die Stimmen in der Literatur haben sich mit der Frage der konkreten Bestimmung der Angemessenheit eines Auskunftsersuchens bisher allenfalls zurückhaltend auseinandergesetzt.[761]

Im Folgenden wird die im Rahmen der Angemessenheit erforderliche Interessensabwägung sowie deren Überprüfung in der gerichtlichen Praxis vertieft analysiert. Im Anschluss daran werden durchgehend zu berücksichtigende Abwägungselemente aufgezeigt und verallgemeinerungsfähige Maßstäbe zur Bewertung des zumutbaren Maßes an Belastungen der Auskunftsadressaten entwickelt.

A. Der Inhalt der Interessensabwägung

Ausgangspunkt der Angemessenheit ist eine Gegenüberstellung und Abwägung der positiven und negativen Auswirkungen einer Unionsmaßnahme.[762] Die Abwägung der gegenläufigen Interessen ist – mehr noch als die Geeignetheit und Erforderlichkeit – einzelfallspezifisch geprägt. Es ist für jeden konkreten Einzelfall eine Interessensabwägung im klassischen Sinne zwischen den tangierten privaten und

---

C-94/00 (Rn. 76 f.), ECLI:EU:C:2002:603 – Roquette Frères; EuGH, Urt. v. 14.12.1962, C-5/62 (S. 944), ECLI:EU:C:1962:46 – Acciaierie San Michele u.a. zu Art. 47 EGKSV sowie jüngst nochmals bestätigt durch EuG, Urt. v. 09.04.2019, T-371/17 (Rn. 120), ECLI:EU:T:2019:232 – Qualcom u.a. Vgl. u.a. Kellerbauer, Limits on EU antitrust investigative measures under recent case-law: tiptoeing between proportionality and effectiveness, EuZW 2014, 407–410, 407; Friedmann, Die Geltung rechtsstaatlicher Grundsätze im kartellrechtlichen Bußgeldverfahren der Europäischen Gemeinschaft, 2005, S. 186; Van der Hout/Seitz, in: Berg/Mäsch, Kartellrecht, 3. Aufl. 2018, Vor Art. 17 ff. VO 1/2003 Rn. 14 und Schwarze, Grenzen für die Ermittlungstätigkeit der Kommission als Wettbewerbsbehörde der EG, in: Schwarze/Glaesner (Hrsg.), Der Gemeinsame Markt, Bestand und Zukunft, S. 167.

761 Konkrete Versuche zur Entwicklung von Ansätzen zur Lösung dieser Problematik sind, soweit ersichtlich, bisher nicht unternommen worden.

762 Siehe u.a. Danwitz, Der Grundsatz der Verhältnismäßigkeit im Gemeinschaftsrecht, EWS 2003, 393, 398; Trstenjak/Beysen, Das Prinzip der Verhältnismäßigkeit in der Unionsrechtsordnung, EuR 2012, 265, 272 sowie Schwarze, Dimensionen des Rechtsgrundsatzes der Verhältnismäßigkeit, in: Ipsen (Hrsg.), Europa im Wandel – Festschrift für Hans-Werner Rengeling, S. 637.

den verfolgten öffentlichen Interessen vorzunehmen.[763] Die Interessensabwägung beruht auf einem Bündel an Argumenten. Sie kann nicht auf ein einziges – wenn auch gewichtiges – reduziert werden. Von besonderem Interesse und in die Abwägungsprozesse einzustellen sind insbesondere die folgend dargestellten Kriterien:

- Die Schwere des mutmaßlichen Kartellverstoßes oder die Relevanz des angemeldeten Zusammenschlussvorhabens. Anders als bei der Frage, ob die grundsätzliche Pflicht zur Angabe eines Anfangsverdachts sowie das Vorliegen entsprechender Indizien vom konkreten Verfahrensgegenstand abhängig gemacht werden kann, ist die Bedeutung des geführten Verfahrens im Rahmen der Angemessenheit maßgeblich. Hintergrund dieser abweichenden Bewertung sind die unterschiedlichen Funktionen der Prüfungsschritte und ihre Relevanz für die Verteidigungsrechte des Unternehmens. Es handelt sich bei der Angemessenheit nicht um eine grundlegende Informationspflicht, anhand derer sich zudem die gesamte spätere Prüfung der Verhältnismäßigkeit ausrichtet. Vielmehr geht es hier um eine von Wertungen geprägte Abwägung, in die sämtliche Besonderheiten des Einzelfalles einzustellen sind. Hierzu zählt auch die Schwere des vermuteten Verstoßes bzw. die Relevanz der Ermittlungen.
  Ein Überwiegen der Ermittlungsinteressen der Kommission gegenüber den Individualinteressen lässt sich dabei umso leichter begründen, umso erheblicher die vermuteten Auswirkungen auf den gemeinschaftsweiten Markt sind.[764] So auch ausdrücklich das EuG in Sachen Cementos Portland: *„Es ist festzustellen, dass der besonders weite Anwendungsbereich und die Schwere der von der Kommission untersuchten mutmaßlichen Zuwiderhandlungen die Erteilung einer hohen Zahl von Auskünften rechtfertigen können“*.[765] Hat ein Untersuchungsgegenstand hingegen eine geringere unionsrechtliche Relevanz, so kann das Interesse des betroffenen Unternehmens am Schutz seiner Rechtspositionen einfacher überwiegen.[766]
  Selbiges gilt für die von der Untersuchung betroffene Zeitspanne. Je geringer die Beeinträchtigung des freien Wettbewerbs selbst bei ihrem erfolgreichen Nachweis sein kann, desto weniger weit darf in die geschützten Rechtspositionen des Betroffenen eingegriffen werden. Mit denselben Erwägungen lässt sich auch erklären, dass und warum ein weit(er) zurückliegender, aller Voraussicht nach bereits seit erheblicher Zeit beendeter und gegebenenfalls verjährter

763 Vgl. statt aller Barthelmeß/Rudolf, in: LMRKM, Kartellrecht, 4. Aufl. 2020, Art. 18 VO 1/2003 Rn. 39 und Miersch, in: Grabitz/Hilf, Das Recht der Europäischen Union, 40. Aufl. 2010, Art. 18 VO 1/2003 Rn. 8. So auch Friedmann, Die Geltung rechtsstaatlicher Grundsätze im kartellrechtlichen Bußgeldverfahren der Europäischen Gemeinschaft, 2005, S. 186 f.

764 EuG, Urt. v. 14.03.2014, T-296/11 (Rn. 90), ECLI:EU:T:2014:121 – Cementos Portland.

765 EuG, Urt. v. 14.03.2014, T-296/11 (Rn. 90), ECLI:EU:T:2014:121 – Cementos Portland.

766 EuGH, Urt. v. 22.10.2002, C-94/00 (Rn. 80), ECLI:EU:C:2002:603 – Roquette Frères.

Sachverhalt nicht mit derselben Intensität verfolgt werden darf, wie ein Verstoß, der sich im Zeitpunkt der Untersuchung noch potentiell auf den Markt auswirkt oder zumindest auswirken kann.

- Der zu erwartende Mehrwert. Ausschlaggebend für die Abwägung der gegenläufigen Interessen muss auch die vermutete Bedeutung der angeforderten Informationen für das jeweilige Verfahren sein.[767] So stellte der Gerichtshof in Bezug auf die Überprüfung einer beabsichtigten Nachprüfungsmaßnahme klar, dass eine gerichtliche Kontrolle bedeutungslos werde, wenn sie nicht auch „*die Bedeutung dessen, wonach gesucht wird*" berücksichtige.[768] Das Interesse der Kommission an den angeforderten Auskünften ist umso stärker zu gewichten, je größer der zu erwartende Beweiswert ist, der von einem Dokument oder einer Information grundsätzlich ausgehen kann. Wesensimmanent ist dabei abermals die Problematik, dass die Kommission den Beweiswert auf Grundlage von Prognosen bestimmen muss ohne zu wissen, welche Dokumente ihr letztlich welche Informationen liefern werden.
  Anhaltspunkt für die Bestimmung eines potentiellen Beweiswertes kann dabei jedoch der Grad der Erforderlichkeit der angefragten Informationen sein. Wird wie im Verfahren *SEP* ein Verhältnis zwischen zwei Unternehmen untersucht,[769] so erschließt sich die Erforderlichkeit und damit auch der hohe potentielle Beweiswert solcher Informationen und Dokumente deutlich, die sich unmittelbar auf dieses Vertragsverhältnis beziehen. Werden hingegen Dokumente aus Vertragsverhältnissen mit anderen Parteien angefordert, wie im genannten Fall zwischen SEP und Statoil,[770] so wird man dem Beweiswert ein im Verhältnis hierzu lediglich geringeres Gewicht beimessen können. Liegen zudem bereits hinreichende Beweismittel zum Nachweis der Zuwiderhandlung vor, die lediglich weiter konkretisiert werden sollen, so wird mit fortschreitendem Verfahrensstand und steigender Belastung der Auskunftsadressaten die Gewichtung des potentiellen Beweiswertes für den Nachweis der Zuwiderhandlung geringer ausfallen müssen.

767 Vgl. EuGH, Urt. v. 22.10.2002, C-94/00 (Rn. 79 f.), ECLI:EU:C:2002:603 – Roquette Frères.

768 EuGH, Urt. v. 22.10.2002, C-94/00 (Rn. 79), ECLI:EU:C:2002:603 – Roquette Frères. In dem Verfahren ging es um die Informationen, die ein nationales Gericht zur Bewertung der Verhältnismäßigkeit einer Nachprüfung vor der Freigabe von Maßnahmen zur Unterstützung durch die nationalen Behörden nach Art. 20 Abs. 6 VO 1/2003 prüfen kann und muss. Aus den Erwägungen des Gerichtshofs gehen keine Anhaltspunkte dafür hervor, die Prüfung(skriterien) der Verhältnismäßigkeit einer Ermittlungsmaßnahme je nach Art des Prüfenden unterschiedlich zu bewerten, so dass die Erwägungen auch auf den vorliegenden Fall anwendbar sind.

769 EuG, Urt. v. 12.12.1991, T-39/90 (Rn. 2 ff.), ECLI:EU:T:1991:71 – SEP.

770 EuG, Urt. v. 12.12.1991, T-39/90 (Rn. 7), ECLI:EU:T:1991:71 – SEP.

Zudem ist insbesondere in Fusionskontrollverfahren der zu erwartende Mehrwert stets in Ansehung der Gesamtdauer des Verfahrens sowie dem verbleibenden Prüfungszeitraum zu bewerten.[771] Der Kommission wird hier innerhalb knapp bemessener Zeiträume eine große Zahl an Informationen aus unterschiedlichen Quellen zugespielt. Es ist daher nicht nur zu berücksichtigen, dass die Unternehmen ausreichend Zeit zur Beantwortung haben, sondern auch, dass der Kommission selbst ausreichend Zeit bleibt, die angefragten Informationen in Anbetracht der ablaufenden Prüfungsfrist angemessen kontrollieren, auf ihre Belastbarkeit prüfen und verwerten zu können. Rückt die Frist zur Beantwortung nur wenige Tage oder Stunden an den Ablauf einer Verfahrensfrist heran, ist zu hinterfragen, ob der Kommission – selbst bei Einhaltung der Antwortfristen seitens der Auskunftsadressaten – überhaupt ausreichend Zeit hierfür bleibt. Unsicherheiten der Verwertungsmöglichkeit können dazu beitragen oder sogar ausschlaggebend dafür sein, dass das Interesse des Auskunftsadressaten unnötige Belastungen zu vermeiden überwiegt.

- Inhalt und Umfang des Auskunftsersuchens. Je weiter ein Auskunftsersuchen gefasst ist und umso größer der Umfang und die inhaltliche Reichweite der angefragten Informationen sind, umso schwerer überschaubar wird die Beantwortung für die Unternehmen. So kann beispielhaft auf die vielfach zitierten Zementverfahren verwiesen werden.[772] Generalanwalt Wahl sah die an die Zementhersteller gerichteten Fragen als *„außerordentlich zahlreich“* während sie zugleich *„sehr unterschiedliche Arten von Auskünften“* betrafen.[773] Eine innere Verbindung zwischen derartigen Fragen auszumachen, sei *„ausgesprochen schwer“*.[774] Entsprechend wird es für die Auskunftsadressaten mit steigendem Umfang der Auskünfte auch zunehmend schwieriger, die Folgen der Informations- und Datenübermittlung abzusehen und etwaige Unzulänglichkeiten bei der Beantwortung zu vermeiden. So kann ein in seinem Inhalt und Umfang beschränktes und daher für den Adressaten leicht berechenbares Auskunftsersuchen seine Angemessenheit indizieren.[775] Mit steigender Masse

771 Saulnier/Mudrony, in: Berg/Mäsch, Kartellrecht, 3. Aufl. 2018, Vorb. zu Art. 7–10 FK-DVO Rn. 3; Hacker, in: Groeben/Schwarze/Hatje, Europäisches Unionsrecht, 7. Aufl. 2015, VO (EG) 139/2004 Art. 11 Rn. 6 f.

772 Siehe hierzu oben Teil 2, Kapitel 1, B.II.2.

773 Beispielhaft Schlussanträge GA Wahl v. 15.10.2015 zu EuGH, Urt. v. 10.03.2016, C-247/14 (Rn. 46), ECLI:EU:C:2015:694 – HeidelbergCement.

774 Vgl. Schlussanträge GA Wahl v. 15.10.2015 zu EuGH, Urt. v. 10.03.2016, C-247/14 (Rn. 46), ECLI:EU:C:2015:694 – HeidelbergCement.

775 Ähnlich Bronett (Hrsg.), Europäisches Kartellverfahrensrecht, 2. Aufl. 2012, Art. 18 VO 1/2003 Rn. 9.

können Zweifel an der Angemessenheit aufkommen, die in einem Überwiegen der Schutzinteressen der Auskunftsadressaten resultieren können.[776]

- Die festgesetzten Antwortfristen. Je kürzer die Antwortfristen, desto erheblicher sind die Belastungen für den Auskunftsadressaten. Für die Bewertung der Angemessenheit und die Gewichtung der gegenläufigen Interessen im Rahmen der Abwägung sind u.a. der Umfang, die Komplexität sowie die Bedeutung und Dringlichkeit der angefragten Informationen relevant.[777] Ebenfalls zu berücksichtigen ist, dass für die antwortenden Unternehmen stets die Gefahr besteht wegen unrichtiger, irreführender und im Falle von Auskunftsentscheidungen auch unvollständiger oder verspäteter Auskünfte mit einem Bußgeld belegt zu werden.[778] Dieses Risiko erhöht sich bei steigendem Zeitdruck infolge enger Antwortfristen. Dem Auskunftsadressaten muss daher nicht nur ausreichend Zeit zur Zusammenstellung der Informationen verbleiben, sondern auch dafür, sich der Vollständigkeit und Korrektheit der gelieferten Auskünfte versichern zu können.[779]

- Die Wahrscheinlichkeit der Generierung von Zufallsfunden. Mit steigender Masse der angefragten Informationen wird es unwahrscheinlicher, dass die Unternehmen alle Dokumente und Daten vor der Übermittlung ausführlich sichten können. Es steigt damit die Gefahr, dass der Kommission nicht nur die Informationen zum Verfahrensgegenstand geliefert werden, sondern auch zu anderen Sachverhalten, die möglicherweise eine kartellrechtliche Relevanz aufweisen können. Zwar wird die Kommission derartige Informationen aufgrund der abweichenden Sachverhalte für das laufende Verfahren grundsätzlich nicht nutzen können. Das heißt jedoch nicht, dass die Kommission Informationen, von denen sie zufällig – und rechtmäßig – im Rahmen ihrer Ermittlungen Kenntnis erlangt,[780] überhaupt nicht nutzen darf. Liegen ihr ausreichende Hinweise vor, so darf sie zwar nicht die Informationen oder Dokumente selbst als

776 Vgl. EuGH, Urt. v. 22.10.2002, C-94/00 (Rn. 80), ECLI:EU:C:2002:603 – Roquette Frères. Siehe auch Hempel, Mehr Sorgfalt bei Auskunftsbeschlüssen, EuZW 2016, 379, 382.

777 So bereits EuG, Urt. v. 22.10.2002, T-310/01 (Rn. 88 m.w.N.), ECLI:EU:T:2002:254 – Schneider Electric.

778 Vgl. Art. 23 Abs. 1 lit. a) und b) VO 1/2003 sowie Art. 14 Abs. 1 lit. b) und c) FKVO.

779 EuG, Urt. v. 09.04.2019, T-371/17 (Rn. 162), ECLI:EU:T:2019:232 – Qualcom u.a.; EuG, Urt. v. 14.03.2014, T-296/11 (96 f.), ECLI:EU:T:2014:121 – Cementos Portland; EuG, Urt. v. 14.03.2014, T-302/11 (Rn. 105), ECLI:EU:T:2014:128 – HeidelbergCement; EuG, Urt. v. 14.03.2014, T-306/11 (Rn. 73, 85), ECLI:EU:T:2014:123 – Schwenk Zement.

780 Sog. Zufallsfunde, von denen die Ermittlungsbehörde „bei Gelegenheit" erfahren hat. Die Kommission darf nicht bewusst nach derartigen Informationen suchen, vgl. hierzu Stöcker, Zufallsfunde in Kartellverfahren, BB 2012, 1172, 1174.

Beweismittel verwerten.[781] Insoweit sind die Parteien nach Art. 28 Abs. 1 VO 1/2003 und Art. 17 Abs. 1 FKVO durch ein Beweisverwertungsverbot geschützt. Ihr steht es jedoch frei, die verkörperte Information als Indiz eines Anfangsverdachts für die Einleitung neuer Ermittlungen zu verwenden.[782] Je umfassender der Umfang der Informationseinholung ist, desto höher ist auch die Wahrscheinlichkeit, dass die Auskünfte nicht nur die konkrete Untersuchung erleichtern, sondern andere Sachverhalte zu Lasten des Unternehmens selbst oder auch Dritter zu Tage fördern können. Entsprechend restriktiver muss das Ermittlungsinteresse der Kommission gewichtet werden – und umgekehrt.

- Finanzielle und personelle Belastungen des betroffenen Unternehmens. Die Beantwortung von Auskunftsersuchen verursacht bei den betroffenen Unternehmen oftmals finanzielle Aufwendungen, aber auch die Bindung von personellen Ressourcen, was zu einer Behinderung bis Lähmung des normalen Geschäftsbetriebs führen kann.[783] Die sachgerechte und fristgemäße Bearbeitung macht nicht selten die Betrauung mehrerer Mitarbeiter mit der Beantwortung der Fragen, der Zusammenstellung der Daten und Dokumente sowie der Bearbeitung und Erstellung von Unterlagen für mehrere Tage, Wochen oder sogar Monate erforderlich.[784] Ein Verfahren, das vor diesem Hintergrund für viel Aufsehen gesorgt hat und das in nahezu jeder wissenschaftlichen Arbeit genannt wird, die sich mit dieser Thematik beschäftigt, ist das Fusionskontrollverfahren *Schneider/Legrand*.[785] In diesem Verfahren hatte die Kommission von den Parteien des Zusammenschlussvorhabens die Beantwortung 322 Fragen inklusive der Übermittlung von mehr als 300.000 Daten innerhalb von fünf

781 Die Kommission ist nach Art. 28 Abs. 1 VO 1/2003 und Art. 17 Abs. 1 FKVO bei der Verwertung von Informationen generell durch den Zweck beschränkt, zu dem sie eingeholt wurden.

782 Siehe hierzu EuGH, Urt. v. 17.10.1989, C-85/87 (LS 2), ECLI:EU:C:1989:379 – Dow Benelux; Schlussanträge GA Wahl v. 12.02.2015 zu EuGH, Urt. v. 18.06.2015, C-583/13 (Rn. 22), ECLI:EU:C:2015:92 – Deutsche Bahn, bestätigt durch EuGH, Urt. v. 18.06.2015, C-583/13 (Rn. 59), ECLI:EU:C:2015:404 – Deutsche Bahn AG sowie u.a. auch Jaeckel, in: Grabitz/Hilf/Nettesheim, Das Recht der Europäischen Union, 2020, Art. 337 AEUV Rn. 57.

783 Vgl. statt aller beispielhaft Van der Hout/Konrads, in: Berg/Mäsch, Kartellrecht, 3. Aufl. 2018, Art. 18 VO 1/2003 Rn. 6 sowie der Versuch der gerichtlichen Geltendmachung der diesbezüglichen Argumentation in EuG, Urt. v. 14.03.2014, T-296/11 (Rn. 103), ECLI:EU:T:2014:121 – Cementos Portland.

784 Barthelmeß/Rudolf, in: LMRKM, Kartellrecht, 4. Aufl. 2020, Art. 18 VO 1/2003 Rn. 39.

785 Siehe beispielhaft Körber, in: Immenga/Mestmäcker, EU-Wettbewerbsrecht, 5. Aufl. 2012, FKVO Art. 11 Rn. 5, 22. Jüngst Berg, Praktische Probleme bei Auskunftsersuchen in der EU-Fusionskontrolle, WuW 2019, 230, 233.

Werktagen aufgegeben.[786] Das EuG bestätigte die Angemessenheit dieser Vorgehensweise. Mit Blick auf das fusionskontrollrechtliche Beschleunigungsgebot und die Spezifika des konkreten Verfahrens (mehrfache informelle Anmeldungen vor offizieller Einreichung) hielt das Gericht die gesetzte Frist trotz *„der beachtlichen Zahl der gestellten Fragen"* noch für angemessen.[787] Unabhängig davon, ob man sich dieser Meinung anschließen möchte oder nicht, zeigt sich hieran deutlich das Ausmaß der Bindung insbesondere personeller Ressourcen im Rahmen der Beantwortung von Auskunftsersuchen. Allein die Zusammenstellung einer derartigen Zahl an Informationen und Daten erfordert ein breit aufgestelltes Bearbeitungsteam. Hierauf beschränkt sich die Übermittlungspflicht jedoch zumeist nicht. Neben den Antworten ist regelmäßig eine umfassende Prüfung und entsprechende Dokumentation einzureichen, dass die Antwort auf das Ersuchen vollständig, korrekt und zeitgerecht erstellt wurde.[788] Darüber hinaus fallen viele Dokumente oftmals – zumindest potentiell – unter den Schutz des Anwaltsprivilegs. In diesem Fall sind die Eröffnung des Schutzbereichs und resultierende Auskunftsverweigerungsrecht für jedes Dokument zu untersuchen und gesondert geltend zu machen.[789] Im Rahmen der Bewertung der Angemessenheit der Maßnahmen und damit einhergehenden Abwägung der Interessen ist mit steigender Belastung eines Auskunftsadressaten die Gewichtung seines Interesses im Vergleich zum Ermittlungsinteresse der Kommission zu stärken.

Für die Frage, wo die Grenze zwischen einer noch zu duldenden und einer die Grenzen der Duldungspflicht übersteigenden Belastung zu ziehen ist, kommt es abermals auf den Einzelfall an. So sind für die Gewichtung der einzelnen Kriterien die hinter den einzelnen Auskunftsrechten stehenden Verfahren, deren Wertungen und ihre Grundsätze zu beachten. Die Kommission hat im Rahmen der Abwägungsprozesse sicherzustellen, dass die Intensität der Ermittlungen im angemessenen Verhältnis zu der Bedeutung des Verfahrens steht.[790]

---

786 Vgl. EuG, Urt. v. 22.10.2002, T-310/01 (Rn. 79), ECLI:EU:T:2002:254 – Schneider Electric.

787 EuG, Urt. v. 22.10.2002, T-310/01 (Rn. 100), ECLI:EU:T:2002:254 – Schneider Electric.

788 DG Competition, Best Practices for the submission of economic evidence and data collection in cases concerning the application of articles 101 and 102 TFEU and in merger cases, Rn. 60 ff.

789 Siehe zu den hiermit konkret einhergehenden Belastungen ausführlich unten C.II.

790 So sollten beispielsweise Auskunftsersuchen im Rahmen von Sektoruntersuchungen mangels konkreten Vorwurfs nicht die gleiche Eingriffsschwelle erreichen dürfen wie bei Einzelverfahren. Vgl. Sule, in: Groeben/Schwarze/Hatje, Europäisches Unionsrecht, 7. Aufl. 2015, VO (EG) 1/2003 Art. 17 Rn. 24. Insoweit geriet insbesondere die Untersuchung des pharmazeutischen Wirtschaftssektors im Jahr 2008 in die Kritik. Die betroffenen Unternehmen machten geltend, dass sie über Monate hinweg

Für die Frage, wo die Grenze zu ziehen ist, hilft die wirtschaftliche Kraft des Auskunftsadressaten. Das Kriterium der Wirtschaftskraft wurde von den Unionsgerichten bereits im Rahmen von Fusionskontrollverfahren[791] ebenso wie für Verfahren nach der VO 1/2003[792] gewählt. So stellte das EuG in Sachen Holcim beispielsweise fest, dass die Klägerinnen *„in Anbetracht der ihr aufgrund ihrer Wirtschaftskraft zur Verfügung stehenden Mittel bei vernünftiger Betrachtung als fähig angesehen werden"* können, die angeforderten Auskünfte fristgemäß vorzulegen.[793] Das eigentlich für die Bußgeldbemessung entwickelte Kriterium der Wirtschaftskraft,[794] ist grundsätzlich ein tauglicher Anknüpfungspunkt dafür, was ein Unternehmen zu leisten vermag. So werden Großunternehmen regelmäßig mehr Personal, finanzielle Mittel und bessere Infrastrukturen haben als kleine oder mittelständische Auskunftsadressaten. Es ist jedoch Vorsicht geboten hieraus schematisch zu schlussfolgern, dass derartige Kapazitäten ungebunden sind und allzeit zur freien Verfügung stehen. Auf ein derartiges Argument könnte lediglich dann zurückgegriffen werden, wenn man Unternehmen ab einer bestimmten Wirtschaftskraft verpflichten würde, Mittel für die Beantwortung behördlicher Auskunftsersuchen vorzuhalten. Dies ist zweifelhaft und wurde bisher, soweit ersichtlich, auch von den Europäischen Gerichten nicht gefordert.

So können mit steigender Wirtschaftskraft eines Unternehmens zwar die Lasten steigen, die ihm in noch angemessener Weise abverlangt werden können. Auch Großkonzernen dürfen jedoch keine Belastungen abverlangt werden, die selbst oder sogar im Verhältnis zu einer großen Wirtschaftskraft außergewöhnlich sind.[795] Denn der Prüfungspunkt der Angemessenheit beantwortet nicht vorrangig

---

ganzes Bearbeitungsteam zur Verfügung stellen mussten. Neben der umfangreichen Daten- und Informationssammlung sei es mitunter notwendig gewesen mit über 500 Mitarbeitern innerhalb und außerhalb der Europäischen Union zu sprechen. Siehe hierzu ausführlich Jungermann, in: Frankfurter Kommentar Kartellrecht, 93. Aufl. 2020, Art. 17 VO 1/2003 Rn. 37.

791 Siehe EuG, Urt. v. 22.10.2002, T-310/01 (Rn. 102), ECLI:EU:T:2002:254 – Schneider Electric (*„Von ihrer Art her mussten die (...) angeforderten Informationen, die die gleiche Materie wie die schon während des informellen Prüfungsverfahrens erteilten Auskünfte betrafen, in einem Unternehmen von der Größe der Klägerin unter normalen Umständen somit binnen kurzem verfügbar sein."*, Hervorhebung hinzugefügt).

792 Siehe EuG, Urt. v. 14.03.2014, T-302/11 (Rn. 107), ECLI:EU:T:2014:128 – HeidelbergCement.

793 EuG, Urt. v. 14.03.2014, T-293/11 (Rn. 66), ECLI:EU:T:2014:127 – Holcim. Eine ähnliche Begründung findet sich in dem jüngst ergangenen Urteil in Sachen *Qualcom*, vgl. EuG, Urt. v. 09.04.2019, T-371/17 (Rn. 165), ECLI:EU:T:2019:232 – Qualcom u.a.

794 Hierzu EuGH, Urt. v. 22.05.2008, C-266/06 (Rn. 119 ff.), ECLI:EU:C:2008:295 – Evonik Degussa.

795 Vgl. Schlussanträge GA Wahl v. 15.10.2015 zu EuGH, Urt. v. 10.03.2016, C-247/14 (Rn. 1331), ECLI:EU:C:2015:694 – HeidelbergCement. Die Frage war nicht

die Frage, was ein Unternehmen unter Anstrengung all seiner Ressourcen zu leisten vermag. Es ist vielmehr zu untersuchen, ob die ihm aufgebürdete Last im Verhältnis zu den angestrengten Ermittlungen der Kommission im Verhältnis steht.[796] Insoweit kann bereits dem späteren Lösungsansatz in Teil 3 vorweg gegriffen und festgestellt werden, dass sich ein prozentualer Ansatz zur Bewertung der noch zulässigen Belastungen anbietet. Die (starke) Wirtschaftskraft eines auskunftspflichtigen Unternehmens kann die Grenze der noch angemessenen Belastung nach oben verschieben. Wie alle anderen der oben vorgebrachten Kriterien kann sie für sich allein kann jedoch nicht als Begründung der Angemessenheit eines Auskunftsersuchens genügen.[797]

B. Der tatsächliche Umfang der Interessensabwägung in der praktischen Handhabung

Die Grundvoraussetzung für den Bewertungs- und Abwägungsprozess ist die transparente Herausarbeitung und Gewichtung der gegenseitigen Interessen. Dass und wie dies in der Praxis geschieht, ist für Außenstehende ebenso wie für die betroffenen Unternehmen schwer bis gar nicht nachzuvollziehen.[798] Wie oben bereits dargelegt, ist die Kommission nicht verpflichtet, ihre getroffenen Erwägungen offenzulegen und eine diesbezügliche Begründung zu liefern; dies gilt für die Angemessenheit genauso wie für die Erforderlichkeit.[799]

Gegenstand des späteren Urteils des EuGH, der die Rechtswidrigkeit der Auskunftsentscheidung bereits aufgrund dessen fehlerhafter Begründung bejahte und sich daher mit den sonstigen Rechtsmittelgründen nicht mehr auseinanderzusetzen hatte.

796 EuG, Urt. v. 12.12.1991, T-39/90 (Rn. 51 ff.), ECLI:EU:T:1991:71 – SEP; Bischke, Welchen Anforderungen muss ein Auskunftsbeschluss der EU-Kommission gemäß Art. 18 Abs. 3 VO 1/2003 genügen?, NZKart 2014, 299, 303.

797 Andernfalls bestände die Gefahr, dass die Pflicht zu dezidierten Prüfung der Angemessenheit durch Kommission und Gerichte leerlaufen würde. Über die Umsatzschwellen im Rahmen der FKVO sowie das Erfordernis der wesentlichen Auswirkungen auf den gemeinsamen Markt als Aufgreifkriterium der VO 1/2003, wird sichergestellt, dass sich die Untersuchungen der Kommission regelmäßig auf solche Sachverhalte beschränken, denen eine erhebliche Bedeutung mit gemeinschaftsweiter Relevanz zukommt. Hieran sind regelmäßig die marktführenden und solche Unternehmen mit gewichtiger Wirtschaftskraft beteiligt. Die Argumentationslinie würde regelmäßig bei den meisten, wenn nicht sogar allen Hauptbelasteten eines Verfahrens eingreifen.

798 Kritisch insoweit u.a. Danwitz, Der Grundsatz der Verhältnismäßigkeit im Gemeinschaftsrecht, EWS 2003, 393, 400.

799 Siehe hierzu oben Teil 2, Kapitel 3, A.I.

I. Vergleich mit bzw. Rückschluss aus Nachprüfungsmaßnahmen nicht ausreichend

In der Literatur wird hinsichtlich der Bewertung der Angemessenheit teilweise auf die Überlegung verwiesen, dass Auskunftsersuchen im Vergleich zur Nachprüfung eine geringere Eingriffsintensität aufweisen, weshalb eine Unangemessenheit ohnehin nur in Ausnahmefällen in Betracht komme.[800] In der Tat wird sich der Schluss ziehen lassen, dass erst Recht die weitaus einschneidendere Nachprüfung unverhältnismäßig ist, wenn bereits die durch ein Auskunftsersuchen hervorgerufenen Belastungen als unverhältnismäßig zu bewerten sind. Jedoch darf die Untersuchung an dieser Stelle nicht enden. Die unterschiedliche Schwere der verschiedenen Maßnahmen ist durchaus von Relevanz für die Wahl des Ermittlungsinstrumentes – also die Abwägung, ob die Ermittlungen mittels Durchsuchung oder über Auskunftsersuchen vorangetrieben werden soll.[801]

Die Frage nach der Wahl des richtigen Ermittlungsinstruments ist jedoch von der Frage der Angemessenheit der konkreten Maßnahme zu unterscheiden. Hat die Kommission sich für die eine oder andere Art der Ermittlung entschieden, so ist die konkrete Maßnahme grundsätzlich autonom zu bewerten. Es gibt wesentliche Unterschiede zwischen Nachprüfungen und Auskunftsersuchen, die im Rahmen der Bewertung der Angemessenheit zu berücksichtigen sind und einem generellen Erst-Recht-Schluss von der einen auf die andere Maßnahme entgegenstehen. Nachprüfungen finden in aller Regel zu Beginn eines Ermittlungsverfahrens statt; oftmals handelt es sich um die erste der durchgeführten Ermittlungsmaßnahmen. Zu diesem Zeitpunkt hat die Kommission neben den vorliegenden Indizien und damit dem Kriterium der Schwere der vermuteten Zuwiderhandlung wenig Informationen, die konkret in die Interessensabwägung der Angemessenheitsprüfung einzustellen sind. Auch lässt sich der vermutete Beweiswert der Unterlagen oder der inhaltliche Gesamtumfang der Maßnahme nicht vorab bewerten. Anders als beim Erlass eines Auskunftsersuchens kann die Kommission im Rahmen einer Suche geringeren steuernden Einfluss nehmen als bei der Übermittlung durch die Unternehmen. Ebenso ist die Belastung der Unternehmen schwerer zu bewerten und zu vergleichen, da die Nachprüfung vorrangig auf die Duldung der Maßnahme

800 So beispielsweise Vocke, Die Ermittlungsbefugnisse der EG-Kommission im kartellrechtlichen Voruntersuchungsverfahren, 2006, S. 188, der zur Bewertung der Angemessenheit auf verfahrensrechtliche Erwägungen und darauf verweist, ein Auskunftsersuchen weise eine geringere Eingriffsintensität auf, als eine Nachprüfung, weshalb die Unangemessenheit eines Auskunftsersuchens allenfalls in krassen Ausnahmefällen in Betracht komme.

801 Siehe zu dieser Frage bereits die ähnlichen Überlegungen zur Erforderlichkeit und Belastbarkeit hinreichender Indizien, Teil 2, Kapitel 1, B.II.1

gerichtet ist, während die Unternehmen bei der Beantwortung selbst die Arbeitslast trifft.

Auskunftsersuchen unterscheiden sich hiervon in mehrfacher Hinsicht. Insbesondere finden Auskunftsersuchen in unterschiedlicher Intensität während der gesamten Dauer des Verfahrens statt. Es kann flexibel und mit geringer Zeit- und Aufwandsintensität auf das reagiert werden, was sich im Laufe des Verfahrens an Neuerkenntnissen aufzeigt. Entsprechend werden auch die hinter der Angemessenheit stehenden Wertungen dynamisch angewendet. So mag man also aus der Verhältnismäßigkeit der intensiveren Nachprüfung noch auf die Verhältnismäßigkeit eines gleich gerichteten Auskunftsersuchens schließen können. Aus der Unverhältnismäßigkeit einer Nachprüfung automatisch die generelle Verhältnismäßigkeit sämtlicher Auskunftsersuchen zu schlussfolgern läuft jedoch den obigen Aussagen zuwider und verkürzt die Interessensabwägung unsachgemäß.

II. Abwägung ohne Berücksichtigung der konkreten Belastungen greift zu kurz

Auch die Abwägung allgemeingültiger Kriterien greift zu kurz. So verweisen sowohl *Göttlinger* als auch *Vocke* zur Begründung der Angemessenheit neben der Schwere der vermuteten Zuwiderhandlung, auf die Natur der Verwicklung des Unternehmens in den relevanten Sachverhalt sowie die Bedeutung der angeforderten Informationen.[802] *Vocke* führt weiter aus, dass *„[i]n Kombination mit dem weiten Ermessensspielraum der Kommission, dem hohen Rang des unverfälschten Wettbewerbs im System der Europäischen Gemeinschaft sowie dem hohen Grad an Effizienz und Effektivitätssteigerung des Voruntersuchungsverfahrens (...) die Grenze des (noch) angemessenen Eingriffs weit zu ziehen [sei]"*.[803] Diesen Erwägungen ist grundsätzlich zuzustimmen. Sie lassen jedoch eine Auseinandersetzung mit den Interessen des Auskunftsadressaten, insbesondere deren spezifischen Belastungssituation, vermissen.

Im Rahmen der umfassenden Abwägung der gegenläufigen Interessen zur Bewertung der Angemessenheit ist stets das Kriterium der Proportionalität zu beachten. Nach der entsprechenden Definition des EuGH in seiner Grundsatzentscheidung *„müssen die auferlegten Belastungen in angemessenem Verhältnis zu den angestrebten Zielen stehen"*.[804] Ohne die Einbeziehung der einzelfallspezifischen

802 Vgl. Göttlinger, Auskunftsrechte der Kommission im Recht der EU, 2013, S. 230 f. und Vocke, Die Ermittlungsbefugnisse der EG-Kommission im kartellrechtlichen Voruntersuchungsverfahren, 2006, S. 188.

803 Vocke, Die Ermittlungsbefugnisse der EG-Kommission im kartellrechtlichen Voruntersuchungsverfahren, 2006, S. 188 f.

804 EuGH, Urt. v. 11.07.1989, Rs. 265/87 (LS 4), Slg. 1989, 2237 – Schräder/Hauptzollamt Gronau.

Belastungen in die Interessensabwägung kann eine Bewertung der Angemessenheit einer Maßnahme also nicht erfolgen. Das Kriterium der Belastung kann jedoch erst dann überhaupt in den Abwägungsprozess eingestellt werden, wenn diese in einem vorgelagerten Schritt hinreichend untersucht und ermittelt wurden.[805]

Die Unionsgerichte sehen die bei den Auskunftsadressaten verursachten teilweise erheblichen Belastungen und erkennen diese regelmäßig auch an.[806] Eine vertiefte Untersuchung und eine abwägende Begründung, weshalb die Belastungen nicht ausreichen, um eine Unverhältnismäßigkeit der Ermittlungsmaßnahme zu begründen, finden sich jedoch auch in den einschlägigen Urteilen nicht.[807] Teilweise scheint die Angemessenheit der verursachten Belastungen aus der bereits geprüften Erforderlichkeit der angefragten Informationen geschlussfolgert zu werden.[808] In Sachen *Cementos Portland* führte das EuG – stellvertretend für die weiteren Zementverfahren – aus: *„Zwar können der Umfang der mit dem Fragebogen verlangten Auskünfte (...) und ihr sehr hoher Genauigkeitsgrad nicht bestritten werden. Dies bedeutet unbestreitbar, dass die Beantwortung dieses Fragebogens für die Klägerin mit einer besonders hohen Belastung verbunden war“.*[809] Eine Untersuchung der tatsächlichen Aufwendungen und entstandenen Nachteile erfolgte zumindest

805 Zudem ist die Kommission verpflichtet, sämtliche relevanten Aspekte und konkreten Einzelheiten eines Verfahrens sorgfältig, umfassend und unvoreingenommen zu untersuchen. So sprach das EuG in Bestätigung der ständigen Rechtsprechung in Sachen Qualcom jüngst von *„(...) the duty of the competent institution to examine carefully and impartially all the relevant aspects of the individual case“*, EuG, Urt. v. 09.04.2019, T-371/17 (Rn. 200), ECLI:EU:T:2019:232 – Qualcom u.a. Ähnlich auch bereits EuG, Urt. v. 22.03.2012, T-458/09 u.a. (Rn. 68), ECLI:EU:T:2012:145 – Slovak Telekom. Die umfassende Untersuchungspflicht stellt einen Teilaspekt im Rahmen der Wahrung einer guten Verwaltung, einem in Art. 41 GRCh ausdrücklich normierten Grundrecht dar und vermittelt den betroffenen Unternehmen einen subjektiven Anspruch, vgl. Koch, Verwaltungssanktionen im europäischen und niederländischen Verwaltungs- und Kartellrecht, 2011, S. 106.

806 Siehe beispielsweise in EuG, Urt. v. 09.04.2019, T-371/17 (Rn. 122), ECLI:EU:T:2019:232 – Qualcom u.a., *„In the present case, it is not disputed that a large amount of information of considerable scope is requested under the contested decision. Responding to that request thus entails a significant workload for the applicants“.*

807 Beispielhaft für Ermittlungen nach der FKVO EuG, Urt. v. 22.10.2002, T-310/01 (Rn. 79, 100), ECLI:EU:T:2002:254 – Schneider Electric. Für Verfahren nach der VO 1/2003 siehe jüngst EuG, Urt. v. 09.04.2019, T-371/17 (Rn. 123 f. m.w.N.), ECLI:EU:T:2019:232 – Qualcom u.a.

808 Vgl. EuG, Urt. v. 22.03.2012, T-458/09 u.a. (Rn. 81 ff.), ECLI:EU:T:2012:145 – Slovak Telekom.

809 EuG, Urt. v. 14.03.2014, T-296/11 (Rn. 88), ECLI:EU:T:2014:121 – Cementos Portland.

in der Urteilsbegründung jedoch nicht.[810] Das EuG sah die Angemessenheit der Auskünfte im Ergebnis vielmehr aufgrund der *„Erfordernisse der Untersuchung"* sowie dem durch die Kommission untersuchten Anfangsverdacht als gerechtfertigt an.[811] Diese beispielhaft herangezogene Vorgehensweise des EuG stellt keinen Einzelfall dar.[812] Sie sind auch nicht auf Auskunftsersuchen beschränkt. So kam das EuG in Sachen *Orange* im Rahmen der Prüfung einer Nachprüfungsmaßnahme ohne Darlegung sonstiger Erwägungen zu dem Ergebnis, dass der Umfang der Nachprüfung *„angesichts der von der Kommission untersuchten mutmaßlichen Zuwiderhandlungen"* als angemessen zu bewerten ist.[813] Diese Praxis lässt weitgehend unklar, wo die Grenze zwischen unangemessener Belastung und noch überwiegenden Ermittlungsinteressen der Kommission tatsächlich zu ziehen ist.

C. Entwicklung von Kriterien zur Bewertung der einzelfallspezifischen Belastung

Die aufgezeigten allgemeinen Erwägungen – die in der Regel auf eine Vielzahl der untersuchten Sachverhalte zutreffen – können nicht davon entbinden, sich mit

---

810 Der Einwand der Klägerseite, dass die Beantwortung erhebliche finanzielle Nachteile verursacht habe, blieb insoweit ersichtlich unberücksichtigt, vgl. EuG, Urt. v. 14.03.2014, T-296/11 (Rn. 102), ECLI:EU:T:2014:121 – Cementos Portland.

811 EuG, Urt. v. 14.03.2014, T-296/11 (Rn. 90 ff.), ECLI:EU:T:2014:121 – Cementos Portland.

812 So beispielsweise auch jüngst in EuG, Urt. v. 09.04.2019, T-371/17 (Rn. 120 ff.), ECLI:EU:T:2019:232 – Qualcom u.a., in dem das Gericht in Rn. 121 zwar noch feststellt, *„[i]n the present case, it is not disputed that a large amount of information of considerable scope is requested under the contested decision. Responding to that request thus entails a significant workload for the applicants."*, dies in den nachfolgenden Randnummern sodann lediglich allgemein mit der Relevanz und Bedeutung der Untersuchung rechtfertigt *„the scope of the contested decision is such as to justify the provision of a significant amount of information"* (Rn. 128) sowie der Erforderlichkeit der angefragten Informationen (Rn 128).

813 Siehe zur umfassenden Darlegung der Abwägung EuG, Urt. v. 25.11.2014, T-402/13 (Rn. 73), ECLI:EU:T:2014:991 – Orange (*„In jedem Fall ist zu betonen, dass das Ausmaß dieser Nachprüfung und der Nachteile, die sie hat verursachen können – nämlich, wie in der Klage dargelegt, eine Dauer von vier Tagen an vier Standorten, die Überprüfung von 18 Büros, die Sicherstellung von elf Computern und fünf Smartphones, die Anhörung einer Person sowie die Analyse und die Indexierung von 34 personenbezogenen Mitteilungen wie auch die Untersuchung einer Kopie von Festplatten in den Räumlichkeiten der Kommission in Anwesenheit der Vertreter der Klägerin – im vorliegenden Fall angesichts der von der Kommission untersuchten mutmaßlichen Zuwiderhandlungen nicht als unverhältnismäßig angesehen werden kann."*).

den Belastungen der betroffenen Unternehmen differenziert auseinanderzusetzen. Denn ohne die Feststellung der konkreten Belastung fehlt das taugliche Gegenstück gegen das die Kriterien wie die Schwere der vermuteten Zuwiderhandlung abgewogen werden könnte.

Die durch die Beantwortung des Auskunftsersuchens verursachten Belastungen können sich vielgestaltig darstellen. Sie sind im konkreten Einzelfall zu ermitteln, zu untersuchen und zu bewerten. Jedoch lässt sich feststellen, dass die Belastung der Unternehmen durch bestimmte Faktoren üblicherweise verringert, durch andere Faktoren erhöht wird. Hierbei kann es sich um Spezifika des Sachverhaltes oder – was der Regelfall ist – um die Art und Weise der Fragestellung handeln. Derartige Konstellationen werden im Folgenden als Grundlage für die Entwicklung objektiver Bewertungskriterien genutzt. Hierdurch sollen die Belastungen – unabhängig von der Wirtschaftskraft des Unternehmens – in nachvollziehbarer Weise bewertbar gemacht werden. Die im Folgenden dargestellten Sachverhaltsgestaltungen indizieren eine besondere Belastung der Auskunftsadressaten. Liegen sie vor, ist die Berücksichtigung des verstärkten Eingriffs im Rahmen der Ermessensausübung geboten. Durch die sichtbare Einstellung der entwickelten Kriterien in die Abwägungsprozesse der Kommission und die spätere Kontrolle durch die Unionsgerichte kann ein erhöhtes Maß an Transparenz der Entscheidungsfindung und ein interessensgerechter Ausgleich gewährleistet werden.

I. Belastungen aufgrund umfangreicher Form- und Formatvorgaben

Auskunftsersuchen der Kommission beruhen heutzutage nicht mehr nur auf der Übermittlung von Informationen, Dokumenten oder Daten. Die Fragebögen enthalten oftmals auch Vorgaben der Kommission in Bezug auf Form und Format der Auskünfte. So gibt die Kommission regelmäßig nicht nur technische Formate vor, sondern fordert auch die Einhaltung bestimmter Definitionen, Abkürzungen oder Fachbegriffe bei der Beantwortung.[814] Ebenso üblich ist die Vorgabe inhaltlicher

814 Siehe hierzu Jungermann, in: Frankfurter Kommentar Kartellrecht, 93. Aufl. 2020, Art. 18 VO 1/2003 Rn. 9 und Wilson, Document requests in complex EU merger cases, ZWeR 2017, 146, 154.
So enthielt bspw. die im Rahmen von EuG, Urt. v. 14.03.2014, T-302/11 (Rn. 5 ff.), ECLI:EU:T:2014:128 – HeidelbergCement angegriffene Auskunftsentscheidung nach Art. 18 Abs. 3 VO 1/2003 eine 3,5-seitige Auflistung an Abkürzungen und Codes, die bei der Beantwortung zu berücksichtigen waren – u.a. zur Differenzierung von Brennstofftypen (i. COA (Coal = Kohle), ii. PCK (Pet(roleum)coke) = Petrolkoks, iii. GAS (Natural gas = Erdgas), iv. OIL (Oil = Öl), v. ELE (Elctricity = Elektrizität), vi. ALT (Alternative fuels = alternative Brennstoffe)), zur Unterscheidung der Transportarten (i. TU (truck = LKW), ii. RL (Rail = Schiene), iii. IW (inland waterway = Binnenwassertraße), iv. OS (open sea = Seeverkehr, v. OT (other – Sonstiges), vi. PU

Strukturierungen, beispielsweise die Kategorisierung von Umsätzen und Kontaktdaten der Kunden nach Ländern und Produkten. Inwiefern dabei berücksichtigt wird, ob der Adressat die geforderten Daten, Unterlagen und sonstigen Informationen in seinem Unternehmen in der geforderten oder einer abweichenden Weise strukturiert hat, lässt sich mangels Begründung nicht nachvollziehen.

1. Das Recht zur Vorgabe bestimmter Form- und Formatvorlagen

Die Ermittlung und Beurteilung kartellrechtlicher Sachverhalte sowie die Sammlung und Aufbereitung der hierfür erforderlichen Beweismittel gehört zu den ureigenen Aufgaben der Kommission.[815] Der EuGH hat jedoch anerkannt, dass diese Aufgabe bis zu einem gewissen Grad auf die Unternehmen übertragen werden kann.[816] Aufgrund der Pflicht zur aktiven Mitwirkung könne von den Unternehmen verlangt werden, die zu übermittelnden Auskünfte in der von der Kommission geforderten Form aufzubereiten.[817]

1.1. Allgemeine Erwägungen

Durch die Rechtsprechung weitgehend ungeklärt ist jedoch, wie weit die Mitwirkungspflicht reicht. Systematische Konkretisierungen der Pflicht zur Aus-, Um- oder Aufbereitung von Informationen durch die Unternehmen sind bisher nicht erfolgt.[818] Im Verfahren *HeidelbergCement*, in dem die Thematik zuletzt gerügt

(pick-up = Abholung), vii. DESTIN (Desitination = Zielort) oder zur Segmentierung etwaiger Zahlungs-/Ausgleichsbedingungen (i. PRFP (pre-determindes fixed prices = zuvor festgelegter Preis), ii. PRAF (pre-determindes agreed formular = vereinbarte Formel), iii. NCC (negotiated case by case = individuelle ausgehandelt), iv. SPOT (spot price = Spot-Preis) und v. OTH (other = Sonstiges).

815 Vgl. Art. 2 VO 1/2003 sowie für die FKVO Bechtold/Bosch/Brinker (Hrsg.), EU-Kartellrecht, 3. Aufl. 2014, Art. 2 FKVO Rn. 66 sowie Hummel, Amtshaftung im Kartellrecht, 2016, S. 122.

816 Siehe u.a. bereits EuGH, Urt. v. 18.10.1989, C-374/87 (Rn. 22, 27), ECLI:EU:C:1989:387 – Orkem und EuG, Urt. v. 08.03.1995, T-34/93 (Rn. 72), ECLI:EU:T:1995:46 – Société Générale.

817 Kerse/Khan, EU antitrust procedure, 2012, S. 116 f. (3-020); Schlussanträge GA Darmon v. 18.05.1989 zu EuGH, Urt. v. 18.10.1989, C-374/87 (Rn. 55), ECLI:EU:C:1989:207 – Orkem.

818 Siehe hierzu Barthelmeß/Rudolf, in: LMRKM, Kartellrecht, 4. Aufl. 2020, Art. 18 VO 1/2003 Rn. 35. Wenig konkretisierend führt *Vocke* aus, dass die Grenze des Zulässigen in Bezug auf die Pflicht zur Aufbereitung durch die Auskunftsadressaten aufgrund des weiten Ermessensspielraums der Kommission sehr weit zu ziehen ist, vgl. Vocke, Die Ermittlungsbefugnisse der EG-Kommission im kartellrechtlichen Voruntersuchungsverfahren, 2006, S. 189.

wurde, sah das EuG von einer detaillierten Untersuchung und Bewertung der von der Kommission gestellten formellen Anforderungen ab.[819] Es begründete die Zulässigkeit en-bloc mit dem Hinweis auf Erwägungsgrund Nr. 23 der VO 1/2003. Dieser ermächtigte die Kommission dazu, Fragen zu den erteilten Auskünften und vorgelegten Unterlagen zu stellen. Hieraus folge, dass *„die Kommission nicht darauf beschränkt [sei], allein die Vorlage von Daten zu verlangen, die unabhängig vom Tätigwerden des betroffenen Unternehmens vorliegen. Daher darf sie an ein Unternehmen Fragen richten, die voraussetzen, dass die verlangten Daten in eine bestimmte Form gebracht werden (...)"*.[820]

Worauf das EuG diese Schlussfolgerung stützt, ist unklar. Zur Begründung einer umfassenden Pflicht zur Vornahme selbst erheblicher Eigenleistungen der beteiligten Unternehmen überzeugt die Schlussfolgerung nicht. Eine über die Bereitstellung von Informationen hinausgehende Pflicht zur Datenverarbeitung erwähnt Erwägungsgrund Nr. 23 VO 1/2003 nicht. Der Wortlaut spricht vielmehr von einer Beantwortung von Fragen zu bereits erbrachten Auskünften.[821] Die Beantwortung von Fragen und die Aufbereitung von Informationen können jedoch nicht ohne Weiteres gleichgestellt werden. Erstes unterstützt die eigene Ermittlungstätigkeit der Kommission, indem bestehende Unklarheiten beseitigt werden sollen. Letzteres hingegen verlagert die Ermittlungstätigkeit von der Kommission auf die Auskunftsadressaten.

Generalanwalt Wahl führte insoweit zutreffend aus, dass die Auskünfte zwar nicht in chaotischer, unsystematischer oder fragmentarischer Weise an die zuständige Stelle übermittelt werden dürfen.[822] Selbstverständlich obliege es den Adressaten bei Beachtung ihrer Mitwirkungspflichten, die von der Kommission gewünschten Formatvorgaben gebührend zu berücksichtigen.[823] Die Grenze sei jedoch spätestens dann erreicht, wenn die Beteiligung der Unternehmen derart weitreichend und komplex ist, dass die jeweiligen Aufgaben dem

---

819 Vgl. EuG, Urt. v. 14.03.2014, T-302/11 (Rn. 81 ff.), ECLI:EU:T:2014:128 – HeidelbergCement.

820 EuG, Urt. v. 14.03.2014, T-302/11 (Rn. 84 f.), ECLI:EU:T:2014:128 – HeidelbergCement. So wortgleich auch EuG, Urt. v. 14.03.2014, T-296/11 (Rn. 79 f.), ECLI:EU:T:2014:121 – Cementos Portland.

821 *„Die Kommission sollte die Befugnis haben, im gesamten Bereich der Gemeinschaft die Auskünfte zu verlangen, die notwendig sind, um gemäß Artikel 81 des Vertrags verbotene Vereinbarungen, Beschlüsse und aufeinander abgestimmte Verhaltensweisen sowie die nach Artikel 82 des Vertrags untersagte missbräuchliche Ausnutzung einer beherrschenden Stellung aufzudecken"*, Erwägungsgrund Nr. 23 S. 1 VO 1/2003.

822 Schlussanträge GA Wahl v. 15.10.2015 zu EuGH, Urt. v. 10.03.2016, C-247/14 (Rn. 105), ECLI:EU:C:2015:694 – HeidelbergCement.

823 Schlussanträge GA Wahl v. 15.10.2015 zu EuGH, Urt. v. 10.03.2016, C-267/14 (Rn. 111), ECLI:EU:C:2015:696 – Buzzi Unicem.

Verantwortungsbereich der Kommission entzogen werden.[824] Hieraus lässt sich folgern, dass es für die wirksame Unterstützung der Ermittlungsbefugnisse nach Art. 18 VO 1/2003 und Art. 11 FKVO erforderlich, aber auch ausreichend ist, wenn die Daten aus sich heraus verständlich und verwertbar sind. Darüber hinaus kann von einem Unternehmen nicht verlangt werden, die der Kommission obliegenden Verwaltungs- und Ermittlungsaufgaben wahrzunehmen. Diese Auslegungsweise der Reichweite kommissionsrechtlicher Auskunftsrechte wurde in Sachen *Qualcom u.a.* jüngst durch das EuG bestätigt.[825]

1.2. Abgrenzung im konkreten Einzelfall

Eine konkrete Grenzziehung zwischen (noch) zulässigen Unterstützungshandlungen und der unzulässigen Übertragung von Kommissionsaufgaben, ist damit jedoch (noch) nicht erfolgt. Der Vorschlag[826] von Generalanwalt Wahl in dem Verfahren *HeidelbergCement*, war bedauerlicherweise nicht Gegenstand der späteren

---

824 Schlussanträge GA Wahl v. 15.10.2015 zu EuGH, Urt. v. 10.03.2016, C-267/14 (Rn. 111), ECLI:EU:C:2015:696 – Buzzi Unicem hinsichtlich eines Verfahrens nach Art. 18 VO 1/2003. Aufgrund der hinter den Verfahren stehenden Wertungen müssen die oben dargelegten Grundsätze im Ergebnis uneingeschränkt auf das Fusionskontrollverfahren übertragbar sein.

825 *„Consequently, undertakings cannot be required to carry out tasks which, properly speaking, belong to the instruction and investigation of the case"*, EuG, Urt. v. 09.04.2019, T-371/17 (Rn. 171), ECLI:EU:T:2019:232 – Qualcom u.a.

826 GA Wahl schlug vor das Maß der Mitwirkungspflicht von der Art der angeforderten Auskünfte abhängig zu machen. Dabei differenziert er danach, ob *„i) Informationen, die einer gewissen Ordnung und eines gewissen Aufbaus bedurften, um ohne Weiteres für die Kommission verständlich und verwertbar zu sein, ii) Informationen, die in einem Format existierten, das der Kommission unmittelbar übersandt werden konnte, da es ohne Weiteres für sie verständlich und verwertbar war, und iii) Informationen, die öffentlich zugänglich waren"*. Sei eine Strukturierung der Auskünfte ohnehin erforderlich, so könne der Adressat grundsätzlich auch verpflichtet werden, die Formatvorgaben zu beachten. Könne der Adressat die Auskünfte hingegen in einer Weise vorlegen, in der sie verständlich und problemlos zu verarbeiten sind, sei eine weitergehende Aufbereitung nicht vertretbar, vgl. Schlussanträge GA Wahl v. 15.10.2015 zu EuGH, Urt. v. 10.03.2016, C-247/14 (Rn. 108 ff.), ECLI:EU:C:2015:694 – HeidelbergCement. Einen anderen Ansatz stellte Barthelmeß/Rudolf, in: LMRKM, Kartellrecht, 4. Aufl. 2020, Art. 18 VO 1/2003 Rn. 35 dar, wonach die zulässige Grenze dann überschritten sei, wenn das begehrte Arbeitsergebnis einen völligen neuen Aussagegehalt erhalte, der nicht im Rahmen des eigenen Geschäftsbetriebs des betroffenen Unternehmens verwertbar sei.

Urteilsfindung des EuGH.[827] In Sachen *Qualcom* umging das EuG die Frage nach einer möglichen Differenzierung, indem es die umfangreichen Vorgaben durch die Kommission hinsichtlich ihrer Verbindlichkeit abschwächte. Es sei bereits nicht ersichtlich, dass die Einhaltung der Vorgaben verpflichtend gewesen sei; aus den einführenden Worten der Kommission hätten die Auskunftsadressaten vielmehr ableiten können, dass es sich lediglich um einen Formatvorschlag gehandelt habe.[828] Sie seien daher grundsätzlich frei gewesen, die Auskünfte in dem ihnen beliebenden Format zu übermitteln.[829]

Vor dem Hintergrund der bisherigen Praxis der Kommission sind diese Feststellungen des Gerichts auslegungsbedürftig. Die Einhaltung der Vorgaben der Kommission wurde bisher stets als verpflichtend verstanden. In dem Kartellverfahren Buzzi Unicem beispielsweise sah sich die Kommission zur Kommunikation des folgenden, sehr ausdrücklichen Hinweises verpflichtet: *„Beachten Sie bitte, dass Ihre Antwort als unzutreffend/irreführend bewertet werden könnte, wenn Sie diese Begriffsbestimmungen und Anweisungen nicht berücksichtigen.“*[830] So stand bei der Nichteinhaltung der vorgegebenen Form- und Formatvorlagen sogar die Verhängung eines Bußgeldes im Raum. Die Rechtsprechung des EuG in Sachen *Qualcom* kann daher nunmehr in zweifacher Weise ausgelegt werden. Eine Art der Auslegung ist, dass die Frage der Verbindlichkeit von Form- und Formatvorgaben für den Einzelfall festgestellt werden muss. Vor dem Hintergrund der bisherigen Kommissionspraxis wäre dann von dem Grundsatz auszugehen, dass die Vorgaben verbindlich sind, sofern nicht Anhaltspunkte für eine Unverbindlichkeit bestehen. Mit dieser Leseart des Urteils gehen Unsicherheiten für die praktische Handhabung einher. Es wäre den Auskunftsadressaten das bußgeldbewährte Risiko überlassen, die Verbindlichkeit selbst zu bewerten und insoweit mögliche Bußgeldrisiken in Kauf zu nehmen. Andererseits besteht grundsätzlich die Möglichkeit Fragen zu Form- und Formatvorlagen im Gespräch mit dem zuständigen Case Team zu erörtern und sich Unklarheiten erläutern zu lassen. Die Rechtssicherheit eines klaren Regel-Ausnahme-Prinzips kann diese Lösung jedoch nicht bieten.

Auf die vom Gericht gewählte Vorgehens- und Argumentationsweise lässt sich eine zweite Leseart des Urteils stützen. Aus der Formulierung des Urteils ergibt sich, das das EuG in der angefochtenen Entscheidung aktiv nach Anhaltspunkten

827 Die angefochtene Entscheidung wurde aufgrund eines Begründungsmangels vollumfänglich für nichtig erklärt, EuGH, Urt. v. 10.03.2016, C-247/14 (Rn. 10 ff.), ECLI:EU:C:2016:149 – HeidelbergCement.

828 EuG, Urt. v. 09.04.2019, T-371/17 (Rn. 132 f.), ECLI:EU:T:2019:232 – Qualcom u.a.

829 EuG, Urt. v. 09.04.2019, T-371/17 (Rn. 133), ECLI:EU:T:2019:232 – Qualcom u.a. („... (...) *in any event, the applicants are free to choose the format in which they reply to the question*“).

830 Vgl. Schlussanträge GA Wahl v. 15.10.2015 zu EuGH, Urt. v. 10.03.2016, C-267/14 (Rn. 105-109), ECLI:EU:C:2015:696 – Buzzi Unicem.

dafür gesucht hat, dass die Formatvorgaben als verbindlich aufgefasst werden mussten oder ob den Auskunftsadressaten sogar aktiv die Möglichkeit genommen wurde, das Format der Antworten zu adaptieren.[831] Die gerichtliche Herangehensweise spricht dafür, dass das EuG davon ausging, dass Form- und Formatvorgaben der Kommission grundsätzlich keine Verbindlichkeit aufweisen; sie können als Vorschlag verstanden werden, sofern nicht ausdrücklich etwas anderes festgelegt wird. Diese Auslegung der Ermächtigung der Kommission und damit einhergehende Änderung der bisherigen Praxis ist durchaus zu begrüßen. Sie erleichtert nicht nur die Rechtmäßigkeitsbewertung im konkreten Fall, sondern ermöglicht auch eine Verallgemeinerung für spätere Fälle. Über das System von Regel und Ausnahme, ist es der Kommission nach wie vor möglich bestimmte Vorgaben zu machen und die Unternehmen zu deren Pflicht zur aktiven Mitwirkung aufzufordern. Sie kann dies im Regelfall über den unverbindlichen Weg tun, wobei aufgrund der Pflicht der Unternehmen zur Mitwirkung und der grundsätzlichen Kooperationsbereitschaft auch hierüber zufriedenstellende Ergebnisse erreicht werden können. Sind die Vorteile einer einheitlichen Beantwortung erheblich und unabdingbar, so muss es der Kommission unbenommen bleiben, auch eine verpflichtende Einhaltung der Formatvorgaben anzuordnen. So kann beispielsweise die Zusammenführung und der Vergleich von Daten mehrerer Unternehmen erforderlich machen, dass alle Unternehmen die bei ihnen angeforderten Daten im gleichen Format und in der gleichen Struktur übermitteln, um erhebliche und aufwendige Umformatierungen seitens der Kommission zu verhindern.[832] Um dem Regel-Ausnahme-Prinzip gerecht zu werden und insbesondere die Nachvollziehbarkeit der Entscheidungen zu fördern, könnte der Kommission aufgegeben werden, entweder auf die Unverbindlichkeit der Vorgaben ausdrücklich hinzuweisen, oder – wenn einschlägig – darzulegen und zu begründen, dass und warum eine Abweichung vom Regelfall der Unverbindlichkeit für Teile oder alle der Vorgaben erforderlich ist.

Das erstinstanzliche Urteil ist zwischenzeitlich durch den Gerichtshof bestätigt worden. Zu der obigen Problematik musste der EuGH sich leider nicht im Detail äußern. Die diesbezüglich von der Rechtsmittelführerin vorgebrachten Rügen wurden als ins Leere gehend zurückgewiesen.[833]

---

831 EuG, Urt. v. 09.04.2019, T-371/17 (Rn. 132), ECLI:EU:T:2019:232 – Qualcom u.a. („*In any event, it in no way appears from the contested decision that the format suggested by the Commission for replying to certain questions was obligatory or that the applicants did not have the option of adapting the format if that proved to be more suitable.*“).

832 So lag der Fall in den Zementverfahren, bei dem die angefochtene Entscheidung umfangreiche Form- und Formatvorgaben vorsah.

833 EuGH, Urt. v. 28.01.2021, C-466/19 (Rn. 95, 97, 110 f.), ECLI:EU:C:2021:76 – Qualcom.

2. *Berücksichtigung der durch die Mitwirkung verursachten Belastungen*

Unabhängig davon, wo die Befugnisse der Kommission letztlich konkret enden, kann eine Mitwirkung eines Unternehmens allenfalls bis zur Grenze der Verhältnismäßigkeit verlangt werden. Die Mitwirkungspflicht darf – im Hinblick auf die Strukturierung der Auskünfte als solche sowie im Zusammenspiel mit sonstigen Belastungen – nicht zu einer unangemessenen Inanspruchnahme des Adressaten führen.

Die Anforderungen durch die Kommission können zuweilen äußerst komplex sein und zu anspruchsvollen Umarbeitungsaufgaben der Unternehmen führen. In manchen Fällen ist es nicht mehr die Vorlage von Informationen als solche, die zur Erheblichkeit der Belastungen führt, sondern die zusätzlichen formellen Anforderungen.

So erhielt die in Sachen *Buzzi Unicem* angegriffene Auskunftsentscheidung nicht nur einen rund 100 Seiten umfassenden Fragebogen. Zusätzlich waren mit „Anhang 2" spezifische Anweisungen zur Beantwortung des Fragebogens und mit „Anhang 3" formelle Voraussetzungen der Antwort enthalten, wie beispielsweise die Formatierung der Anlagen, Aufbau und Beschriftungen von Tabellen, die übermittlungsfähigen Dokumententypen oder die Darstellung von Zahlen.[834] Diese „Anleitung" für die Beantwortung umfasste nochmals knapp 30 Seiten. Es waren zahlreiche Abkürzungen und Kürzel u.a. zur Art der Produkte, den verwendeten Anlagentypen sowie den Technologien der Produktionsanlagen, den Transportarten, Umfang der Produktionsbeendigung, Arten an Verpackungsmaterial, Beteiligungsverhältnissen an Handelsgesellschaften etc., enthalten, welche die Auskunftsadressaten einheitlich und in sämtlichen Antworten zu verwenden hatten.[835] Auch in Fusionskontrollverfahren sind entsprechende „Bedienungsanweisungen" für die

834 Schlussanträge GA Wahl v. 15.10.2015 zu EuGH, Urt. v. 10.03.2016, C-267/14 (Rn. 106 ff.), ECLI:EU:C:2015:696 – Buzzi Unicem. Hiernach durfte Buzzi Unicem *„(...) nur diese, in Anhang III enthaltenen Vorlagen verwenden und musste die Anweisungen u. a. zur Zahl der vorzulegenden Dateien, zur Zahl der Arbeitsblätter pro Datei, zum Namen jedes Arbeitsblatts, zu den zu verwendenden Abkürzungen, zu Namen und Nummern von Spalten oder Zeilen, zum Datumsformat und zur Verwendung von Leerzeichen, Sonderzeichen oder Symbolen streng befolgen"*.

835 Die Gründe für diese Vorgehensweise sind unklar. Wie Generalanwalt Wahl zutreffend ausführte, erleichtern diese Kurzformen weder die Lesbarkeit noch die Verständlichkeit der Auskunftsentscheidung. Jedoch führen sie zu einer erheblichen Mehrbelastung der Unternehmen bei dessen Beantwortung. Siehe hierzu Schlussanträge GA Wahl v. 15.10.2015 zu EuGH, Urt. v. 10.03.2016, C-267/14 (Rn. 109), ECLI:EU:C:2015:696 – Buzzi Unicem.

Beantwortung von Auskunftsersuchen und die Übermittlung von Dokumenten und Daten nicht unbekannt.[836]

Dass hierdurch die Belastungen der Unternehmen in personeller, zeitlicher und finanzieller Hinsicht steigen, bedarf keiner vertieften Ausführung. Diese Mehrbelastungen sind – unabhängig von der Bewertung ihrer Erforderlichkeit – in die Abwägung der Angemessenheit eines Auskunftsersuchens einzustellen. Die Kommission hat zu hinterfragen und zu berücksichtigen, welche Belastungen die von ihr geforderten Form- und Formatvorgaben verursachen werden. Macht die Kommission ausnahmslos für alle Informationen, Dokumente oder Daten die gleichen Vorgaben, so sind hierfür gewichtige Gründe erforderlich.[837] Andernfalls, also ohne erkennbare Differenzierung etwa nach der Menge oder Art der betroffenen Informationen, indizieren erhebliche Belastungen der Auskunftsadressaten die Unangemessenheit derartiger Formatierungsaufgaben.

II. Belastungen aufgrund der Pflicht zur Informationsbeschaffung

Die Auskunftspflicht eines Unternehmens bezieht sich grundsätzlich auf sämtliche ihm vorliegenden Informationen. Fraglich ist, ob die Unternehmen verpflichtet sind, nicht präsente Informationen zu beschaffen und wie sich die hiermit in der Regel einhergehenden Belastungen in personeller und finanzieller Sicht auf die Angemessenheit der Anfrage auswirken. Zur Informationsbeschaffungspflicht führte *Friedmann* im Jahr 2005 aus, dass eine derartige Aufgabenzuweisung an die Auskunftsadressaten zulässig und *„[e]rst recht (...) ein Mißverhältnis nicht anzunehmen [sei], wenn das Unternehmen Informationen sammeln soll, die der Kommission oder anderen Unternehmen nicht oder nur mit unverhältnismäßigem Aufwand zugänglich sind.“*[838] In dieser Pauschalität lässt sich die erste der beiden aufgeworfenen Fragen jedoch nicht beantworten. Entsprechend nahm *Vocke* im Jahr 2006 eine vertiefte Prüfung vor und untersuchte eingehend die Informationsbeschaffungspflichten eines Auskunftsadressaten inner- und außerhalb eines Konzerns.[839]

---

836 Vgl. Soltész, Discovery-Befugnisse für die EU-Kommission?, EuZW 2019, 353, 354.

837 Vgl. Schlussanträge GA Wahl v. 15.10.2015 zu EuGH, Urt. v. 10.03.2016, C-247/14 (Rn. 117 f.), ECLI:EU:C:2015:694 – HeidelbergCement, der sogar von einer generellen Unvertretbarkeit derartiger Auskunftsersuchen spricht.

838 Friedmann, Die Geltung rechtsstaatlicher Grundsätze im kartellrechtlichen Bußgeldverfahren der Europäischen Gemeinschaft, 2005, S. 186.

839 Siehe Vocke, Die Ermittlungsbefugnisse der EG-Kommission im kartellrechtlichen Voruntersuchungsverfahren, 2006, S. 189 ff.

1. *Klare Antworten in Extremfällen*

Ohne größeren Begründungsaufwand zu beantworten sind die Extremfälle. Einerseits kann die Kommission nicht verpflichtet sein, selbst Untersuchungen anzustellen oder in Auftrag zu geben, die einen erheblichen Kosten- und/oder Zeitaufwand erfordern, wenn dem Auskunftsadressaten die Unterlagen zur Verfügung stehen oder er sie relativ mühelos verfügbar machen könnte.[840] Dies ist beispielsweise denkbar, wenn die Unternehmen im Rahmen einer bestehenden Mitgliedschaft Studien oder Statistiken abrufen können, während es der Kommission bereits am Zugang fehlt.

Andererseits kann den Unternehmen nicht auferlegt werden, externe Informationen zu beschaffen, auf die das Unternehmen weder unmittelbar noch mittelbar Zugriff hat. Informationen, die gänzlich außerhalb der Unternehmenssphäre des Konzerns liegen, können daher – und zwar unabhängig von dessen Größe und Wirtschaftskraft – nicht unter die Informationsbeschaffungspflicht eines Unternehmens fallen:

> *„[D]ie Kommission [darf] von einem Unternehmen nur Informationen verlangen (...), die dieses bereits besitzt, selbst wenn es sie gegebenenfalls in eine bestimmte Form bringen muss. Das Auskunftsverlangen kann nicht darauf gerichtet sein, dass ein Unternehmen Informationen bei Dritten beschaffen muss. Es wäre daher sicherlich rechtswidrig, wenn die Kommission Informationen einholen wollte, von denen sie weiß, dass das betroffene Unternehmen sie nicht besitzt oder nicht besitzen kann."*[841]

Mit gleichem Ergebnis stellte das EuG in Sachen Mannesmannröhren-Werke wenig später fest, dass *„der Gerichtshof und das Gericht in ständiger Rechtsprechung den Adressaten von Auskunftsverlangen der Kommission nach Artikel 11 Absatz 5 der Verordnung Nr. 17, und zwar vom ersten Stadium einer solchen Untersuchung an, das Recht zu[erkennen], nur Fragen nach rein tatsächlichen Gegebenheiten zu beantworten und nur die vorhandenen angeforderten Unterlagen zu übermitteln"*.[842]

840 Klose, in: Wiedemann/Bronett, Handbuch des Kartellrechts, 4. Aufl. 2020, § 52 Rn. 16.

841 Schlussanträge GA Darmon v. 18.05.1989 zu EuGH, Urt. v. 18.10.1989, C-374/87 (Rn. 55), ECLI:EU:C:1989:207 – Orkem (Hervorhebung hinzugefügt). Jüngst nochmals bestätigt durch Schlussanträge GA Wahl v. 15.10.2015 zu EuGH, Urt. v. 10.03.2016, C-267/14 (Rn. 69 f.), ECLI:EU:C:2015:696 – Buzzi Unicem. Vgl. m.w.N. zum Diskussionsstand Van der Hout/Konrads, in: Berg/Mäsch, Kartellrecht, 3. Aufl. 2018, Art. 18 VO 1/2003 Rn. 18; York von Wartenburg, in: LMRKM, Kartellrecht, 4. Aufl. 2020, Art. 11 FKVO Rn. 10; Kizil, Strafrechtliche Verfahrensgarantien im europäischen und deutschen Wettbewerbsrecht, 2015, S. 55.

842 EuG, Urt. v. 20.02.2001, T-112/98 (Rn. 77), ECLI:EU:T:2001:61 – Mannesmannröhren-Werke (Hervorhebung hinzugefügt).

Dennoch nimmt die Kommission eine weitergehende Auslegung vor. So fragte sie beispielsweise im Fall *Dow/Dupont* wiederholt Studien zu Märkten ab, welche von den Parteien erst erworben werden mussten.[843] Die Bereitschaft der Auskunftsadressaten zur Einholung derartiger Informationen mag in Fusionskontrollverfahren höher sein als im Rahmen von Kartellverfahren und Sektoruntersuchungen. Verlangen oder gar im Zwangswege durchsetzen kann die Kommission die Vorlage derartiger Informationen und Auskünfte jedoch weder nach der FKVO noch der VO 1/2003.

2. *Abgrenzung in typisch gelagerten Fällen schwierig*

Die Handhabung der zwischen diesen klaren Extremfällen liegenden Sachverhaltskonstellationen ist problematischer. So ist insbesondere unklar, wie die Informationsbeschaffungspflicht innerhalb eines Konzerns zu behandeln ist. Letztlich scheint ein Grundkonsens dahingehend zu bestehen, dass im Rahmen der Informationsbeschaffungspflicht zu differenzieren ist, um welche Art von Informationen es sich handelt und wo sie zu beschaffen sind.[844] Es ist zwischen internen und externen Informationen zu unterscheiden. Fallen die Informationen in die Zugriffssphäre des Unternehmens, ist eine Ermittlung oder Zusammenstellung nach einhelliger Meinung in der Regel angemessen.[845] Es ist insoweit unerheblich, wo sich die Informationen, Unterlagen oder Daten räumlich befinden, sofern das antwortende Unternehmen Verfügungsgewalt hierüber hat.[846]

Bereits vielfach untersucht und nach wie vor nicht eindeutig zu beantworten ist die Frage, ob der Auskunftsadressat auch Informationen vorlegen muss, die sich innerhalb des Konzerns, jedoch nicht in seinem direkten Einflussbereich befinden.[847]

843 Vgl. hierzu Völcker, in: Frankfurter Kommentar Kartellrecht, 93. Aufl. 2020, Art. 11 FKVO Rn. 11.

844 Siehe hierzu insbesondere Vocke, Die Ermittlungsbefugnisse der EG-Kommission im kartellrechtlichen Voruntersuchungsverfahren, 2006, S. 189 ff.

845 Vgl. m.w.N. Kizil, Strafrechtliche Verfahrensgarantien im europäischen und deutschen Wettbewerbsrecht, 2015, S. 55.

846 Siehe u.a. Bischke/Neideck, in: MüKo, Wettbewerbsrecht, 3. Aufl. 2020, Art. 18 VO 1/2003 Rn. 7 ff.

847 Manche nehmen an, die Kommission könne über eine Tochtergesellschaft Informationen ihrer Muttergesellschaft verlangen, vgl. Ohlhoff, in: MüKo, Wettbewerbsrecht, 3. Aufl. 2020, Art. 11 FKVO Rn. 28. Andererseits wird vertreten, dass eine Informationsbeschaffung nur dann bejaht werden könne, wenn ein Weisungsrecht des Auskunftsadressaten gegenüber dem Konzernunternehmen besteht, so bereits Vocke, Die Ermittlungsbefugnisse der EG-Kommission im kartellrechtlichen Voruntersuchungsverfahren, 2006, S. 190 f.; a.A. jüngst nochmals Hennig, in: Immenga/Mestmäcker/Körber, Wettbewerbsrecht, 6. Aufl. 2019, Art. 18 VO 1/2003 Rn. 15 m.w.N. Wieder andere lehnen eine diesbezügliche Ausweitung der Auskunftsrechte

Bei allen Ansätzen ist zu beachten, dass das antwortende Unternehmen für die Richtigkeit der von ihm übermittelten Antworten und Dokumente einzustehen hat. Umso weiter die Informationsbeschaffungspflicht – innerhalb oder außerhalb des Konzerns – also reicht, umso höher wird das Risiko des Unternehmens mit einem Bußgeld behängt zu werden, ohne dass es überhaupt in der Lage ist, die Richtigkeit und Vollständigkeit der zu übermittelnden Unterlagen mit letzter Sicherheit nachzuprüfen.[848]

Aus Verhältnismäßigkeitserwägungen muss in all diesen Sachverhaltskonstellationen ausschlaggebend sein, welche Belastungen die Anfrage für das Unternehmen hat und welchen Nutzen sie für die Ermittlungen bringt.

3. *Jedenfalls Berücksichtigung der einhergehenden Belastungen*

Unabhängig von der Frage der rechtlichen Zulässigkeit sind die Belastungen, die damit einhergehen, dass der Auskunftsadressat die Informationen auf Anfrage der Kommission beschaffen muss, in der Interessensabwägung zur Bewertung der Angemessenheit zu berücksichtigen. Sind Dokumente bei keinem der in Frage kommenden Auskunftsadressaten vorhanden oder mit angemessenen Mitteln erreichbar und können sie dies objektiv nachvollziehbar begründen,[849] so muss die Kommission und nicht das Unternehmen eine Möglichkeit der Informationsbeschaffung finden.[850]

III. Belastungen aufgrund der Geltendmachung privilegierter Anwaltskorrespondenz

Den Auskunftsadressaten kann ganz oder für Teile der angeforderten Auskünfte ein Auskunftsverweigerungsrecht zukommen, wenn die Informationen unter das Anwaltsprivileg fallen.[851] Das Anwaltsprivileg ist ein ungeschriebener unionsrechtlicher Grundsatz, nach dem sich jeder Mandant mit dem Wunsch der Erlangung unabhängiger Rechtsberatung frei an einen Rechtsanwalt wenden kann,

---

gänzlich ab. Durch ein Auskunftsverlangen werde grundsätzlich nur das konkret als Adressat benannte Unternehmen verpflichtet. Entsprechend sei das Auskunftsrecht auch auf die Informationen, Unterlagen und Daten beschränkt, die sich in dessen Besitz und dessen Verfügungsgewalt befänden, siehe Barthelmeß/Rudolf, in: LMRKM, Kartellrecht, 4. Aufl. 2020, Art. 18 VO 1/2003 Rn. 36.

848 Vgl. Vocke, Die Ermittlungsbefugnisse der EG-Kommission im kartellrechtlichen Voruntersuchungsverfahren, 2006, S. 190.

849 Schlussanträge GA Darmon v. 18.05.1989 zu EuGH, Urt. v. 18.10.1989, C-374/87 (Rn. 55), ECLI:EU:C:1989:207 – Orkem.

850 Im Ergebnis auch Sura, in: Langen/Bunte, Kartellrecht, 13. Aufl. 2018, Art. 18 VO 1/2003 Rn. 13.

851 Siehe zum Umfang des Anwaltsprivilegs oben Teil 1, Kapitel 4, A.II.

ohne befürchten zu müssen, dass seine vertraulichen Informationen später offen gelegt werden.[852] Als eine notwendige Ergänzung der Verteidigungsrechte ist die vertrauliche Kommunikation zwischen Anwalt und Mandanten in Verfahren nach der VO 1/2003 und der FKVO von der Kommission und der Rechtsprechung seit geraumer Zeit als schützenswert anerkannt.[853] In seiner Entscheidung *AM & S Europe* entschied der EuGH bereits Anfang der 1980er-Jahre, dass die Vertraulichkeit der Kommunikation zwischen einem Rechtsanwalt und seinen Mandaten auch auf der Ebene der Europäischen Union zu schützen ist.[854] Abgeleitet hat der EuGH die Erforderlichkeit des Schutzes sowie dessen Umfang aus einer rechtsvergleichenden Berücksichtigung der internen Rechtsordnungen der Mitgliedstaaten.[855]

Die Geltendmachung der individualschützenden Funktion des Anwaltsprivilegs ist nur unter strengen Verfahrensvorgaben möglich. Der nachfolgenden Untersuchung kann bereits vorweggenommen werden, dass diese Vorgaben teilweise nicht unerhebliche Belastungen der Unternehmen darstellen, die im Rahmen der Interessensabwägung Berücksichtigung finden müssen.

1. Verfahren zur Begründung der Schutzbedürftigkeit

Beruft sich ein Unternehmen auf die privilegierte Behandlung von Informationen, hat es nach Ansicht der Kommission *„sachdienliche Aufschlüsse“* darüber zu geben, ob und warum ein Dokument unter den Vertraulichkeitsschutz des Anwaltsprivilegs fällt.[856] Während die Kommission den Schutz des Anwaltsprivilegs bisher en-bloc bei Vorliegen bestimmter Kriterien gewährte, z.B. bei mit *Privileged & Confidential* gekennzeichneten Schriftstücken, E-Mail Adressen von Anwaltskanzleien oder Namen externer Anwälte, ist sie zwischenzeitlich dazu übergegangen, nur

852 Siehe statt aller Jungermann, in: Frankfurter Kommentar Kartellrecht, 93. Aufl. 2020, Art. 18 VO 1/2003 Rn. 40 f.; Hennig, in: Immenga/Mestmäcker/Körber, Wettbewerbsrecht, 6. Aufl. 2019, Vorb. Art. 17–22 VO 1/2003 Rn. 49 f.

853 Vgl. EuGH, Urt. v. 18.05.1982, C-155/79 (LS 3, Rn. 23), ECLI:EU:C:1982:157 – AM & S Europe sowie Europäische Kommission, Bekanntmachung der Kommission über bewährte Vorgehensweisen in Verfahren nach Artikel 101 und 102 des AEUV v. 20. Oktober 2011, Rn. 51 ff. Anders als das Anwaltsprivileg selbst wird die Wahrung der Verteidigungsrechte an mehrfacher Stelle betont, vgl. Erwägungsgründe Nr. 5, 16 und 32 sowie Art. 27 Abs. 2 VO 1/2003 und Erwägungsgrund 42 sowie Art. 18 Abs. 3 S. 2 FKVO. Siehe auch Buntscheck, Anwaltskorrespondenz – Beitrag zur geordneten Rechtspflege oder „tickende Zeitbombe“, WuW 2007, 229, 230 f.

854 EuGH, Urt. v. 18.05.1982, C-155/79 (LS 3, Rn. 18 ff.), ECLI:EU:C:1982:157 – AM & S Europe.

855 EuGH, Urt. v. 14.09.2010, C-550/07 (Rn. 40), Slg. 2010, I-8301 – Akzo Nobel.

856 Europäische Kommission, Bekanntmachung der Kommission über bewährte Vorgehensweisen in Verfahren nach Artikel 101 und 102 des AEUV v. 20. Oktober 2011, Rn. 52.

noch die direkte Korrespondenz von einem externen Anwalt an seinen Mandaten von der Begründungspflicht auszunehmen.[857] Die Privilegierung sämtlicher anderer Formen von Schriftstücken, beispielsweise auch E-Mails in der gegenläufigen Richtung vom Mandanten an seinen Rechtsanwalt sowie die Korrespondenz zwischen Unternehmen und Ökonomen, ist von den Auskunftsadressaten ausdrücklich zu begründen.[858] Entsprechend der *Akzo Nobel*-Rechtsprechung des EuG kann die Rechtfertigung des Vertraulichkeitsschutzes auf die Stellung von Verfasser und Empfänger des Schriftstücks sowie deren Funktionen und Zuständigkeiten gestützt werden.[859] Ebenso kann mit dem Zweck sowie dem Kontext des Dokuments, der Art und Weise seiner Erstellung oder durch zusammenhängende Unterlagen argumentiert werden.[860] Umfang und Ausgestaltung der Begründung können sich dabei mangels rechtlicher Vorgaben je nach Verfahren und Beschlussabteilung erheblich unterscheiden.[861]

Vielfach, insbesondere in komplexen Fusionskontrollverfahren, verlangt die Kommission in zunehmenden Maße die Vorlage eines sog. Privilege Logs. Darin muss – nach US-amerikanischem Vorbild – die Nichtoffenlegung für jede Auskunft und jedes Dokument oder für einzelne Abschnitte desselben anhand detaillierter Angaben gesondert belegt und eine zusammenfassende Beschreibung des Inhalts

---

857 Wilson, Legal Professional Privilege in der EU-Fusionskontrolle, NZKart 2017, 352, 353.

858 Friedmann, Die Geltung rechtsstaatlicher Grundsätze im kartellrechtlichen Bußgeldverfahren der Europäischen Gemeinschaft, 2005, S. 134 f.; Wilson, Legal Professional Privilege in der EU-Fusionskontrolle, NZKart 2017, 352, 353, 356.

859 Europäische Kommission, Bekanntmachung der Kommission über bewährte Vorgehensweisen in Verfahren nach Artikel 101 und 102 des AEUV v. 20. Oktober 2011, Rn. 52 Fn. 44.

860 Siehe zu den weiteren Möglichkeiten der Geltendmachung des Anwaltsprivilegs EuG, Urt. v. 17.09.2007, T-125/03 (Rn. 80 f.), ECLI:EU:T:2007:287 – Akzo Nobel Chemicals u.a.

861 Siehe zur Kritik an dem uneinheitlichen Umgang mit dem Anwaltsprivileg und dessen Geltendmachung Wilson, Legal Professional Privilege in der EU-Fusionskontrolle, NZKart 2017, 352, 357 und Wilson, Document requests in complex EU merger cases, ZWeR 2017, 146, 163, der die Einführung eines dem US-amerikanischen Recht entsprechenden sog. partiellen Privilege Log vorschlägt. Dies muss den Namen jeder Zielperson, deren Dokumente nicht offengelegt werden (sollen) sowie die vollständige Anzahl der nicht offengelegten Dokumente für jede dieser Personen enthalten. Im Anschluss daran steht es der Behörde frei, für 5 Personen oder 10% der gesamten Dokumente ein vollständiges Privilege Log anzufordern. Die enthaltenen Informationen entsprechen dabei weitgehend denen der Anforderungen in den europäischen Verfahren.

geliefert werden.[862] *Wilson* fasst anschaulich zusammen, was die Kommission in der Praxis insoweit üblicherweise für die Geltendmachung des Anwaltsprivilegs an Informationen fordert:[863] Neben dem Autor des vom Anwaltsprivilegs umfassten Dokuments, dem Absender und Empfänger der betroffenen Korrespondenz, der Betreffzeile der E-Mail oder dem Titel des Dokuments sowie dem Datum und Zeitpunkt der Übersendung ist eine allgemeine Beschreibung des Inhalts der E-Mail, Anlage oder sonstigen Dokuments zu liefern.[864] Ebenso verlangt die Kommission eine Erläuterung des Zusammenhangs des Schriftstücks, beispielsweise des Hintergrundes sowie des Ziels seiner Erstellung und – sofern vorhanden – das Verfahren, auf das sich das Schriftstück bezieht, einschließlich der hierfür zuständige Behörde.[865] Handelt es sich um lediglich teilweise privilegierte Schriftstücke, so sind die Adressaten zudem verpflichtet eine bearbeitete Fassung des Dokuments vorzulegen.[866] Die Unkenntlichmachung der Dokumente hat sich dabei auf die unter den Schutzbereich des Anwaltsprivilegs fallenden Passagen zu beschränken.[867] Der nichtgeschützte Rest des Schriftstücks kann der Kenntnisnahme durch die Kommission nicht entzogen werden.

Dass die Kommission berechtigt ist, die Vorlage sachdienlicher Angaben zur Begründung des Anwaltsprivilegs zu fordern, wurde durch die Rechtsprechung der Unionsgerichte bestätigt.[868] Die diesbezüglichen Urteile stammen jedoch aus einer Zeit der frühen Ermittlungspraxis der Kommission. Insbesondere war der heute übliche Umfang vorzulegender interner Dokumente sowie die Anfertigung weitreichender Privilege Logs damals noch unbekannt. Es ist nicht unüblich, dass in komplexen Sachverhalten mehrere tausend Dokumente in das Privilege Log aufgenommen und einzeln zusammengefasst und begründet werden müssen.

---

862 Völcker, in: Frankfurter Kommentar Kartellrecht, 93. Aufl. 2020, Art. 11 FKVO Rn. 14.

863 Siehe Wilson, Legal Professional Privilege in der EU-Fusionskontrolle, NZKart 2017, 352, 357; Wilson, Document requests in complex EU merger cases, ZWeR 2017, 146, 162 f.

864 Vgl. Wilson, Legal Professional Privilege in der EU-Fusionskontrolle, NZKart 2017, 352, 357; Wilson, Document requests in complex EU merger cases, ZWeR 2017, 146, 162 f.

865 Vgl. Wilson, Legal Professional Privilege in der EU-Fusionskontrolle, NZKart 2017, 352, 357; Wilson, Document requests in complex EU merger cases, ZWeR 2017, 146, 162 f.

866 Europäische Kommission, Bekanntmachung der Kommission über bewährte Vorgehensweisen in Verfahren nach Artikel 101 und 102 des AEUV v. 20.10.2011, Rn. 52.

867 Wilson, Legal Professional Privilege in der EU-Fusionskontrolle, NZKart 2017, 352, 354.

868 U.a. EuG, Urt. v. 17.09.2007, T-125/03 (Rn. 79 ff.), ECLI:EU:T:2007:287 – Akzo Nobel Chemicals u.a.

Vor diesem Hintergrund ist es begrüßenswert, dass sich die Kommission in Bezug auf die Inhalte des Privilege Logs teilweise flexibel zeigt. Umfang und Inhalt, insbesondere das Erfordernis der Einreichung einer Inhaltszusammenfassung für jedes Dokument, lassen sich teilweise mit den einzelnen Sachbearbeitern verhandeln.[869] Zum Schutz der Effektivität der Ermittlungen und um die exzessive und v.a. unkontrollierte Geltendmachung des anwaltlichen Vertraulichkeitsschutzes zu verhindern, darf diese Diskussionsbereitschaft der Kommission jedoch nicht dazu führen, dass ihr Recht auf die Vorlage einer Begründung verkürzt wird.

2. *Berücksichtigung der Belastungen im Rahmen der Abwägungsprozesse*

Auch nicht unberücksichtigt bleiben darf dabei jedoch, dass die Begründung des Schutzes einen enormen Aufwand für die Unternehmen bedeutet. Dieser spiegelt sich üblicherweise in erheblichen finanziellen Belastungen wieder. Viel gravierender ist jedoch die hiermit einhergehende Gefahr der (faktischen) Aushöhlung des Schutzgutes. Aufgrund der erheblichen Menge an Daten und Informationen kann in der Praxis teilweise nicht einmal eine Sichtung der Dokumente auf eine mögliche Vertraulichkeit erfolgen.[870] In Verbindung mit den teilweise sehr engen Fristenvorgaben stehen die Unternehmen vielfach vor der Entscheidung, auf eine Geltendmachung des Schutzes zu verzichten oder die Gefahr einer verbindlichen Auskunfts- oder sogar Bußgeldentscheidung einzugehen. So führt nicht nur *Wilson* aus, dass ihm Fälle aus der Praxis bekannt seien, in denen die Parteien aufgrund der kurzen Fristen und der erheblichen Arbeitsbelastung auf den Vertraulichkeitsschutz verzichtet haben.[871] Auch *Völcker* bestätigt, dass die umfassende Vorlage dem Grunde nach privilegierter Informationen keine rein theoretische Thematik ist, sondern in der Praxis durchaus existiert.[872]

Es muss daher sichergestellt sein, dass den Unternehmen rein faktisch eine Berufung auf das Anwaltsprivileg möglich bleibt. Hierfür sind die Belastungen, die mit der Berufung auf das Anwaltsprivileg und dessen Durchsetzung einhergehen, in die Prüfung der Angemessenheit des Auskunftsersuchens einzustellen. Umso höher die Belastungen aufgrund einer Vielzahl potentiell geschützter Dokumente oder Teilen hiervon sind, umso gewichtiger müssen auch die Interessen der Kommission an der Abfrage derartiger Informationen sein. Die Angemessenheit ist

869 Wilson, Document requests in complex EU merger cases, ZWeR 2017, 146, 162 f.

870 Berg, Praktische Probleme bei Auskunftsersuchen in der EU-Fusionskontrolle, WuW 2019, 230, 233.

871 Wilson, Legal Professional Privilege in der EU-Fusionskontrolle, NZKart 2017, 352, 357.

872 Völcker, in: Frankfurter Kommentar Kartellrecht, 93. Aufl. 2020, Art. 11 FKVO Rn. 14.

jedenfalls dann zu verneinen, wenn dem Adressaten eine Berufung auf ein potentielles Auskunftsverweigerungsrecht aufgrund der hierdurch verursachten Belastungen faktisch unmöglich gemacht wird. Dennoch wird es für die Praxis sinnvoll sein, wenn die Unternehmen bereits in ihrer täglichen Arbeit auf den potentiellen Schutz anwaltlicher Einschätzungen achten. So ist ihnen zumutbar spätere Belastungen zu reduzieren, indem derartige Informationen jedenfalls in internen Unterlagen und Dokumenten bereits im Rahmen ihrer Erstellung unmissverständlich als solche gekennzeichnet werden.[873] Selbiges gilt für den vertraulichen Schriftverkehr zwischen Mandant und Rechtsberater.

IV. Belastungen aufgrund des Schutzes vertraulicher Informationen

Ähnliche Überlegungen sind in Bezug auf die Sensibilität der zu übermittelnden Informationen anzustellen. Um den Vertraulichkeitsschutz der Art. 28 Abs. 2 VO 1/2003 und Art. 17 Abs. 2 FKVO auszulösen, müssen drei Voraussetzungen erfüllt sein:[874] Die betrieblichen Informationen dürfen erstens nur einem beschränkten Kreis an Personen bekannt, also nicht offenkundig sein.[875] Ihre potentielle Offenlegung würde zu ernstzunehmenden Nachteilen des Unternehmens selbst oder einem Dritten führen. Und schließlich müssen die Informationen auch objektiv schützenswert sein.

Eine Aufforderung zur Kennzeichnung derartiger Geschäfts- und Betriebsgeheimnisse ist in den Auskunftsersuchen in aller Regel standardmäßig enthalten.

---

873 So auch Völcker, in: Frankfurter Kommentar Kartellrecht, 93. Aufl. 2020, Art. 11 FKVO Rn. 14.

874 Vgl. zusammenfassend Kellerbauer, in: Groeben/Schwarze/Hatje, Europäisches Unionsrecht, 7. Aufl. 2015, VO (EG) 1/2003 Art. 28 Rn. 8 f. Vertiefend zur Definition von Geschäftsgeheimnissen und sonstigen vertraulichen Informationen DG Competition, Guidance on confidentiality claims during Commission antitrust procedures, Version 2018, Rn. 9 ff. und DG Competition, Guidance on the preparation of public versions of Commission Decisions adopted under the Merger Regulation, Rn. 9 ff.

875 Schwarze, Grenzen für die Ermittlungstätigkeit der Kommission als Wettbewerbsbehörde der EG, in: Schwarze/Glaesner (Hrsg.), Der Gemeinsame Markt, Bestand und Zukunft, S. 175 m.w.N. Die Kommission tendiert dazu, widerleglich zu vermuten, dass Informationen, die älter als fünf Jahre sind, nicht mehr als vertraulich zu behandeln sind, Europäische Kommission, Mitteilung der Kommission über die Regeln für die Einsicht in Kommissionsakten v. 22.12.2005, Rn. 23.

1. *Pflicht zur Offenlegung als Belastung*

Der Schutz von vertraulichen Informationen ist ein allgemeiner Grundsatz des Unionsrechts.[876] Ein Recht die Auskunft oder die Herausgabe vertraulicher Informationen zu verweigern, begründet das Interesse an deren Geheimhaltung nach allgemeiner Ansicht im Europäischen Kartellrecht dennoch nicht.[877] Denn es sind regelmäßig gerade diese Informationen, die der Kommission ein tiefergehendes Verständnis der Vorgehens- und Funktionsweisen der Märkte ermöglichen.

Jedoch ist auch bekannt, dass der Schutz und die vertrauliche Behandlung von wettbewerbssensiblen Daten unerlässlich für die Mitwirkung der Marktteilnehmer an der kartellrechtlichen Sachverhaltsermittlung sind.[878] Zum Schutz vor der Preisgabe dieser Informationen halten die VO 1/2003 und die FKVO spezielle Mechanismen bereit. Im Wesentlichen ist dies die Pflicht zur vertraulichen Behandlung von Geschäftsgeheimnissen nach Art. 28 Abs. 2 VO 1/2003 sowie Art. 17 Abs. 2 FKVO. Diese Normen konkretisieren die primärrechtlich verankerten Geheimhaltungspflichten nach Art. 339 AEUV. Sie stellen die Wahrung der Vertraulichkeit der übermittelten Informationen über zwei Aspekte sicher. Zum einen ist es den zuständigen Sachbearbeitern und Behörden grundsätzlich untersagt, Kenntnisse offenzulegen, die dem Schutzbereich des Berufsgeheimnisses unterfallen.[879] Dies kann allenfalls unter strengen Begründungsvoraussetzung für jede einzelne vertrauliche Information erfolgen.[880] Zudem ist die Verwertung der erlangten Informationen zu einem anderen als dem mit der Einholung verfolgten Zweck

876 Siehe zum Grundsatz des Schutzes von vertraulichen Informationen und Geschäftsgeheimnissen EuGH, Urt. v. 14.02.2008, C-450/06 (Rn. 52 ff.), ECLI:EU:C:2008:91 – Varec SA.

877 Siehe insoweit bereits EuGH, Urt. v. 13.02.1979, C-85/76 (Rn. 14), ECLI:EU:C:1979:36 – Hoffmann-La Roche sowie EuG, Urt. v. 12.12.1991, T-39/90 (Rn. 53 ff.), ECLI:EU:T:1991:71 – SEP, bestätigt durch EuGH, Urt. v. 19.05.1994, C-36/92 (Rn. 22 ff.), ECLI:EU:C:1994:205 – SEP. Vgl. u.a. auch Vocke, Die Ermittlungsbefugnisse der EG-Kommission im kartellrechtlichen Voruntersuchungsverfahren, 2006, S. 99; Gillmeister, Ermittlungsrechte im deutschen und europäischen Kartellordnungswidrigkeitenverfahren, 1985, S. 145; Göttlinger, Auskunftsrechte der Kommission im Recht der EU, 2013, S. 323; Völcker, in: Frankfurter Kommentar Kartellrecht, 93. Aufl. 2020, Art. 11 FKVO Rn. 12; Barthelmeß/Rudolf, in: LMRKM, Kartellrecht, 4. Aufl. 2020, Art. 18 VO 1/2003 Rn. 48; Sura, in: Langen/Bunte, Kartellrecht, 13. Aufl. 2018, Art. 18 VO 1/2003 Rn. 18.

878 Kellerbauer, in: Berg/Mäsch, Kartellrecht, 3. Aufl. 2018, Art. 17 FKVO Rn. 1.

879 EuG, Urt. v. 12.12.1991, T-39/90 (Rn. 55), ECLI:EU:T:1991:71 – SEP.

880 Siehe zur Relativierung des Vertraulichkeitsschutzes Barthelmeß/Rudolf, in: LMRKM, Kartellrecht, 4. Aufl. 2020, Art. 28 VO 1/2003 Rn. 33 m.w.N.

grundsätzlich nicht erlaubt.[881] Diese Gewährleistungen gelten nicht nur für die Kommission als direkte Ermittlungsbehörde. Über die Zusammenarbeit innerhalb des European Competition Networks erfolgt regelmäßig ein Austausch von Informationen zwischen den Europäischen Wettbewerbsbehörden. Die Normen müssen folgerichtig dahingehend verstanden werden, dass die Wahrung der europäischen Schutzstandards auf der gesamten Ebene der Mitgliedstaaten zu gewährleisten ist.[882]

Mit den dargelegten Mechanismen gilt das Interesse am Schutz vor der Preisgabe vertraulicher Informationen als umfassend gewahrt.[883] Entsprechend könne auch die Offenlegung derartiger Informationen an die Kommission nicht zur Unangemessenheit der Auskunftseinholung führen. Andernfalls würde das durch den Gesetzgeber aufgestellte und die Rechtsprechung konkretisierend ausgestaltete System des Geheimnisschutzes über den Umweg der Verhältnismäßigkeitsprüfung unterlaufen.

2. *Pflicht zur Kennzeichnung als Belastung*

Auch wenn die Adressaten nach dem derzeitigen Stand der Rechtsprechung eine Auskunft nicht aufgrund der Abfrage von Geschäftsgeheimnissen verweigern können, so dürfen die Besonderheiten der Vorlage vertraulichen Informationen bei der Bewertung der Angemessenheit eines Auskunftsersuchens nicht unberücksichtigt

---

881 Vgl. Art. 28 Abs. 1 VO1/2003 und Art. 17 Abs. 1 FKVO. Siehe hierzu auch EuG, Urt. v. 12.12.1991, T-39/90 (Rn. 55), ECLI:EU:T:1991:71 – SEP; EuGH, Urt. v. 17.10.1989, C-85/87 (LS 2), ECLI:EU:C:1989:379 – Dow Benelux. Siehe statt aller Jaeckel, in: Grabitz/Hilf/Nettesheim, Das Recht der Europäischen Union, 2020, Art. 337 AEUV Rn. 57 sowie Sule, in: Groeben/Schwarze/Hatje, Europäisches Unionsrecht, 7. Aufl. 2015, VO (EG) 1/2003 Art. 17 Rn. 38 f. m.w.N. zum Streitstand. Kritisch zur tatsächlichen Regelungsdichte der Gewährleitung Grave/Trafkowski, Sektorenuntersuchungen durch die Kartellbehörden, RdE 2005, 209, 212.

882 Vgl. Kellerbauer, in: Berg/Mäsch, Kartellrecht, 3. Aufl. 2018, Art. 17 FKVO Rn. 1. So auch EuG, Urt. v. 20.02.2001, T-112/98 (Rn. 85 ff), ECLI:EU:T:2001:61 – Mannesmannröhren-Werke sowie bereits EuGH, Urt. v. 16.07.1992, C-67/91 (Rn. 35 ff.), ECLI:EU:C:1992:330 – Asociación Española de Banca Privada u.a.

883 Vgl. EuG, Urt. v. 12.12.1991, T-39/90 (Rn. 53), ECLI:EU:T:1991:71 – SEP. Kritisch zur Frage, ob dieser Schutz tatsächlich in jedem Fall ausreichend zur Wahrung vertraulicher Informationen ist, Schlussanträge GA Jacobs v. 15.12.1993 zu EuGH, Urt. v. 19.05.1994, C-36/92 (Rn. 59 ff.), ECLI:EU:C:1993:928 – SEP, dennoch letztlich bestätigt durch EuGH, Urt. v. 19.05.1994, C-36/92 (Rn. 22 ff.), ECLI:EU:C:1994:205 – SEP. Ob ein ausreichender Schutz in Fällen gewährleistet ist, in denen der betreffende Mitgliedstaat zumindest Teile eines Wettbewerbers des Auskunftsadressatens hält, wurde in der Literatur vielfach bezweifelt und kritisiert, vgl. hierzu Jungermann, in: Frankfurter Kommentar Kartellrecht, 93. Aufl. 2020, Art. 18 VO 1/2003 Rn. 46 ff.

bleiben. Entsprechend der Geltendmachung des Anwaltsprivilegs ist auch die Begründung von Geschäftsgeheimnissen regelmäßig mit einem nicht unerheblichen Aufwand für die betroffenen Unternehmen verbunden.

2.1. Verfahrensrechtliche Vorgaben verursachen erheblichen Aufwand

Zum Schutz ihrer vertraulichen Informationen müssen die Auskunftsadressaten ihre Betriebs- und Geschäftsgeheimnisse entweder kenntlich machen oder selbst eine um die vertraulichen Informationen bereinigte Fassung erstellen.[884] Eine pauschale Kenntlichmachung ist dabei nicht möglich. Handelt es sich um abgrenzbare Informationen innerhalb eines Dokuments, so dürfen lediglich diese entfernt werden. Selbst wenn das gesamte Dokument unter den Schutz der Vertraulichkeit fällt, ist das Unternehmen verpflichtet, detaillierte Schwärzungen vorzunehmen, sodass die Überschriften des Dokuments, einzelner Abschnitte oder die Beschriftungen von Tabellen und Grafiken sichtbar bleiben.[885] Zahlen sind derart unkenntlich zu machen, dass sie in sog. ranges bzw. Spannbreiten umzuschreiben sind.[886] Als vertraulich markierte und geschwärzte Passagen sind durch Zusammenfassungen zu ersetzen. Dabei ist bei zu schwärzenden Dokumenten darauf zu achten, dass sie auch nach der Schwärzung in Form und Format den ursprünglichen Dokumenten entsprechen.[887] Die Geltendmachung des Vertraulichkeitsschutzes muss durch die Auskunftsadressaten zudem schriftlich begründet und erforderlichenfalls nachgewiesen werden – für jedes Dokument bzw. für jede zu schwärzende Passage innerhalb des Antwortschreibens gesondert.[888] In diesem Rahmen müssen Angaben zu sämtlichen Hintergründen und Umständen einer Information gemacht werden, durch die der Kommission eine Bewertung der Vertraulichkeit ermöglicht wird. Das Unternehmen kann die Geheimhaltungsbedürftigkeit einer Information beispielsweise durch die Darlegungen des Verfassers und Empfängers, die Funktion und Verantwortlichkeit dieser Personen, mit zusammenhängenden Informationen und Dokumenten sowie mit dem Zweck oder sachlichen Zusammenhang eines

---

884 Vgl. Maass, in: Langen/Bunte, Kartellrecht, 13. Aufl. 2018, Art. 11 FKVO Rn. 5.

885 DG Competition, Guidance on confidentiality claims during Commission antitrust procedures, Version 2018, Rn. 21.

886 DG Competition, Guidance on confidentiality claims during Commission antitrust procedures, Version 2018, Rn. 22.

887 DG Competition, Guidance on confidentiality claims during Commission antitrust procedures, Version 2018, Rn. 19 f.

888 DG Competition, Guidance on confidentiality claims during Commission antitrust procedures, Version 2018, Rn. 22. In der Praxis erfolgt die Kennzeichnung und Begründung von geschützten Informationen über Auflistungen in Tabellenform, siehe ein Beispiel für eine derartige Tabelle in DG Competition, Informal guidance paper on confidentiality claims v. März 2012, S. 5.

Schriftstücks begründen.[889] Des Weiteren ist in diesem Rahmen darzulegen, welche Konsequenzen und Beeinträchtigungen im Falle einer Offenlegung für das Unternehmen zu befürchten sind.[890]

Die durch die Begründung der Vertraulichkeit verursachten Belastungen werden für die Unternehmen – und letztlich auch die Kommission – zusätzlich dadurch verschärft, dass die inhaltliche Reichweite des Vertraulichkeitsschutzes in den einschlägigen gesetzlichen Regelungen allenfalls äußerst abstrakt definiert ist. Grundsätzlich schutzbedürftig sind Berufsgeheimnisse. Sie können sämtliche Informationen umfassen, welche der Kommission in ihrer amtlichen Eigenschaft als Ermittlungsbehörde zugänglich gemacht werden (müssen), die sonst nicht öffentlich zugänglich sind.[891] Der Hauptanwendungsfall sind Betriebs- und Geschäftsgeheimnisse. In der Literatur und Rechtsprechung sind Gruppen von Informationen herausgearbeitet worden, anhand derer die Vertraulichkeit im Einzelfall begründet werden kann. So indizieren beispielsweise das Know-how eines Unternehmens und sonstige technische Erkenntnisse, kosten- und umsatzbezogene Informationen insbesondere Kostenrechnungsmethoden, Produktionsverfahren, Marktanteile, Kunden- und Lieferantenbeziehungen, produzierte und verkaufte Mengen, Vermarktungs- und Absatzsatzstrategien, Prognosen zu Geschäftsentwicklungen sowie Verkaufs- und Vertriebsinformationen die prinzipielle Geheimhaltungsbedürftigkeit.[892] Die Vielschichtigkeit von Gründen und Informationen, die zu einer Geheimhaltungsbedürftigkeit führen können, führt in der Praxis zu immer neuen Konstellationen. Es lässt sich letztlich nie mit vollständiger Wahrscheinlichkeit vorhersagen, ob eine Information unter den Vertraulichkeitsschutz fällt oder nicht. Entsprechend aufwendig sind die Begründungen, die zur Geltendmachung des Vertraulichkeitsschutzes insoweit erforderlich werden können.

Hinzukommt, dass die Kommission nach beiden Verfahrensordnungen davon ausgehen kann, dass keine (weiteren) geheimhaltungsbedürftigen Informationen

---

889 Europäische Kommission, Bekanntmachung der Kommission über bewährte Vorgehensweisen in Verfahren nach Artikel 101 und 102 des AEUV v. 20.10.2011, Rn. 52 Fn. 44.

890 Kellerbauer, in: Berg/Mäsch, Kartellrecht, 3. Aufl. 2018, Art. 17 FKVO Rn. 20; Zeise, Europäische Fusionskontrolle, in: Schulte/Crede (Hrsg.), Handbuch Fusionskontrolle, Rn. 2174. So auch DG Competition, Guidance on confidentiality claims during Commission antitrust procedures, Version 2018, Rn. 22.

891 Miersch, in: Dahlheimer/Feddersen/Miersch, EU-Kartellverfahrensverordnung, 2005, Art. 28 VO 1/2003 Rn. 12.

892 Vgl. Kellerbauer, in: Groeben/Schwarze/Hatje, Europäisches Unionsrecht, 7. Aufl. 2015, VO (EG) 1/2003 Art. 28 Rn. 10; Ablasser-Neuhuber, in: LMRKM, Kartellrecht, 4. Aufl. 2020, Art. 18 FKVO Rn. 33. Siehe auch Europäische Kommission, Mitteilung der Kommission über die Regeln für die Einsicht in Kommissionsakten v. 22.12.2005, Rn. 18.

bestehen oder das betroffene Unternehmen keine (weiteren) Einwände gegen die Offenlegung hat, wenn es dem Auskunftsadressaten nicht oder nicht in hinreichend substantiiertem Maße gelingt, die Vertraulichkeit geltend zu machen.[893] Dies verdeutlicht abermals die Erforderlichkeit des besonders sorgfältigen Umgangs mit Fragen der Geheimhaltungsbedürftigkeit vertraulicher Informationen. Entsprechend den obigen Ausführungen in Bezug auf die Auskunftsverweigerungsrechte ist auch hier darauf zu achten, dass eine Aushöhlung des Vertraulichkeitsschutzes verhindert wird. So mag die Abfrage einer Vielzahl von vertraulichen Informationen ohne Weiteres erforderlich sein. Dennoch ist zu berücksichtigen, dass hierdurch zusätzliche Belastungen bei den Unternehmen hervorgerufen werden. Der hiermit einhergehende finanzielle und personelle Aufwand ist in die Abwägungsprozesse einzustellen.

2.2 Prüfung der Angemessenheit erfordert Berücksichtigung des Aufwands bei Erlass eines Auskunftsersuchens

Die Angemessenheit eines Auskunftsersuchens erfordert es, dass die Kommission sich bereits vor seinem Erlass Gedanken über die Art der angeforderten Informationen und die potentiellen (Mehr)Belastungen aufgrund deren Vertraulichkeitsschutzes macht. Erfreulich ist insofern der Umgang mit dem Vertraulichkeitsschutz in Phase 1 der Zusammenschlussprüfung. Die Kommission kommt den beteiligten Unternehmen in Ansehung der Zusatzbelastungen hier in aller Regel weit entgegen.[894] So wird vor dem Hintergrund der besonders kurzen Antwortfristen und den bereits im Rahmen der Anmeldung vorgelegten umfangreichen Informationen in der Praxis teilweise auf eine dezidierte Begründung der Vertraulichkeit verzichtet.[895] Üblicherweise wird bis zur Beendigung von Phase 1 sogar zugelassen, dass die Vertraulichkeit pauschal für sämtliche Schriftsätze geltend gemacht werden kann.[896] Erst im Rahmen der Vorbereitung der öffentlichen Version der verfahrensabschließenden Entscheidung gewinnen die Fragen der Vertraulichkeit von Informationen sodann wieder an Relevanz.

---

893 Vgl. Art. 16 Abs. 4 Verordnung (EG) Nr. 773/2004 der Kommission vom 7. April 2004 über die Durchführung von Verfahren auf der Grundlage der Artikel 81 und 82 EG-Vertrag durch die Kommission sowie Art. 18 Abs. 4 Verordnung (EG) Nr. 802/2004 der Kommission vom 7. April 2004 zur Durchführung der Verordnung (EG) Nr. 139/2004 des Rates über die Kontrolle von Unternehmenszusammenschlüssen. Siehe auch DG Competition, Guidance on the preparation of public versions of Commission Decisions adopted under the Merger Regulation, Rn. 21.

894 Siehe zu den Vorgaben in Bezug auf die FKVO allgemein DG Competition, Guidance on the preparation of public versions of Commission Decisions adopted under the Merger Regulation, Rn. 16 ff.

895 York von Wartenburg, in: LMRKM, Kartellrecht, 4. Aufl. 2020, Art. 17 FKVO Rn. 7.

896 Saulnier/Mudrony, in: Berg/Mäsch, Kartellrecht, 3. Aufl. 2018, Art. 18 FK-DVO Rn. 5.

V. Belastungen aufgrund der Anforderung von Unterlagen nach Ablauf der gesetzlichen Aufbewahrungspflichten

Fordert die Kommission schließlich Informationen, Dokumente oder Daten an, deren Entstehung weit zurückliegt, so sind die gesetzlichen Aufbewahrungsfristen zu berücksichtigen. Liegen die Informationen aufgrund des Ablaufs dieser Fristen nicht mehr vor, so ist als Grundregel anerkannt, dass auch keine Pflicht zur Vorlage besteht bzw. bestehen kann.[897] Liegen die angeforderten Auskünfte trotz Ablauf der Aufbewahrungsfristen in dem Unternehmen noch vor, ist zu berücksichtigen, dass die Zusammenstellung der gewünschten Auskünfte gegebenenfalls einen erhöhten Aufwand erfordert. So forderte die Kommission in Sachen *Buzzi Unicem* mit ihrer Auskunftsentscheidung nach einem bereits rund vier Jahre laufenden Ermittlungsverfahren nicht nur eine *„eine(...) außerordentliche(...) Menge von Daten [an], die nahezu alle wirtschaftlichen Tätigkeiten der Rechtsmittelführerin in zwölf Mitgliedstaaten über ein Jahrzehnt abdeckte"*.[898] Ein Teil dieser Daten war aufgrund der weit zurückliegenden Vorgänge nicht mehr in den Datenbanken des Auskunftsadressaten vorhanden. Von der Kommission unbestritten musste Buzzi Unicem tausende Finanzunterlagen einzeln überprüfen und die Daten sodann manuell in die nach den Vorgaben der Kommission formatierte Excel-Dateien übertragen.[899] Derartige Sonderbelastungen sind im Rahmen der Interessensabwägung zu berücksichtigen, insbesondere umso mehr solcher alter Daten ein Auskunftsersuchen erhält und umso größer die Belastungen bei den Adressaten hierdurch werden.

Das EuG schränkte diesen Grundsatz jüngst dahingehend ein, dass die Unternehmen sich auf die praktischen Schwierigkeiten im Zusammenhang mit der Zusammenstellung alter Unterlagen dann nicht mehr berufen können, wenn sie von der Erforderlichkeit der Informationen für ein Behörden- oder Gerichtsverfahren wussten.[900] Damit sei spätestens ab dem Zeitpunkt der offiziellen Befassung des Unternehmens mit dem konkreten Verfahren – in dem gerichtlich entschiedenen Fall seit der Versendung der ersten Auskunftsersuchen – eine ordnungsgemäße Aufbewahrung der potentiell relevanten Unterlagen und Informationen

897 EuG, Urt. v. 09.04.2019, T-371/17 (Rn. 136), ECLI:EU:T:2019:232 – Qualcom u.a. („*Admittedly, undertakings cannot, as a rule, be obliged to provide the Commission with documents which are no longer in their possession and which they are no longer under any legal requirement to maintain.*").

898 Schlussanträge GA Wahl v. 15.10.2015 zu EuGH, Urt. v. 10.03.2016, C-267/14 (Rn. 103), ECLI:EU:C:2015:696 – Buzzi Unicem.

899 Schlussanträge GA Wahl v. 15.10.2015 zu EuGH, Urt. v. 10.03.2016, C-267/14 (Rn. 104), ECLI:EU:C:2015:696 – Buzzi Unicem.

900 EuG, Urt. v. 09.04.2019, T-371/17 (Rn. 136), ECLI:EU:T:2019:232 – Qualcom u.a., letztlich bestätigen EuGH, Urt. v. 28.01.2021, C-466/19 (Rn. 114), ECLI:EU:C:2021:76 – Qualcom.

sicherzustellen.[901] Die Mehrbelastung, die durch die Zusammenstellung von Informationen nach diesem Zeitpunkt entsteht, kann eine Unangemessenheit in Ausnahmefällen daher wohl noch begründen. Sie kann diese jedoch nicht mehr indizieren.

Zwischenergebnis

Ermittlungshandlungen sind von Prognoseentscheidungen und Verfahrensspezifität geprägt. Sie haben sich an die konkret zu ermittelnden Sachverhalte und Verfahrenssituationen anzupassen. Die obige Untersuchung hat jedoch gezeigt, dass es trotz der Unsicherheit im Umgang mit Einzelfallkonstellationen durchaus verallgemeinerungsfähige Kriterien bei der Beurteilung der Teilaspekte der Geeignetheit, Erforderlichkeit und Angemessenheit eines Auskunftsersuchens gibt. Jedoch wurde auch deutlich, dass ein wesentliches Problem im Umgang mit den Auskunftsersuchen neben der durch Einzelfallrechtsprechung geprägten Rechtslage die mangels Begründungspflicht fehlende Transparenz und Vorhersehbarkeit ist.

901 EuG, Urt. v. 09.04.2019, T-371/17 (Rn. 136), ECLI:EU:T:2019:232 – Qualcom u.a., letztlich bestätigen EuGH, Urt. v. 28.01.2021, C-466/19 (Rn. 114), ECLI:EU:C:2021:76 – Qualcom.

Dritter Teil. Die Durchsetzung des Verhältnismäßigkeitsgrundsatzes

Das bestehende Rechtsschutzsystem wurde im Überblick bereits in Teil 1 der Arbeit dargestellt. An dieser Stelle wird die Effektivität der Rechtsschutzmöglichkeiten gegen potentiell zu weit gefasste Auskunftsverlangen untersucht.

Auf dieser Grundlage und vor dem Hintergrund der im zweiten Teil erfolgten Untersuchung des Umgangs mit den einzelnen Prüfungsschritten der Verhältnismäßigkeit wird der Versuch unternommen, einen berechenbaren Ausgleich zwischen der Effektivität der Ermittlungshandlungen und den Schutzinteressen der Auskunftsadressaten verfahrensrechtlich zu stärken bzw. an manchen Stellen auch erst zu ermöglichen. Es kann den nachfolgenden Abschnitten vorweggenommen werden, dass bereits zum Zeitpunkt des Tätigwerdens der Kommission – und nicht erst im Nachgang über die Unionsgerichte – sichergestellt werden soll, dass die wesentlichen Teilaspekte des Grundsatzes der Verhältnismäßigkeit eingehalten werden.[902] Hierdurch wird nicht nur eine optimierte Entscheidungsfindung ermöglicht, sondern zugleich die Transparenz und Rechtssicherheit für die betroffenen Unternehmen erhöht.

---

902 Vgl. u.a. Danwitz, Der Grundsatz der Verhältnismäßigkeit im Gemeinschaftsrecht, EWS 2003, 393, 398, der von einer „*weitreichende[n] Denaturierung der Verhältnismäßigkeitsprüfung*" im Unionsrecht spricht.

Erstes Kapitel: Status quo – Lücken im derzeitigen Rechtsschutzsystem

Die obigen Ausführungen haben gezeigt, dass sich für die Bewertung der einzelfallspezifischen Auskunftsersuchen keine universell geltenden Maßstäbe aufstellen lassen. Die Einhaltung der Verhältnismäßigkeit unterliegt keinen einheitlichen und überprüfbaren Mustern. Wenn Hensmann vertritt, dass *„[d]ie Ausgestaltung des Erforderlichkeitsmerkmals durch die Gemeinschaftsgerichte (...) eine ausgewogene Abwägung [trifft]"*,[903] kann dem nur im Grundsatz zugestimmt werden. Auch Göttlinger kommt mit ähnlichen Erwägungen zu dem Ergebnis, dass über das Kriterium der Erforderlichkeit ein *„gerechte[r] Ausgleich zwischen dem Bedürfnis der Kommission, die für eine Untersuchung erforderlichen Auskünfte zu erhalten, und dem berechtigten Interesse von Unternehmen und Unternehmensvereinigungen nicht mit willkürlichen Fragen konfrontiert zu werden"* erfolgreich geschaffen wurde.[904] Dies mag in der Theorie richtig sein. So versucht der Verordnungsgeber einerseits die Adressaten von Auskunftsersuchen vor willkürlichen Eingriffen zu schützen. Andererseits erkennt er, dass keine überzogenen Anforderungen an die Darlegungslast der Kommission gestellt werden dürfen, da die Frage der Verhältnismäßigkeit den Kernbereich der Kommissionskompetenzen betrifft.[905] Für die Bewertung der Frage, ob ein gerechter Ausgleich geschaffen und in eine ständige Übung umgesetzt wird, kann hierbei jedoch nicht stehen geblieben werden. Theorie und Praxis fallen teilweise erheblich auseinander. So führt auch Göttlinger an späterer Stelle zutreffend aus, dass die Grenze der Erforderlichkeit letztlich nur in wenigen Ausnahmenfällen geeignet sei, die Einholung von Auskünften wirksam zu begrenzen.[906]

Aufgrund der Handlungsfreiheiten und weiten Ermessensbefugnisse der Kommission, stehen die Auskunftsadressaten – auch bei Zuhilfenahme rechtlichen Beistandes – vor einer Vielzahl an Variablen, die eine Vorhersehbarkeit schwerlich ermöglichen. Ähnlichen Schwierigkeiten sieht sich auf der anderen Seite die Kommission ausgesetzt. Auch für sie ist es oftmals nicht einfach abzuschätzen, ob ein Auskunftsersuchen angegriffen und in welchem Maße und mit welchen Konsequenzen es durch die Unionsgerichte überprüft werden wird. Man konnte in den Verfahren der letzten Jahre verfolgen, wie sich die Einschätzung und Auslegung

903 Hensmann, Die Ermittlungsrechte der Kommission im europäischen Kartellverfahren, 2009, S. 69.

904 Göttlinger, Auskunftsrechte der Kommission im Recht der EU, 2013, S. 230.

905 Vgl. Hensmann, Die Ermittlungsrechte der Kommission im europäischen Kartellverfahren, 2009, S. 69 f.

906 Siehe Göttlinger, Auskunftsrechte der Kommission im Recht der EU, 2013, S. 272.

der Rechtmäßigkeit einer Ermittlungshandlung über die Instanzen hinweg verändern kann.[907]

Das Zusammenwirken von Grundsätzen aus dem Kommissions- und dem Gerichtsverfahren ruft aus einigen wesentlichen Gründen Bedenken an der zumindest faktischen Effektivität des bestehenden Rechtsschutzsystems hervor.[908]

I. Allgemeines zum Grundsatz des effektiven Rechtsschutzes

Der Grundsatz des effektiven gerichtlichen Rechtsschutzes ist ein allgemeiner Grundsatz des Unionsrechts.[909] Ihm wird von der Praxis und der Lehre gleichermaßen eine *„fundamentale"* Bedeutung im rechtsstaatlichen Gefüge zugesprochen.[910] Er eröffnet in erster Linie eine Rechtsweggarantie, die es jeder natürlichen und juristischen Person ermöglichen soll, bei einem unparteiischen Richter einen wirksamen Rechtsbehelf einzulegen.[911]

Hierauf lässt sich der Schutzgehalt des Grundrechts auf effektiven Rechtsschutz jedoch nicht beschränken. Er gewährleistet vielmehr die Effektivität des Verfahrens

---

907 So beispielsweise in der bereits an mehreren Stellen erwähnten Entscheidung in Sachen *HeidelbergCement*, dem insoweit prominentesten Fall der jüngeren Zeit in Bezug auf Auskunftsersuchen, in dem die Auslegungsweise der Kommission durch das EuG vollumfänglich bestätigt während der EuGH die angefochtene Entscheidung sodann insgesamt für nichtig erklärte. Auch in Sachen Nexans wurde die Rechtmäßigkeit der Ermittlungshandlung durch das EuG noch vollumfänglich bestätigt, während der EuGH sie später in Teilen für nichtig erklärte (siehe hierzu bereits ausführlich Teil 2, Kapitel 1, B.II.2.).

908 Vgl. allgemein zur Kritik am gegenwärtigen Rechtsschutzsystems, insb. der Dauer der Verfahren vor den Unionsgerichten und einer möglichen reformatio in peius Völcker, Allmacht der Kommission?, in: Immenga/Körber (Hrsg.), Die Kommission zwischen Gestaltungsmacht und Rechtsbindung, S. 167.

909 Siehe hierzu u.a. EuGH, Urt. v. 08.12.2011, C-386/10 (Rn. 52), ECLI:EU:C:2011:815 – Chalkor und EuGH, Urt. v. 18.06.2015, C-583/13 (Rn. 47), ECLI:EU:C:2015:404 – Deutsche Bahn AG sowie zu den sachlichen und zeitlichen Kriterien des Anspruchs auf gerichtliche Kontrolle Henn, Strafrechtliche Verfahrensgarantien im europäischen Kartellrecht, 2018, S. 212 ff., S. 242 ff.

910 Vgl. etwa EuGH, Beschl. v. 03.05.1996, C-399/95, ECLI:EU:C:1996:193 (Rn. 46 f.) – Deutschland/Kommission; Nowak, in: Terhechte, Verwaltungsrecht der EU, 1. Aufl. 2011, § 14 Rn. 14. Siehe zu den sachlichen und zeitlichen Kriterien des Anspruchs auf nachgelagerte gerichtliche Kontrolle Henn, Strafrechtliche Verfahrensgarantien im europäischen Kartellrecht, 2018, S. 212 ff., S. 242 ff.

911 EuGH, Urt. v. 16.05.2017, C-682/15 (Rn. 44), ECLI:EU:C:2017:373 – Berlioz Investment Fund.

in seiner Gänze. Dem eingelegten Rechtsbehelf muss eine faktische Wirksamkeit zukommen. So stellt der Grundsatz des effektiven Rechtsschutzes sicher, dass unter bestimmten Voraussetzungen Prozesskostenhilfe zu gewähren ist, Mittel des einstweiligen Rechtsschutzes zur Verfügung gestellt werden, Rechtsakte und insbesondere verfahrensabschließende Entscheidungen hinreichend begründet sowie die Rechtsschutz gewährenden Verfahren innerhalb einer angemessenen Frist abzuschließen sind.[912] Und schließlich – und das ist für die Frage der Effektivität des Rechtsschutzes gegen Auskunftsersuchen von besonderer Relevanz – stellt der Grundsatz des effektiven Rechtsschutzes bestimmte Anforderungen an die gerichtliche Kontrolldichte der Unionsgerichte.[913] So ermöglicht der Grundsatz des effektiven Rechtsschutzes nicht nur den Zugang zu einem Richter. Nach dem Grundsatz der Effektivität gerichtlichen Rechtsschutzes hat dieser Richter die angefochtene Entscheidung auch tatsächlich und rechtlich im Detail zu überprüfen und kann sich nicht auf eine oberflächige Evidenzkontrolle zurückziehen.[914]

Werden der Ebene der Verwaltung Spielräume bei der Ausübung ihrer Befugnisse eingeräumt, sind diese Befugnisse je nach Sachverhaltskonstellation umfassend oder in Teilen auch im gerichtlichen Verfahren zu wahren. Dies führt insoweit zu einer reduzierten Kontrolldichte der Gerichte.[915] Es gibt jedoch unionsrechtliche Grundregeln und Grundsätze, die auch bei der Einräumung solcher Ermessensspielräumen der gerichtliche Nachprüfung nicht entzogen sind.[916] Dies sind beispielsweise die Begründung einer (belastenden) Entscheidung; ebenfalls die vollständige Ermittlung der einer Interessensabwägung zu Grunde liegenden Sachverhaltsbasis. Sind die tatsächlichen Feststellungen fehlerhaft, kann und muss die auf dieser Grundlage getroffene Ermessensentscheidung daher aufgehoben werden.[917] Dieser reduzierte Kontrollmaßstab muss umso konsequenter auf Ebene der Unionsgerichte sichergestellt werden, umso weiter die Spielräume auf der Ebene der Verwaltungsbehörden sind. Im Umkehrschluss kann hieraus gefolgert

---

912 Nowak, in: Terhechte, Verwaltungsrecht der EU, 1. Aufl. 2011, § 14 Rn. 15 f.

913 Nowak, in: Terhechte, Verwaltungsrecht der EU, 1. Aufl. 2011, § 14 Rn. 16.

914 Siehe hierzu Nowak, in: Terhechte, Verwaltungsrecht der EU, 1. Aufl. 2011, § 14 Rn. 16.

915 Siehe zur reduzierten Kontrolldichte Teil 1, Kapitel 3, D.

916 Dabei gilt der allgemeine Grundsatz, dass je weitgehender ein Ermessensspielraum ist, desto strenger die Entscheidungsfreiheit mit einer *„sehr sorgfältigen Prüfung“* der Tatsachengrundlage zu kompensieren ist. Denn es ist gerade diese Tatsachengrundlage, die – neben offensichtlichen Fehlern – den wesentlichen Gegenstand der richterlichen Kontrolle von Ermessensentscheidungen (wie den Auskunftsersuchen) darstellt. Diese Erwägungen gelten rechtsgebietsübergreifend, so bspw. EuGH, Urt. v. 19.03.1964, C-27/63 (S. 292), ECLI:EU:C:1964:17 – Raponi für statusrechtliche Fragen des Beamtenrechts.

917 Schwarze, Europäisches Verwaltungsrecht (Band I), 1988, S. 292.

werden, dass bei einer nur lückenhaften nachgelagerten Kontrolle durch die Unionsgerichte bereits auf Ebene des Verwaltungsverfahrens Kontrollmöglichkeiten einzuziehen sind, die eine einheitliche und sachlich objektive Verwaltungstätigkeit gewährleistet.

Zur weiteren Beurteilung der Erforderlichkeit solcher Kontrollmöglichkeiten bedarf es daher zunächst einer näheren Untersuchung der Effektivität des derzeitigen gerichtlich gewährten Rechtsschutzes gegen kartellrechtliche Auskunftsersuchen. Siehe hierzu nachfolgend im Detail:

II. Beschränkungen der Kontrolldichte auf die offensichtliche Unverhältnismäßigkeit

Die Rechtmäßigkeit von Auskunftsentscheidungen nach Art. 18 Abs. 3 VO 1/2003 oder Art. 11 Abs. 3 FKVO kann der unionsgerichtlichen Kontrolle unterstellt werden. Taugliches Rechtsmittel ist die Nichtigkeitsklage nach Art. 263 Abs. 4 AEUV. Zuständig ist das EuG. Es unterliegt nach Art. 256 Abs. 1 AEUV der zweitinstanzlichen rechtlichen Kontrolle durch den EuGH. Die gerichtliche Kontrolldichte des Grundsatzes der Verhältnismäßigkeit beschränkt sich unter Einräumung weiter Ermessensspielräume jedoch in der Regel auf eine Offensichtlichkeit seiner Verletzung. Dabei wird auf eine ex-ante-Betrachtungsweise zurückgegriffen.[918] Dies wird insbesondere bei der Beurteilung wirtschaftlich komplexer Sachverhalte und bei der Erforderlichkeit von prognostischen Entscheidungen praktiziert – beides Kriterien, die auch bei der Bewertung eines Auskunftsersuchens eingreifen.

In Kombination mit den geringen Begründungserfordernissen der Kommission ist ein Prüfungsumfang entstanden, der unter Wahrung der Einschätzungsprärogative zu einer weitgehenden Handlungsfreiheit der Kommission führen kann. Der Umgang hiermit erfolgt zudem nicht einheitlich. In einem Großteil der Fälle beschränken die Gerichte ihre Kontrolle in Übereinstimmung mit der ständigen Rechtsprechung u.a. darauf, ob die gewählte Auslegung vertretbar ist, also die Kontrolle auf offensichtliche Beurteilungsfehler.[919] In anderen Fällen hingegen

---

918 Siehe zu den Rechtsschutzmöglichkeiten im Allgemeinen oben Teil 1, Kapitel 3, C., D.I.1.

919 Vgl. statt vieler Bischke, Welchen Anforderungen muss ein Auskunftsbeschluss der EU-Kommission gemäß Art. 18 Abs. 3 VO 1/2003 genügen?, NZKart 2014, 299, 301 sowie Barthelmeß/Rudolf, in: LMRKM, Kartellrecht, 4. Aufl. 2020, Art. 18 VO 1/2003 Rn. 37, jeweils m.w.N. insbesondere auf die einschlägige Rechtsprechung. Diese strukturelle Reduktion der Verhältnismäßigkeit ist nicht nur in der Literatur, sondern auch bei vielen Generalanwälten auf Kritik gestoßen. Siehe hierzu u.a. Trstenjak/Beysen, Das Prinzip der Verhältnismäßigkeit in der Unionsrechtsordnung, EuR 2012, 265, 273 sowie beispielweise Schlussanträge GA Trstenjak v. 21.01.2010 zu EuGH, Urt. v. 20.05.2010, C-365/08 (Rn. 64 ff.), ECLI:EU:C:2010:27 – Agrana Zucker

weisen die Gerichte zwar auf das Kommissionsermessen hin, setzen sich jedoch im Detail mit den relevanten Entscheidungsmerkmalen auseinander und stellen eigene Zweckmäßigkeitserwägungen an.[920]

III. Die faktischen Konsequenzen einer erfolgreichen Nichtigkeitsklage

Obsiegt der Auskunftsadressat mit der erhobenen Nichtigkeitsklage, so wird das gegen ihn gerichtete Auskunftsersuchen von dem zuständigen Gericht für nichtig erklärt.[921] Nach den eindeutigen Aussagen der Unionsgerichte ist die Befugnis der Gerichte hierauf beschränkt. Weitergehende Feststellungen über die Wirkungen des Nichtigkeitsurteils dürfen nicht getroffen werden.[922] Das bedeutet, dass die Unionsgerichte nicht zu den Folgen einer Nichtigerklärung ausführen (dürfen). Ebenso wenig ist der Erlass von Anordnungen oder Unterlassungspflichten an die Kommission Gegenstand der Entscheidungsbefugnis der Gerichte.[923] Dies gilt selbst dann, wenn sie die Modalitäten der Durchführung des in Rede stehenden Urteils betreffen würden.[924]

Neben diesen in der Natur der Nichtigkeitsklage angelegten beschränkten Wirkungen einer erfolgreichen Klage kommt in praktischer Hinsicht ein weiteres Merkmal hinzu, das sich weit mehr auf die faktische Effektivität der Nichtigkeitsklage auswirkt: Die Frage, ob das Ergebnis einer Nichtigkeitsklage – selbst bei Obsiegen des Auskunftsadressaten – faktisch zu zufriedenstellenden Ergebnissen führt oder führen kann.

Für reguläre Nichtigkeitsklagen ist mit einem meist mehrjährigen Verfahren vor den Unionsgerichten zu rechnen. Mangels aufschiebender Wirkung der Rechtsmitteleinlegung sind die Adressaten dennoch zur Vorlage der gewünschten Auskünfte verpflichtet.[925] Die Kommission ist zudem berechtigt, weiter zu ermitteln

oder Schlussanträge GA Kokott v. 10.03.2008 zu EuGH, Urt. v. 07.07.2009, C-558/07 (Rn. 71 ff.), ECLI:EU:C:2009:142 – S.P.C.M. u.a.

920 Bspw. EuG, Urt. v. 25.11.2014, T-402/13 (Rn. 48, 55 ff.), ECLI:EU:T:2014:991 – Orange, das sich mit der Frage weniger belastender, aber gleich wirksamer Alternativen der konkreten Maßnahme auseinandersetzte. Siehe auch Guski, Regelbildung als Entdeckungsverfahren, ZWeR 2012, 243, 252 f.

921 Vgl. Art. 263 Abs. 4 AEUV.

922 EuG, Urt. v. 14.11.2012, T-140/09 (Rn. 111), ECLI:EU:T:2012:597 – Prysmian u.a. sowie EuG, Urt. v. 04.02.2009, T-145/06 (Rn. 23), ECLI:EU:T:2009:27 – Omya. Siehe auch Kment, Das Eigenverwaltungsrecht der EU, JuS 2011, 211, 215.

923 EuG, Urt. v. 14.11.2012, T-140/09 (Rn. 111 m.w.N.), ECLI:EU:T:2012:597 – Prysmian u.a.

924 EuGH, Urt. v. 25.06.2014, C-37/13 (Rn. 136), ECLI:EU:C:2014:2030 – Nexans u.a.

925 Vgl. Art. 278 S. 2, 279 AEUV. Siehe zum einstweiligen Rechtsschutz oben Teil 1, Kapitel 3, D.II. sowie unter der nachfolgenden Überschrift.

sowie Beschwerdepunkte oder sogar eine abschließende Entscheidung zu erlassen. Abgesehen vom Ausgleich finanzieller Aspekte können die Nachteile, die durch die Beantwortung entstehen, in der Regel nicht bzw. nur fragmentarisch wiedergutgemacht werden.

In Fusionskontrollverfahren kommt ein weiterer erschwerender Umstand hinzu. Vertraglich vereinbarte Kündigungsrechte oder die Gefahr einer Verschlechterung des Gegenstands der Transaktion aufgrund des laufenden Geschäftsbetriebs, geben dem Zeitfaktor in Fusionskontrollverfahren eine besondere Bedeutung.[926] So werden sich bis zum Abschluss des Gerichtsverfahrens – und zwar unabhängig von dessen Ausgang – die Unternehmensinteressen an dem beabsichtigten Zusammenschlussvorhabens in der Regel bereits verändert haben. Angesichts der teilweise ohnehin langen Dauer der Prüfverfahren sind die Zusammenschlussbeteiligten selten gewillt, den Schwebezustand durch Verfahren vor den Unionsgerichten nochmals zu verlängern.[927]

Der „Angriff" eines Auskunftsersuchens kann daher oftmals nicht (mehr) zu einer Verbesserung der Position der belasteten Parteien führen. Die Auskunftsadressaten wären darauf zu verweisen im Rahmen einer zweiten Klage schadensersatzrechtliche Forderungen geltend zu machen.[928] Vor diesem Hintergrund bestehen starke Zweifel an der Effektivität des Rechtsmittels.[929] Denn allein die Einräumung von Rechtsschutzmöglichkeiten kann zum Schutze der betroffenen Adressaten dann nicht mehr ausreichen, wenn die möglichen Vorteile die zu erwartenden (insbesondere finanziellen) Nachteile einer Klageerhebung nicht aufwiegen können.

IV. Die Erfolgschancen einstweiligen Rechtsschutzes

Aufgrund der fehlenden aufschiebenden Wirkung der Klagen vor den Gerichten der Europäischen Union, kann die Aussetzung der Durchführung der angefochtenen Handlung beantragt werden.[930] Inhaltliche Voraussetzung einer Aussetzung ist eine besondere Dringlichkeit, also ein drohender schwerer und nicht wiedergutzumachender Schaden bei Durchführung der mit der Entscheidung vorgesehenen

926 Völcker, Allmacht der Kommission?, in: Immenga/Körber (Hrsg.), Die Kommission zwischen Gestaltungsmacht und Rechtsbindung, S. 175.

927 Siehe hierzu Völcker, Allmacht der Kommission?, in: Immenga/Körber (Hrsg.), Die Kommission zwischen Gestaltungsmacht und Rechtsbindung, S. 175.

928 Siehe hierzu, insbesondere den hiermit einhergehenden praktischen Schwierigkeiten vertieft im Rahmen des zweiten Lösungsvorschlags.

929 So auch Berg, Praktische Probleme bei Auskunftsersuchen in der EU-Fusionskontrolle, WuW 2019, 230, 233, der so weit geht zu sagen, *„dass es praktisch kein effektives Rechtsmittel gegen zu weit gefasst Auskunftsersuchen gibt."*

930 Vgl. Art. 278 S. 2 AEUV.

Handlung.[931] Das Abwarten einer Entscheidung in der Hauptsache muss also unmöglich oder dem Antragsteller unzumutbar sein.[932]

Die Effektivität solcher Aussetzungsanträge wird überwiegend negativ bewertet: Die Stimmen gehen von einer *„tendenziell zurückhaltend[en]"* Gewährung einstweiligen Rechtsschutzes[933] bis hin zu *„[i]n der Praxis (...) selten erfolgreich"*[934]. Es wird kritisiert, dass die im Rahmen des einstweiligen Rechtsschutzes erforderliche Dringlichkeit derart schwierig darzulegen sei, dass ein entsprechender Antrag nur in Extremfällen überhaupt Aussicht auf Erfolg verspreche.[935] Diese negative Tendenz zeigt sich auch bei Betrachtung der wesentlichen, die Rechtmäßigkeit kartellrechtlicher Auskunftsersuchen betreffender Gerichtsentscheidungen. So erklärte das EuG in dem bereits vielfach zitierten Verfahren *HeidelbergCement*, in dem neben der Nichtigkeitsklage auch ein Antrag auf einstweiligen Rechtsschutz gestellt wurde, dass nach der ständigen Rechtsprechung lediglich schwere und irreparable Schäden über den Weg der einstweiligen Anordnung verhindert werden könnten.[936] Nicht nur müsse der Antragsteller die Notwendigkeit der beantragten Maßnahme tatsächlich und rechtlich glaubhaft machen.[937] Auch sei der vermeintlich schwere und irreparable Schaden zu konkretisieren und anhand von Beweisen zu belegen.[938] Ein rein auf finanzielle Aspekte gestützter Schaden kann dabei nur dann eine besondere Dringlichkeit auslösen, wenn er existenzbedrohend sei oder er sich selbst bei seinem Eintritt nicht beziffern lasse.[939] Dies bestätigte das EuG

931 Vgl. Engelhoven, Unzureichende Legitimation von Ermittlungshandlungen der Europäischen Kommission, 2009, S. 103.

932 Engelhoven, Unzureichende Legitimation von Ermittlungshandlungen der Europäischen Kommission, 2009, S. 103.

933 Barthelmeß/Rudolf, in: LMRKM, Kartellrecht, 4. Aufl. 2020, Art. 18 VO 1/2003 Rn. 52.

934 Van der Hout/Konrads, in: Berg/Mäsch, Kartellrecht, 3. Aufl. 2018, Art. 18 VO 1/2003 Rn. 55.

935 Schnelle/Kollmann, Einstweiliger Rechtsschutz gegen Auskunftsverlangen der EU-Kommission nur bei konkret und belegbar drohendem Schaden, GRUR-Prax 2011, 409, 409.

936 EuG, Beschl. v. 29.07.2011, T-302/11 R, ECLI:EU:T:2011:405 (Rn. 20) – HeidelbergCement. Siehe insoweit auch EuGH, Beschl. v. 19.07.1995, C-149/95 P(R), ECLI:EU:C:1995:257 (Rn. 22) – Atlantic Container Line u.a. sowie EuG, Beschl. v. 21.11.1990, T-39/90 R, ECLI:EU:T:1990:70 (Rn. 15 ff.) – SEP.

937 Vgl. Art. 278 AEUV i.V.m. Art. 256 Abs. 1 AEUV i.V.m. Art. 104 § 2 Verfahrensordnung des Gerichts.

938 EuG, Beschl. v. 29.07.2011, T-302/11 R, ECLI:EU:T:2011:405 (Rn. 20) – HeidelbergCement.

939 Schnelle/Kollmann, Einstweiliger Rechtsschutz gegen Auskunftsverlangen der EU-Kommission nur bei konkret und belegbar drohendem Schaden, GRUR-Prax 2011, 409, 409. EuG, Beschl. v. 29.07.2011, T-302/11 R, ECLI:EU:T:2011:405 (Rn. 11 ff.) – HeidelbergCement. So auch EuG, Beschl. v. 03.12.2002, T-181/02, ECLI:EU:T:2002:294 (Rn. 84 m.w.N.) – Neue Erba Lautex.

jüngst in Sachen *Qualcom*. Die von dem Unternehmen vorgebrachten Einwände der erheblichen Störung der Geschäftstätigkeit einiger seiner *key employees* sowie der enormen – insbesondere finanziellen – Belastungen konnten nicht verfangen.[940] Eine Gefahr für seine finanzielle Existenz konnte der Antragsteller hiermit nicht darlegen. Auch sei eine substantielle Beeinflussung seiner Marktanteile – als potentielles neues Bewertungskriterium – nicht zu befürchten.[941]

Erfolgreich – zumindest teilweise – war jüngst die Geltendmachung einstweiligen Rechtsschutzes gegen eine Auskunftsentscheidung nach Art. 18 Abs. 3 VO 1/2003 durch Facebook. Insoweit bestand jedoch eine Sondersituation, da es vorrangig um die potentielle Offenlegung von personenbezogenen bzw. persönlichen Daten einzelner Mitarbeiter ging, die u.a. persönliche, familiäre und/oder medizinische Hintergründe hatten.[942] Das EuG stoppte die Datenübermittlung nicht, sondern unterstellte sie gesteigerten Schutzmaßnahmen.[943] Die relevanten Dokumente sind in einen virtuellen Datenraum einzustellen. Dort werden sie von einer begrenzten Anzahl von Mitarbeitern des Case Teams unter Anwesenheit der gleichen Anzahl an Anwälten von Facebook gesichtet. Die Mitarbeiter prüfen die Dokumente und wählen die für die Ermittlungen erforderlichen aus. Vor der Beiziehung zur Akte haben die Anwälte das Recht zur Stellungnahme. Im Falle von anhaltende Meinungsverschiedenheiten, kann Facebook den Direktor für Information, Kommunikation und Medien mit der Bitte um Auflösung der Meinungsverschiedenheiten anrufen.

Es ist in der Praxis nicht einfach, sich mit Hilfe eines Antrags auf einstweilige Aussetzung der Beantwortung eines Auskunftsersuchens zu erwehren. Insbesondere wird auch im Rahmen der Verfahren des einstweiligen Rechtsschutzes regelmäßig auf das weite Ermessen der Kommission bei der Bewertung der Erforderlichkeit bzw. Verhältnismäßigkeit der Auskunftseinholung verwiesen.[944] Insofern wird ein Gleichlauf mit der endgültigen Bewertung der Rechtmäßigkeit eines Auskunftsersuchens hergestellt.

---

940 Vgl. EuG, Beschl. v. 12.07.2017, T-371/17 R, ECLI:EU:T:2017:485 (Rn. 25, 33) – Qualcom.

941 Vgl. EuG, Beschl. v. 12.07.2017, T-371/17 R, ECLI:EU:T:2017:485 (Rn. 30) – Qualcom., wobei der Beschluss zu dem Kriterium der substantiellen Beeinflussung der Marktanteile mangels Darlegung durch den Antragssteller keine weitergehenden Ausführungen enthält.

942 Siehe zur umfassenden Interessenabwägung durch das Gericht EuG, Beschl. v. 29.10.2020, T-451/20, ECLI:EU:T:2020:515 (Rn. 115 ff.) – Facebook I.

943 Siehe zu alledem EuG, Beschl. v. 29.10.2020, T-451/20, ECLI:EU:T:2020:515 (Tenor Nr. 1, 2) – Facebook I.

944 EuG, Beschl. v. 29.10.2020, T-451/20, ECLI:EU:T:2020:515 (Rn. 38) – Facebook I. Sowie bereits EuG, Beschl. v. 21.11.1990, T-39/90 R, ECLI:EU:T:1990:70 (Rn. 20) – SEP.

V. Das Fehlen vorbeugender Rechtsmittel

Maßnahmen des vorbeugenden Rechtsschutzes ermöglichen die Abwehr drohender oder nahe bevorstehender Gefahren aufgrund hoheitlicher Handlungen.[945] Die Kommission kündigt den Erlass von Auskunftsentscheidungen bei den betroffenen Unternehmen teilweise vorab an. Dies gilt insbesondere dann, wenn sie von besonderem Umfang sind oder einer gewissen Vorbereitung bei den Adressaten bedürfen. Eine Möglichkeit sich hiergegen zur Wehr zu setzen, bietet das Europäische Verfahrensrecht jedoch nicht. Es gewährt gegenüber Auskunftsverlangen weder Instrumente des präventiven Rechtsschutzes noch erfordert ein solches einen Richtervorbehalt.[946] Es steht den betroffenen Adressaten jedoch offen, das sachbearbeitende Team der Kommission zu kontaktieren und zu versuchen, Adaptierungen des Fragebogens zu verhandeln.[947]

VI. Unzureichender Rechtsschutz im Regelfall des einfachen Auskunftsverlangens

Wie einführend bereits dargestellt, sind einfache Auskunftsverlangen, also solche ohne gesetzliche Zwangswirkung gegenüber ihren Adressaten, in der Praxis der Regelfall.[948] Dies gilt sowohl für Verfahren nach der VO 1/2003 als auch für solche nach der FKVO.[949] In Anbetracht der Rechtsfolgen, die das Gesetz für die fehlende oder unzureichende – verschuldet oder nicht – Beantwortung einer Auskunftsentscheidung vorsieht, ist dies durchaus zu begrüßen.[950] Diese Rechtsfolgen sind auch der Grund für die differenzierende Gewährleistung gerichtlichen Rechtsschutzes.

---

945 Siehe zum Rechtsinstitut des vorbeugenden Rechtsschutzes im Unionsrecht Engelhoven, Unzureichende Legitimation von Ermittlungshandlungen der Europäischen Kommission, 2009, S. 98 ff.

946 Zur Diskussion um die Erforderlichkeit der Einführung eines Ermittlungsrichters im europäischen Kartellrecht ausführlich u.a. Hecheltjen, Der Richtervorbehalt im kartellrechtlichen Nachprüfungsverfahren der Europäischen Kommission, 2007, S. 174 ff. sowie Engelhoven, Unzureichende Legitimation von Ermittlungshandlungen der Europäischen Kommission, 2009, S. 182 ff. m.w.N.

947 Jaeckel, in: Grabitz/Hilf, Das Recht der Europäischen Union, 40. Aufl. 2010, Art. 337 AEUV Rn. 67.

948 Vgl. Art. 18 Abs. 2 VO 1/2003 und Art. 11 Abs. 2 FKVO.

949 Vgl. Kizil, Strafrechtliche Verfahrensgarantien im europäischen und deutschen Wettbewerbsrecht, 2015, S. 54. So auch Ohlhoff, in: MüKo, Wettbewerbsrecht, 3. Aufl. 2020, Art. 11 FKVO Rn. 21.

950 Vgl. Art. 23 VO 1/2003 und Art. 14 FKVO.

1. *Gerichtliche Überprüfbarkeit auf Auskunftsentscheidungen beschränkt*

Mit der Nichtigkeitsklage angreifbar sind nach der ganz überwiegenden Meinung lediglich die Auskunftsentscheidungen nach Art. 18 Abs. 3 VO 1/2003 und Art. 11 Abs. 3 FKVO.

Die Anforderungen an die Qualität und Natur der durch eine Nichtigkeitsklage anfechtbaren Handlungen sind in der Rechtsprechung bereits seit geraumer Zeit gefestigt: Maßgebliches Kriterium für die Anfechtbarkeit ist die Erzielung verbindlicher Rechtswirkungen.[951] Sie müssen die Interessen der betroffenen Partei spürbar tangieren.[952] Ohne Relevanz ist dabei, welche Form und welche Rechtsnatur diese Handlung aufweist.[953] Geringe Probleme bereitet die Feststellung, dass verfahrensabschließende Entscheidungen ihrem Wesen nach eine für den Adressaten verbindliche Rechtsnatur aufweisen und anfechtbar sein müssen. Differenzierter zu betrachten sind Handlungen im Rahmen eines mehrstufigen Verfahrens. Handelt es sich um eine endgültige Stellungnahme bzw. Positionierung des handelnden Organs, so ist die obige Wirkung ebenfalls zu bejahen. Selbiges gilt dann, wenn einer Handlung für eine gesonderte, getrennt zu beurteilende Phase eine abschließende und endgültige Wirkung zukommt.[954]

Auskunftsersuchen werden der oder den Phase(n) der Vorbereitung einer endgültigen Entscheidung zugeordnet. Dabei wird zumindest verbindlichen Auskunftsentscheidungen eine eigenständige Wirkung im Verhältnis zur finalen, verfahrensabschließenden Entscheidung zugesprochen.[955] Sie stellen *„ihrerseits die Endphase eines von demjenigen gesonderten Sonderverfahrens dar(...)“*.[956] Entsprechend hat der EuGH Anfechtungsklagen gegen Auskunftsentscheidungen im Rahmen von Wettbewerbsverfahren bereits früh zur Entscheidung und Beurteilung angenommen.[957]

---

951 Siehe zur Zulässigkeit eines Antrags auf Nichtigerklärung einer streitigen Kommissionshandlung die ausführliche Darstellung in EuG, Urt. v. 14.11.2012, T-135/09 (Rn. 115 ff.), ECLI:EU:T:2012:596 – Nexans u.a. Vgl. auch EuGH, Urt. v. 31.03.1971, C-22/70 (Rn. 38/42), ECLI:EU:C:1971:32 – AETR sowie EuGH, Urt. v. 22.06.2000, C-147/96 (Rn. 25 f. m.w.N.), ECLI:EU:C:2000:335 – Niederlande/Kommission.

952 EuGH, Urt. v. 11.11.1981, C-60/81 (Rn. 9), ECLI:EU:C:1981:264 – IBM.

953 EuGH, Urt. v. 31.03.1971, C-22/70 (Rn. 38/42), ECLI:EU:C:1971:32 – AETR.

954 EuGH, Urt. v. 11.11.1981, C-60/81 (Rn. 11), ECLI:EU:C:1981:264 – IBM.

955 Schlussanträge GA Bot v. 30.06.2011 zu EuGH, Urt. v. 13.10.2011, C-463/10 und C-475/10 (Rn. 75), ECLI:EU:C:2011:445 – Deutsche Post. So auch EuG, Urt. v. 14.11.2012, T-140/09 (Rn. 94), ECLI:EU:T:2012:597 – Prysmian u.a.

956 EuG, Urt. v. 14.11.2012, T-140/09 (Rn. 94), ECLI:EU:T:2012:597 – Prysmian u.a.

957 Vgl. Schlussanträge GA Bot v. 30.06.2011 zu EuGH, Urt. v. 13.10.2011, C-463/10 und C-475/10 (Rn. 74 f. m.w.N.), ECLI:EU:C:2011:445 – Deutsche Post.

Hiervon abgrenzend sei zur Wiederholung nochmals darauf hingewiesen, dass einfache Auskunftsverlangen anders als bindende Auskunftsentscheidungen – rein rechtlich gesehen – weder verpflichtend sind, noch ihre Nichtbeantwortung unmittelbar sanktioniert werden kann. Hieraus wird der Schluss gezogen, dass die Erteilung der Auskünfte auf einfache Auskunftsverlangen „freiwillig" erfolge.[958] Es stehe dem Adressaten offen, dem Ersuchen keine Bedeutung beizumessen und von einer Beantwortung abzusehen. Nach der ständigen Rechtsprechung fehlt es ihnen daher an dem für eine Anfechtung erforderlichen Beschlusscharakter.[959] Zudem handele es sich bei einem einfachen Auskunftsverlangen um eine Vorstufe zu der eigentlichen Entscheidung und damit eine schlichte Verfahrens- und Vorbereitungsmaßnahme.[960] Sie ermögliche dem handelnden Organ die Durchführung des Verfahrens, das zu einer späteren Entscheidung führen soll.[961] Eine den Verfahrensstrang abschließende Entscheidung stelle sie jedoch nicht dar. Derartige Maßnahmen sind nach der ständigen Rechtsprechung nicht gesondert anfechtbar.[962] So sind einfache Auskunftsverlangen nach wie vor allenfalls inzident im Rahmen der verfahrensabschließenden Entscheidung angreifbar.[963]

Es ist bereits fraglich, ob die im Wege der Nichtigkeitsklage anzufechtende Entscheidung tatsächlich ein Beschluss im technischen Sinn sein muss. Eine derartige Charakterisierung findet sich im Gesetz nicht. So spricht Art. 263 Abs. 4 AEUV davon, dass jede natürliche oder juristische Person die an sie gerichteten oder sie unmittelbar und individuell betreffenden Handlungen Klage erhaben kann. Zudem wurden die Grundlagen der obigen, zwischen einfachen Auskunftsverlangen und verbindlichen Auskunftsentscheidungen differenzierenden Rechtsprechung zu einer Zeit entwickelt, als die Auskunftsformen noch in einem Stufenverhältnis standen. Es musste zwingend erst ein einfaches Auskunftsverlangen erlassen werden, bevor eine Auskunftsentscheidung ergehen konnte. Hierbei handelte es sich in der Tat um eine Vorstufe. Doch selbst nachdem diese Stufenregelung abgeschafft wurde, haben sich die Rechtsschutzmöglichkeiten in Bezug auf einfache Auskunftsverlangen nicht verändert.[964] Ihre faktischen Wirkungen hingegen, kommen

958 EuG, Urt. v. 08.07.2004, T-50/00 (Rn. 46), ECLI:EU:T:2004:220 – Dalmine.

959 Vgl. Jaeckel, in: Grabitz/Hilf, Das Recht der Europäischen Union, 40. Aufl. 2010, Art. 337 AEUV Rn. 65.

960 Vgl. Jaeckel, in: Grabitz/Hilf, Das Recht der Europäischen Union, 40. Aufl. 2010, Art. 337 AEUV Rn. 65.

961 Schlussanträge GA Bot v. 30.06.2011 zu EuGH, Urt. v. 13.10.2011, C-463/10 und C-475/10 (Rn. 76), ECLI:EU:C:2011:445 – Deutsche Post.

962 Vgl. EuGH, Urt. v. 11.11.1981, C-60/81 (Rn. 12), ECLI:EU:C:1981:264 – IBM.

963 So Jungermann, in: Frankfurter Kommentar Kartellrecht, 93. Aufl. 2020, Art. 18 VO 1/2003 Rn. 51; Barthelmeß/Rudolf, in: LMRKM, Kartellrecht, 4. Aufl. 2020, Art. 18 VO 1/2003 Rn. 51.

964 Gildhoff, Sektoruntersuchungen, WuW 2013, 716, 716.

denen einer Auskunftsentscheidung heutzutage in vielfacher Hinsicht zumindest nahe.[965] Es stellt sich daher die Frage, ob die einfachen Auskunftsverlangen in Bezug auf ihre Anfechtbarkeit aufgrund ihrer faktischen Wirkungen der rechtsverbindlichen Auskunftsentscheidung gleichgestellt werden können oder sollten.

2. *Erforderlichkeit der Gleichstellung von Auskunftsverlangen mit Auskunftsentscheidungen*

Wie die Kommission bereits früh festgestellt hat, kommen die Unternehmen den an sie gerichteten Auskunftsersuchen fast ausnahmslos nach, auch wenn es in Form eines einfachen Verlangens erlassen wird.[966] Grund hierfür ist bestimmt und womöglich sogar vorrangig der Kooperations- und Mitwirkungswille der Unternehmen. Jedoch fließen auch rationale Gesichtspunkte in diese Entscheidung ein. Auch wenn die Druckmöglichkeiten der Kommission nicht gesetzlich niedergelegt sind, so ist nicht zu leugnen, dass sie in der Praxis vorhanden und mit denen der Auskunftsentscheidungen zumindest vergleichbar sind. Teile der Literatur gehen sogar so weit zu sagen, dass es für den Adressaten keinen Unterschied macht, ob ein einfaches Auskunftsverlangen oder eine Auskunftsentscheidung erlassen wird.[967] Hierfür lassen sich mehrere Punkte anführen.

Erstens können die Adressaten mit großer Wahrscheinlichkeit davon ausgehen, dass die Kommission eine Auskunftsentscheidung erlassen wird, wenn sie nicht auf die vorherige unverbindliche Anfrage reagieren.[968] Der Erlass einer Entscheidung ist an keine gesonderten Voraussetzungen geknüpft. Er kann sogar erfolgen, ohne dass vorher ein einfaches Ersuchen unbeantwortet blieb.[969] Auch auf die Frage, ob die Verweigerung der Beantwortung berechtigt war, kommt es in diesem Rahmen (noch) nicht an. Der Zeitpunkt der „intensiveren" Belastungen, die durch

965 Zu einer anderen Fragestellung, jedoch letztlich mit ähnlichem Ergebnis Kizil, Strafrechtliche Verfahrensgarantien im europäischen und deutschen Wettbewerbsrecht, 2015, S. 274 f. a.A. (noch) Gillmeister, Ermittlungsrechte im deutschen und europäischen Kartellordnungswidrigkeitenverfahren, 1985, S. 134, der jedoch wohl rein von rechtlichen Sanktionen sprechend ausführt, *„[v]erweigert der Adressat die Auskunft, so löst dies für ihn keine Sanktionen aus"*.

966 Europäische Kommission, Kontakte mit der Kommission 1997, S. 29.

967 Kellerbauer, Limits on EU antitrust investigative measures under recent case-law: tiptoeing between proportionality and effectiveness, EuZW 2014, 407–410, 410, Fn. 38.

968 Diese Vorgehensweise ist in der Kommissionspraxis üblich, vgl. Kizil, Strafrechtliche Verfahrensgarantien im europäischen und deutschen Wettbewerbsrecht, 2015, S. 274 sowie Van der Hout/Konrads, in: Berg/Mäsch, Kartellrecht, 3. Aufl. 2018, Art. 18 VO 1/2003 Rn. 51.

969 Siehe zur Abschaffung des Stufenverhältnisses oben Teil 1, Kapitel 1.

eine Auskunftsentscheidung hervorgerufen werden, wird folglich lediglich nach hinten verlagert.[970]

Im Falle von Fusionskontrollverfahren hat die Nichtbeantwortung eines einfachen Auskunftsverlangens die zusätzliche Konsequenz, dass sich die Dauer bis zur Freigabe oder Untersagung verlängern kann.[971] Erlässt die Kommission als Reaktion auf die nicht oder nicht fristgemäße Beantwortung eines einfachen Auskunftsverlangens eine Auskunftsentscheidung, so kann die Prüfungsfrist nach Art. 10 Abs. 4 FKVO gehemmt sein. Die Hemmung greift hiernach bereits mit dem Verstreichenlassen der ursprünglichen Antwortfrist und nicht erst mit dem Erlass der Auskunftsentscheidung.[972]

Auch auf die Charakterisierung der Kooperationswilligkeit des Unternehmens kann sich die Verweigerung der Auskunft auf einfache Auskunftsverlangen negativ auswirken. Sie kann nicht nur dazu führen, dass sich die Kommission im laufenden oder in zukünftigen Verfahren aufgrund der mangelnden Mitwirkungsbereitschaft des Unternehmens direkt zum Erlass verbindlicher Entscheidungen verpflichtet sieht.[973] In Rahmen von Kartellverfahren kann diese „mangelnde" Mitwirkungsbereitschaft sogar direkt zu finanziellen Einbußen führen. Sie kann als erschwerender Umstand im Rahmen der Bußgeldbemessung Berücksichtigung finden oder zu einer geringeren Reduktion des Bußgeldes im Rahmen von Kooperationen führen.[974] Die Kommission verfügt insoweit über ein weites Ermessen.[975] Selbst wenn die Mitwirkung grundsätzlich die Voraussetzung zur Senkung der Geldbuße erfüllt, kommt eine Reduktion nur dann in Betracht, wenn die Kommission der Überzeugung ist, dass *„das Verhalten des betreffenden Unternehmens insoweit als Zeichen eines echten Geistes der Zusammenarbeit des Unternehmens angesehen werden [kann]"*.[976] Ausdrücklich abgelehnt wurde der „Geist der Zusammenarbeit"

---

970 Ebenso Vocke, Die Ermittlungsbefugnisse der EG-Kommission im kartellrechtlichen Voruntersuchungsverfahren, 2006, S. 199.

971 So auch im Fall EuG, Urt. v. 04.02.2009, T-145/06 (Rn. 89), ECLI:EU:T:2009:27 – Omya.

972 Siehe hierzu auch Völcker, in: Frankfurter Kommentar Kartellrecht, 93. Aufl. 2020, Art. 11 FKVO Rn. 22.

973 Van der Hout/Konrads, in: Berg/Mäsch, Kartellrecht, 3. Aufl. 2018, Art. 18 VO 1/2003 Rn. 51. Ein Zeitfenster, nach dem eine fehlende Kooperation in der Vergangenheit keine Auswirkungen mehr haben darf und Beschränkungen dahingehend, dass sich Verhaltensweisen nicht auf andere Ermittlungsbereiche auswirken dürfen, waren bisher nicht Gegenstand der Diskussionen.

974 Van der Hout/Konrads, in: Berg/Mäsch, Kartellrecht, 3. Aufl. 2018, Art. 18 VO 1/2003 Rn. 51.

975 EuGH, Urt. v. 28.06.2005, verb. Rs. C-189/02, C-202/02 u.a. (LS 18), ECLI:EU:C:2005:408 – Dansk Rørindustri u.a.

976 EuGH, Urt. v. 29.06.2006, C-301/04 (Rn.68), ECLI:EU:C:2006:432 – SGL Carbon. So auch EuGH, Urt. v. 28.06.2005, verb. Rs. C-189/02, C-202/02 u.a. (LS 18, Rn. 293 ff.), ECLI:EU:C:2005:408 – Dansk Rørindustri u.a.

in Fällen, in denen ein Unternehmen unvollständige oder teilweise unzutreffende Informationen geliefert hat.[977] Grund der Herabsetzung der Geldbuße sei die Erleichterung und bestenfalls Verkürzung der Ermittlungen der Kommission. Es wäre *„widersinnig, wenn sie verpflichtet wäre, eine solche Herabsetzung zu gewähren, wenn der betreffende Beitrag die Erreichung dieses Zieles nicht ermöglicht, sondern im Gegenteil sogar verhindert hat"*.[978] Diese Argumentationslinie ließe sich problemlos von der unrichtigen bzw. unvollständigen Beantwortung auf den Fall der Nichtbeantwortung eines einfachen Auskunftsverlangens übertragen.

Die oben genannten Kritikpunkte lassen erhebliche Zweifel daran aufkommen, dass die Nichtgewährung von direkten Klagemöglichkeiten im Falle einfacher Auskunftsverlangen mit dem Grundsatz auf effektiven Rechtsschutz (noch) vereinbar ist. Einfaches Auskunftsverlangen und Auskunftsentscheidung sind nahezu ebenbürtig und stehen heutzutage neben- und nicht mehr nacheinander. Dieser Interessenslage wird mit der nachträglichen Anfechtbarkeit der endgültigen, das gesamte Verfahren abschließenden Entscheidung nicht in ausreichendem Maße Rechnung getragen. Es ist wenig plausibel, dass ein Auskunftsadressat gezwungen sein soll, seine Antwort- und Mitwirkungsobliegenheiten zu verletzen und sich gegebenenfalls Nachteilen auszusetzen, um überhaupt Rechtsschutz erlangen zu können. Vor dem Hintergrund der Wahrung verfahrensrechtlicher Garantien wäre es wünschenswert, dass sich die oben dargestellte Entwicklung der Kommissionspraxis auch in der Umsetzung der Rechtsschutzmöglichkeiten widerspiegelt. Es ist zu verhindern, dass die Kommission durch die Wahl von Form und Rechtsgrundlage auf die Kontrollmöglichkeiten der Unionsgerichte Einfluss nehmen kann. Hierfür sollten auch einfache Auskunftsverlangen bereits der gerichtlichen Kontrolle, bspw. mit der Nichtigkeitsklage, unterstellt werden können.[979]

3. Erweiterung Rechtsschutz vs. Abschaffung der unterschiedlichen Erlassarten als sachgerechte Lösung

Das Bedürfnis nach einer solchen Anfechtbarkeit wäre auch nicht dadurch abzustellen, von der Kommission zu fordern, auf einfache Auskunftsverlangen gänzlich zu verzichten und direkt Auskunftsentscheidungen zu erlassen. Das System der Unterscheidung zwischen einfachem Auskunftsverlangen und Auskunftsentscheidung hat sich in den letzten Jahrzehnten aus den Anforderungen der Kommissionspraxis entwickelt und wurde entsprechend adaptiert und geändert.[980] So

977 EuGH, Urt. v. 28.06.2005, verb. Rs. C-189/02, C-202/02 u.a. (Rn. 397 f.), ECLI:EU:C:2005:408 – Dansk Rørindustri u.a.

978 EuGH, Urt. v. 28.06.2005, verb. Rs. C-189/02, C-202/02 u.a. (Rn. 399), ECLI:EU:C:2005:408 – Dansk Rørindustri u.a.

979 Einen möglichen Vorschlag zur Umsetzung liefern die nachfolgenden Kapitel.

980 So beispielsweise die Aufgabe der verpflichtenden Zweistufigkeit, siehe hierzu bereits ausführlich oben (Teil 1, Kapitel 1).

dient die Wahl zwischen einfachem Auskunftsverlangen und Auskunftsentscheidung nicht nur der Einhaltung des Grundsatzes der Verhältnismäßigkeit, sondern noch zwei weiteren wichtigen unionsrechtlichen Grundsätzen. Wie oben bereits dargelegt, wahrt der zweistufige Aufbau der Auskunftseinholung – unabhängig davon, ob nun gesetzlich geregelt oder aus dem Grundsatz der Verhältnismäßigkeit abgeleitet[981] – das rechtliche Gehör eines Adressaten.[982] Die Gewährung rechtlichen Gehörs ist ein fundamentaler Grundsatz des Gemeinschaftsrechts, der von der Kommission mit Ausnahme wichtiger Ausnahmefälle einzuhalten ist.[983] Ob die Einführung nachträglichen Rechtsschutzes einen solchen wichtigen Ausnahmefall zur Beschränkung rechtlichen Gehörs darstellt, ist fraglich. Ähnliche Erwägungen gelten letztlich auch für den Schutz der Verteidigungsrechte.[984] Die Aufrechterhaltung beider Arten von Auskunftsersuchen, also des einfachen Auskunftsverlangens sowie der verbindlichen Auskunftsentscheidung, mit den entsprechenden Rechtsfolgen und Zwangsmitteln dient der Wahrung dieser Verteidigungsrechte.[985] Würde die Einführung stärkerer Kontrollmöglichkeiten dazu führen, dass das einfache Auskunftsverlangen gänzlich abgeschafft wird, würde eine Stärkung der Verteidigungsrechte außerhalb des Ermittlungsverfahrens durch eine Beschneidung eben dieser innerhalb des Ermittlungsverfahrens kompensiert. Der Wunsch nach Stärkung des nachträglichen Rechtsschutzes beruht jedoch auf der Überlegung, dass die Art und Weise der Ermittlungstätigkeit auch über einfache Auskunftsverlangen und unabhängig vom Angriff gegen eine Endentscheidung von Zeit zu Zeit der (gerichtlichen) Überprüfung und Kontrolle bedarf. Dies gilt umso mehr, umso weitreichender im Rahmen der Ermittlungstätigkeiten auf das Instrument der einfachen Auskunftsverlangen zurückgegriffen wird und je vergleichbarer der faktische mit dem rechtlichen Zwang im Ergebnis letztlich ist.

Sofern verbindlich, muss auch einfaches Kommissionshandeln der gerichtlichen Kontrolle offenstehen, ohne im Gegenzug wichtige Verfahrensgrundsätze auf Ebene der Kommissionsverfahren zu beschränken. Letzteres würde nicht zu einer Stärkung der Schutzmöglichkeiten, sondern lediglich zu einem Austausch führen.

VII. Schutz über nachträgliche Beweisverwertungsverbote nicht umfänglich

Die Verwertung von Informationen durch die Kommission ist, ebenso wie die Ausübung der Ermittlungsbefugnisse selbst, durch den verfolgten Zweck bzw. den zu

---

981 Siehe zu dieser Diskussion oben Teil 1, Kapitel 1.

982 Vgl. Sura, in: Langen/Bunte, Kartellrecht, 13. Aufl. 2018, Art. 18 VO 1/2003 Rn. 2.

983 Siehe bereits EuGH, Urt. v. 09.11.1983, C-322/81 (Rn. 7), ECLI:EU:C:1983:313 – Michelin.

984 Ebenfalls einem wesentlichen allgemeinen Grundsatz des Unionsrechts, vgl. Wiater, Effektiver Rechtsschutz im Unionsrecht, JuS 2015, 788, 790.

985 Sura, in: Langen/Bunte, Kartellrecht, 13. Aufl. 2018, Art. 18 VO 1/2003 Rn. 3.

untersuchenden Tatverdacht begrenzt.[986] So dürfen Informationen, Auskünfte, Dokumente etc. gemäß der gesetzlichen Vorgaben in Art. 28 VO 1/2003 und Art. 17 FKVO nur zu dem Zweck verwertet werden, zu dem sie eingeholt werden. Eine Verwertung in Verfahren mit anderem Untersuchungsgegenstand oder gar anderen Verfahrensarten wird somit verhindert.[987] Auch wenn ein Auskunftsersuchen durch die Unionsgerichte für nichtig erklärt oder seine Rechtswidrigkeit festgestellt wird, folgt hieraus ein Beweisverwertungsverbot.[988] Die auf Grundlage eines rechtswidrigen Auskunftsersuchens erlangten Informationen dürfen gemäß den gesetzlichen Vorgaben in Art. 28 VO 1/2003 und Art. 17 FKVO ebenfalls nicht für den hiermit ursprünglich verfolgten Zweck eingesetzt werden.[989]

In der Konsequenz fallen die erhaltenen Informationen in dem vom Beweisverwertungsverbot betroffenen Umfang als Beweismittel weg, sowohl innerhalb des Voruntersuchungsverfahrens als auch zur Begründung einer späteren Entscheidung.[990] Die genaue Umgrenzung der Reichweite der Beweisverwertungsverbote ist komplex und bereits selbst Gegenstand umfassender wissenschaftlicher Diskussionen gewesen.[991] Es soll in diesem Rahmen lediglich auf zwei kritische Punkte hingewiesen werden:

---

986 Siehe zum Gleichlauf der Eingriffsermächtigung und des späteren Verwertungsverbots Van der Hout/Seitz, in: Berg/Mäsch, Kartellrecht, 3. Aufl. 2018, Vor Art. 17 ff. VO 1/2003 Rn. 50.

987 Vgl. u.a. Van der Hout/Walzel, in: Berg/Mäsch, Kartellrecht, 3. Aufl. 2018, Art. 28 VO 1/2003 Rn. 2 sowie York von Wartenburg, in: LMRKM, Kartellrecht, 4. Aufl. 2020, Art. 17 FKVO Rn. 2.

988 Siehe hierzu bereits oben Teil 1, Kapitel 3, D.I.2.

989 Siehe zur allgemeinen Ansicht u.a. Barthelmeß/Rudolf, in: LMRKM, Kartellrecht, 4. Aufl. 2020, Art. 18 VO 1/2003 Rn. 52; Miersch, in: Dahlheimer/Feddersen/Miersch, EU-Kartellverfahrensverordnung, 2005, vor Art. 17 VO 1/2003 Rn. 48 und zur ständigen Rechtsprechung u.a. grundlegend bereits EuGH, Urt. v. 17.10.1989, C-85/87 (LS 2, Rn. 17 f.), ECLI:EU:C:1989:379 – Dow Benelux; EuGH, Urt. v. 16.07.1992, C-67/91 (Rn. 35 ff.), ECLI:EU:C:1992:330 – Asociación Española de Banca Privada u.a.; EuG, Urt. v. 20.02.2001, T-112/98 (Rn. 85 ff.), ECLI:EU:T:2001:61 – Mannesmannröhren-Werke, welches feststellte, dass dies nicht nur für die Kommission selbst gilt, sondern auch für andere Behörden, die in Besitz derartiger Informationen gelangen; EuGH, Urt. v. 15.10.2002, C-238/99 u.a. (Rn. 298 ff.), ECLI:EU:C:2002:582 – Limburgse Vinyl Maatschappij u.a. sowie EuGH, Urt. v. 18.06.2015, C-583/13 (Rn. 57 f.), ECLI:EU:C:2015:404 – Deutsche Bahn AG.

990 Vgl. EuGH, Urt. v. 16.07.1992, C-67/91 (Rn. 42), ECLI:EU:C:1992:330 – Asociación Española de Banca Privada u.a.

991 Siehe ausführlich und m.w.N. Lubig, Beweisverwertungsverbote im Kartellverfahrensrecht der Europäischen Gemeinschaft, 2008, insb. S. 116 ff. sowie u.a. Kellerbauer, in: Groeben/Schwarze/Hatje, Europäisches Unionsrecht, 7. Aufl. 2015, VO

(1) Inhaltliche Reichweite der Beweisverwertungsverbote

Nach der wohl überwiegenden Meinung wird das Beweisverwertungsverbot nicht so weit ausgelegt, dass hiervon sämtliche Nutzungen der erhaltenen Informationen umfasst ist.[992] Dies ist insbesondere vor dem Hintergrund sog. Zufallsfunde problematisch.[993] So hat der EuGH bereits in Sachen *Dow Benelux* ausgeführt, dass die genannten Beweisverwertungsverbote es der Kommission nicht verwehren, zufällig erlangte Informationen aus früheren Verfahren dahingehend zu nutzen, dass sie Hinweise auf mögliche kartellrechtswidrige Verhaltensweisen in einem neuen Verfahren auf ihre Richtigkeit überprüfen kann.[994] Mit anderen Worten ist die Kommission zwar nicht berechtigt, Zufallsfunde direkt zu verwerten. Sie kann die sich hieraus ergebende Kenntnis jedoch zur Eröffnung neuer Verfahren nutzen.[995] Als Grund wird genannt, dass eine anderweitige Auslegung die Ermittlungsbefugnisse der Kommission in einem nicht notwendigen Maße beeinträchtigt; es würde die Aufgabe der Kommission behindern, über die Einhaltung der Wettbewerbsregeln im Binnenmarkt zu wachen und gegen potentielle Verstöße

---

(EG) 1/2003 Art. 28 Rn. 10; kritisch Grave/Trafkowski, Sektorenuntersuchungen durch die Kartellbehörden, RdE 2005, 209, 212.

992 Vgl. Schlussanträge GA Wahl v. 12.02.2015 zu EuGH, Urt. v. 18.06.2015, C-583/13 (Rn. 22), ECLI:EU:C:2015:92 – Deutsche Bahn sowie statt vieler u.a. Miersch, in: Dahlheimer/Feddersen/Miersch, EU-Kartellverfahrensverordnung, 2005, Art. 28 VO 1/2003 Rn. 8 sowie Kellerbauer, in: Berg/Mäsch, Kartellrecht, 3. Aufl. 2018, Art. 17 FKVO Rn. 8.

993 Zufallsfunde sind solche Ermittlungsergebnisse, die nicht dem Gegenstand der (ursprünglichen) Ermittlungsmaßnahmen fallen, vgl. Van der Hout/Walzel, in: Berg/Mäsch, Kartellrecht, 3. Aufl. 2018, Art. 28 VO 1/2003 Rn. 4. In der Literatur werden teilweise, insbesondere in Bezug auf Fusionskontrollverfahren, Bedenken hinsichtlich einer Aushöhlung des Prinzips der Zweckbindung gesehen, vgl. Bechtold/Bosch/Brinker (Hrsg.), EU-Kartellrecht, 3. Aufl. 2014, Art. 17 FKVO Rn. 5. So könnten Unternehmen letztlich *„nicht uneingeschränkt darauf vertrauen, dass ihnen aus Angaben, die sie im Fusionskontrollverfahren tätigen, keine Nachteile im Hinblick auf andere Verfahren erwachsen“*, York von Wartenburg, in: LMRKM, Kartellrecht, 4. Aufl. 2020, Art. 17 FKVO Rn. 3.

994 Vgl. EuGH, Urt. v. 17.10.1989, C-85/87 (Rn. 19), ECLI:EU:C:1989:379 – Dow Benelux bestätigt durch die spätere Rspr. u.a. EuGH, Urt. v. 15.10.2002, C-238/99 u.a. (Rn. 301), ECLI:EU:C:2002:582 – Limburgse Vinyl Maatschappij u.a. sowie EuGH, Urt. v. 18.06.2015, C-583/13 (Rn. 59), ECLI:EU:C:2015:404 – Deutsche Bahn AG.

995 So auch die Kommission selbst: *„Although information or documents collected in the context of a different investigation cannot be automatically reused, the Commission may request the documents again by drafting a separate RFI, in any following case“*, vgl. OECD, Investigative Powers in Practice – Contribution from the European Commission 30.11.2018, Rn. 27.

zu ermitteln.[996] Die betroffenen Unternehmen hingegen können darauf verwiesen werden, ihre Verteidigungsrechte innerhalb des neuen Ermittlungsverfahrens auszuüben.[997]

Die Entscheidung *Dow Benelux*, ebenso wie *LVM* und *Deutsche Bahn*, hatte die Verwertung von Zufallsfunden aus Nachprüfungen zum Gegenstand.[998] Bei Nachprüfungen muss die Kommission aufgrund der besonderen Umstände einer solchen Durchsuchung in der Lage sein, alle Unterlagen zu suchen, die sie vernünftigerweise für eine taugliche Informationsquelle halten darf und folglich eine Vielzahl an Informationen sichten, um überhaupt erst ihre Relevanz für den Untersuchungsgegenstand festzustellen.[999] Bei Auskunftsersuchen hingegen hat es die Kommission in der Hand über die Art der Fragestellung und den Umfang der einzuholenden Dokumente die Sichtung und auch den physischen Erhalt von Dokumenten zu begrenzen und zu steuern. Damit dürften Zufallsfunde weniger oft vorkommen als im Rahmen von Nachprüfungen. Sollte es aber doch zu solchen kommen, beispielsweise aufgrund sehr umfangreicher Auskunftsersuchen oder aufgrund breit aufgestellten Tatverdachts, so stellt sich aufgrund der Steuerungsmöglichkeiten der Kommission in besonderem Maße die Frage nach deren Verwertbarkeit.

Zusammenfassend lässt sich festhalten, dass die inhaltliche Konkretisierung des Umfangs des Beweisverwertungsverbots – gerade auch über die Definition der Zufälligkeit – eine schmale Gradwanderung zwischen zwei Positionen von besonderer Bedeutung schaffen muss: Völlig zweifelsfrei sollen die Beweisverwertungsverbote die Verteidigungsrechte des Unternehmens schützen und die Kommission davon abhalten auf sog. Streifzug bzw. *fishing expedition* zu gehen und Informationen zu suchen, die außerhalb des Gegenstandes des laufenden Ermittlungsverfahrens liegen.[1000] Andererseits dürfte es ebenso unzweifelhaft sein, dass es der Kommission nicht verwehrt sein kann, sich ihr darbietende Hinweise auf

---

996 EuGH, Urt. v. 17.10.1989, C-85/87 (Rn. 19), ECLI:EU:C:1989:379 – Dow Benelux; identisch einige Jahrzehnte später EuGH, Urt. v. 18.06.2015, C-583/13 (Rn. 59), ECLI:EU:C:2015:404 – Deutsche Bahn AG.

997 Schlussanträge GA Wahl v. 12.02.2015 zu EuGH, Urt. v. 18.06.2015, C-583/13 (Rn. 22), ECLI:EU:C:2015:92 – Deutsche Bahn.

998 Siehe Fundstellen in Fn. 994.

999 Vgl. Schlussanträge GA Wahl v. 12.02.2015 zu EuGH, Urt. v. 18.06.2015, C-583/13 (Rn. 90), ECLI:EU:C:2015:92 – Deutsche Bahn, wobei jedoch nur solche Dokumente kopiert werden dürfen, die tatsächlich als für die Ermittlungen relevant angesehen dürfen.

1000 Schlussanträge GA Wahl v. 12.02.2015 zu EuGH, Urt. v. 18.06.2015, C-583/13 (Rn. 64), ECLI:EU:C:2015:92 – Deutsche Bahn.

kartellrechtswidrige Verhaltensweisen zu untersuchen.[1001] Diese Gradwanderung führt zu Unsicherheiten.

In Bezug auf Auskunftsersuchen könnten diese Unsicherheiten durch einen konsequenten Umgang mit der vorgelagerten Frage der Verhältnismäßigkeit des Auskunftsersuchens bereits zum Zeitpunkt seines Erlasses abgeschwächt werden. Denn letztlich bestimmt sich die Grenzziehung zwischen zufälligem Fund und bewusster Auskunftserlangung über den Umfang und die Begründung des Auskunftsersuchens.[1002]

(2) Konsequenz der Beweisverwertungsverbote

Ein wesentliches Element der Frage der Verhältnismäßigkeit eines Auskunftsersuchens ist das Ausmaß der Belastungen, die durch dessen Beantwortung bei den Unternehmen verursacht werden. Unverhältnismäßige Belastungen, die einmal eingetreten sind, werden auch durch ein späteres Beweisverwertungsverbot nicht wieder rückgängig gemacht. Was bereits oben bei der Frage der faktischen Konsequenzen einer erfolgreichen Nichtigkeitsklage dargelegt wurde, gilt auch hier: Es ist zu berücksichtigen, dass es Konstellationen gibt, in denen die Nachteile, die durch die Beantwortung des angegriffenen und möglicherweise weiterer Auskunftsersuchen entstehen, nicht bzw. nur fragmentarisch wiedergutgemacht werden können. Auch der Ausgleich finanzieller Aspekte, der grundsätzlich über den Weg der Amtshaftung geltend gemacht werden kann, ist in der Praxis mit erheblichen Hürden verbunden.[1003]

VIII. Schlussfolgerungen für die Effektivität der bestehenden Rechtsschutzmöglichkeiten

Nach der ständigen Rechtsprechung wird das vorgesehene System der gerichtlichen Kontrolle kartellrechtlicher Ermittlungs- und Beschlusstätigkeiten sämtlichen Voraussetzungen eines effektiven Rechtsschutzes gerecht.[1004] Dieses System

1001 Schlussanträge GA Wahl v. 12.02.2015 zu EuGH, Urt. v. 18.06.2015, C-583/13 (Rn. 65), ECLI:EU:C:2015:92 – Deutsche Bahn.

1002 Siehe zu einem solchen Ansatz die nachfolgend entwickelten Ansätze zur Verbreiterung der Rechtsschutzmöglichkeiten bereits im laufenden Kommissionsverfahren.

1003 Siehe hierzu unten Teil 3, Kapitel 2, C.IV.2.

1004 Siehe statt vieler EuGH, Urt. v. 10.07.2014, C-295/12 (Rn. 43 m.w.N.), ECLI:EU:C:2014:2062 – Telefónica sowie EuGH, Urt. v. 08.12.2011, C-386/10 (LS 5, Rn. 67), ECLI:EU:C:2011:815 – Chalkor. Hierzu ist im Laufe der vorangegangenen Ausführungen im Rahmen verschiedener Punkte Stellung genommen worden. Zusammengefasst ist zu kritisieren, dass die Kontrolldichte der Unionsgerichte von Verfahren zu Verfahren unterschiedlich ausfallen kann. Genauen Prüfungsvorgaben unterliegen die Unionsgerichte nicht. Ebenso wie der Kommission in Bezug

setzt sich aus der Rechtmäßigkeitskontrolle gemäß Art. 263 AEUV sowie, unter bestimmten Voraussetzungen, der Befugnis zur unbeschränkten Nachprüfung von Kommissionshandlungen nach Art. 261 AEUV zusammen. Zudem wird auf die oben dargestellten unionsrechtlichen Beweisverwertungsverbote verwiesen, welche die mit den Auskunftsersuchen einhergehenden Nachteile für die Betroffenen abmildern sollen.

Faktisch ist Rechtsschutz gegen zu weit gefasste Auskunftsersuchen hingegen nur nachträglich zu erreichen, gegen einfache Auskunftsverlangen sogar nur inzident. Aus nationaler Sicht sowie unter grundrechtlichen und rechtspolitischen Erwägungen erscheint dies nicht ausreichend.[1005] Wie zu Beginn dieses Kapitels betont, ist eine nur lückenhafte gerichtliche Kontrolle einer unionsrechtlichen Handlung durch strengere Anforderungen bereits bei ihrem Erlass auszugleichen.[1006] Die Pflicht der Kommission nicht die Grenzen dessen zu überschreiten, was im Rahmen der ihr zuerkannten Ermittlungsbefugnisse nach der VO 1/2003 und der FKVO geeignet, erforderlich und angemessen ist, besteht unstreitig bereits bei Erlass des Auskunftsverlangens.[1007] Die Einhaltung der hieraus folgenden

---

auf den Erlass der Auskunftsersuchen ein weiter Ermessensspielraum zukommt, gilt dies für die Unionsgerichte im Rahmen deren Kontrolle.

1005 Nicht zu Unrecht wird der allein nachträgliche Rechtsschutz als Schutzlücke im Europäischen Wettbewerbsrecht bezeichnet, vgl. Albers, Aktuelle Entwicklungen in der Praxis des Anhörungsbeauftragten, 35 ff.

1006 So im Grundsatz anerkannt, dass auch bzw. insbesondere bei Entscheidungsspielräumen der Verwaltung oder bei Fragen von wirtschaftlicher Komplexität eine Kontrolle als Gegengewicht der weitreichenden Befugnisse der Verwaltungsebene erforderlich, vgl. EuGH, Urt. v. 10.07.2014, C-295/12 (Rn. 54), ECLI:EU:C:2014:2062 – Telefónica sowie EuGH, Urt. v. 15.02.2005, C-12/03 (Rn. 39 f.), ECLI:EU:C:2005:87 – Tetra Laval; EuGH, Urt. v. 08.12.2011, C-386/10 (Rn. 54), ECLI:EU:C:2011:815 – Chalkor und EuGH, Urt. v. 06.11.2012, C-199/11 (Rn. 59), ECLI:EU:C:2012:684 – Otis. So auch Schlussanträge GA Darmon v. 18.05.1989 zu EuGH, Urt. v. 18.10.1989, C-374/87 (Rn. 66), ECLI:EU:C:1989:207 – Orkem und Schlussanträge GA Wahl v. 15.10.2015 zu EuGH, Urt. v. 10.03.2016, C-247/14 (Rn. 70 f.), ECLI:EU:C:2015:694 – HeidelbergCement. Siehe auch Schwarze, Die Bedeutung des Grundsatzes der Verhältnismäßigkeit bei der Behandlung von Verpflichtungszusagen nach der europäischen Fusionskontrollverordnung, EuZW 2002, 741, 743; Jungermann, in: Frankfurter Kommentar Kartellrecht, 93. Aufl. 2020, Art. 18 VO 1/2003 Rn. 10 sowie Mestmäcker/Schweitzer, in: Mestmäcker/Schweitzer, Europäisches Wettbewerbsrecht, 3. Aufl. 2014, 6. Kapitel Fusionskontrolle, § 24 Rn. 94 ff.

1007 Vgl. EuG, Urt. v. 09.04.2019, T-371/17 (Rn. 118), ECLI:EU:T:2019:232 – Qualcom u.a. Dies ist von der Kommission ausdrücklich anerkannt, siehe beispielsweise ihre dahingehenden Aussagen in Europäische Kommission, Kontakte mit der Kommission 1997, S. 21 („*Insbesondere gilt für alle Ermittlungen der Grundsatz der Verhältnismäßigkeit*") oder EuG, Urt. v. 12.12.1991, T-39/90 (Rn. 40), ECLI:EU:T:1991:71 – SEP.

Grenzen ist daher bereits zum Zeitpunkt des Erlasses des Auskunftsersuchens sicherzustellen.

Zum Ausgleich der aufgezeigten Lücken im Bereich des nachträglichen Rechtsschutzes werden nachfolgend den Unionsgerichten vorgelagerte Kontrollmöglichkeiten des Kommissionshandelns entwickelt.

Zweites Kapitel: Entwurf von (Rechts-) Schutzmöglichkeiten auf der Ebene der Kommissionsverfahren

Das derzeit bestehende System des unionsgerichtlichen Rechtsschutzes ist in sich schlüssig. Die obigen Ausführungen begründen jedoch Zweifel daran, ob dieses System den sich verändernden und erweiternden Ermittlungstätigkeiten der Kommission nach wie vor gerecht wird. Vielmehr scheint ein gewisses Ungleichgewicht zu Gunsten der Kommission innerhalb der Ermittlungsverfahren zu herrschen. Ob der Umfang des geschaffenen Ungleichgewichts noch mit dem Ermittlungsermessen, dem Prognosecharakter der Entscheidungen, der wirtschaftlichen Komplexität oder sonstigen ermittlungsrechtlichen Schwierigkeiten gerechtfertigt werden kann, ist fraglich.

Auch wenn eine Präzisierung der gerichtlichen Kompetenzen durchaus erwägenswert ist, machen die obigen Ausführungen deutlich, dass es erforderlich ist, die Verhältnismäßigkeitserwägungen der Kommission durchsichtiger und nachvollziehbarer zu gestalten und bereits früher im Verfahren deutlich(er)e Ermessensausübungsgrenzen festzulegen, ohne jedoch die Effizienz und Effektivität der Ermittlungen nachhaltig zu beschränken. Vor diesem Hintergrund wird im Folgenden ein System von Vorgaben, Voraussetzungen und Kontrollmöglichkeiten entwickelt, in das die Abwägungsprozesse der Kommission eingebunden werden. Es ist weder ausreichend, ausschließlich auf Ebene des Kommissionsverfahrens strengere Handlungsvorgaben zu erlassen, noch genügt es, die nachträglichen Kontroll- und Sanktionsmöglichkeiten einseitig zu verschärfen. Vielmehr müssen diese beiden Aspekte zusammenwirken und ineinander übergreifen.

Zusammengefasst wird das nachfolgende Prüfungs- und Kontrollsystem für die Verwaltungspraxis der Kommission an den zwei wesentlichen Kriterien des Grundsatzes der Verhältnismäßigkeit ansetzen – der Erforderlichkeit und der Angemessenheit. Die Prüfung der Geeignetheit war in der Praxis bisher selten Gegenstand von Meinungsverschiedenheiten und wird daher im vorliegenden Vorschlag außer Acht gelassen.

Für den Prüfungspunkt der Erforderlichkeit als zentrales Korrektiv der Verhältnismäßigkeitsprüfung soll – über eine sog. Rüge der Nichterforderlichkeit – die Möglichkeit geschaffen werden, die Nachvollziehbarkeit der Ermessensentscheidung zu hinterfragen und die Erwägungen, die zur Einholung der Informationen in diesem Umfang und auf diese Art und Weise geführt haben, erläuternd darlegen zu lassen. In diesem Rahmen wird dem Anhörungsbeauftragten Wettbewerb (im Folgenden „Anhörungsbeauftragter“) eine wichtige Rolle zukommen. Seine Involvierung bietet sich aufgrund seiner ohnehin graduellen Beteiligung an dem laufenden

Verfahren an.[1008] Eine dauerhafte, den Sachbearbeitern vergleichbare Involvierung des Anhörungsbeauftragten in den Verfahren ist für diese Aufgabe nicht erforderlich. Bei der Prüfung der Erforderlichkeit handelt es sich um eine inhaltlich in sich abgeschlossene, auf eine Einzelfrage bezogene Prüfung.

Demgegenüber hängt die Angemessenheit eines Auskunftsersuchens, wie oben dargelegt, maßgeblich von den bei den Adressaten ausgelösten Belastungen ab. Anders als die Erforderlichkeit sollte die Bewertung der Angemessenheit nicht nur punktuell anhand der konkreten Maßnahme erfolgen. Vielmehr sind im Rahmen der umfassenden Abwägung der Gang des Verfahrens in seiner Gesamtheit und die insoweit bereits verursachten Belastungen zu berücksichtigen. Für die Angemessenheit wird daher nicht auf eine punktuelle Rüge – entsprechend der Nichterforderlichkeit – zurückgegriffen. Vielmehr wird ein umfassenderer Ansatz geschaffen. So soll für den Teilaspekt der Angemessenheit eine Obergrenze an Belastungen eingeführt werden, welche die den Auskunftsadressaten noch zumutbaren Belastungen eines Verfahrens deckeln und damit verlässlicher kontrollierbar machen sollen. Ab Überschreiten dieser Grenze sollen die Interessen der Auskunftsadressaten am Schutz vor weiteren Belastungen grundsätzlich überwiegen und damit die Unangemessenheit der Maßnahme vermutet werden. Zur Wahrung der Effektivität der Ermittlungen soll es sich hierbei jedoch lediglich um eine widerlegliche Vermutung handeln. Sie wirkt sich u.a. in Form einer Beweislastumkehr in späteren Amtshaftungsprozessen aus. Eine grundsätzliche Beschränkung der Kommission zur Einholung von Informationen soll hieraus nicht folgen.

A. Überblick über die bisherigen Lösungsansätze

Für die vorliegende Problemstellung sind verschiedene Lösungsansätze denkbar, die entweder engere oder weitergehende Kontrollmechanismen der Zweckmäßigkeit von Auskunftsersuchen zulassen. So wurden – zwar nicht speziell mit Bezug zu Auskunftsersuchen, jedoch generell für Ermittlungshandlungen oder für Fälle der Nachprüfung – seit Einführung der VO 1/2003 Vorschläge zum stärkeren Ausgleich der widerstreitenden Interessen gemacht. Eine Umsetzung in der Praxis erfolgte jedoch, soweit ersichtlich, nicht. Im Einzelnen:

(1) Richtervorbehalt

Beispielsweise wurde verschiedentlich die Einsetzung eines europäischen Ermittlungsrichters bzw. die Schaffung eines dem deutschen Recht vergleichbaren Richtervorbehalts in kartellrechtlichen Nachprüfungsverfahren der Kommission

1008 Siehe hierzu ausführlich zum Anhörungsbeauftragten und dessen Mandat in Teil 3, Kapitel 2, D.

diskutiert.[1009] Eine solche Lösung kann zwar erheblich zur Verbesserung der Rechtsschutzposition des betroffenen Unternehmens beitragen. In gleichem Maße verringert sie jedoch auch die Effektivität und Effizienz der kommissionsrechtlichen Ermittlungshandlungen. Es erfolgt ein nahezu vollständiger Übergriff in das ureigene Ermittlungsermessen der Kommission. Was für die Nachprüfungen als besonders einschneidende und daher wesentlich weniger häufige Ermittlungsmaßnahme noch zu rechtfertigen sein mag, kann für den Fall der Auskunftsersuchen nicht mehr überzeugen. Bei der Anwendung eines solchen Richtervorbehaltes könnte die Kommission nicht mehr unmittelbar auf aktuelle Entwicklungen oder Erkenntnisse aus dem Verfahren reagieren, sondern müsste den Erlass eines Auskunftsersuchens stets gerichtlich bestätigen lassen. Dies hätte erhebliche zeitliche Verzögerungen der Ermittlungen zur Folge. Ganz allgemein ist zudem auf die praktischen Schwierigkeiten bei der Umsetzung dieses Ansatzes hinzuweisen. Seine Einführung würde erhebliche Änderungen der Rechtsnormen des primären und des sekundären Unionsrechts erfordern.

(2) Erweiterung der Auskunftsverweigerungsrechte

Hensmann spricht sich für eine Lösung des Konflikts auf der Ebene der Auskunftsverweigerungsrechte und ihre Ausweitung auf ein umfassendes Auskunftsverweigerungsrecht bei einer potentiellen Selbstbezichtigung (nemo tenetur-Grundsatz) aus.[1010] Auch wenn der umfassende Schutz vor Selbstbelastung wünschenswert ist, würde die Auskunftserteilung - jedenfalls in Bezug auf die Betroffenen eines kartellrechtlichen Ermittlungsverfahrens nach der VO 1/2003 - hierdurch wohl ganz erheblich reduziert werden. Dies wäre definitiv zweckmäßig. Jedoch sind es regelmäßig genau diese Informationen, die wettbewerbliche Relevanz aufweisen und für die Ermittlungen der Kommission von besonderer Bedeutung sind. Es bestünde die Gefahr einer deutlichen Beeinträchtigung der Effizienz der Ermittlungen, wenn diese Informationen dem Zugriff der Kommission gänzlich entzogen wären. Dies gilt ebenso für Unternehmen, gegen die ein Verfahren aufgrund potentieller Verstöße gegen verfahrensrechtliche Vorschriften der FKVO geführt wird. In Bezug auf die Untersuchung von Zusammenschlussvorhaben wird die Schutzmöglichkeit über erweiterte Auskunftsverweigerungsrechte hingegen wohl in weiten Teilen leerlaufen, da die beteiligten Unternehmen ein Interesse an der zügigen

---

1009 Siehe u.a. auch zur Vereinbarkeit mit dem Europäischen Recht und der Erforderlichkeit von Gesetzesänderungen der Verträge und einfachgesetzlichen Regelungen Hecheltjen, Der Richtervorbehalt im kartellrechtlichen Nachprüfungsverfahren der Europäischen Kommission, 2007, S. 174 ff. sowie Engelhoven, Unzureichende Legitimation von Ermittlungshandlungen der Europäischen Kommission, 2009, S. 182 ff.

1010 Vgl. Hensmann, Die Ermittlungsrechte der Kommission im europäischen Kartellverfahren, 2009, S. 129 ff.

Verfahrensbeendigung haben und in diesem Sinne mit aller Wahrscheinlichkeit oftmals auf die Ausübung ein solchen Auskunftsverweigerungsrechts verzichten werden.

(3) Kommissionsinterne Kontrolle

Weiterhin wurde die Betrauung des Chefökonomen der Generaldirektion Wettbewerb mit einer internen sachlichen Kontrolle der Kommission diskutiert, dessen Funktion es insbesondere ist, die Kommission bei ihren Ermittlungen sachverständig zu unterstützen.[1011] Jedoch stellte bereits der Verfasser selbst fest, dass der Chefökonom *„zwar eine beratende Funktion auch schon in der Anfangsphase der Kommissionsermittlungen einnehmen“* könne, *„eine Wahrung der Verfahrensregeln (...) sich mit diesem Instrument allerdings nicht wirksam vollziehen [lasse]“*.[1012] In diesem Rahmen wurde auch eine Betrauung des Anhörungsbeauftragten mit der internen Kontrolle von Nachprüfungsentscheidungen durch die Kommission angedacht.[1013] *Engelhoven* stellte insoweit jedoch fest, dass auch dieser im Streitfall keinen wirksamen Schutz vor der Verletzung der Verfahrensregeln bewirken könne, da seine Aussagen unverbindlich seien und es an der ausreichenden Sicherstellung seiner Information durch die Kommission fehle.[1014] Eine vertiefte Befassung hiermit erfolgte jedoch nicht. Vielmehr wird letztlich darauf abgestellt, dass das Verfahren vor dem Anhörungsbeauftragten in Bezug auf die untersuchten Nachprüfungen ohnehin zu spät eingreife, da dessen Involvierung erst nach Durchführung der Nachprüfung möglich sei.[1015] Dies ist für die Nachprüfung richtig, muss jedoch nicht auch für Ermittlungshandlungen in Form der Auskunftsersuchen gelten. Im Rahmen einer vertieften Auseinandersetzung mit dem Mandat des Anhörungsbeauftragten, dessen spezifischer Ausgestaltung und der Möglichkeit diese zu adaptieren, wird dies an späterer Stelle ausführlich untersucht und widerlegt.[1016]

1011 Vgl. Engelhoven, Unzureichende Legitimation von Ermittlungshandlungen der Europäischen Kommission, 2009, S. 175 ff.

1012 Vgl. Engelhoven, Unzureichende Legitimation von Ermittlungshandlungen der Europäischen Kommission, 2009, S. 178.

1013 Vgl. Engelhoven, Unzureichende Legitimation von Ermittlungshandlungen der Europäischen Kommission, 2009, S. 179 ff.

1014 Vgl. Engelhoven, Unzureichende Legitimation von Ermittlungshandlungen der Europäischen Kommission, 2009, S. 180 (*„Es ist zu befürchten, dass es trotz des Weisungsverbots von Seiten der Generaldirektion Wettbewerb, in Zweifelsfällen zu keiner sachgerechten Lösung kommen wird.“*).

1015 Engelhoven, Unzureichende Legitimation von Ermittlungshandlungen der Europäischen Kommission, 2009, S. 181.

1016 Siehe hierzu unten D. – Neuerung 3: Das erweiterte Mandat des Anhörungsbeauftragten.

(4) Ausweitung der gerichtlichen Kontrolldichte

Allgemein wurde schließlich auch die Ausweitung der gerichtlichen Kontrolldichte über die reine Ermessensfehlerkontrolle hinaus diskutiert.[1017] Insoweit ist jedoch zu bedenken, dass Rechtsschutz allgemein erst nachträglich möglich ist. Wie oben bereits ausführlich diskutiert, bietet dieser Rechtsschutz in einer Vielzahl an Fällen – insbesondere in Fusionskontrollverfahren – in seiner derzeitigen Form und unabhängig von der Frage der Tiefe der gerichtlichen Kontrolle keinen ausreichenden Schutz für die Unternehmen.[1018]

(5) Fazit

Vor dem Hintergrund der oben dargestellten Schwierigkeiten wurde das nachfolgend dargestellte System der erweiterten Kontrolle des Kommissionshandelns zum Zeitpunkt des Ermittlungsverfahrens entwickelt. Es bietet bereits auf Ebene des Kommissionsverfahrens Ausgleichsmöglichkeiten zwischen den Interessen der Kommission und denen der Auskunftsadressaten und löst dabei teilweise bewusst, teilweise reflexartig zugleich eine erweiterte Kontrollmöglichkeit durch die Unionsgerichte aus.

B. Neuerung 1: Die Rüge der (Nicht)Erforderlichkeit

Die Rüge der Nichterforderlichkeit ist ein Kontrollinstrument, das sich im Wesentlichen auf Sachverhaltskonstellationen stützt, die einen besonders intensiven Eingriff darstellen können und daher immer wieder Gegenstand von Meinungsverschiedenheiten in der Praxis sind. Die Annahme ihrer Erforderlichkeit bedarf vertiefter Untersuchungen und einer detaillierten Bewertung durch die Kommission. So sollen in einem ersten Schritt derartige Fallgruppen gebildet werden. In einem zweiten Schritt soll über die Rüge der Nichterforderlichkeit ein ausgewogenes Gleichgewicht zwischen den tendenziell widerstreitenden Interessen der Kommission und denen der Auskunftsadressaten im Ermittlungsalltag gewährleistet werden.

I. Einleitung und Vorschlag im Überblick

Zu erinnern ist einleitend an den oben dargelegten materiellen Bewertungsmaßstab, dass die Anforderungen an die Verhältnismäßigkeit desto höher anzusetzen sind, je intensiver der Eingriff in die Rechtsgüter des Auskunftsadressaten erfolgt. Dieser Grundsatz bildet die Grundlage der im nachfolgenden entwickelten Vorgaben für das Kommissionshandeln im Rahmen der Prüfung der Erforderlichkeit.

1017 Vgl. Henn, Strafrechtliche Verfahrensgarantien im europäischen Kartellrecht, 2018, S. 213 ff.

1018 Siehe hierzu u.a. Teil 3, Kapitel 1, III. und VI.

Hieran anknüpfend zielt der Vorschlag darauf ab, die Kommission in Konstellationen der gesteigerten Eingriffsintensität strengeren, wenn auch internen Kontroll- und Rechtfertigungsmechanismen zu unterwerfen. So soll die Kommission über das System einer Rügemöglichkeit durch die Auskunftsadressaten in kritischen bzw. strittigen Konstellationen noch innerhalb des laufenden Verfahrens zum Nachschieben einer detaillierten Begründung der Erforderlichkeit eines Auskunftsersuchens verpflichtet werden können.

Dies wird wie folgt umgesetzt: In einer ersten Konsequenz wird über die Erhebung der Rüge eine Pflicht zur Begründung der Erforderlichkeit des in Rede stehenden Auskunftsersuchens begründet. In einem zweiten Schritt werden verfahrensrechtliche Mechanismen geschaffen, welche die volle Wirksamkeit der Rüge der Nichterforderlichkeit und die Einhaltung der Begründungspflicht gewährleisten. Unter Berücksichtigung der Besonderheiten der geschaffenen Rügemöglichkeit wird in einem dritten Schritt erörtert, für welche Verfahren und einzelne Verfahrensteile die Rüge der Nichterforderlichkeit angewendet werden kann, ohne die Besonderheiten dieser Verfahren(-steile) und die entsprechenden Ermittlungsbefugnisse der Kommission zu unterlaufen. Zu den jeweiligen Prüfungsschritten nachfolgend im Einzelnen:

II. Die Erhebung der Rüge

Wie bereits an mehrfacher Stelle dargelegt, ist die Bewertung der Erforderlichkeit eines Auskunftsersuchens in besonderem Maße von Einzelfällen geprägt. Während das bestehende System der kartellrechtlichen Ermittlungen in unproblematischen Konstellationen keinerlei Bedenken hervorruft und zumeist kein gesteigertes Interesse an der Offenlegung der detaillierten Auseinandersetzung mit weniger intensiven Ermittlungsansätzen besteht, haben die Auskunftsadressaten in besonderen Konstellationen durchaus ein Interesse daran zu erfahren, dass und warum die Anfrage der Informationen tatsächlich das mildeste Mittel darstellte. Ein umfassender Eingriff in das bestehende System ist daher weder erwünscht noch beabsichtigt. Die Mechanismen der Rüge der Nichterforderlichkeit sollen nur und erst dann eingreifen, wenn die betroffenen Unternehmen ihr Informationsinteresse tatsächlich geltend machen. Der Auskunftsadressat hat die Rüge der Nichterforderlichkeit ausdrücklich zu erheben. So kann sichergestellt werden, dass die nachfolgend zu entwickelnden (Rechts)Folgen nicht automatisch und in jedem Fall eingreifen, sondern erst dann, wenn ein Auskunftsadressat tatsächlich Widerspruch gegen die Vorgehensweise der Kommission erhebt.

Zur Erhebung der Rüge muss der Adressat des Auskunftsersuchens begründete Zweifel an der Erforderlichkeit der Auskunftseinholung geltend machen. Dies wird – insbesondere in frühen Stadien des Verfahrens – oftmals schwierig sein und eine vertiefte Begründung und weitreichende Argumentationen erfordern. Aus diesem Grund soll die Erhebung der Rüge über die Bildung von Fallgruppen erleichtert werden. In Anlehnung an die bereits oben dargestellten verallgemeinerungsfähigen Bewertungsansätze[1019] werden Konstellationen in der Ermittlungspraxis der Kommission identifiziert, die aus Sicht der Adressaten regelmäßig mit besonderer Eingriffsrelevanz einhergehen und ein entsprechendes Konfliktpotential für Meinungsverschiedenheiten zwischen der Kommission und den betroffenen Auskunftsadressaten bergen.

Den Fallkonstellationen ist gemein, dass eine trennscharfe Abgrenzung zwischen noch zulässiger Auskunftseinholung und Überschreitung der Grenzen der Zulässigkeit bereits in der Theorie nicht möglich ist, sodass jedenfalls aus der reinen Tauglichkeit der Information nicht auf die Erforderlichkeit der Auskunftseinholung geschlossen werden kann. Die Fallkonstellationen zeichnen sich dadurch aus, dass in der Praxis eine gesteigerte, über den Normalfall eines Auskunftsersuchens hinausgehende Eingriffsintensität einhergeht. Dies indiziert, dass weniger einschneidende Informationsbeschaffungsmöglichkeiten zumindest potentiell zur Verfügung stehen, deren vorrangige Inanspruchnahme analysiert und bewertet werden muss. Über die Rüge der Nichterforderlichkeit wird der Weg eröffnet, (insbesondere) in diesen Konstellationen die Erforderlichkeit kritisch zu hinterfragen.

1. Fallgruppen

Nachfolgend sind potentielle Fallgruppen dargestellt sowie die Tatsachen und Informationen, die der Auskunftsadressat darlegen muss, um sich auf das Vorliegen einer solchen Sachverhaltskonstellationen zu beziehen:

(1) Der sofortige Erlass einer Auskunftsentscheidung

Regelmäßig diskutiert und Gegenstand der unionsgerichtlichen Rechtsprechung war die bereits oben erläuterte Frage, unter welchen Bedingungen eine Auskunftsentscheidung ohne vorheriges Auskunftsersuchen erlassen werden kann.[1020] Wie

---

1019 Siehe an verschiedenen Stellen in Teil 2, u.a. Kapitel 3, A.II.

1020 Die Verhältnismäßigkeit einer sofortigen Auskunftsentscheidung war beispielsweise Gegenstand des Verfahrens *Schwenk Zement*, das im Jahr 2014 vom EuG entschieden wurde. Die Klägerin griff die Auskunftsentscheidung unter Hinweis darauf an, dass an sie – anders als bei den anderen Adressaten des Beschlusses – zuvor kein einfaches Auskunftsverlangen gerichtet worden sei. Es könne der Kommission nicht freistehen, ohne Beachtung des Grundsatzes der Verhältnismäßigkeit frei zwischen Auskunftsentscheidung und einfachem Auskunftsverlangen zu wählen. Da sie nicht Adressat vorheriger Ermittlungshandlungen gewesen sei, hätte ein einfaches Auskunftsverlangen genügt. Das Gericht bestätigte die Vorgehensweise der Kommission, wies jedoch deutlich darauf hin, dass die *„zu treffende (...) Wahl von den Erfordernissen einer den Besonderheiten des Einzelfalls angemessenen Untersuchung abhänge (...)"*. Als maßgebliches Argument für die Erforderlichkeit der gewählten Entscheidungsform nannte es den Umfang der einzuholenden und

der Gerichtshof bereits früh festgestellt hat, hängt die Wahl zwischen einer verbindlichen und einer unverbindlichen Ermittlungshandlung nicht – zumindest nicht zwingend und auch nicht ausschließlich – von Kriterien wie dem besonderen Ernst der Lage, einer außerordentlichen Dringlichkeit oder der Notwendigkeit absoluter Geheimhaltung der Ermittlungen ab.[1021] Vielmehr ist auf die untersuchungspezifischen Besonderheiten abzustellen.[1022]

Feste Kriterien, wann der sofortige Erlass einer Auskunftsentscheidung zulässig ist, gibt es jedoch nicht. Es ist vielmehr abzuwägen und anhand der Umstände des Einzelfalls zu antizipieren, ob die Einholung von Auskünften über ein einfaches Verlangen von vorneherein aussichtslos ist. Dies führt zu Unsicherheiten der Handhabung des Grundsatzes der Verhältnismäßigkeit. Dies gilt umso mehr als die Kommission zumindest noch bis in die jüngere Zeit die Auffassung vertrat, dass die von ihr getroffenen Wahl zwischen Auskunftsentscheidung und Auskunftsersuchen nicht der Verhältnismäßigkeitskontrolle unterliege.[1023] Eine explizite Abkehr von dieser Position ist – trotz gegenteiliger Ansicht der unionsgerichtlichen Rechtsprechung – soweit ersichtlich bisher nicht erfolgt.[1024]

Will der Auskunftsadressat sich auf diese Fallgruppen berufen, muss er also darlegen, dass die Kommission ohne vorherigen Erlass eines einfachen Auskunftsverlangens direkt eine Auskunftsentscheidung an ihn übermittelt hat.

---

abzugleichenden Auskünfte. Siehe zu alledem EuG, Urt. v. 14.03.2014, T-306/11 (Rn. 45 ff.), ECLI:EU:T:2014:123 – Schwenk Zement.

1021 EuGH, Urt. v. 26.06.1980, C-136/79 (Rn. 28), ECLI:EU:C:1980:169 – National Panasonics.

1022 Siehe jüngst EuGH, Urt. v. 22.10.2002, C-94/00 (Rn. 77), ECLI:EU:C:2002:603 – Roquette Frères und EuG, Urt. v. 25.11.2014, T-402/13 (Rn. 23), ECLI:EU:T:2014:991 – Orange in Bestätigung der ständigen Rechtsprechung der Unionsgerichte.

1023 EuG, Urt. v. 14.03.2014, T-306/11 (49), ECLI:EU:T:2014:123 – Schwenk Zement („*Entgegen der von der Kommission in ihren Schriftsätzen offenbar vertretenen Ansicht ist hervorzuheben, dass die von ihr zu treffende Wahl zwischen einem einfachen Auskunftsverlangen nach Art. 18 Abs. 2 der Verordnung Nr. 1/2003 und einem Auskunftsbeschluss nach deren Art. 18 Abs. 3 der Verhältnismäßigkeitskontrolle unterliegt. Dies folgt zwangsläufig aus der (...) Definition des Grundsatzes der Verhältnismäßigkeit, denn nach dieser Definition ist, wenn mehrere geeignete Maßnahmen zur Auswahl stehen, die am wenigsten belastende zu wählen*“).

1024 Vgl. zur Rechtsprechung EuG, Urt. v. 14.03.2014, T-306/11 (Rn. 49), ECLI:EU:T:2014:123 – Schwenk Zement sowie bereits EuGH, Urt. v. 26.06.1980, C-136/79 (Rn. 30), ECLI:EU:C:1980:169 – National Panasonic.

(2) Auskunftsersuchen trotz eigener Informationsbeschaffungsmöglichkeiten durch die Kommission

Als ein gleich geeignetes, jedoch weniger einschneidendes Mittel im Vergleich zu einem Auskunftsersuchen ist stets die eigene Ermittlung der erforderlichen Informationen durch die Kommission zu bewerten.[1025] In Betracht kommen die zulässige Verwertung eigener Unterlagen und Erkenntnisse oder die Nutzung öffentlich zugänglicher Informationsquellen. Zwar trifft die Unternehmen eine Pflicht zur aktiven Mitwirkung. Diese darf aber nicht dazu führen, dass die Balance zwischen der Mitwirkungspflicht einerseits und der Pflicht zur eigenen Aufgabenerfüllung durch die Kommission andererseits in ein Ungleichgewicht gerät.[1026] Mit der Anforderung von Informationen, welche die Kommission sich selbst beschaffen kann, ist die Grenze der Erforderlichkeit in aller Regel überschritten.[1027]

Wie oben vertieft diskutiert wurde, sind spezifische Kriterien zur Abgrenzung zwischen der (noch) zulässigen Mitwirkung und der (nicht mehr) zulässigen Aufgabenabwälzung bislang ungeklärt.[1028] Sie bestimmt sich anhand der Umstände des Einzelfalles. Konkrete Handlungsvorgaben für den Einzelfall und damit eine verlässliche Bewertungsmöglichkeit der Rechtmäßigkeit der Auskunftseinholung durch die Auskunftsadressaten, existieren ebenso wenig. Mangels Begründungspflicht ist die Vorgehensweise der Kommission für die Betroffenen zumeist auch nicht nachvollziehbar. Entsprechend führt dies bereits innerhalb der Kommissionsverfahren immer wieder zu Unsicherheiten und liefert umfangreiches Potential für Meinungsverschiedenheiten zwischen Kommission und Auskunftsadressaten.

Will der Auskunftsadressat sich auf diese Fallgruppe berufen, muss er darlegen, dass und welche eigenen Ermittlungstätigkeiten die Kommission vorrangig hätte in Anspruch nehmen können.

1025 Siehe tiefergehend oben Teil 2, Kapitel 3, A. II.

1026 Vgl. Hempel, Mehr Sorgfalt bei Auskunftsbeschlüssen, EuZW 2016, 379, 382.

1027 Siehe Gillmeister, Ermittlungsrechte im deutschen und europäischen Kartellordnungswidrigkeitenverfahren, 1985, S. 131 sowie Friedmann, Die Geltung rechtsstaatlicher Grundsätze im kartellrechtlichen Bußgeldverfahren der Europäischen Gemeinschaft, 2005, S. 184. Vocke, Die Ermittlungsbefugnisse der EG-Kommission im kartellrechtlichen Voruntersuchungsverfahren, 2006, S. 50 f. lehnt die Verhältnismäßigkeit ebenfalls ab, verortet die Problematik jedoch unter dem Teilaspekt der Angemessenheit. a.A. Klose, in: Wiedemann/Bronett, Handbuch des Kartellrechts, 4. Aufl. 2020, § 52 Rn. 16, der den Interessenswiderspruch durch eine verringerte Antwortpflicht löst. So könnte der Adressat seine Antwortpflicht bereits dadurch erfüllen, dass er der Kommission die Fundstellen der öffentlich zugänglichen Informationen mitteilt. Siehe m.w.N. auch York von Wartenburg, in: LMRKM, Kartellrecht, 4. Aufl. 2020, Art. 11 FKVO Rn. 11 sowie Jaeckel, in: Grabitz/Hilf/Nettesheim, Das Recht der Europäischen Union, 2020, Art. 337 AEUV Rn. 42.

1028 Vgl. Teil 2, Kapitel 3, A. II.

(3) Die offensichtliche Überschreitung der Grenzen des Ermittlungsgegenstands

Auch Diskussionen über inhaltlich zu weitgehende Ermittlungshandlungen sind in der Praxis nicht unüblich. Dies kann nicht nur die sachliche Reichweite der Ermittlungshandlungen betreffen, beispielsweise bei einer Abfrage von Informationen, die nicht unmittelbar vom Anfangsverdacht umfasst oder mit der Untersuchung des Zusammenschlussvorhabens in Einklang zu bringen sind. Auch unterschiedliche Auslegungen aufgrund der räumlichen und zeitlichen Dimensionen sind denkbar, so u.a. wenn die Kommission aus Ansicht der Auskunftsadressaten Informationen oder Dokumente anfragt, die nicht – zumindest nicht vorrangig – den europäischen Wirtschaftsraum betreffen oder aus Zeiten stammen, die vor oder nach der von der Kommission untersuchten Zeitspanne liegen. Anknüpfungspunkt ist die Begründung des Auskunftsersuchens.

Ein Sonderfall können dabei Überschreitungen sein, die darauf zurückzuführen sind, dass sich der Umfang der Ermittlungen im Laufe des Verfahrens durch die gewonnenen Erkenntnisse verändert hat. Dementsprechend muss es der Kommission durchaus möglich sein, auch ihre Auskunftsersuchen inhaltlich anzupassen. Unter Verweis auf die obigen Ausführungen zur Zweckangabe eines Auskunftsersuchens ist jedoch zu fordern, dass die Kommission diese Veränderungen in der Begründung des Auskunftsersuchens offenlegt, um Missverständnisse zu vermeiden. Eine eingehendere Begründung ist dabei umso erforderlicher, umso überraschender die Erweiterungen in ein laufendes Verfahren eingeführt wurden.[1029] Andernfalls bleibt den Unternehmen oftmals nur der Weg vor die Gerichte, um eine aus ihrer Sicht offensichtliche Überschreitung der Reichweite des Ermittlungsgegenstands durch die Auskunftseinholung der Kommission zu rügen.

Um eine den Gerichten vorgelagerte Schlichtungsmöglichkeit über die sog. Rüge der Nichterforderlichkeit zu eröffnen, muss der Auskunftsadressat folglich darlegen, dass und warum die Ermittlungstätigkeit der Kommission mit der Einholung spezifisch zu bezeichnender Auskünfte den Gegenstand der Ermittlungen sachlich, zeitlich und/oder räumlich überschritten hat.

(4) Auskunftsersuchen im Interesse eines sog. stop the clock

Eine typische fusionskontrollspezifische Sachverhaltskonstellation ist das sog. initiierte stop the clock oder Anhalten der Uhr, also die vorrangige Verfolgung verfahrensleitender Zwecke mit dem Erlass einer Auskunftsentscheidung.[1030]

1029 Im Umkehrschluss aus EuG, Urt. v. 09.11.1994, T-46/92 (LS 2), ECLI:EU:T:1994:267 – Scottish Football.

1030 Ähnliche Konstellationen der Verfolgung verfahrensleitender Zwecke sind zwar auch in Kartellverfahren bekannt, jedoch wesentlich weniger häufig. Im Jahr 2003 hatte das EuG über eine Auskunftsentscheidung zu entscheiden, dessen vermeintlicher Sinn darin lag, den Ablauf der Verjährung zu verhindern. So stellt das Gericht

Sinn und Zweck eines Auskunftsersuchens ist die Prüfung eines beabsichtigten Zusammenschlussvorhabens. Nicht vorrangiger Zweck eines Auskunftsersuchens dürfen solche Erwägungen sein, welche die Verfahrensführung betreffen. Die Thematik der Verfolgung verfahrensleitender Zwecke stellt sich vorrangig und mit steigender Tendenz im Zusammenhang mit der Möglichkeit, die Prüfungsfristen der FKVO über den Erlass verbindlicher Auskunftsentscheidungen zu hemmen.[1031] Die Fristen zur Prüfung eines Zusammenschlussvorhabens sind verbindlich in der FKVO geregelt. Verlängerungen sind nur in den engen Grenzen des Art. 10 FKVO möglich. Eine dieser Möglichkeiten der Hemmung ist der Mechanismus des sog. stop the clock.[1032] So kann der Erlass einer Auskunftsentscheidung nach Art. 11 Abs. 3 FKVO – sowohl in Phase 1 als auch in Phase 2 – den Ablauf der Prüfungsfrist für die Dauer der Nichtbeantwortung hemmen.[1033] Hierdurch kann sich die Prüfungsphase um einige Tage oder Wochen verlängern. In der Vergangenheit gab es auch Fälle, in denen der Ablauf der Prüfungsfrist für zwei Monate oder mehr angehalten wurde.[1034]

---

im Jahr 2003 ausdrücklich fest, dass es einem Auskunftsersuchen dann an der Zulässigkeit fehle, wenn es allein dazu dienen soll, die Verjährungsfrist künstlich in die Länge zu ziehen. Ein zu diesem Zweck erlassenes Auskunftsersuchen ist für die Verfolgung der eigentlichen Sachverhaltsaufklärung nicht erforderlich. Andernfalls würde es in der Hand der Kommission liegen, die gesetzlich vorgesehenen Verfahrensabläufe – in diesem Fall den Ablauf der Verjährungsfrist – nach Belieben zu verändern, so ausdrücklich EuG, Urt. v. 19.03.2003, T-213/00 (LS 24, Rn. 488), ECLI:EU:T:2003:76 – CMA CGM u.a. Ebenso kann die Versendung von Auskunftsersuchen zum Zwecke der Verschriftlichung und Dokumentation von Informationen, die gegebenenfalls zu einem späteren Zeitpunkt oder in einem anderen Verfahren relevant werden können, nicht mehr vom Zweck der Sachverhaltsaufklärung gedeckt sein, vgl. Kerse/Khan, EU antitrust procedure, 2012, Rn. 3-016.

1031 Ohlhoff, in: MüKo, Wettbewerbsrecht, 3. Aufl. 2020, Art. 11 FKVO Rn. 21 m.w.N. auf die Kommissionspraxis.

1032 Vgl. hierzu u.a. Saulnier/Mudrony, in: Berg/Mäsch, Kartellrecht, 3. Aufl. 2018, Vorb. zu Art. 7-10 FK-DVO Rn. 2.

1033 Zeise, Europäische Fusionskontrolle, in: Schulte/Crede (Hrsg.), Handbuch Fusionskontrolle, Rn. 2169.

1034 So wurde beispielsweise der Fristenlauf in Sachen Schneider Electric für rund zwei Monate angehalten, vgl. EuG, Urt. v. 22.10.2002, T-310/01 (Rn. 94 ff.), ECLI:EU:T:2002:254 – Schneider Electric. In Sachen Omya betrug die Verzögerung der abschließenden Entscheidung drei Wochen, vgl. EuG, Urt. v. 04.02.2009, T-145/06 (Rn. 8), ECLI:EU:T:2009:27 – Omya.

Zur Erhebung der Rüge der Nichterforderlichkeit muss der Adressat der Auskunftsentscheidung Anhaltspunkte dafür darlegen, dass eine solche vorrangig beabsichtigt war.

2. Fazit

Aufgrund des Bezugspunkts der aktuellen Praxisrelevanz können die relevanten Sachverhaltskonstellationen sich je nach der aktuellen Ermittlungssituation ändern. Die obigen Fallgruppen können problemlos ergänzt, gestrichen oder sonst verändert werden.

Zudem steht es den Auskunftsadressaten stets frei, sich nicht auf die Fallgruppen zu berufen, sondern die aus ihrer Sicht fehlende Erforderlichkeit einer Ermittlungshandlung einzelfallspezifisch darzulegen.

III. Konsequenz: Pflicht zur Begründung der Erforderlichkeit durch die Kommission

1. Herleitung und Umfang der einzuführenden Begründungspflicht

Hat ein Auskunftsadressat die Rüge der Nichterforderlichkeit erhoben, bedeutet dies nicht, dass der Kommission die Einholung der angefragten Auskünfte verwehrt wäre. Sie darf grundsätzlich an der Übermittlung der angefragten Informationen durch die Auskunftsadressaten festhalten.[1035] Jedoch erfordert dies zunächst ein nochmaliges Tätigwerden von ihrer Seite. Sie muss die Erforderlichkeit der Auskunftseinholung begründen und gegebenenfalls Tatsachen anführen, die diese Prognose stützen. Dies gilt unabhängig davon, ob die Auskünfte in Form eines einfachen Ersuchens oder mittels Entscheidung eingeholt werden. Ebenso ist es möglich, dass sich die Zweifel an der Erforderlichkeit auf das Auskunftsersuchen als Ganzes beziehen oder aber nur einzelne Teile hiervon betreffen. Entsprechend kann auch die nachzuschiebende Begründung der Kommission angepasst werden.

Nicht verpflichtet werden soll die Kommission hingegen, bei einer Begründung der Erforderlichkeit sämtliche ihrer Ermittlungsstrategien zu offenbaren.[1036] Die oben dargestellten Fallgruppen bilden Konstellationen ab, in denen eine erhebliche, über den Normalfall eines Auskunftsersuchens hinausgehende Eingriffsintensität besteht. Das Eingreifen der Fallgruppen stellt daher ein Indiz dafür dar, dass grundsätzlich mildere Mittel zur Verfügung stehen. Es handelt sich um ein richtungsvorgebendes Regel-Ausnahme-Prinzip. Will die Kommission von diesem

---

1035 Wie bereits mehrfach hervorgehoben, steht die Bewertung der Erforderlichkeit zunächst im Ermittlungsermessen der Kommission, siehe hierzu bereits oben Teil 1, Kapitel 3, C.

1036 Siehe zu den diesbezüglichen Bedenken von Kommission und Unionsgerichten bereits oben in Bezug auf die Offenlegung von Indizien Teil 2, Kapitel 1, B.III.3.

Prinzip abweichen, bedarf es detaillierter Begründungen. Die internen Abwägungsprozesse müssen hierfür jedoch nur insoweit offengelegt werden, als nachvollziehbar sein muss, warum die Kommission das Auskunftsersuchen in seiner konkreten Form als die mildeste Maßnahme bewertet hat. Die Einholung der Informationen ist umso genauer und detaillierter darzulegen und zu begründen, je umfangreicher die Belastungen bei dem betroffenen Unternehmen werden. Allgemein muss die Kommission darlegen, warum das Auskunftsersuchen in der gewählten Form, mit diesem Inhalt und dem konkreten Umfang erlassen wurde. Im Besonderen hat sie zu erläutern, dass und warum andere zur Verfügung stehende Mittel zur Zweckerreichung nicht in gleichem Maße als ausreichend geeignet bewertet werden konnten. Hingegen soll die Kommission nicht dazu verpflichtet werden, die konkrete Verwertung jeder einzelnen, von ihr angefragten Information, ihre erhofften Erkenntnisse oder gar den weiteren Verlauf des Verfahrens offenzulegen.

2. Kontrollüberlegungen am Beispiel der Fallgruppen

Die Zumutbarkeit der obigen Begründungserfordernisse für die Kommission und die fehlende Gefährdung der praktischen Wirksamkeit der Ermittlungen, soll anhand der obigen Fallgruppen dargestellt werden.

Die hinter der Fallgruppenbildung stehende Wertung geht dahin, dass die konkrete Form der Auskunftseinholung nicht kategorisch, sondern nur grundsätzlich nicht erforderlich ist. Es steht der Europäischen Kommission frei, darzulegen und erforderlichenfalls nachzuweisen, welche Gründe zum Erlass einer solchen Auskunftseinholung geführt haben. So können beispielsweise die folgenden Sachverhaltskonstellationen zur Rechtfertigung vorgebracht werden. Sie sind mit den Einzelheiten und Besonderheiten des jeweiligen Ermittlungsverfahrens zu belegen.

2.1. Der sofortige Erlass einer Auskunftsentscheidung

Ein einfaches Auskunftsverlangen ist entgegen der obigen Vermutung dann kein gleich geeignetes aber weniger einschneidendes Mittel, wenn berechtigte Zweifel daran bestehen, dass es nicht in gleichem Maße zu einer umfassenden und fristgerechten Beantwortung führt wie eine verpflichtende Auskunftsentscheidung. Dies kann mit verschiedenen Gründen belegt werden.

a) Erkennbar fehlende Mitwirkungsbereitschaft

Liegen der Kommission Informationen vor, die auf eine Verweigerung der Auskunftserteilung schließen lassen, kann dies den sofortigen Erlass einer Auskunftsentscheidung rechtfertigen. Selbiges gilt, wenn mit hinreichender Wahrscheinlichkeit vorausgesagt werden kann, dass der Auskunftsadressat auf ein einfaches Ersuchen nicht innerhalb der Frist, in dem erforderlichen Umfang oder mit hinreichender Ernsthaftigkeit reagieren wird.[1037] Ausschlaggebend ist insoweit nicht nur, ob das Unternehmen den Willen hat, an den Ermittlungen mitzuwirken. Zu berücksichtigen ist auch, ob aus seinem bisherigen Verhalten tatsächlich auf eine angemessene Beantwortung eines einfachen Auskunftsverlangens ohne rechtlichen Zwang geschlossen werden kann.[1038] Hat also der Auskunftsadressat durch sein bisheriges Verhalten in dem in Rede stehenden oder auch früheren Verfahren seine fehlende Kooperationsbereitschaft verdeutlicht, so belastet ihn ein sofortiger Erlass einer Auskunftsentscheidung regelmäßig nicht unverhältnismäßig.[1039]

Andererseits kann ein Rückschluss auf ein späteres Verhalten nicht ohne Weiteres erfolgen, wenn die fehlende Kooperation ersichtlich auf objektiv nachvollziehbaren Gründen beruht. So stellt insbesondere die Erhebung einer Nichtigkeitsklage gegen eine frühere Ermittlungsmaßnahme keine fehlende Kooperationsbereitschaft dar. Sofern nicht missbräuchlich geltend gemacht, kann die rechtsstaatlich zulässige Verteidigung gegen potentiell rechtswidriges Ermittlungshandeln nicht als Indiz einer fehlenden Mitwirkungsbereitschaft gewertet werden. Andernfalls würden die zur Verfügung stehenden Rechtsschutzmöglichkeiten erheblich ab-, wenn nicht sogar entwertet.

b) Erforderlichkeit der Verfahrensbeschleunigung

In Verfahren nach der VO 1/2003 können auch zeitliche Aspekte der Verfahrensführung ein Grund sein, der den sofortigen Erlass einer Auskunftsentscheidung begründen und rechtfertigen kann. Ist die Kommission auf die zeitnahe Übermittlung der Auskünfte, Daten oder Unterlagen angewiesen und besteht die Gefahr von Verzögerungen der Übermittlung, kann auf die Auskunftsentscheidung zurückgegriffen werden.[1040] Durch die Offenlegung derartiger Erwägungen ist es der Kommission möglich, die Erforderlichkeit der gewählten Auskunftseinholung zu begründen.

c) Parallele Vorlage der Auskünfte erforderlich

Des Weiteren können auch Aspekte der Verfahrensführung eine direkte Auskunftsentscheidung erforderlich machen. Fragt die Kommission beispielsweise

1037 Jungermann, in: Frankfurter Kommentar Kartellrecht, 93. Aufl. 2020, Art. 18 VO 1/2003 Rn. 20 f.

1038 Vgl. Ohlhoff, in: MüKo, Wettbewerbsrecht, 2. Aufl. 2015, Art. 11 FKVO Rn. 4.

1039 Vgl. EuG, Urt. v. 09.11.1994, T-46/92 (31, 33), ECLI:EU:T:1994:267 – Scottish Football Ohlhoff, in: MüKo, Wettbewerbsrecht, 2. Aufl. 2015, Art. 11 FKVO Rn. 4. So auch Göttlinger, Auskunftsrechte der Kommission im Recht der EU, 2013, S. 232.

1040 EuG, Urt. v. 22.03.2012, T-458/09 u.a. (Rn. 90), ECLI:EU:T:2012:145 – Slovak Telekom. So auch Schlussanträge GA Wahl v. 15.10.2015 zu EuGH, Urt. v. 10.03.2016, C-248/14 (Rn. 31 f.), ECLI:EU:C:2015:695 – Schwenk Zement.

bei mehreren Unternehmen gleichzeitig Informationen ab, um diese einer vergleichenden Bewertung zu unterziehen, so können vereinheitlichende Vorgaben erforderlich sein. Dies gilt sowohl in Bezug auf den Zeitpunkt als auch das Format der Übermittlung.

So versandte die Kommission in den bereits ausführlich besprochenen *Zementverfahren* identische Fragebögen an alle Beschuldigten.[1041] Zur Vereinheitlichung der Antworten wurden die Auskunftsersuchen – neben umfassender formeller Vorgaben und nach entsprechender Ankündigung – in Form einer verbindlichen Entscheidung erlassen. Auf die Rüge der Auskunftsadressaten hat das EuG bzgl. der Wahl der Ermittlungsform keinen Verstoß gegen das Verhältnismäßigkeitsprinzip festgestellt.[1042] Ein Vergleich der Daten sei nur sinnvoll, wenn die Informationen annähernd zur gleichen Zeit, mit vergleichbarem Umfang und identischem Format übermittelt würden.[1043] Liefere auch nur ein einziger Adressat verspätet, unvollständig oder falsch, sei zu befürchten, dass die beabsichtigte Verwertung der Daten ihre Aussagekraft verlieren oder zumindest erheblich einbüßen würde.[1044] Um derartige Fehler und Verzögerungen zu vermeiden, habe es sich bei dem sofortigen Erlass der Entscheidung um das geeignetste und zugleich mildeste Mittel gehandelt.[1045]

Über die Rüge der Nichterforderlichkeit wären derartige Aspekte im Rahmen der nachgeschobenen Begründung offenzulegen. Der erforderliche Dialog zwischen Kommission und Betroffenen kann und soll so bereits innerhalt des Verfahrens erfolgen.

2.2. Auskunftsersuchen trotz eigener Informationsbeschaffungsmöglichkeiten durch die Kommission

Legen die betroffenen Auskunftsadressaten ausreichend Anhaltspunkte dar, dass die Kommission sich die angefragten Informationen selbst beschaffen kann, ist dies ein starkes Indiz dafür, dass es sich hierbei um ein milderes Mittel im Vergleich zur Auskunftseinholung durch Dritte handelt. Um dies zu entkräften, kann die Kommission jedoch offenlegen, warum die Einholung der Informationen durch sie selbst im konkreten Fall nicht ausreichend ist und deswegen gerade kein milderes Mittel darstellt.

1041 EuG, Urt. v. 14.03.2014, T-302/11 (Rn. 69), ECLI:EU:T:2014:128 – HeidelbergCement.

1042 Vgl. statt aller zu den diesbezüglichen Ausführungen EuG, Urt. v. 14.03.2014, T-306/11 (Rn. 47 ff.), ECLI:EU:T:2014:123 – Schwenk Zement.

1043 Siehe hierzu Schlussanträge GA Wahl v. 15.10.2015 zu EuGH, Urt. v. 10.03.2016, C-248/14 (Rn. 36), ECLI:EU:C:2015:695 – Schwenk Zement.

1044 Schlussanträge GA Wahl v. 15.10.2015 zu EuGH, Urt. v. 10.03.2016, C-247/14 (Rn. 63), ECLI:EU:C:2015:694 – HeidelbergCement.

1045 Vgl. Schlussanträge GA Wahl v. 15.10.2015 zu EuGH, Urt. v. 10.03.2016, C-247/14 (Rn. 64), ECLI:EU:C:2015:694 – HeidelbergCement.

a) Öffentlich zugängliche Informationen

Auch in Bezug auf öffentlich zugängliche Informationen gilt der oben dargelegte Grundsatz, dass die Erhebung der Rüge der Nichterforderlichkeit nicht dazu führt, dass die Kommission die angefragten Informationen generell nicht mehr einholen darf. So kann die Kommission in Bezug auf öffentlich zugängliche Informationen beispielsweise darlegen, dass das Hauptaugenmerk der Anfrage nicht auf der Information als solcher liegt, sondern sie beabsichtige, Kenntnis der dahinterstehenden Überlegungen des Unternehmens zu erlangen. Dies führt in Bezug auf kartellrechtsrelevante Sachverhalte je nach Art der konkreten Fragestellung möglicherweise zu Schwierigkeiten mit dem Recht sich nicht selbst belasten zu müssen.[1046] Handelt es sich jedoch um allgemeine Erwägungen aus der Sphäre der wirtschaftlichen Betätigung, besteht hinsichtlich deren Offenlegung keine unmittelbare Gefahr der Selbstbelastung. Andererseits können derartige Kenntnisse enorm wichtig sein, um andere Informationen der Kommission auf ihre Richtigkeit und Vollständigkeit zu überprüfen.[1047] So gelang es der Kommission beispielsweise im Verfahren *Orange* darzulegen, dass die auf der Homepage öffentlich zugänglichen Informationen des Unternehmens zu gewissen Arten von Internet- und Telefondienstleistungen nicht ausreichend für die Ermittlungen waren. Vielmehr sei es erforderlich gewesen, Kenntnisse über die hinter den Veröffentlichungen stehenden (wirtschaftlichen und technologiebezogenen) Erwägungen des Telefonanbieters zu erhalten.[1048] Der Verweis auf die im Internet öffentlich zugänglichen Informationen stellte insoweit kein gleich geeignetes, jedoch milderes Mittel dar.

b) Heranziehung nationaler Ermittlungsakten

Wie oben bereits diskutiert, kann die Kommission im Grunde darauf verwiesen werden, zunächst nationale Akten zum selben oder ähnlichen Untersuchungsgegenstand zu sichten, bevor ggf. identische Anfragen an die betroffenen Unternehmen

---

1046 Siehe hierzu oben Teil 1, Kapitel 4, A. I.

1047 Vgl. EuG, Urt. v. 25.11.2014, T-402/13 (Rn. 62 ff.), ECLI:EU:T:2014:991 – Orange, wo es um die Erforderlichkeit von Informationen ging, die auf der Homepage eines der vermeintlichen Kartellanten zur Verfügung gestellt wurden.

1048 Selbst wenn man nämlich – wie die Klägerin – annähme, dass sich die von den angefochtenen Beschlüssen erfassten mutmaßlichen Zuwiderhandlungen durchweg aus der „Peering-Politik“ der Klägerin ergeben und dass die Einzelheiten dieser Politik öffentlich zugänglich sind, verhält es sich mit den wettbewerbswidrigen Motiven, die womöglich zur Annahme dieser Politik geführt haben, anders. Da die Gesichtspunkte, die solche Motive erkennen lassen, naturgemäß geheim sind, ist es unwahrscheinlich, dass sie in öffentlichen Verlautbarungen über die Politik der Klägerin zum Vorschein kommen können, vgl. EuG, Urt. v. 25.11.2014, T-402/13 (Rn. 63), ECLI:EU:T:2014:991 – Orange.

gerichtet werden. Diese Vorgehensweise stellt grundsätzlich ein milderes Mittel dar. Die Kommission hat sich im Rahmen ihrer Erwägungen zur Erforderlichkeit eines Auskunftsersuchens hiermit auseinanderzusetzen. Dass sie dies getan hat, kann die Kommission entweder bereits im Rahmen des Erlasses des Auskunftsersuchens darlegen[1049] oder – sofern dies nicht erfolgt ist – im Rahmen der Rüge der Nichterforderlichkeit offenlegen und ihr Vorgehen begründen.

Diese Frage war in Sachen *Orange* Gegenstand der gerichtlichen Überprüfung durch das EuG.[1050] Das Gericht verneinte letztlich die Pflicht zur Heranziehung von Akten der nationalen Behörden, da zwar ein im Wesentlichen gleicher Sachverhalt untersucht wurde, hierzu jedoch unterschiedliche Ermittlungsinstrumente herangezogen worden seien.[1051] Eine ähnliche Situation besteht, wenn beispielsweise die mit einem Auskunftsersuchen der Kommission einzuholenden Auskünfte ihrem Umfang nach weiter gefasst sind, als die durch die nationale Behörde eingeholten Auskünfte und es der Kommission aus Gründen der Vergleichbarkeit auf eine einheitliche Übermittlung ankommt. Mit derartigen Erwägungen kann die Kommission im Rahmen der Rüge der Nichterforderlichkeit begründen, warum die Akten einer nationalen Behörde nicht vor der Einholung eigener Auskünfte herangezogen wurden.

1049 So beispielsweise in Sachen *České dráhy*, wo die Kommission bereits in der Nachprüfungsentscheidung die folgende Klarstellung aufgenommen hat: „*Die Kommission ist sich der Tatsache bewusst, dass die zuständige Wettbewerbsbehörde des Mitgliedstaats, das Úřad pro ochranu hospodářské soutěže (im Folgenden: ÚOHS), ein Verwaltungsverfahren über dieselbe Zuwiderhandlung eröffnet hat und im Jahr 2012 eine Nachprüfung in den Geschäftsräumen [der Klägerin] vorgenommen hat. Die Kommission hat die entsprechenden Unterlagen des ÚOHS geprüft.*“, EuG, Urt. v. 20.06.2018, T-325/16 (Rn. 11), ECLI:EU:T:2018:368 – České dráhy. Wünschenswert wäre insoweit – jedenfalls wenn es sich um ein Auskunftsersuchen handelt – lediglich noch eine Erläuterung gewesen, weshalb die diesbezüglichen Ermittlungen nach Ansicht der Kommission nicht ausreichten.

1050 Die Art der untersuchten Verhaltensweisen des betroffenen Unternehmens unterschied sich im Wesentlichen nur durch ein von der Kommission zeitlich und räumlich weiter gefasstes Ausmaß, vgl. EuG, Urt. v. 25.11.2014, T-402/13 (Rn. 50), ECLI:EU:T:2014:991 – Orange.

1051 Es stehe im Ermessen der Kommission, zu bewerten, welche Art von Ermittlungsinstrumenten sie in einem solchen Fall für erforderlich hält. Es sei daher lediglich „*bedauerlich*“, dass die Herbeiziehung der Akten nicht erfolgt sei. Vgl. EuG, Urt. v. 25.11.2014, T-402/13 (Rn. 55 f.), ECLI:EU:T:2014:991 – Orange.

2.3. *Die offensichtliche Überschreitung der Grenzen des Ermittlungsgegenstands*

Die Möglichkeiten der Kommission, die Erforderlichkeit einer Anfrage in Bezug auf den sachlichen, zeitlichen und/oder räumlichen Geltungsbereich zu begründen sind vielfältig. Sie hängen stark von den im Einzelnen angefragten Informationen sowie dem tatsächlichen Umfang des Ermittlungsgegenstandes und dessen einzelfallspezifischen Besonderheiten ab. Deshalb soll lediglich beispielhaft auf zwei bereits durch die Unionsgerichte bestätigte Möglichkeiten der Kommission eingegangen werden, die Einhaltung der Grenzen des Ermittlungsgegenstandes darzulegen.

Ein Fall der jüngeren Vergangenheit in Bezug auf die zeitliche Reichweite der Ermittlungen war *Slovak Telekom*. Nach den Ausführungen der Klägerseite habe die Kommission – ohne weitere Begründung – Informationen angefragt, die zeitlich vor dem Beitritt der Slowakei zur Europäischen Union lagen; mangels Anwendbarkeit des europäischen Kartellrechts habe der Kommission insoweit bereits keine Zuständigkeit zur Ermittlung zugestanden.[1052] In Fortsetzung der bisherigen unionsgerichtlichen Rechtsprechung stellte das EuG klar, dass es der Kommission grundsätzlich nicht untersagt sei, sich im Wege von Auskunftsersuchen Informationen übermitteln zu lassen, die zeitlich vor die vermutete Zuwiderhandlung fielen.[1053] Ein derartiges Ermittlungsverhalten setze jedoch, so das EuG, in besonderem Maße die Erforderlichkeit der Informationen zur Konkretisierung des untersuchten Verhaltens voraus.[1054] Die Kommission hat in diesem Rahmen folglich nachvollziehbar darzulegen, dass und warum die in Rede stehenden Informationen außerhalb ihres Zuständigkeitsbereichs erforderlich sind, um beispielweise Verhaltensweisen innerhalb ihrer Zuständigkeit zu konkretisieren oder zu verifizieren.

In Bezug auf die räumliche Überschreitung der Ermittlungszuständigkeit kann der oben ausführlich dargelegte Fall *Nexans* als Beispiel der Begründungsmöglichkeiten der Kommission herangezogen werden.[1055] Die weltweite Geltung des Sachverhalts und die Erlangung von Informationen außerhalb des Unionsgebiets konnte in dieser Sache damit begründet werden, dass die lokalen Projekte durch die weltweite Zuteilung miteinander verknüpft waren.[1056] Somit konnte die Erteilung von Auskünften zu außereuropäischen Projekten für die Sachverhaltsermittlung

1052 EuG, Urt. v. 22.03.2012, T-458/09 u.a. (Rn. 7, 13), ECLI:EU:T:2012:145 – Slovak Telekom.

1053 EuG, Urt. v. 22.03.2012, T-458/09 u.a. (Rn. 45), ECLI:EU:T:2012:145 – Slovak Telekom.

1054 EuG, Urt. v. 22.03.2012, T-458/09 u.a. (Rn. 45), ECLI:EU:T:2012:145 – Slovak Telekom.

1055 Siehe EuGH, Urt. v. 25.06.2014, C-37/13 (Rn. 15 ff.), ECLI:EU:C:2014:2030 – Nexans u.a.

1056 EuGH, Urt. v. 25.06.2014, C-37/13 (Rn. 38 ff.), ECLI:EU:C:2014:2030 – Nexans u.a.

innerhalb Europas als erforderlich bewertet werden.[1057] Derartige Erwägungen wären bei Erhebung der Rüge der Nichterforderlichkeit nicht erst im Gerichtsverfahren, sondern bereits während der laufenden Ermittlungen offenzulegen.

2.4. Auskunftsersuchen im Interesse eines sog. stop the clock

Hat der Auskunftsadressat seine Bedenken substantiiert geltend gemacht, dass der Erlass einer Auskunftsentscheidung vorrangig von verfahrensleitenden Erwägungen geprägt war, hat die Kommission im Rahmen der nachzuschiebenden Begründung darzulegen, warum dies nicht der Fall war und welche Erwägungen vielmehr den Erlass der Auskunftsentscheidung verursachten.

Ein solcher Fall lag dem EuG in Sachen *Omya* vor, eines der wenigen Verfahren zu Auskunftsersuchen im Bereich der FKVO.[1058] Die Klägerseite führte mehrere Indizien und Anhaltspunkte an, die den Schluss zulassen sollten, dass die Kommission die Auskunftsentscheidung lediglich zur Verlängerung der Prüfungsphase erlassen habe.[1059] Die Richter hingegen sahen trotz des klägerischen Vortrags keine objektiven, schlüssigen und übereinstimmenden Indizien, die einen Erlass

---

1057 EuGH, Urt. v. 25.06.2014, C-37/13 (Rn. 38 ff.), ECLI:EU:C:2014:2030 – Nexans u.a.

1058 Vgl. hierzu u.a. Völcker, in: Frankfurter Kommentar Kartellrecht, 93. Aufl. 2020, Art. 11 FKVO Rn. 24 sowie vertiefend Göttlinger, Auskunftsrechte der Kommission im Recht der EU, 2013, S. 265 f.

1059 Insgesamt nannte die Klägerin sieben Gründe aus denen geschlossen werden könne, dass die Kommission die Auskunftsentscheidung lediglich zur Hemmung der Prüffrist erlassen habe, EuGH, Urt. v. 25.06.2014, C-37/13 (Rn. 88 ff.), ECLI:EU:C:2014:2030 – Nexans u.a. Insbesondere hat sie vorgetragen, dass eine solche Vorgehensweise ausdrücklich durch die Kommission „angedroht" worden sei („*Erstens trägt die Klägerin vor, dass die Kommission aus diesem Grund in der telefonischen Unterredung vom 3. März 2006 darauf hingewiesen habe, dass bestimmte zusätzliche Bedenken angesprochen werden müssten, und eine freiwillige Verlängerung der Prüfungsfrist um 20 Werktage vorgeschlagen habe. Als die Anwälte der Klägerin Zweifel geäußert hätten, habe die Kommission wie eine Drohung für den Fall, dass keine einvernehmliche Lösung gefunden werden könne, den Erlass einer Entscheidung nach Art. 11 Abs. 3 der Verordnung Nr. 139/2004 in Bezug auf die Daten von Januar in den Raum gestellt.*", vgl. EuGH, Urt. v. 25.06.2014, C-37/13 (Rn. 89), ECLI:EU:C:2014:2030 – Nexans u.a.). Zudem seien die bemängelten Informationen ohnehin im Wesentlichen richtig und die in der Entscheidung angeforderte Klarstellung für die Prüfung des Zusammenschlusses überhaupt nicht erforderlich gewesen. Dies werde u.a. auch dadurch belegt, dass die Überprüfung der Daten aus der Beantwortung der Auskunftsentscheidung aufgrund der kurzen Zeitspanne bis zum Erlass der Beschwerdepunkte keinesfalls beendet gewesen sein könne (vgl. EuGH, Urt. v. 25.06.2014, C-37/13 (Rn. 91 ff.), ECLI:EU:C:2014:2030 – Nexans u.a.).

der Entscheidung ausschließlich zur Hemmung der Prüfungsfrist nach Art. 10 FKVO offenlegen konnten. Vielmehr konnte der Erlass der angefochtenen Entscheidung darauf zurückgeführt werden, Fehler und Unrichtigkeiten der bereits übermittelten Daten auszubessern.[1060] Die Richter schlossen sich inhaltlich frühen gerichtlichen Ausführungen zum sog. Verfahrensmissbrauch an.[1061] Dass neben der Richtigstellung der Auskünfte auch eine Hemmung der Prüfungsfrist die Folge der Auskunftsentscheidung gewesen ist, sei unschädlich.[1062] Verfolge eine Entscheidung nicht nur ein Ziel und lasse sie neben den rechtmäßigen Erwägungen Raum für Beanstandungen weiterer Beweggründe, so könne dies nicht zum Wegfall der Erforderlichkeit führen.[1063] Das zu beanstandende Ziel müsse dabei jedoch hinter den anderen Zwecken zurücktreten.[1064] Wann ein Zweck noch als Nebenziel qualifiziert werden kann und wann eine Zielverfolgung nicht mehr zulässig ist, lässt sich zwar weder klar abgrenzen noch gibt es diesbezügliche Vorgaben.[1065]

1060 EuG, Urt. v. 04.02.2009, T-145/06 (Rn. 100 ff., 110), ECLI:EU:T:2009:27 – Omya.

1061 Als Form des Ermessensmissbrauchs in seinen Grundsätzen bereits seit den 1950er-Jahren anerkannt, vgl. EuGH, Urt. v. 12.06.1958, C-2/57 (S. 151), ECLI:EU:C:1958:5 – Compagnie des hauts fourneaux de Chasse. Einige Jahre später führte der EuGH erläuternd aus, dass die Befugnisse der Unionsorgane *„insbesondere dann ihrem gesetzlichen Zweck entfremdet würden, wenn die Hohe Behörde sie ausschließlich oder zum mindesten vorwiegend dazu verwenden würde, ein spezielles Verfahren zu umgehen (...)“*, EuGH, Urt. v. 21.02.1984, verb. Rs. C-140/82 u.a. (Rn. 27 m.w.N.), ECLI:EU:C:1984:66 – Walzstahl-Vereinigung und Thyssen. Diese Ausführungen ergingen in Zusammenhang mit dem EGKS-Regime und den Quotenregelungen der Stahlerzeugung, also einem Bereich, in welchem dem handelnden Organ stets ein weites Ermessen eingeräumt wurde. Die dahinterstehenden Erwägungen sind jedoch keineswegs spezifisch auf diesen Bereich zugeschnitten. Allgemein lässt sich ableiten, dass Ermessensentscheidungen dort ihre Grenze finden (müssen), wo sie ausschließlich oder vorrangig nicht mehr zu dem eigentlich verfolgten Zweck, sondern zur Umgehung gewisser Verfahrensvorgaben eingesetzt werden.

1062 EuG, Urt. v. 04.02.2009, T-145/06 (Rn. 103), ECLI:EU:T:2009:27 – Omya.

1063 Vgl. im Ergebnis EuG, Urt. v. 04.02.2009, T-145/06 (Rn. 99), ECLI:EU:T:2009:27 – Omya.

1064 *„Verfolgt eine Entscheidung mehrere Ziele und kommt zu den rechtmäßigen Beweggründen ein an sich zu beanstandender Grund hinzu, so ist die Entscheidung deswegen noch nicht mit Ermessensmissbrauch behaftet, sofern sie nur nicht das wesentliche Ziel preisgibt.“*, vgl. EuG, Urt. v. 21.09.2005, T-87/05 (Rn. 87), ECLI:EU:T:2005:333 – EDP.

1065 Anders, wenn zwischen Kommission und Unternehmen die Verlängerung der Entscheidungsfrist „vereinbart“ wird. Sie können die Fristhemmung des Art. 10 Abs. 4 FKVO selbst herbeiführen, indem ein Unternehmen ein einfaches Auskunftsverlangen nicht oder nicht rechtzeitig beantwortet und die Kommission damit zum Erlass einer Entscheidung nach Art. 11 Abs. 3 FKVO mit fristhemmender Wirkung ermächtigt wird, vgl. hierzu u.a. Saulnier/Mudrony, in: Berg/Mäsch, Kartellrecht, 3. Aufl. 2018, Vorb. zu Art. 7–10 FK-DVO Rn. 2.

Die Kommission kann die indizierte Nichterforderlichkeit der Auskunftseinholung jedoch widerlegen, indem sie ihre dahingehende Beurteilung offenlegt und damit aufzeigt, dass Hemmung der Prüfungsfrist lediglich einer von mehreren Handlungsgründen und insoweit von untergeordneter Bedeutung war.

3. Zwischenergebnis

Die obigen Kontrollüberlegungen und insbesondere zitierten Gerichtsentscheidungen zeigen, dass es in aller Regel nachvollziehbare Gründe für das Verhalten der Kommission gibt. Das Problem ist oftmals, dass sie den jeweils Betroffenen nicht bekannt sind und daher auch nicht nachvollzogen werden können. Im Rahmen des vorgestellten Systems müsste die Offenlegung dieser Gründe bei Erhebung der Rüge der Nichterforderlichkeit bereits im laufenden Kommissionsverfahren zu erfolgen. Es wird bei Eingreifen der Rüge der Nichterforderlichkeit nicht mehr möglich sein, derartige Erwägungen bis zu einer gerichtlichen Auseinandersetzung über das Auskunftsersuchen zurückzuhalten. Dass oder wie die Offenlegung der oben dargelegten Erwägungen den ungestörten Verlauf der Ermittlungen oder die Effektivität der Ermittlungsmaßnahmen gefährden könnte, ist nicht ersichtlich. Sie sind jedoch in erheblichem Maße geeignet, mehr Transparenz in die Abwägungsprozesse gerade kritischer Konstellationen zu bringen und somit zu mehr Nachvollziehbarkeit auf Seiten der Auskunftsadressaten zu führen.

Begründet die Kommission die Erforderlichkeit der von ihr angefragten Auskünfte, finden die bereits im Rahmen der Begründung des legitimen Zwecks anwendbaren Anforderungen entsprechende Anwendung.[1066] So muss die Kommission ihre in der Begründung ausgeführten Erwägungen mit Indizien stützen können und diese bei Bedarf offenlegen. Dass ihr dabei nur einzelne Indizien zur Verfügung stehen, ist grundsätzlich unschädlich, sofern diese ausreichend belastbar sind. Somit wird sichergestellt, dass die weiten Handlungs- und Entscheidungsspielräume der Kommission in weitgehend unveränderter Form erhalten bleiben können.

IV. Verfahrensrechtliche Mechanismen zur Absicherung der Begründungspflicht

Um die Wirksamkeit und Effektivität der Rüge der Nichterforderlichkeit zu gewährleisten, muss ihre Durchsetzung mit hinreichendem Gewicht ausgestaltet werden. Ihr Eingreifen erfordert verfahrensrechtliche Konsequenzen, welche die Einhaltung der aus der Erhebung der Rüge folgenden Begründungspflicht gewährleisten.

1066 Siehe oben unter Teil 2, Kapitel 1, B.

1. Die hemmende Wirkung der Erhebung der Rüge der Nichterforderlichkeit

Zunächst ist der Erhebung der Rüge der Nichterforderlichkeit eine hemmende Wirkung auf die festgesetzten Antwortfristen zuzusprechen. Die im Auskunftsersuchen festgesetzte Antwortfrist ist solange auszusetzen, bis die Kommission ihre Begründung der Erforderlichkeit nachgeschoben hat. Dies gilt sowohl für Verfahren nach der VO 1/2003 als auch nach der FKVO. So wie der Zeitverlust aufgrund einer Verweigerung der Auskunftserteilung im Fusionskontrollverfahren nicht zum Nachteil der Kommission gehen darf,[1067] so darf die Nichterteilung oder Verzögerung einer nachgeschobenen Begründung nicht zum Nachteil der Auskunftsadressaten führen. Hierdurch wird verhindert, dass die Kommission die Rüge der Nichterforderlichkeit übergehen kann.[1068]

In Verfahren nach der VO 1/2003 kann diese Hemmungswirkung ohne erhebliche Beeinträchtigungen umgesetzt werden. Ein strenges Fristenregime ist hier ohnehin nicht vorgesehen. Jedoch muss die Hemmung auch in den von engen Fristvorgaben geprägten Fusionskontrollverfahren Wirksamkeit entfalten können. Würde mit der Hemmung der Antwortfrist zugleich die Frist zur Prüfung des Zusammenschlussvorhabens gehemmt und damit eine (potentielle) Freigabe zeitlich verzögert, würden die Wirkungen der Rüge der Nichterforderlichkeit umgangen. Die Erhebung der Rüge kann und darf daher keine Auswirkungen auf den Lauf der Prüfungsfristen des Art. 10 FKVO haben. Anders als die festgesetzten Antwortfristen, laufen diese daher grundsätzlich ungehindert von der Erhebung der Rüge der Nichterforderlichkeit weiter.

Eine Änderung des Art. 10 FKVO ist hierfür nicht erforderlich, wäre aus Gründen der Klarstellung jedoch sicherlich sinnvoll. Die Prüfungsfristen der FKVO sind Gegenstand einer gesetzgeberischen Gesamtintention. Sie unterliegen nicht dem weiten Ermessen der Kommission. Eine Hemmung ist folglich nur dann möglich, wenn sie gesetzlich vorgesehen ist. Dies ist für die Erhebung der Rüge der Nichterforderlichkeit und die hieraus resultierende Hemmung der Antwortfristen nicht der Fall. Auch fällt sie nicht unter die bestehenden Hemmungsmöglichkeiten. Sie stellt keinen der *„Umstände, die von einem an dem Zusammenschluss beteiligten Unternehmen zu vertreten sind"* dar.[1069] Wann Umstände „zu vertreten" sind, wird

---

1067 Vgl. Art. 10 Abs. 4FKVO.

1068 Dass die Kommission Fragen der Auskunftsadressaten nicht immer beantwortet, zeigte sich in dem Verfahren *HeidelbergCement*, in dem die Auskunftsadressatin mehr als einhundert Fragen zu Zwecken der Klarstellung und Klärung von Mehrdeutigkeiten an die Kommission stellte, die – was nicht von der Kommission in Abrede gestellt wurde – weitgehend unbeantwortet blieben, vgl. EuG, Urt. v. 14.03.2014, T-302/11 (Rn. 109), ECLI:EU:T:2014:128 – HeidelbergCement.

1069 Vgl. Art. 10 Abs. 4FKVO.

gesetzlich nur in Verbindung mit der Verweigerung der Auskunftserteilung durch Dritte geregelt. So definiert Art. 9 VO 802/2004 zur Durchführung der VO 139/2004 das Vertretenmüssen wie folgt: Die Nichterteilung der Auskünfte muss auf Umstände zurückzuführen sein, für die eine der anmeldenden Parteien verantwortlich ist. Die Rüge der Nichterforderlichkeit ist ein berechtigtes Handlungsinstrument der betroffenen Auskunftsadressaten. Es löst verschiedene Konsequenzen aus, die zu einer sachlichen Richtigkeit des Behördenhandelns beitragen sollen. Die Berufung auf ein solches Rechtsinstrument kann – sofern nicht nachgewiesenermaßen missbräuchlich eingesetzt – keine Verantwortlichkeit im Sinne der Hemmungsvorschriften darstellen.

Eine derartige Hemmung der Antwortfristen führt auch nicht zu einer unangemessenen Benachteiligung der Kommission. Es ist davon auszugehen, dass die Kommission bei Erlass eines Auskunftsersuchens bereits dessen Verhältnismäßigkeit überprüft und insbesondere Abwägungen zur Erforderlichkeit der angefragten Auskünfte getroffen hat. Dies gilt in besonderem Maße, je umfassender, inhaltlich aufgefächerter und zeitlich dringlicher das erlassene Auskunftsersuchen ist. Diese Erwägungen kurzfristig niederzuschreiben und den Auskunftsadressaten zur Verfügung zu stellen, um so den Fristenlauf wieder auszulösen, kann den zuständigen Sachbearbeitern zugemutet werden.

2. Verhinderung unmittelbarer Negativwirkungen der Geltendmachung

Zudem darf die Erhebung der Rüge der Nichterforderlichkeit keine sonstigen negativen Auswirkungen auf den Adressaten und seine Stellung im Verfahren nach sich ziehen. Insbesondere darf sie nicht zu einer Erhöhung bzw. einer geringeren Reduzierung der Geldbuße aufgrund vermeintlich unkooperativen Verhaltens führen.

V. Der Anwendungsbereich der Rüge der Nichterforderlichkeit

Aufgrund der oben dargestellten Besonderheiten ist bei der Frage der Anwendbarkeit der Rüge zwischen den einzelnen Verfahrenstypen und dem Stand des jeweiligen Verfahrens zu unterscheiden. Unproblematisch kann die Rüge der Nichterforderlichkeit für die Beurteilung der Erforderlichkeit eines Auskunftsersuchens im Rahmen von Kartellverfahren und Sektoruntersuchungen angewandt werden. Zeitliche Vorgaben, die aufgrund von Verzögerungen durch die Rüge der Nichterforderlichkeit beeinträchtigt werden könnten, existieren für diese Verfahren grundsätzlich nicht.

Eine differenziertere Betrachtung erfordern Fusionskontrollverfahren. Ziel der Ermittlungen innerhalb der ersten, auf einen Monat beschränkten Prüfungsphase ist die Befragung von Marktteilnehmern zur Aufdeckung ernsthafter Bedenken an der Vereinbarkeit des Zusammenschlussvorhabens mit dem Binnenmarkt.[1070] Erst

1070 Vgl. Hacker, in: Schröter/Jakob/Klotz/Mederer, Europäisches Wettbewerbsrecht,

wenn die Kommission auf dieser Grundlage Bedenken an der Vereinbarkeit mit dem gemeinsamen Markt haben sollte, leitet sie eine zweite, vertiefte Prüfungsphase ein.[1071] Den Kartellverfahren gleichgestellt werden können die Fusionskontrollverfahren, die in die zweite Phase übergegangen sind. Sie sind nach ihrem Erscheinungsbild, dem Umfang der Auskunftsrechte und der Dauer der Ermittlungen den Ermittlungsverfahren nach der VO 1/2003 zumindest in den Grundsätzen vergleichbar.

Hiervon zu unterscheiden sind die sog. Phase-1-Verfahren der FKVO. Dieser Verfahrensabschnitt ist geprägt von engen Fristenvorgaben und einer beschränkten Prüfungsdauer. Insoweit wird ein besonderer Schwerpunkt auf die Schnelligkeit der Ermittlungen gelegt. Auch der Präsident der Kommission hat den Spezifika des Phase 1 Verfahrens besondere Schutzbedürftigkeit zuerkannt, so beispielsweise bei der Ausstattung des Anhörungsbeauftragten mit seinem Mandat.[1072] Es ist weitgehend ausgeschlossen, den Anhörungsbeauftragten während des ersten Prüfungsabschnitts zu involvieren.[1073] Es wurde in Phase 1 dem unbehinderten Ermittlungsverfahren der Vorrang vor weiteren Rechtsschutzmöglichkeiten der Auskunftsadressaten eingeräumt. Unterbrechungen in Phase 1 sind nur in äußersten Ausnahmefällen zuzulassen. Unter Wahrung der Ermittlungsinteressen der Kommission an einer schnellen und effektiven Erstprüfung soll entsprechend auch die Anwendung der Rüge der Nichterforderlichkeit auf die Zeit ab Eintritt des Fusionskontrollverfahrens in die Phase 2 beschränkt sein.

Eine abweichende Bewertung erfordert das Pränotifizierungsverfahren, also der Zeitraum vor dem offiziellen Eintritt in die erste Prüfungsphase. Mangels gesetzlicher Regelungen kann auch von einem vorgesehenen Fristenregime keine Rede sein. Die Kommission wird nicht darlegen können, dass und warum ihre Ermittlungsinteressen in dieser Konstellation und innerhalb eines offiziell allein auf Wunsch der Zusammenschlussbeteiligten erfolgenden Verfahrens,[1074] Vorrang vor deren Individualinteressen haben sollen. Um auch insoweit eine Schutzmöglichkeit der Verfahrensbeteiligten zu schaffen und die Kommissionsaktivitäten einem Mindestmaß an Kontrolle zu unterstellen, ist das dargestellte Schutz- und Kontrollsystem auch auf Informationsanfragen im informellen Pränotifizierungsverfahren anzuwenden.

---

2. Aufl. 2014, Art. 11 VO Nr. 139/2004 Rn. 4.

1071 Vgl. Hacker, in: Schröter/Jakob/Klotz/Mederer, Europäisches Wettbewerbsrecht, 2. Aufl. 2014, Art. 11 VO Nr. 139/2004 Rn. 7.

1072 Siehe hierzu Albers, Aktuelle Entwicklungen in der Praxis des Anhörungsbeauftragten, 61.

1073 Kellerbauer, in: Berg/Mäsch, Kartellrecht, 3. Aufl. 2018, Art. 6 FKVO Rn. 19.

1074 Siehe zu den der Anmeldung vorgelagerten Pränotifizierungsverfahren oben Teil 1, Kapitel 3, A.III. und Kapitel 4, B.I.

Schließlich lässt sich erwägen, die Rüge der Nichterforderlichkeit über den Gegenstand dieser Arbeit hinausgehend auf die Ermittlungsmaßnahme der Nachprüfung anzuwenden. Dies wäre dem Grunde nach sowie aus technischen Erwägungen durchaus denkbar. Vor dem Hintergrund der besonderen Ermittlungssituationen ist eine entsprechende Anwendbarkeit jedoch letztlich abzulehnen. Die Nachprüfung findet zumeist zu Beginn eines Verfahrens statt. Ihr Erfolg hängt in vielerlei Hinsicht von der Geschwindigkeit der Ermittlungen sowie dem Überraschungseffekt der Unternehmen ab. Über die Rüge der Nichterforderlichkeit würden beide Aspekte erheblich verschlechtert. Dem Ermittlungsinstrument der Nachprüfung würde in einer Weise seine Effektivität abgesprochen bzw. zumindest erheblich reduziert, die mit dem Individualinteresse der Adressaten an einer umfassenderen Begründung der Ermittlungsmaßnahme nicht mehr zu rechtfertigen wäre.

VI. Verwaltungsgerichtliche Konsequenzen

Als formelle Rechtmäßigkeitsvoraussetzung ist die Einhaltung der Begründungspflicht, ihr Umfang und die Qualität der Begründung in vollem Umfang durch die Unionsgerichte überprüfbar.[1075] Hierdurch kann die gerichtliche Kontrolle der Auskunftsersuchen – unter Beibehalten des weiten Ermessens der Kommission – inhaltlich verfeinert und konkretisiert werden. Als materiell-rechtliche Voraussetzung der Rechtmäßigkeit eines Auskunftsersuchens der Kommission kann die inhaltliche Fehlerhaftigkeit der erforderlichen Begründung – entsprechend eines Verstoßes gegen die Verhältnismäßigkeit selbst – zur materiellen Rechtswidrigkeit und damit zur Nichtigerklärung durch die Unionsgerichte führen.[1076]

C. Neuerung 2: Die Vermutung der Unverhältnismäßigkeit

Schritt 2 des vorgeschlagenen Lösungssystems betrifft den Teilaspekt der Angemessenheit. Auch die Frage, welchen Umfang an Belastungen ein Unternehmen aufgrund seiner Mitwirkungspflicht dulden muss, sollte für ein Unternehmen – erforderlichenfalls unter Zuhilfenahme rechtsverständigen Rates – deutlich erkennbar sein. Es muss eine Grenze an Belastungen geben, ab deren Überschreitung die Beantwortung eines Auskunftsersuchens einen unverhältnismäßigen Aufwand verursacht.

1075 Siehe entsprechend für die Begründung des Auskunftsersuchens im Generellen Nowak, in: Terhechte, Verwaltungsrecht der EU, 1. Aufl. 2011, § 14 Rn. 26.

1076 Siehe hierzu ausführlich oben Teil 1, Kapitel 3, D.I.2.

I. Hintergrund und Begründung der Vermutung

Aufgrund der weiten Ermessensspielräume der Kommission sowie der fehlenden Pflicht zur detaillierten Begründung eines Auskunftsersuchens bestehen derzeit wenig Orientierungspunkte, anhand derer die zu erwartenden rechtlichen und faktischen Folgen des Verfahrens zumindest in den Grundzügen prognostizierbar wäre.[1077] Im vorherigen Teil der Arbeit wurden in einem ersten Schritt Kriterien zur Bewertung der einzelfallspezifischen Belastungen geschaffen.[1078] In einem zweiten Schritt soll über eine Vermutung der Unverhältnismäßigkeit eine Obergrenze der noch zumutbaren Belastungen im Rahmen eines Ermittlungsverfahrens entwickelt werden. Hiermit einhergehend werden Schutzmöglichkeiten in Bezug auf unverhältnismäßige Belastungen innerhalb des laufenden Kommissionsverfahrens sowie erleichterte Rechtsschutzmöglichkeiten vor den Unionsgerichten geschaffen.

Zusammengefasst lässt sich das Rechtsinstrument, dessen Voraussetzungen und Wirkungen in den folgenden Abschnitten vertieft erläutert werden, wie folgt beschreiben: Es wird eine strikte, jedoch einzelfallbezogene Grenze festgelegt, anhand derer das Ausmaß der Belastungen eines Unternehmens objektiv bewertet werden kann. Überschreiten die einem Unternehmen abverlangten Belastungen diese Schwelle, greift eine Vermutung der Unverhältnismäßigkeit ein. Erlässt die Kommission trotz Erreichens der Schwellenwerte ein weiteres Auskunftsersuchen, so wird zunächst dessen Unangemessenheit vermutet. Es steht der Kommission jedoch frei, diese Vermutungswirkung durch Nachreichung einer detaillierten Begründung zu widerlegen. Um das Rechtsinstrument nicht leer laufen zu lassen, ist sodann jedoch die Geltendmachung der Unangemessenheit im gerichtlichen Verfahren unter erleichterte Darlegungsvoraussetzungen der Kläger zu stellen. Im Sinne einer Beweislastumkehr ist es an der Kommission darzulegen und zu beweisen, dass die Maßnahme in angemessenem Verhältnis zu den verursachten Belastungen stand.

II. Der Bewertungsmaßstab

Die Festsetzung der Schwelle zur Unangemessenheit muss der Größe und Leistungsfähigkeit des jeweiligen Auskunftsadressaten Rechnung tragen und hat sich an wirtschaftlichen Entwicklungen zu orientieren.

1077 Siehe zum Charakter des Grundsatzes der Verhältnismäßig als Bereitstellen einer Handlungsleitlinie bzw. Richtschur zur Bewertung einer Maßnahme oben Teil 2 Kapitel 4.

1078 Siehe Teil 2, Kapitel 4, C.

1. *Der Bezugspunkt der Unangemessenheit*

Wann ein einzelnes Auskunftsersuchen allgemein zu unangemessenen Belastungen führt, wurde oben ausführlich dargelegt. Die Prüfung darf an dieser Stelle jedoch nicht enden. Für die Bewertung einer unangemessenen Belastung kann es letztlich keinen Unterschied machen, ob die Kommission drei umfangreiche Auskunftsersuchen erlässt oder dieselben Informationen anhand einer Vielzahl hintereinander folgender Auskunftsersuchen kleineren Umfangs abfragt. Die Bestimmung der Schwelle der Unangemessenheit soll daher nicht allein anhand einer einzelnen Ermittlungsmaßnahme erfolgen. Sie soll sich vielmehr an den Belastungen eines Unternehmens während der Dauer des Verfahrens in seiner Gesamtheit orientieren.

Dies lässt sich am besten anhand eines Beispiels verdeutlichen. Am 15. Juli 2020 hat Facebook beim EuG Klage gegen eine Auskunftsentscheidung nach Art. 18 Abs. 3 VO 1/2003 erhoben, welche die Kommission im Rahmen des Ermittlungsverfahrens AT.40628 – *Facebook Data-related practices* erlassen hatte. Mit dieser Entscheidung sollten interne Dokumente eingeholt werden, die auf bestimmte Suchbegriffe angeschlagen haben. Insgesamt handelte es sich um 729.417 Dokumente, deren Relevanz für das Verfahren und damit die Erforderlichkeit ihrer Einholung zwischen Kommission und Facebook teilweise streitig war.[1079] Unzweifelhaft wird sein, dass die Zusammenstellung, Sichtung, Schwärzung und Übermittlung einer solchen Datenmenge mit erheblichen Belastungen einhergeht. Für die Frage, ob und in welchem Rahmen diese (noch) angemessen und damit zu dulden sind, ist jedoch essentiell zu wissen, dass Facebook auch bereits vorher eine Vielzahl an Informationen geliefert hat. So beantwortete Facebook in drei Etappen (am 23. April 2019, 21. Mai 2019 und 18. Juni 2019) bereits eine Auskunftsentscheidung der Kommission vom 13. März 2019, die aus mehr als 100 Fragen bestand und unterschiedlichste Bereiche des Geschäftsbetriebs und der angebotenen Produktbereiche umfasste.[1080] Mit Schreiben vom 30. September 2019, 10. Oktober 2019 und 5. November 2019 beantwortete Facebook eine Auskunftsentscheidung der Kommission vom 30. August 2019, die weitere 83 Fragen umfasste.[1081] Dies soll keinesfalls heißen, dass hierdurch automatisch eine unangemessene Belastung zu schlussfolgern ist. Die Entwicklungen des Verfahrens sollten jedoch bei der Frage, ab wann eine Belastung unangemessen und damit nicht mehr zu dulden ist, nicht unberücksichtigt bleiben.

Nach dem derzeitigen Stand der Rechtsprechung üben die Unionsgerichte ihre Kontrolle lediglich über einzelne Maßnahmen aus, grundsätzlich ohne Aussagen zu vorherigen oder nachfolgenden Verwaltungshandlungen der Kommission zu

1079 EuG, Beschl. v. 29.10.2020, T-451/20, ECLI:EU:T:2020:515 (Rn. 5, 27) – Facebook I.
1080 EuG, Beschl. v. 29.10.2020, T-451/20, ECLI:EU:T:2020:515 (Rn. 1 f.) – Facebook I.
1081 EuG, Beschl. v. 29.10.2020, T-451/20, ECLI:EU:T:2020:515 (Rn. 3 f.) – Facebook I.

treffen.[1082] Den verfahrensrechtlichen Rahmen, in den sich ein oder auch mehrere Auskunftsersuchen einfügen, berücksichtigt dies nicht. In Anlehnung an das dem Unionsrecht bekannte Kohärenzprinzip sollte jedoch eine Bewertung genau dieses Gesamtgefüges des Verfahrens erforderlich und auch möglich sein.

Nach allgemeiner Rechtsprechung der Unionsgerichte ist es nicht ausreichend, wenn eine beschränkende Maßnahme geeignet ist, dass mit ihr verfolgte Ziel zu verwirklichen. Sie muss dies in kohärenter und systematischer Weise tun:

> *„Eine beschränkende Maßnahme kann jedoch nur dann als geeignet angesehen werden, die Erreichung des angestrebten Ziels zu gewährleisten, wenn sie tatsächlich dem Anliegen gerecht wird, dieses Ziel in kohärenter und systematischer Weise zu erreichen."*[1083]

Das Kohärenzprinzip setzt voraus, dass die Einzelmaßnahmen innerhalb des Verfahrens in sich stimmig sind.[1084] Es enthält ein Gebot, die Erreichung eines konkreten Ziels mit Hilfe sinnvoll aufeinander abgestimmte Maßnahmen zu verwirklichen.[1085] Mit anderen Worten stellt die Kohärenz sicher, dass dem legitimen Ermittlungsziel nicht nur mit einer einzelnen Maßnahme, sondern mit dem Verfahren in seiner Gesamtheit Rechnung getragen wird.

Das Kohärenzprinzip ist ein vergleichsweise junges Rechtmäßigkeitserfordernis, das sich erst Ende der 2000er Jahre dauerhaft in der unionsgerichtlichen Rechtsprechung etabliert hat.[1086] Es wurde von den Unionsgerichten vielfach bei der Bewertung nationaler Regelungen, insbesondere im Bereich des Glücksspielrechts, angewendet. Um einerseits den weiten Beurteilungs- und Entscheidungsspielraum

---

1082 EuG, Urt. v. 12.11.2013, T-570/08 RENV (Rn. 153 f.), ECLI:EU:T:2013:589 – Deutsche Post. Entsprechende Argumentationslinien der Klägerseite wurden, soweit ersichtlich, stets mit dem Hinweis abgewiesen, ein Unionsrechtsakt sei nach der Sach- und Rechtslage zu beurteilen, die zum Zeitpunkt seines Erlasses bestanden habe, vgl. hierzu EuG, Urt. v. 22.03.2012, T-458/09 u.a. (Rn. 85), ECLI:EU:T:2012:145 – Slovak Telekom, wo das entsprechende Vorbringen der Klägerseite als *„ins Leere gehend"* zurückgewiesen wurde.

1083 EuGH, Urt. v. 21.12.2011, C-28/09 (Rn. 126 m.w.N.), ECLI:EU:C:2011:854 – Kommission/Österreich (Hervorhebung hinzugefügt).

1084 Siehe zur Erforderlichkeit der konzeptionellen Stimmigkeit von Einzelmaßnahmen zur Verhinderung unabgestimmter, widersprüchlicher Maßnahmen Lippert, Das Kohärenzerfordernis des EuGH, EuR 2012, 90, 90 m.w.N., der die Kohärenz als *„konzeptionelle Stimmigkeit der Einzelmaßnahmen zur Verhinderung unabgestimmter, widersprüchlicher Maßnahmen"* definiert.

1085 Hilf/Pache, in: Grabitz/Hilf, Das Recht der Europäischen Union, 40. Aufl. 2010, Art. 3 EUV Rn. 9.

1086 Lippert, Das Kohärenzerfordernis des EuGH, EuR 2012, 90, 90. Zum Kohärenzprinzip im Unionsrecht ausführlich Müller, Das Kohärenzgebot im Entwicklungsrecht der EU, 2015, S. 134 ff.

der Mitgliedstaaten zu wahren und andererseits die Kontrollkompetenzen der Unionsgerichte aufrechtzuerhalten, wurden die mitgliedstaatlichen Maßnahmen neben dem Verhältnismäßigkeitsgrundsatz zusätzlich dem Gebot der Kohärenz unterworfen.[1087] Der Anwendungsbereich dieses Prinzips der konsistenten Zielerreichung muss jedoch erheblich weiter gefasst werden. Er kann weder auf bestimmte Wirtschaftszweige noch auf bestimmte Handlungsformen beschränkt werden. Vielmehr findet sich die Abwägung derartiger Interessen in einer Vielzahl an Konstellationen des Unionsrechts. Auch primärrechtlich ist die Kohärenz unionsrechtlichen Handelns ausdrücklich verankert. So regelt Art. 7 AEUV für die Europäische Union als solche, dass sie *„auf die Kohärenz zwischen ihrer Politik und ihren Maßnahmen in den verschiedenen Bereichen [achtet] und (...) dabei unter Einhaltung des Grundsatzes der begrenzten Einzelermächtigung ihren Zielen in ihrer Gesamtheit Rechnung [trägt]“*. Im Rahmen des Art. 26 Abs. 2 S. 2 EUV wird für die Außen- und Sicherheitspolitik ein *„einheitliches, kohärentes und wirksames Vorgehen der Union“* sichergestellt. Diese Regelungen treffen zwar die Europäische Union als Rechtspersönlichkeit sowie ihr Auftreten im Gesamten. Sie kann dem Kohärenzgebot jedoch nur dann umfassend gerecht werden, wenn nicht nur ihr Auftreten nach außen, sondern auch ihre interne Verwaltungstätigkeit – also letztlich jedes einzelne Ermittlungsverfahren – in sich stimmig und kohärent ist. Das Erfordernis einer konsistenten und widerspruchsfreien Zielverfolgung kann und sollte Grundlage einer jeden belastenden Maßnahme der Organe der Europäischen Union sein.[1088]

1087 Siehe in ständiger Rspr. u.a. EuGH, Urt. v. 17.11.2009, C-169/08 (Rn. 42), ECLI:EU:C:2009:709, – Presidente del Consiglio dei Ministri; EuGH, Urt. v. 01.06.2010, C-570/07 (Rn. 94), ECLI:EU:C:2010:300 – Blanco Pérez u.a.; EuGH, Urt. v. 11.03.2010, C-384/08 (Rn. 51 ff.), ECLI:EU:C:2010:133 – Attanasio Group. Vgl. auch Barbist, Zur Zulässigkeit des österreichischen Glücksspielmonopols, EuZW 2010, 285, 286 und Streinz/Kruis, Unionsrechtliche Vorgaben und mitgliedstaatliche Gestaltungsspielräume im Bereich des Glücksspielrechts, NJW 2010, 3745, 3747. Das Kohärenzprinzip wird dabei überwiegend im Rahmen der Geeignetheit verortet; a.A. Lippert, der hierin ein eigenständiges Kriterium für die Überprüfung der Beschränkung von Grundfreiheiten sieht, siehe Lippert, Das Kohärenzerfordernis des EuGH, EuR 2012, 90, 92 f.

1088 Es ist daher wenig verwunderlich, dass auch der EuGH das Gebot einer systematischen und kohärenten Zielverfolgung in seinen jüngeren Entscheidungen zu einem generellen Bestandteil der Prüfung des Grundsatzes der Verhältnismäßigkeit ausgeweitet zu haben scheint. Vgl. EuGH, Urt. v. 21.12.2011, C-28/09 (Rn. 126), ECLI:EU:C:2011:854 – Kommission/Österreich, der selbst nicht weiter spezifiziert, sondern generell von *„belastende[n] Maßnahmen“* spricht. Siehe auch EuGH, Urt. v. 10.03.2009, C-169/07 (Rn. 50 ff.), ECLI:EU:C:2009:141 – Hartlauer; EuGH, Urt. v. 16.12.2010, C-137/09 (Rn. 70), ECLI:EU:C:2010:774 – Josemans.

Dementsprechend bezieht sich die Vermutung der Unverhältnismäßigkeit auf die während der Dauer des gesamten Verfahrens verursachten Belastungen bei einem Ermittlungsadressaten. Beurteilungskriterium ist, welche Anstrengungen einem – regelmäßig verfahrensbeteiligten – Unternehmen vom Beginn der Ermittlungen bis zum Zeitpunkt des in Rede stehenden Auskunftsersuchens bereits abverlangt worden sind.

2. Die Eingriffsschwelle

Die Eingriffsschwelle ist an den finanziellen Belastungen des betroffenen Unternehmens auszurichten. Hierdurch kann eine einheitliche und objektive Bestimmung der Gesamtbelastung ermöglicht werden. Der zeitliche und personelle Aufwand ist hierfür preislich zu bewerten und als finanzieller Faktor in die Bewertung einzustellen. So sind beispielsweise Opportunitätskosten, wie aufgewendete interne Arbeitszeiten, mit einem Kostenfaktor zu versehen und entsprechend umzurechnen. Ähnliche Mechanismen greifen für die Tätigkeit externer Berater.

Der Schwellenwert ist sodann anhand der üblichen Gesamtbelastung in Relation zu der Art und Bedeutung des jeweiligen Verfahrens zu ermitteln.[1089] Im Rahmen von Fusionskontrollen lässt sich die Bedeutung des Verfahrens anhand des Transaktionsvolumens des Zusammenschlussvorhabens bestimmen.[1090] An diesem hat sich der festzusetzende Schwellenwert im Rahmen der Vermutung der Unverhältnismäßigkeit zu orientieren. Bei Verfahren nach der VO 1/2003 besteht ein solcher, fester Anhaltspunkt zur Bestimmung der Bedeutung des Verfahrens nicht. Als Orientierung für die Obergrenze der Belastungen soll daher auf die bereits oben besprochene Wirtschaftskraft des Unternehmens und seine Stellung im Markt zurückgegriffen werden.[1091] Sie lässt sich anhand des Unternehmensumsatzes bestimmen. Für die Berechnung des Schwellenwertes kann – anders als

---

1089 Um die effektive Berücksichtigung der Größe eines Unternehmens und der (markt) wirtschaftlichen Entwicklungen zu ermöglichen, erfolgt die Festsetzung bestimmter Werte in kartellrechtlichen Sachverhalten regelmäßig anhand prozentualer Werte. So werden Zwangsgelder nach Art. 15 Abs. 1 FKVO und Art. 24 Abs. 1 VO 1/2003 anhand eines Höchstbetrags von 5 % des durchschnittlichen täglichen Gesamtumsatzes festgesetzt. Bußgelder nach Art. 14 Abs. 1 FKVO und Art. 23 Abs. 1 VO 1/2003 werden unter Berücksichtigung eines Maximalbetrages von 1 % bzw. 10 % des im vorausgegangenen Geschäftsjahr erzielten Gesamtumsatzes errechnet.

1090 Im deutschen Recht hat das Bundeskartellamt gemeinsam mit der österreichischen Bundeswettbewerbsbehörde jüngst einen sehr umfassenden Leitfaden zur Bestimmung des Transaktionswertes im Einzelfall erlassen, siehe BKartA/BWB, Leitfaden Transktionswert-Schwellen für die Anmeldepflicht von Zusammenschlussvorhaben (§ 35 Abs. 1a GWB und § 9 Abs. 4 KartG) Juli 2018, S. 4 ff.

1091 Teil 2, Kapitel 4, B.

beispielsweise bei der Bußgeldberechnung – jedoch nicht allein auf den Umsatz im vorangegangenen Geschäftsjahr abgestellt werden. Bewertungsgrundlage muss der durchschnittliche Umsatz bis zum Zeitpunkt des in Rede stehenden Auskunftsersuchens sein. Denn anders als bei der Festsetzung von Geldbußen geht es hier nicht um die potentielle Fähigkeit eines Unternehmens, die angeforderten Aufwände rein tatsächlich zu erbringen. Über die Vermutung der Unverhältnismäßigkeit soll vielmehr ein gerechter Ausgleich der gegenläufigen Interessen im Rahmen eines Kommissionsverfahrens geschaffen werden. Zur Bewertung der Frage, welche Belastungen einem Unternehmen im Laufe eines Verfahrens in angemessener Weise auferlegt werden können, müssen daher sowohl positive als auch negative Schwankungen seiner Wirtschaftskraft in dieser Zeit in der Bewertung Berücksichtigung finden.

Eine exakte Festsetzung der Schwellenwerte kann nur auf einer vertieften Aufbereitung und empirischen Analyse der normalerweise durch solche Verfahren verursachten Belastungen beruhen. Dies erfordert einen weitgehenden Zugriff auf einen repräsentativen Teil an Ermittlungsverfahren nach der VO 1/2003 und der FKVO und die durch diese verursachten Belastungen eines Unternehmens. Aufgrund der oben dargelegten Erforderlichkeit einer Gesamtschau der Belastungen kann insoweit auch nicht auf einzelne Auskunftsersuchen zurückgegriffen werden. So lässt sich zwar sagen, dass die Beantwortung eines umfassenden Auskunftsersuchens allein auf Anwaltsseite problemlos Stundenzahlen im 3- bis 4-stelligen Bereich verursachen kann.[1092] Es ist auch nicht unüblich, dass insoweit nochmals mehrere hundert Stunden auf Unternehmensseite hinzuzuaddieren sind. Die Zusammenstellung der angeforderten Auskünfte kann eine Vielzahl an Mitarbeitern für mehrere Tage, Wochen oder Monate sowie externe juristische und ökonomische Unterstützung in entsprechendem Umfang in Anspruch nehmen. Die Angemessenheit dieser Belastungen hängt jedoch davon ab, ob und wie vielen anderen Ermittlungsmaßnahmen das Unternehmen insgesamt ausgesetzt war und welchen Umfang diese hatten. Die Aufwände für diese Gesamtverfahren lassen sich nur schwer abschätzen, da es auf Unternehmensseite bisher keine Erforderlichkeit gab, derartige Aufwände über die Verfahren hinweg präzise zu dokumentieren. Allein auf die finanzielle – insbesondere durch Rechnungen von juristischen und ökonomischen Beratern verursachte – Belastungen abzustellen, ohne u.a. den Arbeitsaufwand innerhalb des Unternehmens zu berücksichtigen,

1092 Vgl. jüngst die diesbezüglichen Aussagen von Qualcom im Antrag auf vorläufigen Rechtsschutz in Sachen EuG, Beschl. v. 12.07.2017, T-371/17 R, ECLI:EU:T:2017:485 (Rn. 25) – Qualcom., wo der Aufwand der Beantwortung des Fragebogens mit „*thousands of working hours of more than 50 [employees of the applicant] and approximately 16 external legal and economic advisors, and electronic document management service providers*" geschätzt wurde, was Kosten von voraussichtlich mindestens EUR 3 Mio. verursachen würde.

greift nach oben Gesagten jedoch zu kurz. Eine praxisgerechte Abbildung der tatsächlichen Belastungen macht daher die umfängliche Einbeziehung der betroffenen Unternehmen in diesem Rahmen unumgänglich.

Ob eine Bereitschaft der Unternehmen, ihre Aufwände rückwirkend für bereits abgeschlossene Verfahren zu dokumentieren und offen zu legen, realistisch ist, mag dahin gestellt bleiben. Hingegen besteht für künftige Verfahren durchaus die Möglichkeit, die Unternehmen aufzufordern, die Verwendung zeitlicher und finanzieller Ressourcen zu dokumentieren und – ggf. teilweise anonymisiert oder aggregiert – an die Kommission zu übermitteln. Dies würde für die Unternehmen voraussichtlich einen eher geringen Mehraufwand bedeuten, sofern eine derartige Absicht vor Beginn eines Verfahrens mitgeteilt wird. Ebenso sind die Kosten für die Zusammenstellung und Aufbereitung von Unterlagen, insbesondere bei Beiziehung externer Dienstleister, entsprechend der Anwaltsaufwände ohne erheblichen Aufwand nachvollziehbar.

Lediglich bei einer solchen Spiegelung der tatsächlichen Gegebenheit in der Praxis kann eine weitgehende Akzeptanz der Obergrenze auf allen Seiten herbeigeführt werden. Rein theoretisch kann und sollte die Entscheidung, welche Belastungen noch im Rahmen des Zumutbaren liegen, nicht getroffen werden. Hinzu kommt, dass in die Entscheidung zur Festsetzung der Obergrenze der Zumutbarkeit eine Vielzahl an Erwägungen maßgeblich – wenn nicht letztlich sogar ausschlaggebend – einspielen, die nicht juristischer, sondern (rechts)politischer Natur und nicht Gegenstand dieser Arbeit sind.

3. *Differenzierungen nach der Rolle des Unternehmens*

Zusätzlich zu der Koppelung an die wirtschaftlichen Gegebenheiten können in einem zweiten Schritt die Position und Rolle des Unternehmens im Markt sowie in dem in Rede stehenden Verfahren berücksichtigt werden.[1093]

Die Grenze der Zumutbarkeit von verfahrensbedingten Belastungen ist je nach der Art der Beteiligung an dem untersuchten Sachverhalt zu bewerten. So ist (1) die Kerngruppe der potentiellen Kartellteilnehmer bzw. der Marktteilnehmer eines Sektors bzw. der Parteien des Zusammenschlussvorhabens zu unterscheiden von (2) lediglich am Rande beteiligten Unternehmen. Und (3) sind weitere Abstufungen in Bezug auf unbeteiligte Dritte vorzunehmen. Je weiter entfernt ein Auskunftsadressat von einem Kommissionsverfahren ist, desto eher sind ihm die mit der Beantwortung von Fragebögen einhergehenden Belastungen unzumutbar.[1094]

1093 Zwar wird sich die Frage der übermäßigen Belastung aufgrund wiederholter Auskunftsersuchen in der Praxis aller Wahrscheinlichkeit nach vorrangig bei den Verfahrensbeteiligten stellen. Theoretisch möglich ist jedoch auch, dass weiter entfernt stehende Unternehmen in erheblichen Umfang durch die Kommission zur Erteilung von Auskünften in Anspruch genommen werden.

1094 Ähnliche Vorgehensweisen sind in Kartellverfahren zur Berechnung der Bußgeldhöhe zur Anwendung gekommen. So differenzierte die Kommission in Sachen

Wertmäßig kann sich die Gruppierung der Unternehmen in Form verminderter Grenzwerte der Vermutung der Unverhältnismäßigkeit auswirken. So könnte für die Gruppe 1 (Kernbeteiligte) der gesamte unter Überschrift 2 diskutierte Schwellenwert anzusetzen sein. Dieser könnte für die Gruppe 2 (Nebenbeteiligte) um ein Drittel, für die Gruppe 3 (Unbeteiligte) um ein weiteres Drittel zu reduzieren sein. In der Konsequenz wird das Eingreifen der Vermutungswirkung mit steigender Entfernung von dem untersuchten Geschehen leichter zu erreichen. Um eine Darstellung der üblichen Belastungen der Auskunftsadressaten auf entfernten bis unbeteiligten Marktstufen präzise abbilden zu können, bedürfen auch sie einer empirischen Analyse durch sachverständige Experten.

Ebenfalls kann die Grenze der Zumutbarkeit an die Bedeutung des Unternehmens im relevanten Markt anzupassen sein. Derartige Reduzierungen der Grenze der Vermutung der Unverhältnismäßigkeit sind jedoch streng zu handhaben und auf Ausnahmefälle zu beschränken. So kann im Fall der sog. Sanierungsfusion, die Schwelle der Belastbarkeitsgrenze reduziert werden. Sanierungsfusionen zeichnen sich dadurch aus, dass das Zielobjekt ein sanierungsbedürftiges Unternehmen ist, dass aufgrund erheblicher finanzieller Schwierigkeiten in naher Zukunft gezwungen sein wird, vollständig aus dem Markt auszuscheiden.[1095] Der beabsichtige Zusammenschluss stellt sich in solchen Situationen grundsätzlich als die am wenigsten wettbewerbsbelastende Alternative dar und ist besonders zu befürworten und zu fördern.[1096] Vor diesem Hintergrund können beiden Parteien die

---

Brugg Kabel zwischen einer Kern-, Mittel- und Randbeteiligten an den untersuchten Zuwiderhandlungen und gewährte – entsprechend ihrer Rolle im Verfahren – einen prozentualen Nachlass auf die festgesetzte Geldbuße, vgl. EuG, Urt. v. 12.07.2018, T-441/14 (Rn. 20, 286), ECLI:EU:T:2018:453 – Brugg Kabel.

1095 Siehe zu den Voraussetzungen der sog. failing firm defence Europäische Kommission, Leitlinien zur Bewertung horizontaler Zusammenschlüsse gemäß der Ratsverordnung über die Kontrolle von Unternehmenszusammenschlüssen v. 05.02.2004, Rn. 89 f. Hierzu auch Bechtold/Bosch/Brinker (Hrsg.), EU-Kartellrecht, 3. Aufl. 2014, Art. 2 FKVO Rn. 64.

1096 Würden die Vermögenswerte und insbesondere Produktionskapazitäten des gescheiterten Unternehmens aus dem Markt genommen, wäre die vermutete Wettbewerbssituation mindestens ebenso schlecht wie ohne den sanierungsbedingten Zusammenschluss. Es ist ausreichend wahrscheinlich, dass die in Rede stehenden Marktanteile spätestens mit Ausscheiden des sanierungsbedürftigen Unternehmens aus dem Markt – zumindest teilweise – ohnehin bei dem Erwerber anwachsen würden, vgl. EuGH, Urt. v. 31.03.1998 (Rn. 114), ECLI:EU:C:1998:148 – Frankreich u.a. Siehe hierzu ausführlich Zeise, Europäische Fusionskontrolle, in: Schulte/Crede (Hrsg.), Handbuch Fusionskontrolle, Rn. 1530 ff. sowie Mäger, Europäisches Kartellrecht, 2. Aufl. 2011, 8. Kapitel: Fusionskontrolle Rn. 217.

verfahrensbedingten Belastungen nicht in gleichem Maße zugemutet werden, wie den Beteiligten „normaler" Zusammenschlussvorhaben.

III. Möglichkeit der Geltendmachung durch die Unternehmen

Die Geltendmachung der erreichten Schwellenwerte erfordert eine genaue Differenzierung. Es dürfen einerseits nicht solche Ansprüche an die Darlegungsstandards gestellt werden, die eine Berufung auf die Vermutung der Unverhältnismäßigkeit im Ergebnis faktisch unmöglich macht. Andererseits dürfen die Anforderungen auch nicht derart niedrig sein, dass die Unternehmen sich willkürlich hierauf berufen und die Ermittlungen durch die Kommission ungerechtfertigt behindern können. So wird von den Auskunftsadressaten zu fordern sein, dass sie die Angaben zu Art und Umfang ihrer Belastungen anhand der zeitlichen, personellen und sonstigen finanziellen Aufwendungen begründen. Zur Verdeutlichung der Ernsthaftigkeit des Vorbringens ist bereits zu diesem Zeitpunkt der Beweis durch die Auskunftsadressaten anzutreten. Hat die Kommission Bedenken an der Ernsthaftigkeit des Vorbringens, so kann sie dieses Bestreiten. Selbiges gilt, wenn sie die Erforderlichkeit der Art oder des Umfangs der geltend gemachten Aufwände in Frage stellt. Entsprechend der an den Anspruchsinhaber zu stellenden Anforderungen, kann jedoch auch insoweit ein einfaches Bestreiten nicht ausreichen. Um das Eingreifen der Vermutung der Unverhältnismäßigkeit zu erschüttern, hat die Kommission ihrerseits konkreten Gegenvortrag zu liefern, aus welchen Gründen und in welcher Höhe sie die vorgebrachten Belastungswerte ganz oder in Teilen für fehlerhaft hält. Gelingt ihr dies, ist das Erreichen der Schwellenwerte und damit das Eingreifen der Vermutung der Unverhältnismäßigkeit – wie an späterer Stelle noch detailliert erörtert wird – durch den Anhörungsbeauftragten als unabhängige Kontrollinstanz festzustellen.[1097]

IV. Verfahrensrechtliche Konsequenzen bei Eingreifen der Vermutung

Um der Natur der Ermittlungstätigkeit und dem prognostischen Charakter der Entscheidungen in einem laufenden Verfahren Rechnung zu tragen, wird – entsprechend der Überlegungen im Rahmen der Rüge der Erforderlichkeit – auch an das Erreichen der Schwellenwerte zur Vermutung der Unverhältnismäßigkeit ein differenziertes System an Schutzmechanismen geknüpft. Grund ist auch hier die Beeinträchtigung der weiten Ermessenspielräume der Kommission auf ein Minimum zu begrenzen und dennoch einen angemessenen Ausgleich mit den Interessen der betroffenen Unternehmen zu finden.

1097 Siehe hierzu unten D.I.2.3.

1. *Die Pflicht zur Begründung der Angemessenheit bei Überschreitung der Schwelle der Unangemessenheit*

Wie im Rahmen von Teil 2 dieser Arbeit immer wieder diskutiert, umfasst die Begründungspflicht der Kommission nach dem derzeitigen Stand lediglich den Zweck des Auskunftsersuchens. Darüber hinausgehende Begründungspflichten, beispielsweise zu angestellten Zweckmäßigkeitserwägungen, bestehen nicht.[1098] So muss die Kommission weder darlegen, dass und warum eine Maßnahme erforderlich ist, noch warum sie diese für angemessen hält. Dies ändert sich – entsprechend der Erhebung der Rüge der Nichterforderlichkeit – bei Eingreifen der Vermutung der Unverhältnismäßigkeit. Bei einer diesbezüglichen Rüge durch die Auskunftsadressaten wird die Kommission verpflichtet – noch innerhalb des laufenden Verfahrens – darzulegen, dass und welche Ziele sie mit der konkreten Auskunftseinholung verfolgt und warum die verursachten Belastungen der Unternehmen ihrer Ansicht nach im Verhältnis hierzu keinen unangemessenen Nachteil darstellen. Um die Einhaltung dieser Pflicht zu sichern, muss – wie im Rahmen der Rüge der Nichterforderlichkeit – ein Weiterlauf der Antwortfristen sowie der Eintritt sonstiger Nachteile in den Verfahren verhindert werden.[1099]

Die erweiterte Begründungspflicht führt als Reflex ebenfalls zu erweiterten Kontrollmöglichkeiten der Unionsgerichte.

2. *Schaffung von Ausgleichsansprüchen der Auskunftsgeber*

Mit Überschreitung der Schwellenwerte wird vermutet, dass die Belastungen der Unternehmen ein Ausmaß angenommen haben, dass zu den Interessen des Verfahrens nicht mehr im Verhältnis steht. Hält die Kommission dennoch an der Einholung weiterer Auskünfte fest (was durchaus möglich ist), sind die Adressaten nach wie vor verpflichtet, die Anfragen – zumindest bei verbindlichen Auskunftsentscheidungen – zu beantworten. Es steht ihnen nicht frei, die Beantwortung unter Verweis auf deren Unangemessenheit zu verweigern.[1100] Dies gilt selbst dann, wenn sie die von der Kommission nachgeschobene Begründung nicht für ausreichend erachten. Mit diesem Recht der Kommission wird die Effizienz und Effektivität der Ermittlungen gewahrt. Es führt jedoch zu einer einseitigen Gewichtung und damit

---

1098 Siehe hierzu ausführlich oben Teil 2, Kapitel 3, B.I.

1099 Zur Vermeidung von Wiederholungen siehe oben Teil 3, Kapitel 2, B.IV.1 und B.IV.2.

1100 Vgl. die in anderem Zusammenhang getroffenen Aussagen des EuGH, Urt. v. 18.05.1982, C-155/79 (Rn. 17), ECLI:EU:C:1982:157 – AM & S Europe, wonach die Herausgabe von Dokumenten durch die Auskunftsadressaten nicht selbstständig unter Berufung auf die Grund- und Verteidigungsrechte verweigert werden darf, ohne dass vorab eine Prüfung durch die Kommission oder die Unionsgerichte erfolgt ist.

zu einem Ungleichgewicht zwischen den Interessen der Kommission und denen der Auskunftsadressaten. Dieses ist auszugleichen. Holt die Kommission unabhängig vom Grad der Belastungen der betroffenen Unternehmen Auskünfte ein, ist sie hierzu grundsätzlich berechtigt. Ab Eingreifen der Vermutungswirkung wird sie jedoch verpflichtet, den betroffenen Unternehmen die im Rahmen der Auskunftserteilung entstehenden Aufwendungen angemessen auszugleichen.

Eine gesetzliche Grundlage, auf die dieser Erstattungsanspruch direkt gestützt werden könnte, existiert im Bereich des europäischen Kartellrechts (bisher) nicht. Für seine Umsetzung existieren zwei Möglichkeiten. Erstens: Soll der Anspruch – über den vorliegenden Vorschlag hinaus – sogar unwiderlegbar vermutet werden, ist ein entsprechender Absatz in Art. 18 VO 1/2003 und Art. 11 FKVO aufzunehmen. Dieser muss festlegen, dass die Kommission ab Erreichen der Schwellenwerte für die entstandenen Aufwendungen weiterer Auskunftsbeantwortung erstattungspflichtig ist. Ein solcher Absatz könnte wie folgt aussehen:

> *„Stehen die durch die Beantwortung von Auskunftsersuchen hervorgerufenen Gesamtbelastungen der Auskunftsadressaten nicht mehr im Verhältnis zu der Bedeutung des Verfahrens, ist die Kommission zum Ausgleich der die Schwelle der Unverhältnismäßigkeit übersteigenden Belastungen verpflichtet.“*

Für eine solche Lösung sprechen insbesondere die Rechtssicherheit und die Vermeidung weiterer Streitigkeiten über eine Widerlegung der Vermutung der Unverhältnismäßigkeit. Um auch potentielle Streitigkeiten über die Höhe der Ausgleichsansprüche weit möglichst zu vermeiden, würde es sich anbieten, Richtlinien über die Höhe angemessener Stundensätze für eigene Mitarbeiter der Auskunftsadressaten sowie juristische, ökonomische oder sonstige Berater der Unternehmen zu erlassen. Den Besonderheiten der einzelnen Sitzstaaten und der hier üblichen Stundensätze können dabei über Differenzierungen nach unterschiedlichen Gebieten in der Union Rechnung getragen werden.

Eine solche Regelung wäre dem europäischen Gesetzgeber auch keinesfalls unbekannt. So wurde beispielsweise im Datenschutzrecht den Problemen im Umgang mit umfassenden Auskunftsersuchen über die Einführung eines Entgeltanspruchs für deren Beantwortung begegnet.[1101] Gegenstand der Regelung sind – zumindest – offenkundig unbegründete oder exzessive, insbesondere häufige Auskunftsanträge.[1102] Dabei kann ein Auskunftsantrag dann als exzessiv bezeichnet werden, wenn er einen unverhältnismäßigen Umfang aufweist.[1103] Über Art. 12 Abs. 5 S. 2 DSGVO steht es der verantwortlichen Stelle zu diesem Zwecke offen, die

---

1101 Vgl. Art. 12 Abs. 5 S. 2 DSGVO.

1102 Siehe Specht, in: Sydow, Europäische Datenschutzgrundverordnung, 2. Aufl. 2018, Auskunftsrecht der betroffenen Person, Art. 15 DSGVO Rn. 16 m.w.N.

1103 Paal/Hennemann, in: Paal/Pauly, Datenschutz-Grundverordnung, Bundesdatenschutzgesetz, 2. Aufl. 2018, Art. 12 DS-GVO Rn. 64.

Erteilung abzulehnen (lit. b) oder die angefragten Auskünfte zu erteilen und hierfür ein angemessenes Entgelt zu erheben (lit. a). Begünstigter Entgeltempfänger dieser Regelung ist zwar die öffentliche Hand. Für die gesetzliche Verankerung einer Ausgleichspflicht übermäßiger Belastungen aufgrund wiederkehrender Auskunftsersuchen kann es allerdings keinen Unterschied machen, welche Natur die Rechtspersönlichkeit des Belasteten hat. Löst eine übermäßige Belastung eine Ausgleichspflicht aus, so sind keine Gründe ersichtlich, warum dies zu Gunsten, nicht jedoch zu Lasten einer öffentlichen Stelle in dem betreffenden Gesetz verankert werden kann.

Aber auch ohne Gesetzesänderung bestehen Umsetzungsmöglichkeiten der Vermutung der Unverhältnismäßigkeit. Insoweit wird zwar auf den unwiderlegbaren Charakter verzichtet werden müssen. Den gegenseitigen Interessen kann jedoch auch eine widerlegbare Vermutung der Unverhältnismäßigkeit – ohne dass es erforderlich wird, eine Rechtsgrundlage zu festen Ausgleichszahlungen zu schaffen – Rechnung tragen. Zu Umsetzungsmöglichkeit 2 im Einzelnen:

2.1. Beweislastumkehr in Amtshaftungsprozessen

a) Grundsätzliche Voraussetzungen der Amtshaftung

Die außervertragliche Haftung der Gemeinschaftsorgane ist primärrechtlich in Art. 340 Abs. 2 AEUV verankert. Sie setzt nach ständiger Rechtsprechung neben einer hinreichend qualifizierten Verletzung einer individualschützenden gesetzlichen Gewährleistung durch die Amtstätigkeit eines Unionsorgans, das Vorliegen eines Schadens sowie einen Kausalzusammenhang zwischen diesen voraus.[1104] Individualschützende Gewährleistungen können sich sowohl aus dem geschriebenen als auch dem ungeschriebenen Recht ergeben. Dem Grundsatz der Verhältnismäßigkeit kommt ein solcher individualschützender Charakter zu.[1105] Für die Frage, ob eine Verletzungshandlung hinreichend qualifiziert ist, kommt es insbesondere darauf an, ob dem handelnden Organ ein Ermessen eingeräumt ist und ob es die ihm hierbei gesetzten Grenzen (offensichtlich) überschritten hat.[1106] Hiermit stellen die Unionsgerichte einen Gleichlauf des Prüfungsmaßstabs im Rahmen der Amtshaftung mit der direkten Anfechtung von Auskunftsentscheidungen über die Nichtigkeitsklage her. In beiden Fällen ist der Prüfungsmaßstab am weiten Ermittlungsermessen der Kommission ausgerichtet.

1104 Siehe u.a. EuG, Urt. v. 11.07.2007, T-351/03 (Rn. 134 ff.), ECLI:EU:T:2007:212 – Schneider Electric III sowie ausführlich zu den Voraussetzungen der unionsrechtlichen Amtshaftung Hummel, Amtshaftung im Kartellrecht, 2016, S. 22 ff.

1105 So beispielsweise geprüft in EuGH, Urt. v. 14.01.1987, C-281/84 (Rn. 35 ff.), ECLI:EU:C:1987:3 – Zuckerfabrik Bedburg u.a.

1106 EuGH, Urt. v. 19.04.2007, C-282/05 (Rn. 47), ECLI:EU:C:2007:226 – Holcim (Deutschland).

b) *Sonderrechtfertigung in kartellrechtlichen Ermittlungssituationen*

Im Rahmen von kartellrechtlichen Amtshaftungsverfahren gehen die Unionsgerichte jedoch noch einen Schritt weiter. So entschied das EuG, dass ein Verstoß gegen eine gesetzliche Vorschrift dann nicht hinreichend qualifiziert sei, wenn er dem üblichen Verhalten eines mit derartigen Aufgaben betrauten Organs nicht fremd sei.[1107] Ein Anspruch entstehe nicht, wenn sich ein Verstoß der Kommission gegen gesetzliche Vorschriften durch die besonderen Anforderungen und Zwänge erklären lasse, denen das handelnde Organ innerhalb des gewöhnlichen Dienstbetriebs ausgesetzt sei.[1108] Mit anderen Worten wurde für die Beurteilung einer tauglichen Verletzungshandlung nicht mehr darauf abgestellt, was gesetzlich vorgeschrieben, sondern was die gängige Praxis der zuständigen Organe ist. Diese Erwägungen des Gerichts gewähren der Kommission im Rahmen ihrer Ermittlungstätigkeiten nicht nur den bekannten weiten Entscheidungsspielraum. Wurden die ohnehin sehr weiten Grenzen verletzt und liegt tatsächlich ein Verstoß gegen eine gesetzliche Verpflichtung vor, so ist mit dem Kriterium des „gewöhnlichen Dienstbetriebs" ein Rechtfertigungsgrund geschaffen worden. Der Gedanke, der dahintersteht, ist in gewisser Weise nachvollziehbar. Es soll der Kommission ermöglicht werden, der ihr von der VO 1/2003 und der FKVO verliehenen Ermittlungstätigkeiten nachzugehen, ohne befürchten zu müssen, mit Schadensersatzansprüchen überzogen zu werden.[1109] Ob die Unionsgerichte hier den richtigen Weg für die Umsetzung dieses Schutzzwecks gefunden haben, ist fraglich.

c) *Umkehr der Beweislast bei Überschreiten der Grenze zur Unverhältnismäßigkeit*

Bereits ohne diesen Rechtfertigungsgrund sind an die Geltendmachung eines Amtshaftungsanspruchs aufgrund der Verletzung des Verhältnismäßigkeitsgrundsatzes im Rahmen einer kartellrechtlichen Ermittlungsmaßnahme hohe Hürden gestellt. Der vermeintlich Anspruchsberechtigte trägt nach den geltenden Beweisverteilungsgrundsätzen die Beweislast für die Entstehung seines Anspruchs. Er muss zumindest substantiiert darlegen, weshalb die ihm auferlegten Verpflichtungen

---

1107 EuG, Urt. v. 11.07.2007, T-351/03 (Rn. 122), ECLI:EU:T:2007:212 – Schneider Electric III.

1108 Steinle/Schwartz, Schadensersatz wegen Fehlern im Fusionskontrollverfahren: das Urteil Schneider III, BB 2007, 1741, 1741 f. Vgl. auch EuG, Urt. v. 11.07.2007, T-351/03 (Rn. 123), ECLI:EU:T:2007:212 – Schneider Electric III, („*Somit kann der Verstoß gegen eine gesetzliche Verpflichtung, der, so bedauerlich er auch sein mag, mit den objektiven Zwängen erklärt werden kann, denen das Organ und seine Bediensteten aufgrund der Bestimmungen über die Fusionskontrolle ausgesetzt sind.*").

1109 Ähnliche Erwägungen sind beispielsweise für Richter auch dem deutschen Amtshaftungsrecht immanent und in § 839 BGB verankert.

zu Belastungen führen oder geführt haben, die nicht mehr im Verhältnis zu den hiermit verfolgten Zielen stehen.[1110] Diese Ziele sind jedoch nur in groben Zügen bekannt. Wie oben dargelegt, ist die Kommission gerade nicht verpflichtet, dem Auskunftsadressaten die Hintergründe und Beweggründe ihres Handelns offenzulegen. Er wird daher in der Regel lediglich in der Lage sein, seinen eigenen Aufwand darzulegen. Nach der ständigen Rechtsprechung reicht jedoch alleine eine hohe Belastung – ohne konkrete Darlegung, dass und warum die Ermittlungsinteressen der Kommission hierhinter zurücktreten müssen – gerade nicht aus, um eine Unangemessenheit zu begründen.[1111] Ob und wie der Auskunftsadressat seiner Darlegungs- und Beweislast hingegen mit allgemeinen Erwägungen allein zum verfolgten Anfangsverdacht und dem Verlauf der Ermittlungen nachkommen kann, ist fraglich.

Dem steuert das Instrument der Vermutung der Unverhältnismäßigkeit entgegen. Erlässt die Kommission auch nach Erreichen der Schwellenwerte zur Unverhältnismäßigkeit weitere Auskunftsersuchen, so wird die Unangemessenheit vermutet. Die Kommission kann die Informationen grundsätzlich weiter einholen. Die Aufwendungen, die für die Beantwortung dieses Auskunftsersuchens anfallen, werden jedoch direkt wie ein erstattungsfähiger Schaden behandelt.[1112] Es kann folglich kein Zweifel an der hinreichend qualifizierten Überschreitung der eingeräumten Ermessensspielräume mehr bestehen.

d) Möglichkeit der Widerlegung durch die Kommission

Will die Kommission den Ersatzanspruch verhindern, liegt es in ihrer Sphäre, die Vermutung der Unverhältnismäßigkeit zu widerlegen. Hält sie den Ausgleichsanspruch als solchen oder die Ursächlichkeit der geltend gemachten Aufwände

---

1110 Ebenso bei der Nichtigkeitsklage, vgl. EuG, Urt. v. 22.03.2012, T-458/09 u.a. (Rn. 83), ECLI:EU:T:2012:145 – Slovak Telekom.

1111 Siehe m.w.N. Miersch/Israel, in: Kamann/Ohlhoff/Völcker, Kartellverfahren und Kartellprozess, 2017, § 8 Rn. 92.

1112 Konstruiert werden kann dies über unterschiedliche Instrumente der Beweiserleichterung für die Entstehung eines kausalen Schadens bis hin zur Beweislastumkehr. Letzteres ließe sich anhand des sog. Sphärengedankens durchsetzen. Der Sphärengedanke ist auch der (gesetzlich vorgesehenen) Beweislastverteilung im Europäischen Verwaltungsrecht nicht fremd, vgl. Danwitz, Europäisches Verwaltungsrecht, 2008, S. 420 m.w.N. Eine Verteilung der Beweislast anhand der Verantwortungsbereiche der Beteiligten bedeutet, dass die Person die Beweislast zu tragen hat, die wegen der Nähe zum in Rede stehenden Beweisgegenstand die bessere oder gar einzige Möglichkeit der Aufklärung hat, vgl. Peschau, Beweislast im Verwaltungsrecht, 1983, S. 56, 146 ff., der letztlich davon ausgeht, dass die Behörde die Beweislast für das Vorliegen der Teilaspekte der Verhältnismäßigkeit zu tragen hat.

für unberechtigt, kann sie konkrete Angriffspunkte gegen dessen Grundlage – die Vermutung der Unverhältnismäßigkeit – vorbringen. Sie kann entweder das Eingreifen der Vermutung als solches erschüttern. Hierzu ist darzulegen, dass die Belastungen der Unternehmen nicht in dem vorgebrachten Maße eingetreten sind und es damit bereits nicht zum Eingreifen der Vermutungswirkung gekommen ist. Andernfalls muss sich der Vortrag gegen die Wirkung der Vermutung richten. Die Kommission ist berechtigt und verpflichtet, im Wege des Gegenbeweises darzulegen und zu beweisen, dass und warum die Einholung der Auskünfte in dem geforderten Umfang angemessen war. Indizien für die Angemessenheit der Auskunftseinholung können sich – abgesehen von sachverhaltsspezifischen Erwägungen – aus den folgenden Argumenten ergeben.

(1) Verwertung der Auskünfte

Eine hohe indizielle Bedeutung kommt der Verwertung der angefragten Auskünfte zu. Die Kommission kann darlegen, dass und wozu sie die angeforderten Auskünfte verwertet hat und hiermit die Angemessenheit ihrer Einholung begründen.

Nach der derzeitigen Rechtsprechung der Unionsgerichte wurden Argumentationslinien der fehlenden Verwertung unter Hinweis auf das weite Ermittlungsermessen der Kommission stets abgewiesen. Die Verwertung der Auskünfte im Verfahren könne zwar auf eine Erforderlichkeit hindeuten.[1113] Aus der fehlenden Verwertung lasse sich im Umkehrschluss jedoch nicht folgern, dass es an der Verhältnismäßigkeit der Auskunftseinholung fehle.[1114] Genau auf diese Aussagen kann für die Erschütterung der Vermutungswirkung durch die Kommission zurückgegriffen werden. Anders als in den entschiedenen Fällen, soll nicht aus der Nichtverwertung auf die Rechtswidrigkeit einer Auskunftseinholung geschlossen werden. Vielmehr soll die Verwertung zur Rechtfertigung einer Maßnahme eingesetzt werden, deren Rechtmäßigkeit bereits durch die Vermutung der Unverhältnismäßigkeit in Frage gestellt wurde. Legt die Kommission die Verwertung dar, kann dies die Angemessenheit der Auskunftseinholung begründen.

Hinsichtlich der Verwertung der eingeholten Informationen ist weiterhin Folgendes zu beachten. Wie bereits oben ausgeführt, ist der Bezugspunkt der Vermutungswirkung das Verfahren in seiner Gesamtheit.[1115] Somit muss auch für die

---

1113 EuG, Urt. v. 04.02.2009, T-145/06 (Rn. 45), ECLI:EU:T:2009:27 – Omya. Siehe auch Göttlinger, Auskunftsrechte der Kommission im Recht der EU, 2013, S. 271 und Körber, in: Immenga/Mestmäcker, EU-Wettbewerbsrecht, 5. Aufl. 2012, FKVO Art. 11 Rn. 5.

1114 EuG, Urt. v. 04.02.2009, T-145/06 (Rn. 45), ECLI:EU:T:2009:27 – Omya. Im weiteren Verlauf des Verfahrens hat das Gericht jedoch – nach eigener Aussage aus Gründen der Vollständigkeit – die tatsächliche Verwendung der strittigen Daten geprüft und bejaht (siehe Rn. 109 ff.).

1115 Siehe oben im selben Kapitel unter C.II.1.

Widerlegung der Vermutungswirkung auf das gesamte Verfahren zurückgegriffen werden. Es kann für eine Rechtfertigung daher nicht ausreichen, dass die Kommission sich auf die Darlegung der Verwertung der konkret mit dem in Rede stehenden Auskunftsersuchen angefragten Informationen beschränkt. Sie muss – auf entsprechende Rüge des Auskunftsadressaten – weitergehend darlegen, dass und wie auch mit den sonstigen Informationen umgegangen wurde, die im Laufe des Verfahrens eingeholt wurden. Es ist erforderlichenfalls auszuführen, aus welchen Gründen diese Informationen – trotz ihres wohl erheblichen Umfangs – nicht zur Bewertung der untersuchten Sachverhalte ausgereicht haben.

Die Kommission machte – mit Billigung durch die Unionsgerichte – stets geltend, dass die Offenlegung ihrer internen Ermittlungsstrategien und der Art bzw. des Umfangs der Verwertung von Informationen zu Einbußen der Ermittlungseffektivität führen würde.[1116] Im Rahmen eines dem Ermittlungsverfahren nachgelagerten Amtshaftungsprozesses kann diese Argumentationslinie zur Verhinderung der Offenlegung von Informationen jedoch nicht mehr überzeugen. Vielmehr kann die potentiell drohende Pflicht zur Erläuterung der internen Ermittlungsführung den positiven Nebeneffekt haben, bereits während der Dauer des Verfahrens eine Fokussierung der Ermittlungen zu erreichen, sodass die Schwelle zur Unverhältnismäßigkeit bestenfalls gar nicht überschritten wird.

(2) Besondere Relevanz der Informationen

Die Darlegung der Angemessenheit der Auskunftseinholung kann sich auch aus der besonderen Relevanz der Auskünfte, Unterlagen oder Daten für die Ermittlung ergeben. Da insoweit abermals der prognostische Charakter der Ermittlungen ins Spiel kommt, kann das diesbezügliche weite Ermessen lediglich anhand einer ex-ante Perspektive überprüft werden. Im Gegenzug muss von der Kommission besonders fundierter, erläuternder Vortrag verlangt werden. Sie muss detailliert darlegen, welche Auswirkungen oder Erkenntnisse sie aus den angefragten Unterlagen erwartete. Zudem sind Ausführung dazu erforderlich, dass und auf welche Weise die Kommission versucht hat, die erwarteten Belastungen zu begrenzen. So trug die Kommission in dem gerichtlichen Verfahren in Sachen *Slovak Telecom* vor, dass sie sich zunächst auf bestimmte Präsentationen und Dokumente beschränkt habe.[1117] Dies können beispielsweise Unterlagen sein, deren Existenz aufgrund von Nennungen in vorherigen Unterlagen bereits bekannt war und welche die Kommission aufgrund ihrer Erkenntnisse aus den Ermittlungen als hinreichend relevant einstufen konnte.[1118] Insoweit wird die Kommission regelmäßig auf die

1116 Siehe hierzu bereits oben Teil 2, Kapitel 1, B.II.3.

1117 Vgl. EuG, Urt. v. 22.03.2012, T-458/09 u.a. (Rn. 85), ECLI:EU:T:2012:145 – Slovak Telekom.

1118 Vgl. EuG, Urt. v. 22.03.2012, T-458/09 u.a. (Rn. 85), ECLI:EU:T:2012:145 – Slovak Telekom.

bereits gelieferte Begründung im Rahmen des Ermittlungsverfahrens zurückgreifen können.

2.2. Hilfsweise Verrechnung im laufenden Kartellverfahren

Zur Schonung unionsrechtlicher Ressourcen, sowohl der Gerichte als auch der Kommission, und letztlich auch der betroffenen Unternehmen, soll zudem eine außergerichtliche Lösung aufgezeigt werden. Zumindest in Kartellverfahren kann eine für alle Parteien einfachere sowie zeit- und kostensparendere Alternative noch innerhalb des Kommissionsverfahrens über den Weg der vergleichsweisen Lösung erfolgen. Für die Kommission bietet dieser Weg neben ökonomischen Aspekten einen weiteren Anreiz. Sie kann ihre Ermittlungsweisen und Verfahrensführung weitgehend unaufgedeckt lassen.

Die einvernehmliche Lösung kann über eine Art Anrechnungsrecht der Ausgleichsberechtigten im Rahmen der verfahrensabschließenden Bußgeldentscheidung umgesetzt werden.[1119] Mit anderen Worten: Die Aufwendungen für die übermäßige Auskunftseinholung können mit dem gegen das Unternehmen oder ein Konzernunternehmen festzusetzenden Bußgeld verrechnet werden.[1120]

Es ist dem Kartellverfahren nicht fremd, dass das Verhalten eines Unternehmens in der Bußgeldberechnung Berücksichtigung findet. So steht es der Kommission beispielsweise frei, die mangelhafte Mitwirkung eines Unternehmens bußgelderhöhend zu bewerten.[1121] Ebenfalls bußgelderhöhend wurde sanktionsbewehrtes Fehlverhalten im Laufe des Verfahrens berücksichtigt. So hielt die Kommission es für eine Vielzahl missbilligter Verhaltensweisen nicht für erforderlich ein gesondertes Zwangsgeld nach Art. 24 VO 1/2003 zu verhängen. Vielmehr wurde schlicht

---

1119 Eine dem deutschen Recht vergleichbare Aufrechnung im technischen Sinne ist dem Unionsrecht nicht fremd, wird jedoch allenfalls zu Gunsten der Kommission diskutiert, vgl zu alledem Sahl, Aufrechnung zwischen Hoheitsträgern, 2019, u.a. S. 40 ff. sowie 159 ff. Zwar erscheint es im vorliegenden Fall und aufgrund der Erwägungen der Erforderlichkeit eines Ausgleichs nicht unmöglich dies auch zu Gunsten der von der Kommission betroffenen natürlichen und juristischen Personen zu argumentieren. Aufgrund der vorgeschlagenen Verrechnung im laufenden Verfahren scheint ein derartiges förmliches Aufrechnungsrecht nicht erforderlich, siehe hierzu im Verlauf des Kapitels.

1120 Der Anspruch des Unternehmens ist dabei auf die Höhe des festzusetzenden Bußgeldes zu beschränken, siehe weiter unten vertiefender zur Vermeidung eines überschießenden Guthabens für späteres Fehlverhalten.

1121 Hierunter fällt insbesondere die Verweigerung der Zusammenarbeit oder die Behinderung der Untersuchungen, vgl. Sura, in: Langen/Bunte, Kartellrecht, 13. Aufl. 2018, Art. 20 VO 1/2003 Rn. 18. Siehe hierzu auch EuG, Urt. v. 17.09.2007, T-125/03 (Rn. 89), ECLI:EU:T:2007:287 – Akzo Nobel Chemicals u.a.

das verfahrensabschließende Bußgeld erhöht.[1122] Als Grund für die Erhöhung wurde der erschwerende Umstand der Behinderung der Ermittlungen genannt. So erhöhte sie den Ausgangswert der festzusetzenden Geldbuße in Sachen *professional videotapes* um 30 %, da teilweise die Beantwortung mündlicher Fragen verweigert wurde und ein Mitarbeiter während der Nachprüfung Unterlagen vernichtet hat.[1123] In dem Verfahren *Bitumen Niederlande* wurde der Grundbetrag der Geldbuße um 10 % erhöht, weil der Kommission der Zugang zu den Geschäftsräumen verwehrt wurde und sie diesbezüglich auf die Unterstützung der nationalen Wettbewerbs- und Polizeibehörden zurückgreifen musste.[1124] In *Graphitelektroden* wirkte sich die Warnung von anderen Kartellmitgliedern bezüglich der bei einem Unternehmen durchgeführten Durchsuchungen bußgelderhöhend aus.[1125]

Ist es möglich, das Verfahrensverhalten bußgelderhöhend zu berücksichtigen, so muss diese Möglichkeit aus rechtsstaatlichen Gründen auch bußgeldsenkend gewährt werden. Entsprechend hat die Kommission auch bereits verhaltensbedingte Bußgeldreduzierungen vorgenommen, beispielsweise für Situationen, in denen ein Unternehmen Informationen lieferte, die außerhalb des Anwendungsbereichs der Bonusregelungen lagen oder über die Anfragen eines Auskunftsersuchens hinausgingen.[1126] Ausschlaggebendes Kriterium für eine Minderung des Bußgeldes ist, dass das in Frage stehende Verhalten die Untersuchungstätigkeit der Kommission erleichtert. Dies ist bei Übersteigen der Schwelle zur Unverhältnismäßigkeit der Fall. Aufgrund der besonderen Förderung und Unterstützung des Ermittlungsverfahrens ist die Lieferung von Informationen nach Eingreifen der Vermutungswirkung begünstigend zu berücksichtigen. Der konkrete Umfang der Anrechnung ist im Lichte der vergleichsweisen Vorgehensweise zwischen den Parteien zu verhandeln. Gegenstand der Einigung können entweder die tatsächlich getätigten Aufwendungen oder ein prozentualer Abschlag von dem festzusetzenden Bußgeld sein.

Für Sektoruntersuchungen und Fusionskontrollverfahren lässt sich eine ähnliche Vorgehensweise aufgrund der Besonderheiten der Verfahren nicht konstruieren. Eine „Verrechnung" setzt eine Verbindung zwischen dem Verrechnungsmittel (den Aufwendungen) und dem Verrechnungsgegenstand (dem Bußgeld) voraus. Da Sektoruntersuchungen und Fusionskontrollverfahren nicht mit einer Bußgeldfestsetzung enden, kann eine unmittelbare Anrechnung in dem Verfahren nicht erfolgen. Eine Berücksichtigung in späteren Verfahren würde in einer Art „Guthabenkonto für Fehlverhalten" der Unternehmen resultieren. Dies kann weder

1122 Van der Hout/Wiemer, in: Berg/Mäsch, Kartellrecht, 3. Aufl. 2018, Art. 20 VO 1/2003 Rn. 90.

1123 Komm., E. v. 20.11.2007 (COMP/38432) – Professional Videotape.

1124 Komm., E. v. 13.09.2006 (COMP/38456) – Bitumen NL.

1125 Komm., E. v. 18.07.2001 (COMP/36490) – Graphitelektroden.

1126 Vgl. u.a. EuG, Urt. v. 08.07.2008, T-53/03 (Rn. 479 ff.), ECLI:EU:T:2008:254 – BPB.

rechtlich noch rechtspolitisch gewollt sein. Eine Anrechnung wäre daher allenfalls denkbar, wenn aus Anlass des konkreten Verfahrens gegen das Unternehmen ein Bußgeld wegen verfahrensrechtlichen Verstößen festgesetzt wird. Dies kann beispielsweise die Erteilung unrichtiger Auskünfte oder ein Verstoß gegen das Vollzugsverbot sein. Erforderlich ist jedoch, dass es sich um die Bebußung einer Verhaltensweise handelt, die bereits vor Eingreifen der Vermutung der Unverhältnismäßigkeit erfolgt ist. Andernfalls sind die Unternehmen in Bezug auf ihre Ausgleichsansprüche auf die separate, möglicherweise gerichtliche Geltendmachung ihrer Ausgleichsansprüche zu verweisen. Selbiges gilt für unbeteiligte Dritte, denen gegenüber bereits keine verfahrensabschließende Entscheidung ergeht.

D. Neuerung 3: Das erweiterte Mandat des Anhörungsbeauftragten

Zur Umsetzung der Neuerungen 1 und 2 werden die Befugnisse des Anhörungsbeauftragten Wettbewerb erweitert. Er wird als Schlichtungsstelle während der laufenden Kommissionsverfahren fungieren.

I. Die Überwachungsfunktion des Anhörungsbeauftragten

Dem Rechtsinstitut des Anhörungsbeauftragten Wettbewerb kommt in Verfahren im Bereich des europäischen Kartellrechts große praktische Bedeutung zu. Als unbeteiligter und unabhängiger Dritter soll er für die Durchführung eines effektiven und zugleich fairen, objektiven und transparenten Verfahrens sorgen. Diese zentrale Funktion wird durch die einführenden Worte seines Mandats an mehrfacher Stelle deutlich gemacht.[1127] Der Anhörungsbeauftragte soll eine vermittelnde Stellung bei (bestimmten) Streitigkeiten oder Unstimmigkeiten zwischen der Generaldirektion Wettbewerb und den Verfahrensbeteiligten einnehmen.[1128] Er muss daher bei der Wahrnehmung seiner Aufgaben sachlich und personell vollständig unabhängig agieren.[1129] Diese Unabhängigkeit wird dadurch gewahrt, dass er zwar in die Strukturen der Kommission, nicht jedoch in die der Generaldirektion Wettbewerb eingegliedert ist. Er ist direkt dem Wettbewerbskommissar unterstellt. Von ihm leitet er im Wege der Subdelegation seine Befugnisse und Aufgaben ab.[1130] Weisungen von Mitgliedern der ebenfalls dem Wettbewerbskommissar

1127 Vgl. u.a. Erwägungsgrund 3 des Mandats des Anhörungsbeauftragten.

1128 Lübking/Koppenfels, Effektive Durchsetzung des EU-Wettbewerbsrechts und Verfahrensgarantien, in: Immenga/Körber (Hrsg.), Die Kommission zwischen Gestaltungsmacht und Rechtsbindung, S. 75. Europäische Kommission, Bekanntmachung der Kommission über bewährte Vorgehensweisen in Verfahren nach Artikel 101 und 102 des AEUV v. 20. Oktober 2011, Rn. 79.

1129 Vgl. Art. 3 Abs. 1 des Mandats des Anhörungsbeauftragten.

1130 Vgl. Art. 2 Abs. 1 und 2 des Mandats des Anhörungsbeauftragten.

unterstellten Generaldirektion Wettbewerb nimmt der Anhörungsbeauftragte nicht entgegen.[1131]

Der erste Anhörungsbeauftragte nahm im Jahr 1982 sein Amt auf. Seitdem wurde sein Mandat mehrfach fortentwickelt, konkretisiert und erweitert. Von der Überprüfung der ordnungsgemäßen Gewährung rechtlichen Gehörs hat sich seine Zuständigkeit heute allgemein zum *„Garant aller Verfahrensrechte"* in Ermittlungsverfahren nach Kapitel V der VO 1/2003 (Art. 17 ff.) erweitert.[1132] So erfolgte mit der letzten Novellierung seines Mandates im Jahr 2011 die Erweiterung seiner Befugnisse neben dem kontradiktorischen Verfahren auch auf Meinungsverschiedenheiten innerhalb der Ermittlungsphase. Grund hierfür war die Forderung nach einer zeitnahen und unabhängigeren Kontrolle der Kommission in ihrer Mehrfachrolle als Ermittler, Staatsanwalt und Richter; und zwar bevor die betroffenen Unternehmen den Rechtsweg zu den Unionsgerichten beschreiten (müssen).[1133] Dies gilt für Kartellverfahren ebenso wie für Sektoruntersuchungen. In Fusionskontrollverfahren fokussiert sich der Einsatz des Anhörungsbeauftragten auf die zweite, vertiefte Ermittlungsphase der Untersuchung.[1134]

1. *Der derzeitige Umfang des Mandats*

Die Befugnisse und Aufgabenbereiche des Anhörungsbeauftragten lassen sich im Wesentlichen in drei Bereiche einteilen. Zu seinen Kerntätigkeiten gehört nach wie vor die Wahrung der Anhörungsrechte im Rahmen von Verfahren nach der VO 1/2003 und unter bestimmten Voraussetzungen der FKVO.[1135] Hinzu kommt die Überwachung der Einhaltung einer Vielzahl anderer Verfahrens- und Verteidigungsrechte. Beispielhaft zu nennen sind der Schutz vor einer unzulässigen

---

1131 Engelhoven, Unzureichende Legitimation von Ermittlungshandlungen der Europäischen Kommission, 2009, S. 180. So auch Kellerbauer, in: Groeben/Schwarze/Hatje, Europäisches Unionsrecht, 7. Aufl. 2015, VO (EG) 1/2003 Art. 27 Rn. 5.

1132 Van der Hout/Lux, in: Berg/Mäsch, Kartellrecht, 3. Aufl. 2018, Art. 27 VO 1/2003 Rn. 6.

1133 Siehe hierzu Durande/Kellerbauer, Der Anhörungsbeauftragte in EG-Wettbewerbsverfahren, WuW 2007, 865, 866.

1134 Hingegen ist der erste Ermittlungsabschnitt des Verfahrens, die sog. Phase 1, dem Zugriff des Anhörungsbeauftragten nach wie vor weitgehend entzogen. Wiederholend wird darauf hingewiesen, dass der Präsident der Kommission nach dem bisherigen Stand der Effizienz und der Schnelligkeit der wettbewerbsrechtlichen Ermittlungen den Vorzug vor einem umfassenden Schutz durch den Anhörungsbeauftragten gibt, siehe hierzu Kellerbauer, in: Berg/Mäsch, Kartellrecht, 3. Aufl. 2018, Art. 6 FKVO Rn. 19 sowie Albers, Aktuelle Entwicklungen in der Praxis des Anhörungsbeauftragten, 61.

1135 Vgl. Kellerbauer, Das neue Mandat des Anhörungsbeauftragten für EU-Wettbewerbsverfahren, EuZW 2013, 10, 11.

Selbstbelastung des Auskunftsadressaten, die Wahrung der Vertraulichkeit anwaltlicher Beratung, die Einhaltung der Unterrichtungspflicht sowie nicht zuletzt – bereits nach dem jetzigen Mandat – die Überwachung der Angemessenheit von in Auskunftsersuchen festgesetzten Antwortfristen.[1136] Schließlich kann der Anhörungsbeauftragte auch über den Umfang des Vertraulichkeitsschutzes von Geschäftsgeheimnissen sowie die Pflicht zu deren Offenlegung in Wettbewerbsverfahren entscheiden.[1137]

Der Aufgabenbereich des Anhörungsbeauftragten ist für die VO 1/2003 und die FKVO nicht deckungsgleich. Während das Mandat die Einschaltung des Anhörungsbeauftragten im Rahmen der VO 1/2003 mittlerweile bei einer Vielzahl an Themen und zu jeglichem Verfahrensstand erlaubt, sind die Befugnisse bei Verfahren nach der FKVO nach wie vor beschränkt. So kann er nach Art. 4 Abs. 2 lit. b seines Mandats in Bezug auf den Schutz vor Selbstbelastung nur in Verfahren nach der VO 1/2003 angerufen werden. Seine Zuständigkeit in Bezug auf die Überwachung des Anwaltsprivilegs ist auf einzelne Bereiche bzw. Ermittlungshandlungen der FKVO beschränkt.[1138] Zumindest für Teile der Verteidigungsrechte wäre es wünschenswert, dass diese Beschränkung des Mandats vor dem Hintergrund der heutigen Ermittlungspraxis aufgehoben wird.[1139]

Im Allgemeinen enthält das Mandat des Anhörungsbeauftragten ein differenziertes System der Gewährung von Schutzmöglichkeiten in den verschiedensten Situationen der Ermittlungsverfahren. Bei manchen Streitfragen hat der Anhörungsbeauftragte tatsächliche Entscheidungskompetenzen erhalten. So ist seine Entscheidung über die Verlängerung einer von der Generaldirektion Wettbewerb gesetzten Frist im Rahmen der Prüfung angemessener Antwortfristen von Auskunftsentscheidungen nach Art. 18 Abs. 3 VO 1/2003 verbindlich.[1140] Ähnliche Kompetenzen kommen ihm bei Anträgen auf Informationsgewährung zu. Er entscheidet verbindlich, ob ein Unternehmen über seine verfahrensrechtliche Stellung informiert werden muss.[1141] Auch über die Offenlegung von Informationen und

---

1136 Vgl. Art. 4 Abs. 2 des Mandats des Anhörungsbeauftragten.

1137 Vgl. Art. 8 Abs. 2 des Mandats des Anhörungsbeauftragten.

1138 Namentlich Nachprüfungen nach Art. 13 FKVO und Verfahren zur Festsetzung von Bußgeldern nach Art. 14 FKVO, vgl. Art. 4 Abs. 2 lit. a des Mandats des Anhörungsbeauftragten.

1139 Es wird u.a. gefordert, dass das Mandat des Anhörungsbeauftragten zumindest auf die umfassende Wahrung des Anwaltsprivilegs auch im Rahmen der Fusionskontrolle ausgeweitet wird, vgl. Wilson, Legal Professional Privilege in der EU-Fusionskontrolle, NZKart 2017, 352, 357.

1140 Art. 4 Abs. 2 lit. c des Mandats des Anhörungsbeauftragten.

1141 Siehe Europäische Kommission, Bekanntmachung der Kommission über bewährte Vorgehensweisen in Verfahren nach Artikel 101 und 102 des AEUV v. 20. Oktober 2011, Rn. 15 oder Van der Hout/Lux, in: Berg/Mäsch, Kartellrecht, 3. Aufl. 2018, Art. 27 VO 1/2003 Rn. 11 f.

sonstiger Auskünfte, für die aufgrund des Vorliegens von Geschäftsgeheimnissen eine vertrauliche Behandlung beantragt wurde, entscheidet der Anhörungsbeauftragte selbst und abschließend.[1142] In anderen Bereichen hingegen ist er lediglich ermächtigt, begründete Empfehlungen an die zuständigen Sachbearbeiter der Generaldirektion abzugeben. Dies ist beispielsweise in Art. 4 Abs. 2 lit. b seines Mandats in Bezug auf die Wahrung der Selbstbelastungsfreiheit geregelt. Derartige Empfehlungen sind bei den späteren Entscheidungen der Generaldirektion zu berücksichtigen. Eine bindende Wirkung kommt ihnen jedoch nicht zu. Durch dieses System der Differenzierungen soll zur Verfahrensgerechtigkeit und Qualität der Entscheidungen in Verfahren nach der VO 1/2003 und der FKVO beigetragen und dennoch die Funktionsfähigkeit der Ermittlungsverfahren erhalten werden.[1143]

Neben der Einhaltung formeller Kriterien kann der Anhörungsbeauftragte zudem auch auf die materielle Qualität und Rechtmäßigkeit der Entscheidung Einfluss nehmen. Auf seine diesbezügliche Beraterstellung für die Generaldirektion Wettbewerb wird an späterer Stellung vertieft eingegangen.[1144]

2. Ausweitung der Zuständigkeiten und Kompetenzen

Die Befassung des Anhörungsbeauftragten mit zu weit gefassten Auskunftsersuchen ist in der Praxis bisher unüblich.[1145] Die Ausweitung seiner Kompetenzen auf Problemfragen der Verhältnismäßigkeit von Auskunftsersuchen ist jedoch möglich.

2.1. Die Begründung der Erforderlichkeit eines Auskunftsersuchens

Dem Anhörungsbeauftragten werden für bestimmte Problemkreise, die im Arbeitsalltag zwischen der Kommission und den Auskunftsadressaten häufiger Thema von Diskussionen und Meinungsverschiedenheiten sind, Entscheidungs- und Regelungskompetenzen übertragen, um einen reibungsfreien Ablauf eines Ermittlungsverfahrens zu ermöglichen.[1146] Diese bekannten, häufig auftretenden Streitpunkte sind jedoch nicht dauerhaft einheitlich zu beurteilen. Sie können sich je nach den

1142 Vgl. Art. 8 Abs. 2 des Mandats des Anhörungsbeauftragten („*in einem mit Gründen versehenen Beschluss*").

1143 Vgl. Durande/Kellerbauer, Der Anhörungsbeauftragte in EG-Wettbewerbsverfahren, WuW 2007, 865, 880.

1144 Siehe hierzu im selben Kapitel D.II.

1145 Bisher wurden derartige Anfragen nicht akzeptiert, siehe Levy/Karadakova, The EC's increasing reliance on internal documents under the EU Merger Regulation, ECLR 2018, 12–23, 15.

1146 Albers, Aktuelle Entwicklungen in der Praxis des Anhörungsbeauftragten, 67. Siehe auch Engelhoven, Unzureichende Legitimation von Ermittlungshandlungen der Europäischen Kommission, 2009, S. 179.

aktuellen Tendenzen des Ermittlungsverhaltens der Kommission verschieben. Dementsprechend muss es auch möglich sein, das Mandat des Anhörungsbeauftragten an die geänderten äußeren Bedingungen der Ermittlungen unter der VO 1/2003 und der FKVO anzupassen. Bisher war es gängige Praxis, dass ausschließlich die Auskunftsadressaten den Anhörungsbeauftragten um Streitschlichtung gebeten haben. Die Deutlichkeit, mit der dieser Umstand die überlegene Stellung der Kommission verdeutlicht, soll für den Moment außer Acht gelassen werden. Es ist jedoch zu beachten, dass es sich bei dem Anhörungsbeauftragten um eine Art vorgerichtlichen Streitschlichter handelt. Befinden sich die Parteien in annährend vergleichbaren Positionen, so ist es auch erforderlich, dass beide Seiten den Anhörungsbeauftragten anrufen können. Durch die Rüge der Nichterforderlichkeit und die Vermutung der Unverhältnismäßigkeit werden dem weiten Ermessen der Kommission Grenzen gesetzt. Im Gegenzug hierzu muss sie in die Lage versetzt werden, Unterstützung beim Schutz ihrer Position durch die „Streitschlichtungsstelle“ Anhörungsbeauftragter zu erlangen.

a) Inhaltliche Erweiterungen der Zuständigkeit

Im Zusammenhang mit der oben dargestellten Rüge der Nichterforderlichkeit kartellrechtlicher Auskunftsersuchen sind an drei Stellen Erweiterungen des Aufgabenspektrums des Anhörungsbeauftragten wünschenswert. In zwei Konstellationen geht dieses Anhörungsrecht zu Gunsten der Kommission, in einer zu Gunsten der Auskunftsadressaten.

Der Anhörungsbeauftragte soll erstens in Bezug auf die Erhebung der Rüge der Nichterforderlichkeit angerufen werden können. Die Anrufung erfolgt durch die zuständigen Sachbearbeiter der Generaldirektion Wettbewerb, wenn sie die Rüge der Nichterforderlichkeit für unsubstantiiert oder vorgeschoben halten – beispielsweise, wenn sie offensichtlich zur Verzögerung der Beantwortung erhoben wurde. Der Anhörungsbeauftragte stellt bei tatsächlichem Vorliegen begründeter Einwände fest, dass es der Rüge der Nichterforderlichkeit an der erforderlichen Substanz fehlt und keine Pflicht zur erweiterten Begründung besteht. Um einerseits nicht über den Anhörungsbeauftragten zu einer Vorwegnahme der Hauptsache zu gelangen und andererseits zu verhindern, dass die Rüge der Nichterforderlichkeit bereits auf der Ebene ihrer Erhebung scheitert, wurden die obigen Fallgruppen für besonders häufige oder einschlägige Sachverhaltskonstellationen gebildet.[1147] Bei deren Eingreifen wird ohne weiteren Aufwand des Auskunftsadressaten eine erweiterte Begründungspflicht der Kommission ausgelöst. Die Darlegung und Begründung ihres Vorliegens ist vergleichsweise einfach und lässt keine größeren Meinungsverschiedenheiten zu. Solange der Auskunftsadressat sich an diese Fallgruppen hält, sollte die Anrufung des Anhörungsbeauftragten durch die Generaldirektion Wettbewerb auf extreme Ausnahmefälle und den offensichtlichen

1147 Siehe hierzu oben, B. II.

Missbrauch der Rüge beschränkt sein. Anders sieht dies hingegen aus, wenn der Auskunftsadressat die Nichterforderlichkeit unter Zuhilfenahme sonstiger Kriterien zu begründen versucht. Insoweit können vertieften Prüfungen durch den Anhörungsbeauftragten erforderlich werden.

Zweitens soll der Generaldirektion Wettbewerb in Bezug auf die Prüfungsfristen in Fusionskontrollverfahren eine Anrufung des Anhörungsbeauftragten ermöglicht werden. Ziel ist eine Anordnung der Hemmung der Fristen nach Art. 10 FKVO; entsprechend der Frist zur Beantwortung des Auskunftsersuchens. Die Generaldirektion Wettbewerb muss hierfür substantiiert darlegen und gegebenenfalls beweisen, warum eine kurzfristige Begründung der Erforderlichkeit nicht möglich ist. Bei positiver Entscheidung des Anhörungsbeauftragten, soll die Hemmung der Prüfungsfrist angeordnet werden. Es wird ein Gleichlauf mit der durch die Rüge der Nichterforderlichkeit eingetretenen Hemmung der Antwortfristen herbeigeführt. Entsprechend der Vorgehensweise bei den Antwortfristen beginnt auch die fusionskontrollrechtliche Prüfungsfrist mit dem Nachschieben der erforderlichen Begründung wieder zu laufen. Um zu verhindern, dass die Kommission hierüber nach eigenem Ermessen Einfluss auf die Frist zur Prüfung des Zusammenschlussvorhabens nehmen kann, müssen ihr enge zeitliche Vorgaben für das Nachschieben der Begründung gemacht werden. Nur innerhalb dieser Zeiträume kann die Prüfungsfrist gehemmt werden. Begründet die Generaldirektion die Erforderlichkeit innerhalb dieser Zeitspanne nicht, so endet die Hemmung und die Prüfungsfrist läuft – nunmehr unabhängig von der Antwortfrist – weiter.

Während die beiden obigen Fälle der Anrufung während des laufenden Verfahrens und zeitlich noch vor der Begründung der Erforderlichkeit erfolgen, muss den Auskunftsadressaten zu einem späteren Zeitpunkt drittens die Möglichkeit der Schlichtung durch den Anhörungsbeauftragten gewährt werden. Hat der Auskunftsadressat Zweifel an der Ernsthaftigkeit und Substanz der von der Generaldirektion nachgeschobenen Begründung der Erforderlichkeit, soll er diese durch den Anhörungsbeauftragten Wettbewerb überprüfen lassen können. Da die Frist zur Beantwortung des Auskunftsersuchens ab dem Nachschieben der Begründung wieder zu laufen begonnen hat, sind es hier nicht etwaige Verzögerungen des Verfahrens, die Probleme bereiten. Vielmehr überprüft und bewertet der Anhörungsbeauftragte die Substanz der von der Generaldirektion vorgetragenen Begründung. Hält er sie nicht für ausreichend, so kann er Vorgaben an die Kommission richten, die im Rahmen der Begründung enthalten sein müssen. Hält der Anhörungsbeauftragte die Begründung hingegen für ausreichend, so stellt er dies durch Beschluss fest. Mit diesem Beschluss endet das Verfahren der Rüge der Nichterforderlichkeit. Diese Entscheidung des Anhörungsbeauftragten entwickelt verbindliche Rechtswirkungen. Ihr ist der für eine Anfechtung vor den Unionsgerichten erforderliche Beschlusscharakter zuzusprechen.[1148]

1148 Vgl. zu den bindenden Entscheidungsmöglichkeiten mit Beschlusscharakter in diesem Kapitel, D.I.1.

b) Erforderlichkeit der Änderung der gesetzlichen Grundlage

Die obigen Erweiterungen des Mandats des Anhörungsbeauftragten sind teilweise auf der Grundlage der bestehenden Gesetzeslage möglich, teilweise ist eine ausdrückliche Erweiterung des Mandats erforderlich. Insoweit muss zwischen den in Rede stehenden Verfahren sowie der Art der vorgebrachten Streitigkeit unterschieden werden.

(1) Verfahren nach der VO 1/2003

Handelt es sich um Auskunftsersuchen nach Art. 18 der VO 1/2003 und wird der Anhörungsbeauftragte durch die Kommission angerufen, lassen sich die oben dargestellten Befugnisse des Anhörungsbeauftragten auf die bestehenden Zuständigkeiten nach Art. 4 des Mandats des Anhörungsbeauftragten stützen. Zwar ist die Begründung der Erforderlichkeit nicht in der konkreten Aufzählung an Zuständigkeiten in Art. 4 Abs. 2 des Mandats des Anhörungsbeauftragten genannt. Wie sich der Formulierung „insbesondere" entnehmen lässt, handelt es sich hierbei jedoch lediglich um eine beispielhafte Aufzählung. Nicht nur kann diese im Wege von Konkretisierungen des Mandats erweitert werden. Auch ohne solche aktiven Anpassungen können die Kompetenzen des Anhörungsbeauftragten, über die ausdrücklich aufgezählten Aufgaben hinaus, auf die Generalklausel des Art. 4 Abs. 1 seines Mandats gestützt werden. Art. 4 Abs. 1 stellt sicher, dass der Anhörungsbeauftragte die effektive Wahrnehmung der Verfahrensrechte gewährleistet, die sich im Zusammenhang mit der Wahrnehmung der Ermittlungsbefugnisse der Kommission nach den Art. 17 ff. VO 1/2003 ergeben. Hierunter zählt nach der ständigen Rechtsprechung auch das in Art. 41 GRCh verankerte Recht auf eine gute Verwaltung.[1149] Dessen sachlicher Anwendungsbereich umfasst gerade auch die Achtung des Grundsatzes der Verhältnismäßigkeit im Rahmen verwaltungsrechtlichen Handelns.[1150] Die Erforderlichkeit eines Auskunftsersuchens als Teilaspekt des Verhältnismäßigkeitsgrundsatzes unterliegt damit bereits rein grundsätzlich dem Kompetenzbereich des Anhörungsbeauftragten.

Fraglich ist insoweit jedoch, welcher Umfang den aus der Generalklausel abgeleiteten Kompetenzen des Anhörungsbeauftragten zugesprochen werden kann. Der Anhörungsbeauftragte leitet seine Befugnisse direkt von der Kommission ab. Der Präsident der Kommission kann nach der Geschäftsordnung besondere Funktionen und Verwaltungsstrukturen einrichten und ihnen abgegrenzte und präzise umschriebene Aufgaben übertragen.[1151] Es wird gelegentlich bereits in

---

1149 Albers, Aktuelle Entwicklungen in der Praxis des Anhörungsbeauftragten, 59.

1150 EuG, Urt. v. 22.03.2012, T-458/09 u.a. (Rn. 65 ff.), ECLI:EU:T:2012:145 – Slovak Telekom.

1151 Martenczuk, in: Grabitz/Hilf/Nettesheim, Das Recht der Europäischen Union, 2020, Art. 249 AEUV Rn. 7.

Frage gestellt, ob die Generalklausel des Art. 4 Abs. 1 des Mandats des Anhörungsbeauftragten dieser Ermächtigung noch entspricht.[1152] Jedenfalls wird man nicht umhinkommen, entsprechend dem System des Mandats des Anhörungsbeauftragten zu verlangen, dass zumindest die Befugnis mit bindenden Entscheidungen in den Kompetenzbereich der Kommission überzugreifen, einer expliziten Übertragung durch den Kommissionspräsidenten bedarf. Ist eine solche ausdrückliche Aufgabenzuweisung nicht erfolgt, spricht grundsätzlich vieles dafür, dass der Anhörungsbeauftragte die Zuständigkeiten der Kommission wahren und sich auf unverbindliche Empfehlungen zu beschränken hat.[1153]

Jedoch ist bei der Konstellation der Anrufung des Anhörungsbeauftragten durch die Generaldirektion Wettbewerb eine Besonderheit zu beachten, die bisher nicht Gegenstand der Diskussionen war. Grundsätzlich wird der Anhörungsbeauftragte von den betroffenen Unternehmen zur Verbesserung ihrer eigenen Situation zu Hilfe gebeten. Dies geschieht regelmäßig zu Lasten der Generaldirektion Wettbewerb und ist mit Einschränkungen für das durchgeführte Ermittlungsverfahren verbunden. Dass diese Eingriffe einer ausdrücklichen Ermächtigung bedürfen, erschließt sich ohne Weiteres.[1154] Wird der Anhörungsbeauftragte nun jedoch von der Kommission selbst angerufen und soll die Entscheidung zu ihren Gunsten gehen, so ist die ausdrückliche Nennung dieser Entscheidungskompetenzen im Rahmen der Ermächtigungsgrundlage nicht zwingend. Eine Entscheidung des Anhörungsbeauftragten kann auf dieser Grundlage nicht zu einer Verschlechterung der Position der Generaldirektion Wettbewerb führen, unabhängig davon, ob sie positiv oder negativ ausfällt. Sie kann im ungünstigsten Fall keine Verbesserung zur Folge haben. Mangels rechtserheblichen Ein- bzw. Übergriffs in die Kompetenzen der Generaldirektion Wettbewerb kann ein derartiges Tätigwerden des Anhörungsbeauftragten auch bei Vorliegen einer bindenden Entscheidungsbefugnis auf die Generalklausel des Art. 4 Abs. 1 seines Mandats gestützt werden. Für die Stellung der Auskunftsadressaten und die hiermit einhergehenden Belastungen kann es hingegen keinen Unterschied machen, ob die Generaldirektion Wettbewerb selbst (wie ohne die neue Rüge der Nichterforderlichkeit) oder nunmehr der Anhörungsbeauftragte, der ebenfalls Teil der Kommission ist, eine belastende Entscheidung trifft. Vielmehr erhöhen sich seine Rechtsschutzmöglichkeiten dadurch,

1152 Bueren, Reform des Mandats des Anhörungsbeauftragten in Wettbewerbsverfahren, WuW 2012, 684, 690.

1153 Vgl. u.a. Kellerbauer, Das neue Mandat des Anhörungsbeauftragten für EU-Wettbewerbsverfahren, EuZW 2013, 10, 14; Albers, Aktuelle Entwicklungen in der Praxis des Anhörungsbeauftragten, 61.

1154 Grund für die ausdrückliche Übertragung derartiger Kompetenzen ist die Wahrung der Zuständigkeitsverteilungen. Der Anhörungsbeauftragte soll nur dann in den Kompetenzbereich der Generaldirektion Wettbewerb übergreifen können, wenn er hierzu ausdrücklich ermächtigt wurde.

dass ein verbindlicher Beschluss des Anhörungsbeauftragten – anders als eine derartige Entscheidung der Generaldirektion Wettbewerb – im Wege der Nichtigkeitsklage der unionsgerichtlichen Kontrolle zugänglich gemacht werden kann.

(2) Verfahren nach der FKVO

Mit derselben Argumentation lassen sich ebenfalls die oben vorgeschlagenen Befugnisse in Bezug auf Auskunftsersuchen nach Fusionskontrollverfahren begründen. Zumindest bei Übergang des Verfahrens in Phase 2 und damit in die Phase der vertieften und intensiveren Untersuchung ist ein unabhängiges und sachverständiges Kontrollinstrument erforderlich. Erhebliche Unterschiede in der Intensität und Spürbarkeit der Auskunftsersuchen im Vergleich zu denen der Verfahren unter der VO 1/2003 lassen sich nicht mehr feststellen.

Anders sieht dies jedoch in Bezug auf die tatsächliche Bewertung der nachgeschobenen Begründung aus, also die dritte Konstellation der Erweiterung der Befugnisse. Soll dem Anhörungsbeauftragten auch insoweit eine bindende Entscheidungskompetenz zugesprochen werden, so bedarf dies einer gesonderten Ermächtigung im Rahmen seines Mandates. Das Tätigwerden in Bezug auf Auskunftsersuchen nach Art. 18 VO 1/2003 könnte – bei gesonderter Feststellung – auch insoweit noch auf die Generalklausel gestützt werden. Ohne die konkretisierte Ausgestaltung seiner Aufgaben wird dem Anhörungsbeauftragten sodann jedoch allenfalls das Recht zukommen, unverbindliche Empfehlungen abzugeben. Nicht einmal diese Befugnis kommt ihm in Bezug auf Auskunftsersuchen im Rahmen der Prüfung eines Zusammenschlussvorhabens zu. Der Wortlaut des Art. 4 Abs. 1 des Mandats ist eindeutig. Danach gewährleistet der Anhörungsbeauftragte die effektive Wahrnehmung allein solcher Verfahrensrechte, die sich in Verfahren mit dem Ziel der Bußgeldverhängung nach Art. 14 FKVO ergeben. Dass es sich insoweit um eine Lücke des Gesetzestextes handelt, die die Prüfung des Zusammenschlussvorhabens unbewusst ungeregelt gelassen hat, ist unwahrscheinlich. Während in Art. 3 Abs. 2 des Mandats noch die Rede davon ist, dass der Anhörungsbeauftragte im Rahmen seiner Aufgaben dafür sorgt, dass die Wettbewerbsregeln im Allgemeinen im Einklang mit den Rechtsvorschriften der Union und den gerichtlich entwickelten Grundsätzen angewandt werden, wird sein Aufgabenbereich in Art. 4 konkretisiert und auf bestimmte Bereiche beschränkt. Die Differenzierungen der Aufgaben und ihre stetigen Erweiterungen haben sich anhand der gängigen Kommissionspraxis und den hieraus bekannten Meinungsverschiedenheiten zwischen den Parteien entwickelt. Sollen die Befugnisse – entsprechend den aktuellen Unstimmigkeiten und Streitpunkten – auf die Erforderlichkeit eines Auskunftsersuchens und die diesbezügliche Begründungspflicht der Kommission ausgeweitet werden, würde dies eine Novellierung des zuletzt 2011 aktualisierten Beschlusses des Präsidenten der Kommission erforderlich machen.

Materiell-rechtlich gesehen wäre eine solche Änderung der delegierten Kompetenzen nicht nur wünschenswert, sondern dringend erforderlich. Eine Beeinträchtigung der Effektivität der Ermittlungen ist hiervon nicht zu erwarten. Die

Anrufung durch die Auskunftsadressaten erfolgt erst nach Erlass der Begründung, also zu einem Zeitpunkt, zu dem die Antwortfrist bereits wieder zu laufen begonnen hat. Eine Verzögerung des Verfahrens und damit Effizienzeinbußen sind insoweit nicht zu befürchten. Vielmehr trägt es gerade zur Verfahrenseffizienz bei, wenn durch eine höhere Kontrolldichte Streitigkeiten vermieden oder frühzeitig aufgelöst werden können.

2.2. Die Möglichkeit der vermittelnden Beschränkung sog. Document Requests

Neben der Einbeziehung in die Begründungspflichten ist das Mandat des Anhörungsbeauftragten in Bezug auf die Erforderlichkeit auf einen weiteren Punkt auszudehnen. Die Ersuchen der Kommission zur Erlangung interner Daten sind, wie oben dargelegt, oftmals sehr weitgehend.[1155]

Die Problematik umfassender Anfragen interner Dokumente ist nicht auf ein bestimmtes Verfahren oder einen bestimmten Abschnitt desselben beschränkt. Meinungsverschiedenheiten über die Erforderlichkeit ihres Erlasses und ihren Umfang ergeben sich jedoch vorrangig in der Pränotifizierungsphase sowie ab dem Übergang in Phase 2 des Fusionskontrollverfahrens. Im Rahmen des Pränotifizierungsverfahrens ist es besonders die erhebliche Zahl an Dokumenten, die Probleme bereitet und dadurch die Anmeldung verzögern kann.[1156] Beim Übergang in Phase 2 erlässt die Kommission in ihrer jüngeren Entscheidungspraxis regelmäßig zunächst ein sehr weit gefasstes Auskunftsersuchen, das sich ohne weitere Konkretisierung auf die Vorlage sämtlicher Dokumente zu einem bestimmten Sachverhalt oder Themenkomplex bezieht.[1157] Auch in Kartellverfahren werden praktische Probleme im Umgang mit der Einholung von Daten größeren Umfangs immer präsenter.[1158]

1155 Siehe hierzu u.a. Teil 2, Kapitel 3, A.IV.1.

1156 So ist die Kommission – zumindest bei komplexeren Sachverhalten – dazu übergegangen, die Untersuchung mit einer breit gefächerten Anfrage wie „*Wie werden Entscheidungen in Ihrem Unternehmen getroffen? Welches sind die relevanten Gremien? Bitte legen Sie alle Dokumente, die in diesen Gremien/von diesen Entscheidungsträgern in den letzten 5 Jahren behandelt wurden, vor. Welche Daten speichert Ihr Unternehmen? Welche Datenbanken setzen Sie ein? Bitte legen Sie Kopien aller Dateien in einem bestimmten Zeitraum (etwa der letzten 3 oder 5 Jahre) vor*“ zu beginnen, vgl. Berg, Praktische Probleme bei Auskunftsersuchen in der EU-Fusionskontrolle, WuW 2019, 230, 230. Siehe zur Pränotifizierungsphase ausführlich unter Teil 1, Kapitel 4, B.II.

1157 Vgl. Berg, Praktische Probleme bei Auskunftsersuchen in der EU-Fusionskontrolle, WuW 2019, 230, 231.

1158 Beispielsweise jüngst angegriffen in EuG, Beschl. v. 29.10.20, T-451/20, ECLI:EU:T:2020:515 (Rn. 1 ff.) – Facebook I. und EuG, Beschl. v. 29.10.2020, T-452/20, ECLI:EU:T:2020:516 (Rn. 1 ff.) – Facebook II.

Dies führt in der Praxis immer wieder zu Versuchen der betroffenen Unternehmen, Kriterien für die Einschränkung des weiten Auskunftsumfangs mit der Kommission zu verhandeln. Die Kommission ist sich der Erforderlichkeit des maßvollen Umgangs mit derartigen Auskunftsersuchen bewusst. So führt sie in ihren Best Practices aus, dass sie bemüht ist, ihre Anfragen auf adäquate Datenmengen zu beschränken.[1159] Sie legt ihre Bereitschaft dar, den Umfang und das Format der Ersuchen in bestimmten Fällen vorab mit den Betroffenen zu erörtern.[1160] Eine diesbezügliche Bereitschaft der Sachbearbeiter ist von Team zu Team jedoch unterschiedlich. Um den unzureichenden bis (im Rahmen von Pränotifizierungsverfahren sogar) fehlenden gerichtlichen Rechtsschutz auszugleichen, ist für den Fall des Scheiterns derartiger Gespräche eine unabhängige Kontrollinstanz zu schaffen.

Auf Anrufung durch die betroffenen Unternehmen soll der Anhörungsbeauftragte den Umfang der Vorlagepflicht interner Dokumente prüfen können. Es steht ihm offen, entweder die Vorgehensweise der Kommission zu bestätigen oder die Erforderlichkeit einer Konkretisierung festzustellen. Hierfür kann er von der Kommission Erläuterungen dazu verlangen, dass und warum die mit der Anmeldung übermittelten sog. „5.4 Dokumente" weiterer Ergänzung bedürfen. Der Entscheidung des Anhörungsbeauftragten muss eine bindende Wirkung zukommen. Er kann sodann, je nach Ausgang seiner Entscheidung, von einer der Parteien unmittelbar angegriffen werden. Um dies zu vermeiden, ist bereits der Konkretisierungsvorschlag im Sinne einer gemeinsamen Erarbeitung zu finden. Sowohl die Kommission als auch das betroffene Unternehmen sollen Vorschläge für Beschränkungsmöglichkeiten der Dokumentenabfragen machen. Diese sind sodann mit dem Anhörungsbeauftragten zu diskutieren und eine verbindliche aber dennoch einvernehmliche Lösung zu finden. Ein weiterer Ansatz ist es, dass der Auskunftsadressat zunächst einen Überblick über die grundsätzlich vorhandenen Dokumente liefert und die Kommission verpflichtet wird, selektiv aus dieser Liste die relevanten Dokumente oder Gruppen hiervon zu benennen.[1161]

1159 DG Competition, Best Practices for the submission of economic evidence and data collection in cases concerning the application of articles 101 and 102 TFEU and in merger cases, Rn. 52, *"DG Competition is mindful of time constraints and must balance the usefulness of each request against the opportunity cost of the time the request will consume as a proportion of the time left before any legal or procedural deadline."*

1160 DG Competition, Best Practices for the submission of economic evidence and data collection in cases concerning the application of articles 101 and 102 TFEU and in merger cases, Rn. 52. So auch in OECD, Investigative Powers in Practice – Contribution from the European Commission 30.11.2018, Rn. 45 ("*Where appropriate, the Commission might discuss with the addressees the scope and the format (...)*").

1161 Directorate for financial and enterprise affairs competition committee der OECD, Investigative Powers in Practice, vom 24. November 2018, DAF/COMP/GF/WD(2018)74.

Letztlich können und dürfen diese Einschränkungen die Kommission nicht davon abhalten, zu einem späteren Zeitpunkt weitere Ersuchen zur Vorlage genau dieser Dokumente zu erlassen. Voraussetzung ist jedoch nach wie vor, dass die angefragten Informationen bei pflichtgemäßer Ausübung des Kommissionsermessens erforderlich sind. Stünde ihr diese Möglichkeit nicht (mehr) zu, würde die Einbeziehung des Anhörungsbeauftragten als vermittelnde Verhandlungsstelle zu weit in die Ermittlungsbefugnisse der Kommission eingreifen. Jedenfalls für das Pränotifizierungsverfahren kann der Anhörungsbeauftragte jedoch feststellen, dass eine weitere Einholung allenfalls nach der offiziellen Anmeldung fortgesetzt werden kann. Dies hat den aus Sicht der Auskunftsadressaten positiven Nebeneffekt, dass die Kommission die Anmeldung auf dieser Grundlage nicht mehr für unvollständig erklären kann.

Derartige Zuständigkeiten des Anhörungsbeauftragten und eine entsprechende Ausweitung seines Mandats werden die Kommission nicht erheblich belasten.[1162] Der vorliegende Vorschlag setzt an der in den Best Practices dargelegten Motivation der Kommission an, wenn möglich lediglich beschränkte Datenmengen einzuholen und die Adäquanz mit den Beteiligten zu diskutieren. Der Anhörungsbeauftragte soll als vermittelnde Stelle wahrgenommen werden, der die gemeinsamen Diskussionen – wenn auch letztlich mit einer abschließenden Entscheidungsbefugnis – lenken soll.

2.3. Das Eingreifen der Vermutung der Unverhältnismäßigkeit

Das Mandat des Anhörungsbeauftragten ist schließlich auch in Bezug auf die Vermutung der Unverhältnismäßigkeit zu erweitern. Die Geltendmachung der Erreichung der festgesetzten Schwellenwerte erfordert eine genaue Differenzierung. Es dürfen einerseits nicht solche Ansprüche an die Unternehmen gestellt werden, die eine Berufung auf die Vermutung der Unverhältnismäßigkeit faktisch unmöglich machen. Andererseits dürfen die Anforderungen nicht derart niedrig sein, dass sich die Unternehmen – im Besonderen auch unbeteiligte Dritte, die sich aus der Berufung auf die Vermutungswirkung und der erleichterten Durchsetzung möglicher Amtshaftungsansprüche (finanzielle) Vorteile versprechen – willkürlich hierauf berufen können. Zum Schutz beider Seiten ist die Schaffung einer unabhängigen Instanz zur Schlichtung etwaiger Unstimmigkeiten und Meinungsverschiedenheiten erforderlich. Auf der Grundlage der von den Parteien vorgebrachten Argumente soll der Anhörungsbeauftragte daher frei entscheiden, ob die Grenze der Unverhältnismäßigkeit erreicht ist. Der Entscheidung kommt – entsprechend den Befugnissen im Zusammenhang mit der Rüge der Nichterforderlichkeit – Bindungswirkung

1162 Zur Vermeidung von Wiederholungen ist im Übrigen auf die obigen Ausführungen zu verweisen, siehe Überschrift 2.1 im selben Kapitel.

zu.[1163] Der diesbezügliche Beschluss ist – unabhängig von dem Auskunftsersuchen als solchem – gesondert und unmittelbar vor den Unionsgerichten angreifbar. Hierüber kann das Eingreifen der Vermutungswirkung vorab zwischen die Parteien und als Vorgriff auf einen eventuellen späteren Amtshaftungsprozess verbindlich geklärt werden. Etwaige Schadensersatzprozesse werden damit zeitlich verkürzt und die Wahrscheinlichkeit einer Lösung auf einvernehmlichem Wege erheblich gesteigert.

Eine der Rüge der Nichterforderlichkeit entsprechende Kompetenz des Anhörungsbeauftragten für die Überprüfung der nachzuliefernden Begründung ist bei der Frage der Angemessenheit nicht erforderlich. Für Unstimmigkeiten hinsichtlich der nachgeschobenen Begründung können die Auskunftsadressaten auf die Ausübung nachträglicher Rechtsschutzmittel verwiesen werden. Insoweit bestehen über die neuen verfahrensrechtlichen Vorgaben für die Auskunftsadressaten ausreichende und praktisch wirksame Rechtsschutzmöglichkeiten. Durch die erweiterte Begründungspflicht eröffnet sich in Nichtigkeitsklagen zudem eine erweiterte Kontrolldichte durch die Unionsgerichte. Eine sofortige Klärung während des laufenden Kommissionsverfahrens ist nicht zwingend.

II. Kein Widerspruch zum jetzigen Leitbild des Mandats

Die oben dargestellte Ausweitung der Befugnisse des Anhörungsbeauftragten steht in Einklang mit den dem Mandat zugrundeliegenden Grundsätzen. Auch ohne die beabsichtigte Erweiterung des Mandats des Anhörungsbeauftragten sind seine Zuständigkeiten keinesfalls auf die Behandlung formeller Fragen beschränkt. Dem Anhörungsbeauftragten kommt zumindest in Wettbewerbsverfahren nach der VO 1/2003 auch eine wichtige Funktion als sachverständiger und unabhängiger Berater der Generaldirektion Wettbewerb zu.[1164] Er ist insoweit eingegliedert in das System der gegenseitigen internen Kontrolle, das die Qualität der Entscheidungen der Kommission fördert. In dieser Funktion hat er Zugang zu den Verfahrensakten und wird regelmäßig über den Verfahrensfortgang informiert.[1165] Er nimmt an den monatlichen Treffen teil, in denen über Fragen im Zusammenhang mit einem Verfahren gesprochen werden kann.[1166] Zudem kann er zu sämtlichen Fragen des materiellen Rechts Stellung nehmen. Machen die Beweislage oder rechtliche Fragen dies erforderlich, kann er sogar Schritte der weiteren Verfahrensführung

---

1163 In Bezug auf die Erforderlichkeit der diesbezüglichen Erweiterung des Mandats des Anhörungsbeauftragten wird zur Vermeidung von Wiederholungen auf die obigen Ausführungen verwiesen, siehe Überschrift 2.1 im selben Kapitel.

1164 Kellerbauer, Das neue Mandat des Anhörungsbeauftragten für EU-Wettbewerbsverfahren, EuZW 2013, 10, 14.

1165 Art. 3 Abs. 3 und 4 des Mandats des Anhörungsbeauftragten.

1166 Lechler, Vom Anhörungsrecht zur Wahrung der Verfahrensrechte, ZWeR 2012, 109, 136.

anregen, wie die Einholung weiterer Informationen, das Fallenlassen bestimmter Teile der Beschwerdepunkte oder auch die Ausweitung der Ermittlungen.[1167] Die Voraussetzungen liegen folglich vor, dem Anhörungsbeauftragten künftig auch in Bezug auf sonstige Fragen mit materiell-rechtlichem Bezug weitere Kompetenzen zu verleihen.

Auch fügen sich die dargelegten Kompetenzerweiterungen in das bisherige System der internen Kontrolle von Objektivität und Rechtmäßigkeit des Verwaltungshandelns ein. Zwar sind die Erklärungen des Anhörungsbeauftragten zu materiell-rechtlichen Fragestellungen bisher rein interne Empfehlungen gewesen.[1168] Weder kommt ihnen eine Verbindlichkeit für die Generaldirektion Wettbewerb zu noch wurden sie nach außen bekannt.[1169] Dies spricht jedoch nicht dagegen die Beraterfunktion des Anhörungsbeauftragten entsprechend der oben vorgeschlagenen Erweiterung seines Mandats in Übereinstimmung mit den aktuellen Entwicklungen in der Kommissionspraxis auszudehnen. Er soll im Wesentlichen die Rechtmäßigkeit der nachgeschobenen Begründungen der Kommission untersuchen und bewerten. Eine Zuständigkeit zur Beurteilung der Rechtmäßigkeit eines Auskunftsersuchens als solches oder die Überprüfung der Ermessensausübung durch die Kommission wird ihm nicht zugesprochen.

Ebenso wird durch das vorgeschlagene System der Rüge der Nichterforderlichkeit und der Vermutung der Unverhältnismäßigkeit die Subsidiarität des Anhörungsbeauftragten gewahrt. Die Anrufung des Anhörungsbeauftragten als Streitschlichtungsstelle setzt voraus, dass der Auskunftsadressat sich zunächst mit den Sachbearbeitern direkt um eine Lösung der Meinungsverschiedenheit bemüht hat. Erst subsidiär im Falle einer fehlenden Einigung kann der Anhörungsbeauftragte einbezogen werden.[1170] Dies verdeutlicht die rechtsbehelfsähnliche Stellung des Anhörungsbeauftragten trotz seiner Eingliederung in die Strukturen der Kommission.

1167 Durande/Kellerbauer, Der Anhörungsbeauftragte in EG-Wettbewerbsverfahren, WuW 2007, 865, 878 f.; Kellerbauer, Das neue Mandat des Anhörungsbeauftragten für EU-Wettbewerbsverfahren, EuZW 2013, 10, 14; Lechler, Vom Anhörungsrecht zur Wahrung der Verfahrensrechte, ZWeR 2012, 109, 136.

1168 Kellerbauer, Das neue Mandat des Anhörungsbeauftragten für EU-Wettbewerbsverfahren, EuZW 2013, 10, 14.

1169 Durande/Kellerbauer, Der Anhörungsbeauftragte in EG-Wettbewerbsverfahren, WuW 2007, 865, 878 f.

1170 Vgl. Art. 3 Abs. 7 des Mandats des Anhörungsbeauftragten.

III. Die erforderliche Sicherstellung der Unabhängigkeit des Anhörungsbeauftragten

Das dargestellte System ist auf eine zügige und zeitnahe Entscheidungsfindung der Anhörungsbeauftragten ausgelegt. Das setzt voraus, dass ausreichend Anhörungsbeauftragte amtieren und sie mit einer Zahl fähiger und unvoreingenommener Mitarbeiter ausgestattet sind. Nur so kann eine sorgfältige Prüfung und Überwachung der oftmals umfangreichen Verfahren sichergestellt werden. Insbesondere in Fusionskontrollverfahren steht die Generaldirektion Wettbewerb unter strengen zeitlichen Anforderungen. Entsprechend rasch sind auch die Entscheidungen durch den Anhörungsbeauftragten zu treffen. Diese zeitlichen Herausforderungen sowie der dafür erforderliche erhöhte Personalaufwand dürfen jedoch nicht dazu führen, dass interne Kontrollmechanismen nicht genutzt werden. Vielmehr muss die Kommission in die Pflicht genommen werden, Grundvoraussetzungen zu schaffen, die es ermöglichen auch die Kontrollinstanz den zeitlichen Anforderungen zu unterwerfen.

Nach Erwägungsgrund 7 des Mandats des Anhörungsbeauftragten ist es Aufgabe der Kommission, den oder die Anhörungsbeauftragten zu benennen und ihnen einen Mitarbeiterstab bereitzustellen. Hierüber lässt sich indirekt die Aufgabenwahrnehmung des Anhörungsbeauftragten allgemein sowie die Intensität seiner Prüfungsaktivitäten steuern.[1171] Je umfangreicher die personellen und sachlichen Mittel des Referats ausgestaltet werden, desto sorgfältiger und umfassender können die Anhörungsbeauftragten ihre Kontrollaufgaben wahrnehmen. In der Regel sind zwei Anhörungsbeauftragte im Amt.[1172] In Relation zu der Vielzahl der zu betreuenden Kartell- und Fusionskontrollverfahren, die von mehreren hundert Beamten der Generaldirektion Wettbewerb betrieben werden, ist diese Besetzung – bereits jetzt – denkbar gering.[1173] Um die Unabhängigkeit des Anhörungsbeauftragten als kommissionsinterne Schiedsstelle zu wahren, wird es erforderlich sein, das Referat des Anhörungsbeauftragten personell an diese Herausforderungen anzupassen.

1171 Vgl. Bueren, Reform des Mandats des Anhörungsbeauftragten in Wettbewerbsverfahren, WuW 2012, 684, 688.

1172 Kellerbauer, in: Groeben/Schwarze/Hatje, Europäisches Unionsrecht, 7. Aufl. 2015, VO (EG) 1/2003 Art. 27 Rn. 5.

1173 Bueren, Reform des Mandats des Anhörungsbeauftragten in Wettbewerbsverfahren, WuW 2012, 684, 688. Zur Erforderlichkeit der Aufstockung der Mittel aufgrund der steigenden Anforderungen an das Mandat bereits aufgrund der Erweiterungen im Jahr 2011 Kellerbauer, Das neue Mandat des Anhörungsbeauftragten für EU-Wettbewerbsverfahren, EuZW 2013, 10, 15 und Durande/Kellerbauer, Der Anhörungsbeauftragte in EG-Wettbewerbsverfahren, WuW 2007, 865, 880 f.

Zudem ist die Unabhängigkeit und Neutralität nicht nur der Anhörungsbeauftragten, sondern auch ihrer Mitarbeiter in der praktischen Handhabung sicherzustellen. Die Rekrutierung der Anhörungsbeauftragten und vor allem deren Mitarbeiterstabs, erfolgt in der Regel aus der Generaldirektion Wettbewerb selbst.[1174] Dies ermöglicht die Bereitstellung solcher Mitarbeiter, die über ausreichend Sachverstand und Praxiserfahrung mit kartellrechtlichen Ermittlungsverfahren aufweisen. Andererseits wird nicht angenommen werden können, dass sämtliche Verbundenheit - positiv wie negativ - mit den ehemaligen Kollegen und Vorgesetzen von einem Tag auf den anderen abgestellt werden kann.[1175] Insoweit ist nunmehr jedoch zu beachten, dass die Anrufung des Anhörungsbeauftragten nach dem vorgeschlagenen System nicht mehr nur durch die Auskunftsadressaten, sondern durch die Generaldirektion Wettbewerb selbst erfolgen kann. Die schnelle und objektive Entscheidungsfindung ist daher - insbesondere in Fusionskontrollverfahren - ebenfalls für die Kommission von elementarer Bedeutung. Es ist daher ein besonderes Augenmerk auf die Unabhängigkeit und Neutralität der Anhörungsbeauftragten sowie ihrer Mitarbeiter zu legen, wie sie momentan u.a. in Erwägungsgrund 8 seines Mandats verankert ist.[1176]

Zwischenergebnis

Durch das verfahrensinterne Kontrollsystem werden die Verfahrensrechte der Auskunftsadressaten gestärkt. Dementsprechend ist es jedoch auch erforderlich, der Kommission zum Schutz ihrer Interessen die Möglichkeit zu schaffen, den Anhörungsbeauftragten anzurufen und eine Bestätigung ihrer Vorgehensweise einzuholen. Dabei resultiert das System des dynamischen Eingreifens von Kontrollmechanismen auf Verwaltungsebene in dem positiven Effekt, dass je nach Intensität die Anforderungen an die behördliche Begründung der in Rede stehenden Auskunftsersuchen steigen und folglich eine erleichterte und spezifizierte gerichtliche Kontrolle möglich sein wird.

1174 Vgl. Bueren, Reform des Mandats des Anhörungsbeauftragten in Wettbewerbsverfahren, WuW 2012, 684, 688.

1175 Vgl. Bueren, Reform des Mandats des Anhörungsbeauftragten in Wettbewerbsverfahren, WuW 2012, 684, 688.

1176 So im Ergebnis auch Bueren, Reform des Mandats des Anhörungsbeauftragten in Wettbewerbsverfahren, WuW 2012, 684, 688.

Ergebnis der Untersuchung

Die sich ausweitende Qualität und Quantität der kartellrechtlichen Auskunftspraxis führt immer wieder zu Meinungsverschiedenheiten zwischen der Kommission und den von den Ermittlungsmaßnahmen betroffenen Unternehmen. In jüngster Zeit sind diese vermehrt den Unionsgerichten zur Kontrolle vorgelegt worden. Grundlage dieser Streitigkeiten ist vielfach die von Einzelfällen geprägte Bewertung der Verhältnismäßigkeit eines Auskunftsersuchens und damit letztlich das weite Ermittlungsermessen der Kommission gewesen.

Dieses weite Ermittlungsermessen und die Möglichkeit der Einzelfallbetrachtung sind erforderlich, um die Effizienz und Effektivität der Ermittlungen der Kommission zu wahren. Es muss ihr möglich sein, schnell und präzise auf die Entwicklungen und Neuerkenntnisse im Rahmen eines Ermittlungsverfahrens reagieren zu können. Dies erfordert in der Tat ein dynamisches Regelwerk. Andererseits führt es zu einer schwierigen bis teilweise fehlenden Vorhersehbarkeit der Rechtmäßigkeit des Kommissionshandelns. Es ist oftmals nicht möglich belastbar zu beurteilen, wie die Unionsgerichte die Rechtmäßigkeit einer bestimmten Ermittlungsmaßnahme beurteilen werden.

Bei den diesbezüglichen ohnehin knappen Diskussionen in der Literatur wurde bisher unberücksichtigt gelassen, dass auch im Rahmen der durch Einzelfälle geprägten Verhältnismäßigkeitsprüfung das Potential und aber auch der dringende Bedarf besteht, wiederkehrende und verallgemeinerungsfähige Sachverhaltskonstellationen herauszuarbeiten und für die verfahrensübergreifende Anwendung zu kategorisieren.[1177]

I. Zusammenfassung

Eine wesentliche Ursache von Meinungsverschiedenheiten zwischen der Kommission und den Auskunftsadressaten sind die geringen Begründungspflichten der Kommission beim Erlass eines Auskunftsverlangens. Die Prüfung der Verhältnismäßigkeit einer Maßnahme wird überhaupt erst ermöglicht, wenn der mit der Maßnahme verfolgte Zweck bekannt ist. Andernfalls ist es unmöglich festzustellen, ob die gewählte Maßnahme zur Erreichung dieses Zwecks geeignet und erforderlich ist und die hiermit verursachten Belastungen in einem angemessenen Verhältnis stehen.

Die Arbeit untersucht daher zunächst in einem der Verhältnismäßigkeit vorgelagerten Schritt, welche Zwecke die Kommission mit ihren Auskunftsersuchen verfolgt und verfolgen kann und welche Anforderungen an die Darlegung und Begründung dieses Zwecks – im Falle von Bußgeldverfahren als Anfangsverdacht

1177 Siehe Teil 2, Kapitel 3 sowie Kapitel 4, B.–D.

bezeichnet – zu stellen sind. Diese Untersuchung zeigt, dass die Bewertung der Rechtmäßigkeit des verfolgten Zwecks und seiner Begründung anhand von dynamischen Maßstäben zu erfolgen hat. Zur Systematisierung und Verallgemeinerung dieser sehr einzelfallspezifischen Prüfung wurde ein Dreischritt entwickelt, an dem sich die inhaltliche Kontrolle des verfolgten Anfangsverdachts – und letztlich auch vorgelagert die Bewertung durch die Kommission – ausrichten sollte: Stellt der zu untersuchende Anfangsverdacht (1) einen tauglichen und hinreichend bestimmten legitimen Zweck dar, ist er (2) in dem Auskunftsersuchen ausreichend deutlich dargelegt und liegen (3) ernsthafte Indizien vor, die die Annahme seines Vorliegens rechtfertigen können.

Nach der derzeitigen unionsgerichtlichen Rechtsprechung muss die Kommission bei Erlass eines Auskunftsersuchens jedoch lediglich eine sehr generische Begründung des verfolgten Zwecks angeben. Sonstige Umstände, die zum Erlass des Auskunftsverlangens geführt haben, sind nicht offenzulegen.[1178] Auch ein Nachweis des Zwecks bzw. Anfangsverdachts ist nach dem aktuellen Stand der Rechtsprechung nicht erforderlich. Selbst dann nicht, wenn der Auskunftsadressat erhebliche Zweifel am Vorliegen bzw. der Richtigkeit des Anfangsverdachts erhebt. Grund hierfür ist in allererster Linie der Schutz der Ermittlungen der Kommission. Wird die Kommission verpflichtet, zu früh zu viele Informationen zu ihren Erkenntnissen und Vermutungen offenzulegen, besteht die Gefahr, dass der unbehinderte Fortgang der Ermittlungen beeinträchtigt wird. In der Konsequenz führt dies jedoch dazu, dass es für die betroffenen Adressaten oftmals kaum möglich ist, die hinter den Auskunftsverlangen stehenden Erwägungen nachzuvollziehen. Fehlen diese Informationen kann auch die oben vorgeschlagene dreistufige Prüfung nicht erfolgen. Zum Ausgleich dieser widerstreitenden Interessen wurde eine Möglichkeit entwickelt, in eng umgrenzten Fällen und unter Wahrung besonderer Voraussetzungen Zugang zu derartigen Informationen zu erhalten. Auch die hinter dem Anfangsverdacht stehenden Indizien können, wenn auch nur durch einen begrenzten Personenkreis, bereits während des laufenden Ermittlungsverfahrens kontrolliert werden.

Die Untersuchung des Umgangs von Kommission und Gerichten mit dem Grundsatz der Verhältnismäßigkeit orientiert sich sodann am klassischen Dreischritt: Geeignetheit – Erforderlichkeit – Angemessenheit. Dabei werden die unterschiedlichen Ermittlungskonstellationen in Kartellverfahren, Fusionskontrollverfahren und Sektoruntersuchungen berücksichtigt. Zusammengefasst lässt sich sagen, dass die Geeignetheit, ob nun tatsächlich als eigener Prüfungspunkt aufgeführt oder im Rahmen der Erforderlichkeit geprüft, in aller Regel wenig Bedenken begegnet. Anders sieht dies für die Prüfungspunkte der Erforderlichkeit und Angemessenheit aus.

1178 Siehe hierzu u.a. Teil 2, Kapitel 3, A. I.

Die Prüfung der Erforderlichkeit setzt dem Grunde nach stets voraus, dass die Kommission sich bei mehreren gleich geeigneten Maßnahmen für diejenige entscheidet, die zu den geringsten Belastungen bei den Adressaten führt. Es ist diejenige Maßnahme zu wählen, die in der konkreten Situation am wenigsten einschneidenden Folgen hervorruft. Die Erforderlichkeit ist folglich geprägt von einer Einzelfallbetrachtung.

Die Frage des Umgangs mit diesen Einzelfällen kann nicht allgemeingültig beantwortet werden. Hinzu kommt, dass die Kommission – jedenfalls derzeit – nicht verpflichtet ist, die Erforderlichkeit der Auskunftseinholung zu begründen. Zwar zeigt sich in der jüngeren Praxis der Rechtsprechung die Tendenz zunehmend deutlicher zu überprüfen, ob die angeforderten Auskünfte nicht offensichtlich auf andere Weise hätten beschafft werden können. Bis zu einem gerichtlichen Angriff einer Ermittlungsmaßnahme, sind die Erwägungen, aus denen die Verhältnismäßigkeit eines Auskunftsersuchens resultiert, den Adressaten jedoch gänzlich unbekannt.

Im Rahmen der intensiven Untersuchung des bisherigen Umgangs der Europäischen Gerichte mit dem Kriterium der Erforderlichkeit wurde deutlich, dass in der Praxis regelmäßig wiederkehrende Sachverhaltskonstellationen existieren, die tendenziell ein hohes Potential für Meinungsverschiedenheiten und Unstimmigkeiten zwischen den Auskunftsadressaten und der Kommission aufweisen. Auf der Grundlage dieser verallgemeinerungsfähigen Bewertungsansätze wurden Fallgruppen entwickelt, die generell eine gesteigerte Eingriffsintensität aufweisen. Dies sind nach der derzeitigen Ermittlungspraxis beispielsweise der sofortige Erlass einer Auskunftsentscheidung, der Erlass eines Auskunftsersuchens trotz eigener Informationsbeschaffungsmöglichkeiten durch die Kommission (z.B. bei öffentlich verfügbaren Informationen), die offensichtliche Überschreitung der Grenzen des Ermittlungsgegenstands (in sachlicher, insbesondere jedoch in zeitlicher und räumlicher Hinsicht) und der Erlass eines Auskunftsersuchens aus Gründen der Verfahrensführung (Stichwort „stop the clock“ in Fusionskontrollverfahren). Diese Fallgruppen orientieren sich an der aktuellen Kommissions- und Rechtsprechungspraxis und können entsprechend zukünftiger Entwicklungen ergänzt, gestrichen oder sonst verändert werden.

Liegen diese Konstellationen vor, liegt die Vermutung nahe, dass mildere Mittel in Betracht kommen und durch die Kommission zu berücksichtigen sind. Eine dahingehende Indizwirkung wird im Rahmen des Lösungsvorschlags diskutiert (siehe unten).

Ähnliche Erwägungen haben die Untersuchung des Umgangs der Praxis mit Fragen der Angemessenheit, also der Verhältnismäßigkeit im engeren Sinne geleitet. Die Angemessenheit ist eine von normativen Erwägungen geprägte Abwägung der divergierenden Interessen im Zusammenhang mit hoheitlichen Tätigkeiten – ein sog. Übermaßverbot. Ausgangspunkt der Angemessenheit ist eine Gegenüberstellung und umfassende Abwägung der positiven und negativen Auswirkungen einer hoheitlichen Maßnahme. Die Grundvoraussetzung für den Bewertungs- und

Abwägungsprozess ist die transparente Herausarbeitung und Gewichtung der gegenseitigen Interessen.

Dass und wie dies in der Praxis geschieht, ist für Außenstehende ebenso wie für die betroffenen Unternehmen schwer bis gar nicht nachvollziehbar. Die Kommission ist, wie bereits dargelegt, nicht zu einer Offenlegung ihrer Erwägungen in Bezug auf die Verhältnismäßigkeit einer Ermittlungsmaßnahme verpflichtet. Die diesbezüglichen Ausführungen in den Urteilen sind in der Regel kurz und lassen kaum Rückschlüsse auf die Erwägungen der Unionsrichter oder der Kommission zu. Was sich daher konkret hinter dem Begriff der Angemessenheit für Auskunftsersuchen im Rahmen von Kartellverfahren, Sektoruntersuchungen und Fusionskontrollverfahren verbirgt, bleibt unklar. Ebenso wenig ist aus der unionsgerichtlichen Praxis erkennbar, welche Grenzen der Ermessenausübung der Kommission im Einzelfall gesetzt werden.

Die Untersuchung der vorhandenen gerichtlichen Bewertungsansätze unter Berücksichtigung der allgemein geltenden Grundsätze beim Umgang mit dem Grundsatz der Verhältnismäßigkeit kommt jedoch zu dem Ergebnis, dass die Interessensabwägung auf einem Bündel an unterschiedlichen Kriterien beruhen muss. Mit dem Ziel der besseren Nachvollziehbarkeit und Verallgemeinerung der Prüfungsmaßstäbe wurden die Kriterien herausgearbeitet, die im Fall der kartellrechtlichen Auskunftsersuchen von besonderem Interesse und folglich in jeden Abwägungsprozess einzustellen sind. Dies sind

- die Schwere des mutmaßlichen Kartellverstoßes oder die Relevanz des angemeldeten Zusammenschlussvorhabens,
- der zu erwartende Mehrwert der angeforderten Informationen,
- Inhalt und Umfang des Auskunftsersuchens,
- die festgesetzten Antwortfristen,
- die Wahrscheinlichkeit der Generierung von Zufallsfunden und
- die finanziellen und personellen Belastungen des betroffenen Unternehmens, die sich vielgestaltig darstellen, wobei sie durch bestimmte Faktoren üblicherweise verringert, durch andere Faktoren erhöht werden.

Für die Frage, wo auf dieser Grundlage die Grenze zwischen einer noch zu duldenden und einer die Grenze der Duldungspflicht übersteigenden Belastung zu ziehen ist, kommt es sodann abermals auf eine Bewertung im Einzelfall an. So sind für die Gewichtung der einzelnen Kriterien die hinter den einzelnen Auskunftsrechten stehenden Verfahren, deren Wertungen und ihre Grundsätze zu beachten. Durch die sichtbare Einstellung der entwickelten Kriterien in die Abwägungsprozesse der Kommission und die spätere Kontrolle durch die Unionsgerichte kann jedoch ein erhöhtes Maß an Transparenz der Entscheidungsfindung und ein interessensgerechter Ausgleich der widerstreitenden Interessen gewährleistet werden.

All diese Überlegungen waren die Ausgangsbasis und der Hauptanknüpfungspunkt des in Teil 3 dieser Arbeit entwickelten Lösungsansatzes. Ziel ist es, das weite Ermessen der Kommission zur Durchführung ihrer Ermittlungen zu wahren, während gleichzeitig eine erweiterte Transparenz und Nachvollziehbarkeit sowie unmittelbare Kontrollmöglichkeiten des Kommissionshandelns herbeigeführt werden. In einem ersten Schritt soll die Kommission in bestimmten Konstellationen verpflichtet werden können, ihre hinter den Entscheidungen stehenden wesentlichen Erwägungen u.a. in Bezug auf den Umfang und den Inhalt der anzufordernden Informationen offenzulegen und erforderlichenfalls auch nachzuweisen. Hiermit sind jedoch nicht etwa sämtliche internen Erwägungen und Überlegungen der Ermittlungen gemeint. Keinesfalls soll die Kommission verpflichtet werden können Ermittlungsstrategien zu offenbaren. Vielmehr soll sich die Erklärungspflicht auf solche Informationen beziehen, welche die Vorgehensweise der Kommission im Falle eines berechtigten Zweifels des Adressaten nachvollziehbar macht.

In einem zweiten Schritt stellt sich der entwickelte Lösungsvorschlag der Erweiterung der inhaltlichen Kontrolle der Auskunftsersuchens der Kommission. Über eine Ausweitung der Befugnisse des Anhörungsbeauftragten kann und soll, falls erforderlich, tiefer in die eigenständige Ermittlungsbefugnis der Kommission eingegriffen werden. Zur Umsetzung greift der Lösungsvorschlag im Wesentlichen auf zwei Instrumente zurück – eine sog. Rüge der Nichterforderlichkeit sowie eine widerlegbare Vermutung der Unverhältnismäßigkeit.

Über die Rüge der Nichterforderlichkeit[1179] wird eine Möglichkeit geschaffen, die Erforderlichkeit der Auskunftseinholung zu hinterfragen. Die Kommission wird in die Lage versetzt darzulegen und zu begründen, warum sie über die gewählte Form bestimmte Arten von Informationen eingeholt und welche möglicherweise milderen Mittel sie hiergegen abgewogen und zurückgestellt hat. Zusammengefasst lässt sich das System der Rüge der Nichterforderlichkeit wie folgt darstellen:

(1) Die betroffenen Adressaten müssen eine Rüge der Nichterforderlichkeit erheben und hiermit begründete Zweifel an der Erforderlichkeit der angeforderten Auskünfte anmelden. Zur Erleichterung der Darlegung begründeter Zweifel wurden Fallgruppen geschaffen, die in der Praxis wiederkehrend zu Meinungsverschiedenheiten zwischen Kommission und Auskunftsadressaten führen können.
(2) Die Kommission steht sodann unter einem gesteigerten Rechtfertigungsdruck und muss ihre Anfrage begründen. Sie darf solche Auskünfte, an deren Erforderlichkeit die Auskunftsadressaten Zweifel geäußert haben, dennoch weiter einfordern.
(3) Die Erhebung der Rüge der Nichterforderlichkeit führt zur Hemmung der Antwortfrist. Diese läuft weiter, sobald die Kommission die erforderliche Begründung an die Auskunftsadressaten übermittelt hat.
(4) Als unabhängige Zwischenstelle kann der Anhörungsbeauftragte Wettbewerb sowohl von den Auskunftsadressaten als auch der Kommission angerufen werden: Von der Kommission in den Konstellationen der Feststellung des Nichtbestehens einer Begründungspflicht aufgrund einer unsubstantiierten

1179 Ausführlich unter Teil 3, Kapitel 2, B.

Rüge sowie der Anordnung einer Hemmung der Prüfungsfristen nach der FKVO; vom Auskunftsadressaten hinsichtlich der Bewertung der Substanz der nachgeschobenen Begründung.
(5) In nachfolgenden Gerichtsverfahren ist die nachgelieferte Begründung vollumfassend überprüfbar.

Anders als beim Teilaspekt der Erforderlichkeit soll die Bewertung der Angemessenheit nicht nur punktuell anhand einer konkreten Maßnahme erfolgen. Ausgangspunkt für die Bewertung der Angemessenheit sind die Belastungen, die durch die Beantwortung des Auskunftsverlangens verursacht werden. Sie sind u.a. mit dem Ziel der Maßnahme und der Bedeutung des Verfahrens ins Verhältnis zu setzen. Im Sinne eines umfassenden Interessensausgleichs muss hierfür jedoch das Verfahren in seiner Gesamtheit und die insoweit insgesamt bereits verursachten Belastungen Berücksichtigung finden. Hierfür wurde ein von der Rüge der Nichterforderlichkeit getrennter, umfassenderer Ansatz vorgeschlagen, die sog. Vermutung der Unverhältnismäßigkeit.[1180] In diesem Rahmen wird eine Obergrenze an Belastungen eingeführt, welche die einem Auskunftsadressaten noch zumutbaren Belastungen innerhalb eines Verfahrens deckeln und damit verlässlicher kontrollierbar machen soll. Ab Überschreiten dieser Grenze wird vermutet, dass die Interessen der Auskunftsadressaten am Schutz vor weiteren Belastungen im Rahmen der Interessenabwägung überwiegen.

Die Wirkungsweisen und verfahrensrechtlichen Konsequenzen der Vermutung der Unverhältnismäßigkeit lassen sich folgendermaßen zusammenfassen:

(1) Die betroffenen Adressaten müssen ihre Belastungen im Rahmen des Verfahrens beobachten und dokumentieren. Bei Erreichen einer Obergrenze können sie sich gegenüber der Kommission auf die Unverhältnismäßigkeit der Gesamtbelastungen berufen.
(2) Bei Meinungsverschiedenheiten über das Erreichen der Obergrenze und damit das Eingreifen der Vermutungswirkung kann der Anhörungsbeauftragte als unabhängige Zwischenstelle angerufen werden.
(3) Die Kommission darf auch nach Erreichen dieser Schwellenwerte weiterhin Auskünfte einholen. Sie steht jedoch unter einem gesteigerten Rechtfertigungsdruck.
(4) Das Berufen auf die Vermutung der Unverhältnismäßigkeit führt zur Hemmung der Antwortfrist. Diese läuft weiter, sobald die Kommission die erforderliche Begründung – ggf. unter Vorbehalt der unter Punkt (2) dargestellten Entscheidung des Anhörungsbeauftragten – nachgeschoben hat.
(5) Die gerichtliche Geltendmachung der Unverhältnismäßigkeit eines Auskunftsverlangens sowie der daraus resultierenden Ausgleichsansprüche steht unter vereinfachten Darlegungsvoraussetzungen. Zur Erschütterung der

1180 Siehe hierzu ausführlich Teil 3, Kapitel 2, C.

Beweiserleichterungen kann die Kommission – nach Abschluss ihrer Ermittlungen – zur detaillierten Offenlegung ihrer Verfahrensführung verpflichtet werden.

Das dargestellte System geht mit einer Ausweitung der Befugnisse des Anhörungsbeauftragten einher, der als unabhängiger Dritter als eine Art Schlichtungsstelle zwischen Kommission und Auskunftsadressaten innerhalb des laufenden Verfahrens vermitteln soll.[1181] Der Einsatz des Anhörungsbeauftragten ist dabei so konzipiert, dass er – wenn erforderlich – kurzfristig entscheiden kann, ohne dass langwierige Gerichtsverfahren eingeleitet werden müssen. Ihm werden unverbindliche ebenso wie verbindliche Entscheidungsbefugnisse eingeräumt werden, wobei letztere eigenständig im Rahmen der unionsgerichtlichen Rechtsprechung angegriffen und überprüft werden können.

Dieses System ist geeignet, eine nachvollziehbare Verwaltungspraxis zu schaffen, indem zumindest teilweise Zugang zu den hinter einer Entscheidung stehenden inneren Abwägungsprozessen der Kommission gewährt wird. Es ist auch nicht zu befürchten, dass sich die gesteigerte Transparenz negativ auf die materiellrechtliche Qualität der Ermittlungsmaßnahmen auswirken wird. Vielmehr ist es erfahrungsgemäß gerade so, dass derjenige der seine Abwägungsentscheidungen – wenn auch nur teilweise – offenlegen muss, besonderen Wert darauf legen wird, diese sorgsam und ausgewogen zu treffen.

Auch ist eine spürbare Beeinträchtigung der kartellrechtlichen Ermittlungsbefugnisse und ihrer effektiven Durchsetzung in der Praxis von obigem System nicht zu erwarten. Der Kommission verbleiben ihre – nur minimal geschmälerten – Handlungs- und Entscheidungsspielräume. Vielmehr werden durch das dargestellte System die Rechtsschutzmöglichkeiten als solche erweitert. Die insbesondere in Bezug auf einfache Auskunftsverlangen bestehende Schutzlücke wird zumindest in Ansätzen geschlossen bzw. verkleinert. Zusammengefasst ist Rechtsschutz gegen zu weit gefasste Auskunftsentscheidungen nach dem derzeitigen System nur nachträglich zu erreichen. Maßnahmen des einstweiligen Rechtsschutzes sind aufgrund der hohen Anforderungen beim Angriff von Auskunftsentscheidungen nur in Ausnahmefällen erfolgreich. Hinzu kommt, dass selbst bei Erfolg einer Nichtigkeitsklage faktisch oftmals kein zufriedenstellendes Ergebnis mehr herbeigeführt werden kann, da sich die Interessen der betroffenen Unternehmen – insbesondere in den besonders zeitsensitiven Fusionskontrollverfahren – bereits erheblich verändert haben werden. Die durch die Beantwortung der Auskunftsentscheidungen entstandenen Nachteile sind so teilweise überhaupt nicht mehr ausgleichbar. Einfache Auskunftsverlangen hingegen können mangels rechtlicher Verbindlichkeit ohnehin nur inzident im Rahmen der verfahrensabschließenden Entscheidung angegriffen werden; informelle Informationsanfragen überhaupt nicht. Eine faktische Verbindlichkeit kommt ihnen dennoch zu.

1181 Siehe hierzu Teil 3, Kapitel 2, D.

Die im Lösungsansatz vorgestellte nachzuschiebende Begründung ermöglicht daher nun im Falle der einfachen Auskunftsverlangen und informellen Informationsanfragen (insbesondere in der Pränotifizierungsphase) überhaupt erst eine direkte gerichtliche Kontrolle. Im Falle der verbindlichen Auskunftsentscheidung ermöglicht sie eine konkretisierte und präzisierte Bewertung durch die Unionsgerichte. Das dargestellte System führt folglich zu einem angemessenen Ausgleich der Interessen der einzelnen Parteien kartellrechtlicher Auskunftsverlangen.

II. Ausblick

Gerade in der Literatur sind in jüngerer Zeit vermehrt Stimmen laut geworden, die auf die widerstreitenden Interessen im Rahmen der Ermittlungsbefugnisse hinweisen und sich gegen den Trend einer stetigen Erweiterung der Auskunftsverlangen der Kommission stellen. Die unionsgerichtliche Rechtsprechung zu diesem Thema war in den vergangenen Jahren relativ einheitlich. Erst in der jüngeren Vergangenheit zeigten sich strengere Ansätze. Diese bezogen sich im Wesentlichen auf die Begründungserfordernisse und damit einen Gesichtspunkt, der trotz seiner überragenden Bedeutung als Grundlage für die Bewertung der Verhältnismäßigkeit bisher wenig Beachtung gefunden. Die jetzige verstärkte Überprüfung des Anfangsverdachts und der zugrundeliegenden Indizien ermöglicht eine strengere Kontrolle der Ermittlungen der Kommission, ohne dass dies zu einer allzu starken Beschränkung ihres weiten Ermittlungsermessens führt.

Es wird vor diesem Hintergrund mit Spannung erwartet werden dürfen, ob die Unionsgerichte ihre verstärkte Kontrolle auch künftig auf den Bereich der Begründungserfordernisse kartellrechtlicher Ermittlungen beschränken werden oder ob sich diese Tendenz auch verstärkt auf die eigentliche Beurteilung der materiellrechtlichen Rechtmäßigkeit der Auskunftsverlangen ausdehnen wird, die Verhältnismäßigkeit des inhaltlichen Umfangs eines Auskunftsersuchens.

Diese weitere Konturierung der Bewertungskriterien des Verhältnismäßigkeitsgrundsatzes wäre auch mit Blick auf eine jüngere Entwicklung in der Kommissionspraxis wichtig. Bisher waren Verfahren der Kommission gegen (etwaiges) Fehlverhalten bei der Erteilung von Auskünften selten.[1182] In der jüngeren

1182 So wurde in dem Verfahren *Deutsche Post/Trans-o-flex* eine Geldbuße i.H.v. EUR 50.000 wegen unrichtiger Beantwortung von Auskunftsverlangen verhängt, vgl. Komm., E. v. 14.12.1999 (Comp/M.1610) – Deutsche Post/Trans-o-flex. In *Mitsubishi Heavy Industries* waren es EUR 50.000 wegen der Nichterteilung von Auskünften, vgl. Komm., E. v. 12.07.2000 (COMP/M.1634) – Mitsubishi Heavy Industries. In *Tetra Laval/Sidel* belief sich die Geldbuße aufgrund unrichtiger Angaben bei der Anmeldung und im Rahmen der Auskunftserteilung auf EUR 45.000, vgl. Komm., E. v. 07.07.2004 (COMP/M.3255) – Tetra Laval/Sidel. Siehe zur Möglichkeit der Sanktionierung der fehlerhaften Beantwortung von Auskunftsersuchen Teil 1, Kapitel 3, A. I.

Vergangenheit wurde die Kommission vermehrt aktiv und zögerte insbesondere in Fusionskontrollverfahren nicht, Geldbußen in bisher nicht geahnter Größenordnung zu verhängen. So wurde beispielsweise im Mai 2017 gegen Facebook eine Geldbuße i.H.v. EUR 110 Mio. für die Übermittlung falscher bzw. irreführender Informationen im Fusionskontrollverfahren *Facebook/Whatsapp* festgesetzt.[1183] Am 8. April 2019 wurde gegen General Electric eine Geldbuße (EUR 52 Mio.) für die unzureichende Informationsoffenlegung im Rahmen einer Anmeldung eines Zusammenschlussvorhabens festgesetzt.[1184] In Sachen *Merck/Sigma-Aldrich* wurde wegen des Vorwurfs der Bereitstellung irreführender Informationen ein Bußgeld verhängt (EUR 7,5 Mio.).[1185] Auch hier hat die Kommission ein sehr deutliches Signal an die Unternehmen gesendet, vermehrt Wert auf die Sicherstellung einer korrekten und vollständigen Auskunftserteilung zu legen.[1186] Je schärfer aber die Verfolgung der fehlerhaften Beantwortung von Auskunftsverlangen wird, desto größerer Wert ist auf die Schaffung objektiver Entscheidungskriterien, hinreichender Transparenz der Entscheidungsfindung und die Eröffnung – notfalls interner – Kontrollmöglichkeiten beim Erlass solcher Auskunftsverlangen zu legen.

Jedenfalls wäre es zu begrüßen, wenn die Auskunftsadressaten – bestärkt durch die obigen Entwicklungen und die aktuelle Haltung des Europäischen Gerichtshofs – sofern erforderlich zukünftig vermehrt von der Möglichkeit Gebrauch machen, die gegen sie erlassenen Auskunftsentscheidungen anzugreifen. Dies kann nicht nur zu einer weiteren Konkretisierung der Bewertungsgrundsätze

---

1183 Die fehlerhafte Übermittlung betraf sowohl die Anmeldung als auch die Beantwortung von Auskunftsverlangen sowie die vorgelagerte, gesetzlich nicht geregelte Pränotifizierungsphase, vgl. Komm., E. v. 17.05.2017 (COMP/M.8228) – Facebook/Whatsapp. Siehe hierzu Brinker, Don't mess around with the Commission – Sanktionierung von Fehlverhalten in der Fusionskontrolle, BB 2017, 1417, 1419.

1184 Die fehlerhafte bzw. unvollständige Anmeldung des Zusammenschlussvorhabens war nach entsprechender Feststellung der Kommission zurückgenommen und kurze Zeit später vollständig erneut eingereicht worden. Siehe Pressemitteilung vom 8. April 2019, abrufbar unter https://ec.europa.eu/commission/presscorner/detail/de/IP_19_2049.

1185 Komm, E. v. 03.05.2021 (COMP M.8181) – Merck/Sigma-Aldrich.

1186 "The effectiveness of our merger control system relies on the accuracy of the information provided by the companies involved. Accurate information is essential for the Commission to take competition decisions in full knowledge of the facts. Today's decision to fine Sigma-Aldrich shows that companies should not withhold or provide misleading information. This is vital for the assessment of a deal, especially for research and development projects, which are by nature secret and for which only the parties have access to relevant information.", Margrethe Vestager, Pressemitteilung vom 3. Mai 2021, abrufbar unter https://ec.europa.eu/commission/presscorner/detail/en/IP_21_2181.

durch die Unionsgerichte führen. Hierdurch wird ebenfalls dazu beigetragen, die Entwicklungen im Umgang mit der Verhältnismäßigkeit kartellrechtlicher Auskunftsverlangen, deren Reichweite sowie der Begründung der hiermit verfolgten Zwecke weiter voranzutreiben und hinreichend transparenter zu machen. Über die obigen Probleme beim gerichtlichen Rechtsschutz, insbesondere die unzureichenden Angriffsmöglichkeiten einfacher Auskunftsverlangen, kann jedoch letztlich auch eine vermehrte Aktivität vor den Unionsgerichten in Bezug auf Auskunftsentscheidungen nicht hinweghelfen.

Es wird daher entscheidend darauf ankommen, in welche Richtung sich die Unionsgesetzgebung, insbesondere in Anbetracht der sich stetig erweiternden technischen Möglichkeiten, bei der Ausgestaltung der Kommissionsbefugnisse künftig orientieren wird – nicht nur im Bereich des Kartellrechts, sondern möglicherweise auch auf anderen Gebieten. Wird sich die kritische Tendenz in Rechtsprechung und Literatur verfestigen, wird es sich für die Kommission auf lange Sicht zudem anbieten, wie bereits in Bezug auf andere Fragestellungen auch hier Leitlinien oder sog. Best Practices zum praktischen Umgang mit Auskunftsverlangen und deren Verhältnismäßigkeit zu erlassen.

Literaturverzeichnis

Aufsätze

Albers, Michael, Aktuelle Entwicklungen in der Praxis des Anhörungsbeauftragten, Schriftenreihe des Forschungsinstituts für Wirtschaftsverfassung und Wettbewerb 2012, 35–67.

Barbist, Pinggerra, Zur Zulässigkeit des österreichischen Glücksspielmonopols, EuZW 2010, 285–286.

Bechtold, Rainer, Zum Ermessen der Kommission in Bußgeldverfahren, WuW 2009, 1115.

Berg, Werner, Praktische Probleme bei Auskunftsersuchen in der EU-Fusionskontrolle, insbesondere im Hinblick auf „interne Dokumente", WuW 2019, 230–234.

Bertuzzi et al., Bayer/Monsanto – protecting innovation and product competition in seeds, traits and pesticides, Competition merger brief 02/2018, 6–12.

Bischke, Alf-Henrik, Welchen Anforderungen muss ein Auskunftsbeschluss der EU-Kommission gemäß Art. 18 Abs. 3 VO 1/2003 genügen?, NZKart 2014, 299–304.

Brigola, Alexander, Der Grundsatz der Verhältnismäßigkeit im Gefüge der EU-Grundfreiheiten – Steuerungsinstrument oder Risikofaktor?, EuZW 2017, 406–412.

Brinker, Ingo, Don't mess around with the Commission – Sanktionierung von Fehlverhalten in der Fusionskontrolle, BB 2017, 1417–1420.

Bronett, Georg-Klaus de, Sektoruntersuchungen, WuW 2010, 258–268.

Bueren, Eckart, Reform des Mandats des Anhörungsbeauftragten in Wettbewerbsverfahren – Kleiner Schritt oder großer Wurf?, WuW 2012, 684–699.

Danwitz, Thomas von, Rechtliche Optimierungsgebote oder Rahmensetzungen für das Verwaltungshandeln?, DVBl 1998, 928–941.

Buntscheck, Martin, Anwaltskorrespondenz – Beitrag zur geordneten Rechtspflege oder „tickende Zeitbombe", WuW 2007, 229–241.

Danwitz, Thomas von, Rechtliche Optimierungsgebote oder Rahmensetzungen für das Verwaltungshandeln?, DVBl 1998, 928–941.

Danwitz, Thomas von, Der Grundsatz der Verhältnismäßigkeit im Gemeinschaftsrecht, EWS 2003, 393–402.

Deselaers, Wolfgang, EuGH stärkt Verteidigungsrechte der Unternehmen bei Auskunftsbeschlüssen der Europäischen Kommission, WuW 2016, 355–357.

Durande, Serge; Kellerbauer, Manuel, Der Anhörungsbeauftragte in EG-Wettbewerbsverfahren, WuW 2007, 865–881.

Ehlers, Dirk, Die Europäisierung des Verwaltungsprozessrechts, DVBl 2004, 1441–1450.

Gildhoff, Nils, Sektoruntersuchungen: Zulässigkeitsvoraussetzungen und Rechtsschutz, WuW 2013, 716–726.

Grave, Carsten; Barth, Christoph, Von „Dawn Raids" zu „eRaids" – Zu den Befugnissen der Europäischen Kommission bei der Durchsuchung elektronischer Daten, EuZW 2014, 369–374.

Grave, Carsten; Trafkowski, Armin, Sektorenuntersuchungen durch die Kartellbehörden – Rechtsgrundlagen, Ermittlungsbefugnisse und Konsequenzen, RdE 2005, 209–214.

Guski, Roman, Regelbildung als Entdeckungsverfahren – Kontrolldichte, Rechtsstaatlichkeit und Prozeduralität im EU-Kartellrecht, ZWeR 2012, 243–271.

Hempel, Rolf, Mehr Sorgfalt bei Auskunftsbeschlüssen, EuZW 2016, 379–382.

Jäger, Marc, Eilverfahren vor dem Gericht der Europäischen Union, EuR 2013, 3–29.

Kellerbauer, Manuel, Das neue Mandat des Anhörungsbeauftragten für EU-Wettbewerbsverfahren, EuZW 2013, 10–15.

Kellerbauer, Manuel, Limits on EU antitrust investigative measures under recent case-law: tiptoeing between proportionality and effectiveness, EuZW 2014, 407–410.

Kischel, Uwe, Die Kontrolle der Verhältnismäßigkeit durch den Europäischen Gerichtshof, EuR 2000, 380–402.

Kment, Martin, Das Eigenverwaltungsrecht der Europäischen Union, JuS 2011, 211–215.

Kment, Martin; Vorwalter, Sebastian, Beurteilungsspielraum und Ermessen, JuS 2015, 193–201.

Kuhn, Tilman, EC focus on internal documents: Time to rethink the architecture of the EU merger control process? v. 08.03.2019 abrufbar unter https://www.whitecase.com/publications/article/ec-focus-internal-documents-time-rethink-architecture-eu-merger-control-process.

Lechler, Stefan, Vom Anhörungsrecht zur Wahrung der Verfahrensrechte, ZWeR 2012, 109–136.

Levy, Nicholas; Karadakova, Vassilena, The EC's increasing reliance on internal documents under the EU Merger Regulation: issues and implications, ECLR 2018, 12–23.

Linsmeier, Petra; Balssen, Jan, Die Kommission macht Ernst: Erstmals Durchsuchungen wegen Gun Jumping, BB 2008, 741–748.

Lippert, André, Das Kohärenzerfordernis des EuGH, EuR 2012, 90–99.

Mackinthosh, J. Triplett; Angus, Kristen, Conflict in Confidentiality, The International Lawyer 2004, 35–54.

Meyer, Peter; Kuhn, Sascha, Befugnisse und Grenzen kartellrechtlicher Durchsuchungen nach VO Nr. 1/2003 und nationalem Recht, WuW 2004, 880–892.

Pache, Eckhard, Der Grundsatz der Verhältnismäßigkeit in der Rechtsprechung der Gerichte der Europäischen Gemeinschaften, NVwZ 1999, 1033–1040.

Pfromm, René; Hentschel, Kristin, Zum Umfang des Legal Privilege in Kartellrechtsverfahren: Das gemeinschaftsrechtliche Gebot umfassender Vertraulichkeit der Anwaltskorrespondenz, EWS 2005, 350–357.

Richter, Marie-Therese, Der Maßstab der Dringlichkeit im Verfahren einstweiligen Rechtsschutzes – gerechtfertigte Strenge?, EuZW 2014, 416–419.

Röhrig, Markus, Zum Stand des Grundrechtsschutzes bei kartellrechtlichen Ermittlungen der Kommission, WuW 2014, 814–829.

Schnelle, Ulrich; Kollmann, Anni, Einstweiliger Rechtsschutz gegen Auskunftsverlangen der EU-Kommission nur bei konkret und belegbar drohendem Schaden, GRUR-Prax 2011, 409–410.

Schnichels, Dominik; Resch, Thorsten, Das Anwaltsprivileg im Europäischen Kontext, EuZW 2011, 47–52.

Schwarze, Jürgen, Die Bedeutung des Grundsatzes der Verhältnismäßigkeit bei der Behandlung von Verpflichtungszusagen nach der europäischen Fusionskontrollverordnung, EuZW 2002, 741–746.

Seitz, Claudia; Berg, Werner; Lohrberg, Jan, „Dawn Raids“ im europäischen Kartellverfahren, WuW 2007, 716–726.

Soltész, Ulrich, Discovery-Befugnisse für die EU-Kommission?, EuZW 2019, 353–354.

Soltész, Ulrich; Köckritz, Christian von, Europäische Fusionskontrolle aus der Sicht betroffener „Dritter“, BB 2009, 286–292.

Steinle, Christian; Aberle, Lukas; Gaglio, Nicholas E.O.; Zhu, Susan; Strang, Lindsey, Rechtsschutz gegen kartellrechtliche Ermittlungsmaßnahmen – Teil 1, Compliance Berater 2020, 140–144.

Steinle, Christian; Schwartz, Simone, Schadensersatz wegen Fehlern im Fusionskontrollverfahren: das Urteil Schneider III, BB 2007, 1741–1744.

Stöcker, Mathias, Zufallsfunde in Kartellverfahren, BB 2012, 1172–1178.

Streinz, Rudolf; Kruis, Tobias, Unionsrechtliche Vorgaben und mitgliedstaatliche Gestaltungsspielräume im Bereich des Glücksspielrechts, NJW 2010, 3745–3750.

Trstenjak, Verica; Beysen, Erwin, Das Prinzip der Verhältnismäßigkeit in der Unionsrechtsordnung, EuR 2012, 265–285.

Wiater, Patricia, Effektiver Rechtsschutz im Unionsrecht, JuS 2015, 788–792.

Wilson, Thomas, Document requests in complex EU merger cases, ZWeR 2017, 146–165.

Wilson, Thomas, Legal Professional Privilege in der EU-Fusionskontrolle, NZKart 2017, 352–358.

Wirtz, Markus; Schulz, Max, Innovationswettbewerb in der Fusionskontrolle – Bayer/Monsato und Dow/DuPont, NZKart 2019, 20–28.

Monografien

Danwitz, Thomas von, Europäisches Verwaltungsrecht, 2008.

Engelhoven, Peter Philipp, Unzureichende Legitimation von Ermittlungshandlungen der Europäischen Kommission im EG-Kartellverfahren, 2009.

Friedmann, Ruben, Die Geltung rechtsstaatlicher Grundsätze im kartellrechtlichen Bußgeldverfahren der Europäischen Gemeinschaft, 2005.

Gillmeister, Ferdinand, Ermittlungsrechte im deutschen und europäischen Kartellordnungswidrigkeitenverfahren, 1985.

Göttlinger, Elisabeth, Auskunftsrechte der Kommission im Recht der Europäischen Union, 2013.

Hecheltjen, Kai Peter, Der Richtervorbehalt im kartellrechtlichen Nachprüfungsverfahren der Europäischen Kommission, 2007.

Henn, Florian, Strafrechtliche Verfahrensgarantien im europäischen Kartellrecht, 2018.

Hensmann, Jan, Die Ermittlungsrechte der Kommission im europäischen Kartellverfahren, 2009.

Holterhus, Till Patrik, Beweisführung in der Europäischen Fusionskontrolle, 2014.

Hummel, Karin, Amtshaftung im Kartellrecht, 2016.

Jakobs, Michael, Der Grundsatz der Verhältnismäßigkeit, 1985.

Kizil, Baran Cihan, Strafrechtliche Verfahrensgarantien im europäischen und deutschen Wettbewerbsrecht, 2015.

Koch, Alexander, Verwaltungssanktionen im europäischen und niederländischen Verwaltungs- und Kartellrecht, 2011.

Leber, Marius, Dynamische Effizienzen in der EU-Fusionskontrolle, 2018.

Lubig, Sebastian, Beweisverwertungsverbote im Kartellverfahrensrecht der Europäischen Gemeinschaft, 2008.

Müller, Lisa, Das Kohärenzgebot im Entwicklungsrecht der Europäischen Union, 2015.

Peschau, Hans-Hermann, Die Beweislast im Verwaltungsrecht, 1983.

Pollak, Christiana, Verhältnismäßigkeitsprinzip und Grundrechtsschutz in der Judikatur des Europäischen Gerichtshofs und des Österreichischen Verfassungsgerichtshofs, 1991.

Sahl, Jan Christian, Aufrechnung zwischen Hoheitsträgern, 2019.

Vocke, Christian, Die Ermittlungsbefugnisse der EG-Kommission im kartellrechtlichen Voruntersuchungsverfahren, 2006.

Weiß, Wolfgang, Die Verteidigungsrechte im EG-Kartellverfahren, 1996.

Kommentarliteratur, Handbücher und sonstige Sammelwerke

Bechtold, Rainer; Bosch, Wolfgang; Brinker, Ingo (Hrsg.), EU-Kartellrecht, 3. Aufl. 2014.

Berg, Werner; Mäsch, Gerald (Hrsg.), Deutsches und Europäisches Kartellrecht, 3. Aufl. 2018.

Bien, Florian; Meier-Beck, Peter; Montag, Frank; Säcker, Franz Jürgen u.a. (Hrsg.), Münchener Kommentar Europäisches und Deutsches Wettbewerbsrecht, 3. Aufl. 2020.

Bronett, Georg-Klaus de (Hrsg.), Europäisches Kartellverfahrensrecht, 2. Aufl. 2012.

Busche, Jan; Röhling, Andreas (Hrsg.), Kölner Kommentar zum Kartellrecht, Band 4, 2017.

Calliess, Christian; Ruffert, Matthias; Blanke, Hermann-Josef (Hrsg.), EUV, AEUV Das Verfassungsrecht der Europäischen Union mit Europäischer Grundrechtecharta, 5. Aufl. 2016.

Dahlheimer, Dorothe; Feddersen, Christoph T.; Miersch, Gerald (Hrsg.), EU-Kartellverfahrensverordnung, 2005.

Grabitz, Eberhard; Hilf, Meinhard; Nettesheim, Martin (Hrsg.), Das Recht der Europäischen Union, 40. Aufl. 2010.

Grabitz, Eberhard; Hilf, Meinhard; Nettesheim, Martin (Hrsg.), Das Recht der Europäischen Union, 68. Aufl. 2020.

Groeben, Hans von der; Schwarze, Jürgen; Hatje, Armin (Hrsg.), Europäisches Unionsrecht, 7. Aufl. 2015.

Hölters, Wolfgang (Hrsg.), Handbuch Unternehmenskauf, 9. Aufl. 2019.

Immenga, Ulrich; Körber, Torsten (Hrsg.), Die Kommission zwischen Gestaltungsmacht und Rechtsbindung, 1. Aufl. 2012.

Immenga, Ulrich; Mestmäcker, Ernst-Joachim (Hrsg.), EU-Wettbewerbsrecht, 5. Aufl. 2012.

Ipsen, Jörn (Hrsg.), Europa im Wandel – Festschrift für Hans-Werner Rengeling, 2008.

Jäger, Wolfgang; Kokott, Juliane; Pohlman, Petra; Schröder, Dirk (Hrsg.), Frankfurter Kommentar zum Kartellrecht, 93. Aufl. 2020.

Jestaedt, Matthias; Lepsius, Oliver (Hrsg.), Verhältnismäßigkeit – Zur Tragfähigkeit eines verfassungsrechtlichen Schlüsselkonzepts, 2015.

Kamann, Hans-Georg; Ohlhoff, Stefan; Völcker, Sven (Hrsg.), Kartellverfahren und Kartellprozess, 2017.

Kerse, Chris; Khan, Nicholas, EU antitrust procedure, 6. Aufl. 2012.

Kling, Michael; Thomas, Stefan (Hrsg.), Kartellrecht, 2. Aufl. 2016.

Körber, Torsten; Schweitzer, Heike; Zimmer, Daniel (Hrsg.), Immenga/Mestmäcker Wettbewerbsrecht, 6. Aufl. 2019.

Langen, Eugen; Bunte, Hermann-Josef (Hrsg.), Kartellrecht, 13. Aufl. 2018.

Loewenheim, Ulrich; Meessen, Karl Matthias; Riesenkampff, Alexander; Kersting, Christian; Meyer-Lindemann, Hans Jürgen (Hrsg.), Kartellrecht, 4. Aufl. 2020.

Mäger, Thorsten (Hrsg.), Europäisches Kartellrecht, 2. Aufl. 2011.

Mestmäcker, Ernst-Joachim; Schweitzer, Heike (Hrsg.), Europäisches Wettbewerbsrecht, 3. Aufl. 2014.

Meyer, Jürgen (Hrsg.), Charta der Grundrechte der Europäischen Union, 5. Aufl. 2019.

Ortiz Blanco, Luis, EU competition procedure, 3. Aufl. 2013.

Paal, Boris P.; Pauly, Daniel A.; Ernst, Stefan (Hrsg.), Datenschutz-Grundverordnung, Bundesdatenschutzgesetz, 2. Aufl. 2018.

Schröter, Helmuth; Jakob, Thinam; Klotz, Robert; Mederer, Wolfgang (Hrsg.), Europäisches Wettbewerbsrecht, 2. Aufl. 2014.

Schulte, Josef Lothar; Crede, Claus (Hrsg.), Handbuch Fusionskontrolle, 3. Aufl. 2020.

Schulze, Reiner; Zuleeg, Manfred; Kadelbach, Stefan; Beljin, Saša (Hrsg.), Europarecht, 3. Aufl. 2015.

Schwarze, Jürgen; Becker, Ulrich; Hatje, Armin (Hrsg.), EU-Kommentar, 4. Aufl. 2019.

Schwarze, Jürgen, Europäisches Verwaltungsrecht (Band I), 1988.

Schwarze, Jürgen, Europäisches Verwaltungsrecht (Band II), 1988.

Schwarze, Jürgen; Glaesner, Hans-Joachim (Hrsg.), Der Gemeinsame Markt, Bestand und Zukunft in wirtschaftsrechtlicher Perspektive, 1. Aufl. 1987.

Streinz, Rudolf (Hrsg.), EUV/AEUV – Vertrag über die Europäische Union, Vertrag über die Arbeitsweise der Europäischen Union, Charta der Grundrechte der Europäischen Union, 3. Aufl. 2018.

Sydow (Hrsg.), Europäische Datenschutzgrundverordnung, 2. Aufl. 2018.

Terhechte, Jörg Philipp; Arnauld, Andreas von (Hrsg.), Verwaltungsrecht der Europäischen Union, 1. Aufl. 2011.

Wiedemann, Gerhard; Bronett, Georg-Klaus de (Hrsg.), Handbuch des Kartellrechts, 4. Aufl. 2020.

Gerichtsentscheidungen

Europäisches Gericht

EuG, Beschl. v. 04.04.1990, T-30/89, ECLI:EU:T:1990:27 – Hilti.

EuG, Beschl. v. 21.11.1990, T-39/90 R, ECLI:EU:T:1990:70 – SEP.

EuG, Urt. v. 12.12.1991, T-39/90, ECLI:EU:T:1991:71 – SEP.

EuG, Urt. v. 24.03.1994, T-3/93, ECLI:EU:T:1994:36 – Air France.

EuG, Urt. v. 09.11.1994, T-46/92, Slg. 1994, II-1039 – Scottish Football.

EuG, Urt. v. 08.03.1995, T-34/93, ECLI:EU:T:1995:46 – Société Générale.

EuG, Urt. v. 25.03.1999, T-102/96, ECLI:EU:T:1999:65 – Gencor.

EuG, Urt. v. 20.04.1999, T-305/94, ECLI:EU:T:1999:80 – Limburgse Vinyl Maatschappij u.a.

EuG, Urt. v. 28.04.1999, T-221/95, ECLI:EU:T:1999:85 – Endemol.

EuG, Urt. v. 20.02.2001, T-112/98, ECLI:EU:T:2001:61 – Mannesmannröhren-Werke.

EuG, Urt. v. 22.10.2002, T-310/01, ECLI:EU:T:2002:254 – Schneider Electric.

EuG, Beschl. v. 03.12.2002, T-181/02, ECLI:EU:T:2002:294, Neue Erba Lautex.

EuG, Urt. v. 19.03.2003, T-213/00, ECLI:EU:T:2003:76 – CMA CGM u.a.

EuG, Urt. v. 30.09.2003, T-191/98 u.a., ECLI:EU:T:2003:245, – Atlantic Container Line u.a.

EuG, Urt. v. 08.07.2004, T-50/00, ECLI:EU:T:2004:220 – Dalmine.

EuG, Urt. v. 21.09.2005, T-87/05, ECLI:EU:T:2005:333 – EDP.

EuG, Urt. v. 30.05.2006, T-198/03, ECLI:EU:T:2006:136 – Bank Austria.

EuG, Urt. v. 04.07.2006, T-177/04, ECLI:EU:T:2006:187 – easyJet.

EuG, Urt. v. 14.12.2006, T-259/02 u.a., ECLI:EU:T:2006:396 – Raiffeisen Zentralbank Österreich u.a.

EuG, Urt. v. 08.03.2007, T-339/04, ECLI:EU:T:2007:80 – France Télécom.

EuG, Urt. v. 11.07.2007, T-351/03, ECLI:EU:T:2007:212 – Schneider Electric III.

EuG, Urt. v. 12.07.2007, T-266/03, ECLI:EU:T:2007:223 – Groupement des cartes bancaires.

EuG, Urt. v. 17.09.2007, T-125/03, ECLI:EU:T:2007:287 – Akzo Nobel Chemicals u.a.

EuG, Urt. v. 10.04.2008, T-271/03, ECLI:EU:T:2008:101 – Deutsche Telekom.

EuG, Urt. v. 08.07.2008, T-99/04, ECLI:EU:T:2008:256 – AC-Treuhand.

EuG, Urt. v. 08.07.2008, T-53/03, ECLI:EU:T:2008:254 – BPB.

EuG, Urt. v. 04.02.2009, T-145/06, ECLI:EU:T:2009:27 – Omya.

EuG, Urt. v. 28.04.2010, T-446/05, ECLI:EU:T:2010:165 – Amann & Söhne u.a.

EuG, Beschl. v. 29.07.2011, T-302/11 R, ECLI:EU:T:2011:405 – HeidelbergCement.

EuG, Urt. v. 22.03.2012, T-458/09 u.a., ECLI:EU:T:2012:145 – Slovak Telekom.

EuG, Urt. v. 27.09.2012, T-343/06, ECLI:EU:T:2012:478 – Shell Petroleum.

EuG, Urt. v. 14.11.2012, T-135/09, ECLI:EU:T:2012:596 – Nexans u.a.

EuG, Urt. v. 14.11.2012, T-140/09, ECLI:EU:T:2012:597 – Prysmian u.a.

EuG, Urt. v. 16.09.2013, T-333/10, ECLI:EU:T:2013:451 – Animal Trading Company (ATC).

EuG, Urt. v. 12.11.2013, T-570/08 RENV, ECLI:EU:T:2013:589 – Deutsche Post.

EuG, Urt. v. 14.03.2014, T-297/11, ECLI:EU:T:2014:122 – Buzzi Unicem.

EuG, Urt. v. 14.03.2014, T-296/11, ECLI:EU:T:2014:121 – Cementos Portland.

EuG, Urt. v. 14.03.2014, T-302/11, ECLI:EU:T:2014:128 – HeidelbergCement.

EuG, Urt. v. 14.03.2014, T-293/11, ECLI:EU:T:2014:127 – Holcim.

EuG, Urt. v. 14.03.2014, T-305/11, ECLI:EU:T:2014:126 – Italmobiliare.

EuG, Urt. v. 14.03.2014, T-306/11, ECLI:EU:T:2014:123 – Schwenk Zement.

EuG, Urt. v. 12.06.2014, T-286/09, ECLI:EU:T:2014:547 – Intel.

EuG, Urt. v. 25.11.2014, T-402/13, ECLI:EU:T:2014:991 – Orange.

EuG, Beschl. v. 12.07.2017, T 371/17 R, ECLI:EU:T:2017:485, Qualcom.

EuG, Urt. v. 20.06.2018, T-325/16, ECLI:EU:T:2018:368 – České dráhy.

EuG, Urt. v. 12.07.2018, T-441/14, ECLI:EU:T:2018:453 – Brugg Kabel.

EuG, Urt. v. 09.04.2019, T-371/17, ECLI:EU:T:2019:232 – Qualcom u.a.

EuG, Beschl. v. 29.10.2020, T-451/20, ECLI:EU:T:2020:515, Facebook I.

EuG, Beschl. v. 29.10.2020, T-452/20, ECLI:EU:T:2020:516, Facebook II.

Europäischer Gerichtshof

EuGH, Urt. v. 29.11.1956, C-8/55, ECLI:EU:C:1956:11 – Fédération charbonnière de Belgique.

EuGH, Urt. v. 12.06.1958, C-2/57, ECLI:EU:C:1958:5 – Compagnie des hauts fourneaux de Chasse.

EuGH, Urt. v. 13.07.1962, verb. Rs. 17 u. 20/61, ECLI:EU:C:1962:30 – Kloeckner-Werke u.a.

EuGH, Urt. v. 14.12.1962, C-5/62, ECLI:EU:C:1962:46 – Acciaierie San Michele u.a.

EuGH, Urt. v. 19.03.1964, C-27/63, ECLI:EU:C:1964:17 – Raponi.

EuGH, Urt. v. 13.07.1966, verb. Rs. C-56/64 und 58/64, ECLI:EU:C:1966:41 – Consten und Grundig.

EuGH, Urt. v. 17.12.1970, C-11/70, ECLI:EU:C:1970:114 – Internationale Handelsgesellschaft.

EuGH, Urt. v. 31.03.1971, C-22/70, ECLI:EU:C:1971:32 – AETR.

EuGH, Urt. v. 31.03.1971, C-22/70, ECLI:EU:C:1971:32 – Europäisches Übereinkommen über Straßenverkehr.

EuGH, Urt. v. 14.07.1972, C-48/69, ECLI:EU:C:1972:70 – ICI.

EuGH, B. v. 16.01.1975, C-3/75, ECLI:EU:C:1975:3, Johnson & Firth Brown.

EuGH, Urt. v. 13.02.1979, C-101/78, ECLI:EU:C:1979:38 – Granaria.

EuGH, Urt. v. 13.02.1979, C-85/76, ECLI:EU:C:1979:36 – Hoffmann-La Roche.

EuGH, Urt. v. 13.12.1979, C-44/79, ECLI:EU:C:1979:290 – Hauer.

EuGH, Urt. v. 26.06.1980, C-136/79, ECLI:EU:C:1980:169 – National Panasonic.

EuGH, Urt. v. 11.11.1981, C-60/81, ECLI:EU:C:1981:264 – IBM.

EuGH, Urt. v. 26.11.1981, C-195/80, ECLI:EU:C:1981:284 – Michel.

EuGH, Urt. v. 18.05.1982, C-155/79, ECLI:EU:C:1982:157 – AM & S Europe.

EuGH, Urt. v. 09.11.1983, C-322/81, ECLI:EU:C:1983:313 – Michelin.

EuGH, Urt. v. 21.02.1984, verb. Rs. C-140/82 u.a., ECLI:EU:C:1984:66 – Walzstahl-Vereinigung und Thyssen.

EuGH, Urt. v. 11.07.1985, C-45/84, ECLI:EU:C:1985:327 – Remia u.a.

EuGH, Beschl. v. 18.10.1985, C-250/85, ECLI:EU:C:1985:418, Brother Industries.

EuGH, Urt. v. 24.06.1986, C-53/85, ECLI:EU:C:1986:256 – Akzo Chemie u.a.

EuGH, Urt. v. 14.01.1987, C-281/84, ECLI:EU:C:1987:3 – Zuckerfabrik Bedburg u.a.

EuGH, Urt. v. 11.03.1987, verb. Rs. C-279/84, 280/84, 285/84 und 286/84., ECLI:EU:C:1987:119 – Rau Lebensmittelwerke u.a.

EuGH, Urt. v. 17.11.1987, C-142/84, ECLI:EU:C:1987:490 – British American Tobacco.

EuGH, Urt. v. 27.09.1988, C-89/85 u.a., ECLI:EU:C:1988:447 – Ahlström Osakeyhtiö u.a.

EuGH, Urt. v. 11.07.1989, Rs. 265/87, Slg. 1989, 2237 – Schräder/Hauptzollamt Gronau.

EuGH, Urt. v. 21.09.1989, C-46/87, ECLI:EU:C:1989:337 – Höchst.

EuGH, Urt. v. 17.10.1989, C-85/87, ECLI:EU:C:1989:379 – Dow Benelux.

EuGH, Urt. v. 17.10.1989, verb. Rs. C-97/87 – 99/87, ECLI:EU:C:1989:380 – Dow Chemical Ibérica u.a.

EuGH, Urt. v. 18.10.1989, C-374/87, ECLI:EU:C:1989:387 – Orkem.

EuGH, Urt. v. 18.10.1989, C-27/88, ECLI:EU:C:1989:388 – Solvay.

EuGH, Urt. v. 21.02.1990, C-267/88, ECLI:EU:C:1990:79 – Wuidart u.a.

EuGH, Urt. v. 13.11.1990, C-331/88, ECLI:EU:C:1990:391 – Fedesa u.a.

EuGH, Urt. v. 23.04.1991, C-41/90, ECLI:EU:C:1991:161 – Höfner und Elser.

EuGH, Urt. v. 21.11.1991, C-269/90, ECLI:EU:C:1991:438 – Technische Universität München.

EuGH, Urt. v. 16.07.1992, C-67/91, ECLI:EU:C:1992:330 – Asociación Española de Banca Privada u.a.

EuGH, Urt. v. 19.05.1994, C-36/92, ECLI:EU:C:1994:205 – SEP.

EuGH, Beschl. v. 19.07.1995, C-149/95 P(R), ECLI:EU:C:1995:257, Atlantic Container Line u.a.

EuGH, Urt. v. 16.11.1995, C-244/94, ECLI:EU:C:1995:392 – Fédération française des sociétés d'assurance u.a.

EuGH, Beschl. v. 03.05.1996, C-399/95, ECLI:EU:C:1996:193, Deutschland/Kommission.

EuGH, Urt. v. 31.03.1998, ECLI:EU:C:1998:148 – Frankreich u.a.

EuGH, Urt. v. 22.06.2000, C-147/96, ECLI:EU:C:2000:335 – Niederlande/Kommission.

EuGH, Urt. v. 14.12.2000, C-344/98, ECLI:EU:C:2000:689 – Masterfoods und HB.

EuGH, Urt. v. 19.02.2002, C-309/99, ECLI:EU:C:2002:98 – J. C. J. Wouters u.a.

EuGH, Urt. v. 15.10.2002, C-238/99 u.a., ECLI:EU:C:2002:582 – Limburgse Vinyl Maatschappij u.a.

EuGH, Urt. v. 22.10.2002, C-94/00, ECLI:EU:C:2002:603 – Roquette Frères.

EuGH, Urt. v. 25.09.2003, C-170/02, ECLI:EU:C:2003:501 – Schlüsselverlag J.S. Moser u.a.

EuGH, Urt. v. 02.10.2003, C-199/99, ECLI:EU:C:2003:531 – Corus UK.

EuGH, Urt. v. 07.01.2004, C-204/00 u.a., ECLI:EU:C:2004:6 – Aalborg Portland.

EuGH, Urt. v. 15.02.2005, C-12/03, ECLI:EU:C:2005:87 – Tetra Laval.

EuGH, Urt. v. 28.06.2005, verb. Rs. C-189/02, C-202/02 u.a., ECLI:EU:C:2005:408 – Dansk Rørindustri u.a.

EuGH, Urt. v. 06.12.2005, C-453/03, ECLI:EU:C:2005:741 – ABNA u.a.

EuGH, Urt. v. 29.06.2006, C-301/04, ECLI:EU:C:2006:432 – SGL Carbon.

EuGH, Urt. v. 19.04.2007, C-282/05, ECLI:EU:C:2007:226 – Holcim (Deutschland).

EuGH, Urt. v. 18.12.2007, C-202/06, ECLI:EU:C:2007:814 – Cementbouw.

EuGH, Urt. v. 14.02.2008, C-450/06, ECLI:EU:C:2008:91 – Varec SA.

EuGH, Urt. v. 22.05.2008, C-266/06, ECLI:EU:C:2008:295 – Evonik Degussa.

EuGH, Urt. v. 10.03.2009, C-169/07, ECLI:EU:C:2009:141 – Hartlauer.

EuGH, Urt. v. 07.07.2009, C-558/07 – S.P.C.M. SA u.a.

EuGH, Urt. v. 17.11.2009, C-169/08, ECLI:EU:C:2009:709, – Presidente del Consiglio dei Ministri.

EuGH, Urt. v. 11.03.2010, C-384/08, ECLI:EU:C:2010:133 – Attanasio Group.

EuGH, Urt. v. 01.06.2010, C-570/07, ECLI:EU:C:2010:300 – Blanco Pérez u.a.

EuGH, Urt. v. 08.06.2010, C-58/08, ECLI:EU:C:2010:321 – Vodafone Ltd. u.a.
EuGH, Urt. v. 14.09.2010, C-550/07, Slg. 2010, I-8301 – Akzo Nobel.
EuGH, Urt. v. 16.12.2010, C-137/09, ECLI:EU:C:2010:774 – Josemans.
EuGH, Urt. v. 29.09.2011, C-521/09, ECLI:EU:C:2011:620 – Elf Aquitaine.
EuGH, Urt. v. 08.12.2011, C-386/10, ECLI:EU:C:2011:815 – Chalkor.
EuGH, Urt. v. 21.12.2011, C-28/09, ECLI:EU:C:2011:854 – Kommission/Österreich.
EuGH, Urt. v. 06.11.2012, C-199/11, ECLI:EU:C:2012:684 – Otis.
EuGH, Urt. v. 18.07.2013, C-501/11, ECLI:EU:C:2013:522 – Schindler Holding.
EuGH, Urt. v. 05.12.2013, C-455/11 P, ECLI:EU:C:2013:796 – Solvay S.A.
EuGH, Urt. v. 25.06.2014, C-37/13, ECLI:EU:C:2014:2030 – Nexans u.a.
EuGH, Urt. v. 10.07.2014, C-295/12, ECLI:EU:C:2014:2062 – Telefónica.
EuGH, Urt. v. 18.06.2015, C-583/13, ECLI:EU:C:2015:404 – Deutsche Bahn AG.
EuGH, Urt. v. 10.03.2016, C-247/14, ECLI:EU:C:2016:149 – HeidelbergCement.
EuGH, Urt. v. 10.03.2016, C-248/14, ECLI:EU:C:2016:150 – Schwenk Zement.
EuGH, Urt. v. 16.05.2017, C-682/15, ECLI:EU:C:2017:373 – Berlioz Investment Fund.
EuGH, Urt. v. 06.09.2017, C-413/14, ECLI:EU:C:2017:632 – Intel.
EuGH, Urt. v. 28.01.2021, C-466/19, ECLI:EU:C:2021:76 – Qualcom.

Europäischer Gerichtshof für Menschenrechte

EGMR, Urt. v. 28.03.1990, No. 10890/84 – Groppera Radio.
EGMR, Urt. v. 27.09.2011, No. 43509/08 – Menarini Diagnostics.

Kommissionsentscheidungen

Komm., E. v. 13.12.1989, IV/32026, Bayo-n-ox.
Komm., E. v. 30.06.1993, IV/33407, CNSD.
Komm., E. v. 14.12.1999, M. 1608, KLM/Martinair III.
Komm., E. v. 14.12.1999, M. 1610, Deutsche Post/Trans-o-flex.
Komm., E. v. 12.07.2000, M. 1634, Mitsubishi Heavy Industries.
Komm., E. v. 18.07.2001, AT. 36490, Graphitelektroden.
Komm., E. v. 11.06.2002, AT. 36571, Österreichische Banken.
Komm., E. v. 02.09.2003, M. 3083, GE/Instrumentarium.
Komm., E. v. 07.07.2004, M. 3255, Tetra Laval/Sidel.
Komm., E. v. 13.09.2006, AT. 38456, Bitumen NL.
Komm., E. v. 20.11.2007, AT. 38432, Professional Videotape.
Komm., Verfahrenseinstellung vom 31.07.2015, AT. 39520, HeidelbergCement.
Komm., E. v. 01.09.2016, M. 7758, Hutchison 3G Italy/Wind/JV.

Komm., E. v. 27.03.2017, M. 7932, Dow/DuPont.

Komm., E. v. 17.05.2017, M. 8228, Facebook/Whatsapp.

Komm., E. v. 21.03.2018, M. 8084, Bayer/Monsanto.

Komm., E. v. 18.07.2018, AT. 40099, Google Android.

Komm, E. v. 03.05.2021, M. 8181, Merck/Sigma-Aldrich.

Sonstige Materialien

BKartA; BWB, Leitfaden Transkriptionswert-Schwellen für die Anmeldepflicht von Zusammenschlussvorhaben (§ 35 Abs. 1a GWB und § 9 Abs. 4 KartG) Juli 2018.

DG Competition, Best Practices for the submission of economic evidence and date collection in cases concerning the application of articles 101 and 102 TFEU and in merger cases.

DG Competition, Guidance on the preparation of public versions of Commission Decisions adopted under the Merger Regulation.

DG Competition, Best Practices on the conduct of EC merger proceedings v. 20.01.2004.

DG Competition, Informal guidance paper on confidentiality claims v. März 2012.

DG Competition, Guidance on confidentiality claims during Commission antitrust procedures, Version 2018.

Europäische Kommission, Antitrust Manual of Procedures.

Europäische Kommission, Kontakte mit der Kommission – Anmeldungen, Beschwerden, Nachprüfungen und Ermittlungsbefugnisse im Rahmen der Artikel 85 und 86 des EG-Vertrags, 1997.

Europäische Kommission, Leitlinien zur Bewertung horizontaler Zusammenschlüsse gemäß der Ratsverordnung über die Kontrolle von Unternehmenszusammenschlüssen v. 05.02.2004.

Europäische Kommission, Mitteilung der Kommission über die Regeln für die Einsicht in Kommissionsakten v. 22.12.2005.

Europäische Kommission, Mitteilung der Kommission über den Erlass und die Ermäßigung von Geldbußen in Kartellsachen v. 08.12.2006.

Europäische Kommission, Mitteilung an das Europäische Parlament und den Rat – Bericht über das Funktionieren der Verordnung (EG) Nr. 1/2003 des Rates v. 29.04.2009.

Europäische Kommission, Bekanntmachung der Kommission über bewährte Vorgehensweisen in Verfahren nach Artikel 101 und 102 des AEUV v. 20.10.2011.

Monopolkommission, Hauptgutachten XIX 2010/2011, Kapitel IV – Kartellrechtliche Entscheidungspraxis.

OECD, Investigative Powers in Practice – Contribution from the European Commission 30.11.2018.

Schlussanträge GA Roemer v. 11.02.1960 zu EuGH, Urt. v. 14.04.1960, C-31/59, ECLI:EU:C:1960:3 – Acciaieria e Tubificio di Brescia.

Schlussanträge GA Trabucchi v. 02.06.1976 zu EuGH, Urt. v. 07.07.1976, C-118/75, ECLI:EU:C:1976:79 – Watsan und Belmann.

Schlussanträge GA Mischo v. 21.02.1989 zu EuGH, Urt. v. 21.09.1989, C-46/87, ECLI:EU:C:1989:73 – Hoechst.

Schlussanträge GA Darmon v. 18.05.1989 zu EuGH, Urt. v. 18.10.1989, C-374/87, ECLI:EU:C:1989:207 – Orkem.

Schlussanträge GA Mischo v. 08.03.1990 zu EuGH, Urt. v. 13.11.1990, C-331/88, ECLI:EU:C:1990:109 – Fedesa u.a.

Schlussanträge GA Jacobs v. 15.12.1993 zu EuGH, Urt. v. 19.05.1994, C-36/92, ECLI:EU:C:1993:928 – SEP.

Schlussanträge GA Kokott v. 10.03.2008 zu EuGH, Urt. v. 07.07.2009, C-558/07, ECLI:EU:C:2009:142 – S.P.C.M. u.a.

Schlussanträge GA Trstenjak v. 21.01.2010 zu EuGH, Urt. v. 20.05.2010, C-365/08, ECLI:EU:C:2010:27 – Agrana Zucker.

Schlussanträge GA Kokott v. 06.05.2010 zu EuGH, Urt. v. 08.07.2010, C-343/09, ECLI:EU:C:2010:258 – Afton Chemical.

Schlussanträge GA Bot v. 30.06.2011 zu EuGH, Urt. v. 13.10.2011, C-463/10 und C-475/10, ECLI:EU:C:2011:445 – Deutsche Post.

Schlussanträge GA Bot v. 21.06.2012 zu EuGH, Urt. v. 22.11.2012, C-89/11, ECLI:EU:C:2012:375 – E.ON.

Schlussanträge GA Kokott v. 03.04.2014 zu EuGH, Urt. v. 25.06.2014, C-37/13, ECLI:EU:C:2014:223 – Nexans u.a.

Schlussanträge GA Wahl v. 12.02.2015 zu EuGH, Urt. v. 18.06.2015, C-583/13, ECLI:EU:C:2015:92 – Deutsche Bahn.

Schlussanträge GA Wahl v. 15.10.2015 zu EuGH, Urt. v. 10.03.2016, C-267/14, ECLI:EU:C:2015:696 – Buzzi Unicem.

Schlussanträge GA Wahl v. 15.10.2015 zu EuGH, Urt. v. 10.03.2016, C-247/14, ECLI:EU:C:2015:694 – HeidelbergCement.

Schlussanträge GA Wahl v. 15.10.2015 zu EuGH, Urt. v. 10.03.2016, C-268/14, ECLI:EU:C:2015:697 – Italmobiliare.

Schlussanträge GA Wahl v. 15.10.2015 zu EuGH, Urt. v. 10.03.2016, C-248/14, ECLI:EU:C:2015:695 – Schwenk Zement.

Schlussanträge GA Wahl v. 20.10.2016 zu EuGH, Urt. v. 06.09.2017, C-413/14, ECLI:EU:C:2016:788 – Intel.

Schlussanträge GA Warner v. 30. April 1980 zu EuGH, Urt. v. 26.06.1980, C-136/79, ECLI:EU:C:1980:119 – National Panasonic.

www.ingramcontent.com/pod-product-compliance
Ingram Content Group UK Ltd.
Pitfield, Milton Keynes, MK11 3LW, UK
UKHW021835290926
8980IPUK00004B/466